高等院校公共管理类专业系列教材

青少年社会工作

魏　爽　主编

Social Work with Adolescents

清华大学出版社
北　京

内容简介

本教材分为理论篇与实务篇，共二十一章。其中，理论篇全面讲解了青少年社会工作的基本概念、历史、价值观与职业素养、理论基础、主要方法、青少年发展特征、青少年成长环境、青少年社会福利政策、服务项目的开发与设计、项目运行的组织与管理等；实务篇主要讲解了药物滥用、抑郁症、恋爱、受虐、学业倦怠、贫困、残疾、流动、留守、网络成瘾、灾后心理、犯罪等青少年常见问题及介入方法。

本教材内容全面，知识更新及时，可用于国内高等院校本科和研究生社会工作教学，亦可作为政府相关部门、妇联、共青团、学校、社区、社会组织等相关领域工作者的实务参考书。

图书在版编目(CIP)数据

青少年社会工作 / 魏爽主编 . —北京：清华大学出版社，2021.6（2025.1 重印）
高等院校公共管理类专业系列教材
ISBN 978-7-302-58443-8

Ⅰ. ①青… Ⅱ. ①魏… Ⅲ. ①青少年－社会工作－中国－高等学校－教材 Ⅳ. ① D432.6

中国版本图书馆 CIP 数据核字 (2021) 第 105757 号

责任编辑：施 猛
封面设计：常雪影
版式设计：方加青
责任校对：马遥遥
责任印制：沈 露

出版发行：清华大学出版社
网　　址：https://www.tup.com.cn, https://www.wqxuetang.com
地　　址：北京清华大学学研大厦 A 座　　**邮　　编**：100084
社 总 机：010-83470000　　**邮　　购**：010-62786544
投稿与读者服务：010-62776969，c-service@tup.tsinghua.edu.cn
质 量 反 馈：010-62772015，zhiliang@tup.tsinghua.edu.cn
印 装 者：三河市君旺印务有限公司
经　　销：全国新华书店
开　　本：185mm×260mm　　**印　　张**：22.5　　**字　　数**：547 千字
版　　次：2021 年 6 月第 1 版　　**印　　次**：2025 年 1 月第 2 次印刷
定　　价：69.00 元

产品编号：090040-01

序

船在茫茫的大海上航行需要灯塔引航才不会偏离航道，青少年的成长亦如航船一般需要指引，才能及时躲避人生中的暗流礁石，顺利抵达目的地。当今世界，剧烈的社会变迁使得成长中的青少年面临比以往更多的不确定性。面对纷繁复杂的社会现实，青少年在自我认知、同辈交往、学业发展、亲子沟通、生涯发展等诸多方面产生了困惑与迷惘，亟需帮助与指导。

从青少年社会工作实务的角度来讲，目前我国拥有数量庞大的社会工作服务机构，但从政府购买社会工作服务的受益对象来看，青少年能够接受的专业社会工作服务依然有限，具有预防性和发展性的青少年社会工作服务更是十分匮乏。从社会工作专业人才培养的角度来看，我国目前有348所院校开设社会工作本科教育，82所院校开设社会工作专科教育，在招收社会工作研究生的学校中，研究方向是青少年社会工作的高校有33所。近年来，国家进一步加大了青少年事务社会工作的扶持力度，于2014年出台了《关于青少年事务社会工作专业人才队伍建设意见》(以下简称《意见》)，《意见》从青少年事务社会工作专业人才队伍建设的意义、指导思想、工作原则、主要目标、服务领域、主要任务和工作要求等方面，对加强青少年事务社会工作专业人才队伍建设工作做出了顶层设计和全面部署。伴随《意见》各项工作的落地实施，青少年社会工作人才需求与日俱增，青少年社会工作从业者的职业素养和专业能力被提到新的高度，教材建设迫在眉睫。

在此背景下，笔者编写了本教材，希望能够为高校社会工作专业的师生和从事青少年社会工作的一线工作者提供一本专门针对青少年社会工作服务的较为全面的工具书。本教材既有青少年社会工作的理论阐释，又有专门针对不同青少年问题的介入方法和技术的介绍，将青少年社会工作理论与实践、知识与专业实务相结合，提升实用性和操作性，使相关内容的体现更加具体和生动。

由于时间紧迫，加之能力有限，书稿难免存在不足之处，还望各位同仁和读者不吝指正。愿本书能够为我国社会工作教育及服务事业特别是青少年社会工作教育及服务事业贡献力量！

魏爽
2020年10月

目　录

上篇：理论篇

第一章　青少年社会工作概述 ……………… 002
第一节　青少年的界定 ……………………… 002
一、青少年的年龄界定……………………… 002
二、青少年的定义…………………………… 004
三、青少年的本质属性……………………… 005
四、青少年观………………………………… 006
第二节　认识青少年社会工作 ……………… 007
一、青少年社会工作的概念………………… 007
二、青少年社会工作的内涵和外延………… 008
三、青少年社会工作的层次结构…………… 009
四、青少年社会工作的要素………………… 010
第三节　青少年社会工作在西方的发展 ………………………………… 014
一、青少年社会工作的发展背景…………… 014
二、青少年社会工作的发展阶段…………… 017
第四节　青少年社会工作在中国的发展 ………………………………… 024
一、中国青少年社会工作的发展背景…………………………………… 024
二、中国青少年社会工作的实践模式…………………………………… 026
三、中国青少年社会工作的基本经验…………………………………… 028
第二章　青少年社会工作的价值观、伦理与职业素养 ……………………… 030
第一节　青少年社会工作的价值观 ………… 030
一、价值与价值观…………………………… 030
二、社会工作价值观………………………… 030
三、青少年社会工作价值观的内涵………… 033
四、青少年社会工作价值观的作用………… 035
第二节　青少年社会工作伦理 ……………… 036
一、社会工作伦理…………………………… 036
二、青少年社会工作伦理的内容…………… 037
三、青少年社会工作中的伦理困境………… 039
四、青少年社会工作的伦理原则…………… 041
五、青少年社会工作专业伦理的作用……… 042
六、案例分析………………………………… 042
第三节　青少年社会工作者的职业素养及其角色 ………………………… 045
一、青少年社会工作者的职业素养………… 045
二、青少年社会工作者的角色……………… 048
第三章　青少年社会工作相关理论………… 050
第一节　以心理学为基础的相关理论……… 050
一、精神分析理论…………………………… 050
二、行为主义理论…………………………… 053
三、人本主义理论…………………………… 054
四、认知发展理论…………………………… 055
五、社会学习理论…………………………… 056
六、心理社会发展阶段理论………………… 057
第二节　以社会学为基础的相关理论……… 059
一、社会系统理论…………………………… 059
二、社会交换理论…………………………… 060
三、社会冲突理论…………………………… 062
四、社会互动理论…………………………… 063
五、社会角色理论…………………………… 064
六、越轨理论………………………………… 065
七、社会化理论……………………………… 066

第三节 社会工作实务相关理论 …… 069
一、优势视角理论 …… 069
二、生态系统理论 …… 070
三、社会支持网络理论 …… 071
四、增能理论 …… 072

第四章 青少年的发展与特征 …… 074
第一节 青少年的生理发育 …… 074
一、青少年的生理发育的含义及过程 …… 074
二、青春期的生理特征 …… 075
第二节 青少年的心理发展 …… 078
一、青少年心理发展特征 …… 078
二、青少年的心理问题 …… 080
第三节 青少年的社会性发展 …… 081
一、青少年社会性发展的含义及影响因素 …… 081
二、青少年社会性发展的主要表现 …… 083

第五章 青少年的成长环境 …… 085
第一节 家庭 …… 085
一、家庭环境 …… 085
二、家庭环境与青少年成长 …… 088
三、构筑良好的家庭环境 …… 089
第二节 学校 …… 089
一、学校环境 …… 089
二、同辈群体 …… 091
三、学校环境与青少年成长 …… 092
四、构筑良好的学校环境 …… 093
第三节 社区 …… 095
一、社区环境 …… 095
二、社区环境与青少年成长 …… 097
三、构筑适合青少年成长的社区环境 …… 098
第四节 媒体 …… 099
一、媒体环境 …… 099
二、媒体对青少年的影响 …… 099

第六章 青少年社会福利政策 …… 101
第一节 青少年社会福利政策概述 …… 101
一、社会福利与青少年社会福利 …… 101
二、社会福利政策与青少年社会福利政策 …… 103
三、青少年社会福利政策的特点与目标 …… 103
四、国际社会对青少年社会福利政策的原则、任务及优先领域 …… 104
第二节 发达国家青少年社会福利政策 …… 107
一、瑞典青少年社会福利政策 …… 107
二、德国青少年社会福利政策 …… 108
三、法国青少年社会福利政策 …… 109
四、日本青少年社会福利政策 …… 110
第三节 我国青少年社会福利政策 …… 111
一、我国社会福利与青少年社会福利政策的发展 …… 111
二、我国青少年社会福利政策的具体内容 …… 111
三、我国青少年福利政策存在的问题及完善 …… 114

第七章 青少年社会工作基本方法 …… 115
第一节 青少年个案工作 …… 115
一、青少年个案工作概述 …… 115
二、青少年个案工作的原则 …… 116
三、青少年个案工作的介入模式 …… 117
四、青少年个案工作的过程 …… 118
五、青少年个案工作案例分析 …… 119
第二节 青少年小组工作 …… 122
一、青少年小组工作概述 …… 122
二、青少年小组工作的原则 …… 123
三、青少年小组工作的类型 …… 124
四、青少年小组工作的介入模式 …… 125
五、青少年小组工作的过程 …… 126
六、青少年小组工作案例分析 …… 128

第三节 青少年社区工作 …………… 131
一、青少年社区工作概述…………… 131
二、青少年社区工作的类型………… 132
三、青少年社区工作的介入模式…… 133
四、青少年社区工作的过程………… 134
五、青少年社区工作案例分析……… 135

第八章 青少年社会工作项目开发与设计 …………………… 141

第一节 了解区域概况 …………… 141
一、了解社区概况………………… 141
二、了解学校概况………………… 142
第二节 建立工作关系 …………… 143
一、专业关系的特点……………… 144
二、建立专业关系的五要素……… 144
三、建立专业关系的技巧………… 144
四、与青少年建立专业关系的技巧… 145
第三节 开展需求调研 …………… 146
一、青少年需求的定义…………… 146
二、青少年需求的类型…………… 147
三、青少年需求调研设计………… 147
四、需求调研报告的撰写………… 148
第四节 策划服务方案 …………… 149
一、明确需求……………………… 149
二、制定目标……………………… 151
三、选择策略……………………… 154
四、明确行动……………………… 155
五、风险预估与管理……………… 156
六、检验逻辑关系………………… 157
七、检查项目方案设计…………… 157
第五节 提供具体服务 …………… 157
一、针对一般需求的基本方法…… 158
二、针对特殊需求的介入方法…… 158
第六节 评估服务成效 …………… 159
一、设计评估方案………………… 159
二、收集评估资料………………… 160
三、形成评估报告………………… 160

第九章 青少年社会工作项目运营与管理 …………………… 163

第一节 项目时间管理 …………… 163
一、项目活动的定义……………… 163
二、项目活动排序………………… 164
三、项目活动时间估计…………… 164
四、制订进度计划………………… 165
五、进度控制……………………… 165
第二节 项目规范性管理 ………… 165
一、服务程序规范………………… 166
二、档案管理规范………………… 167
三、服务对象权益保障规范……… 167
第三节 项目质量管理 …………… 168
一、建立社会工作服务质量体系…… 168
二、建立内部和外部相结合的服务质量监督与评估机制……………… 168
三、根据服务质量评估情况改进服务，完善制度……………………… 169
第四节 项目沟通管理 …………… 169
一、制订沟通计划………………… 169
二、灵活运用各种沟通形式……… 169
三、保证沟通渠道畅通…………… 170
第五节 项目宣传管理 …………… 170
一、项目宣传计划的制订………… 170
二、项目宣传计划的开展与监测… 171
第六节 项目风险管理 …………… 171
一、项目风险识别………………… 172
二、项目风险评估………………… 173
三、项目风险处理………………… 173
第七节 项目人力资源管理 ……… 173
一、人员规划……………………… 174
二、组织与建设团队……………… 174
三、团队考核与激励……………… 176
第八节 项目经费管理 …………… 177
一、项目费用估算………………… 177
二、项目经费预算………………… 177
三、项目经费控制………………… 179

下篇：实务篇

第十章　药物滥用青少年群体 …… 182
第一节　药物滥用概述 …… 182
第二节　青少年药物滥用的原因 …… 183
一、个人层面 …… 183
二、家庭层面 …… 184
三、同伴及学校层面 …… 185
四、社会层面 …… 186
第三节　药物滥用青少年群体的社会工作干预和介入 …… 186
一、个体层面的介入 …… 186
二、家庭层面的介入 …… 187
三、社会层面的介入 …… 187
四、案例分析 …… 187
第十一章　抑郁症青少年群体 …… 191
第一节　青少年抑郁症概述 …… 191
一、青少年抑郁症的概念 …… 191
二、青少年抑郁症的诊断标准 …… 191
第二节　抑郁症青少年群体的可能表现 …… 193
一、生理层面 …… 193
二、心理层面 …… 193
三、行为层面 …… 193
第三节　青少年抑郁症的产生原因 …… 194
一、个体因素 …… 194
二、家庭因素 …… 194
三、社会环境因素 …… 195
第四节　抑郁症青少年群体的社会工作干预和介入 …… 196
一、人际交互心理治疗 …… 196
二、反应制约治疗(放松训练) …… 197
三、认知行为治疗 …… 197
四、家庭治疗 …… 198
五、案例分析 …… 199
第十二章　恋爱青少年群体 …… 202
第一节　青少年恋爱概述 …… 202
一、青少年恋爱的概念 …… 203
二、青少年恋爱的表现 …… 203
三、青少年恋爱的特征 …… 203
第二节　青少年恋爱的类型及阶段 …… 204
一、青少年恋爱的不同类型 …… 204
二、青少年恋爱心理的演变阶段 …… 206
第三节　青少年恋爱行为产生的原因 …… 206
一、青少年生理与心理的发展 …… 207
二、家庭教养方式 …… 208
三、社会文化 …… 208
第四节　恋爱青少年群体的社会工作干预和介入 …… 208
一、帮助青少年树立正确认知与恋爱观 …… 209
二、家长与老师应保有的观念与态度 …… 210
三、学校应正确引导 …… 210
第五节　同性恋青少年群体 …… 211
一、性取向与同性恋 …… 211
二、同性恋的产生因素 …… 212
三、性取向转变 …… 213
第十三章　受虐青少年群体 …… 214
第一节　受虐青少年群体概述 …… 214
一、青少年受虐的概念 …… 214
二、青少年受虐的类型 …… 214
三、青少年受虐的现状 …… 215
第二节　校园暴力与家庭暴力 …… 216
一、校园暴力 …… 216
二、家庭暴力 …… 218
第三节　受虐青少年群体存在的问题 …… 219
一、受虐青少年的行为 …… 219
二、受虐青少年的心理 …… 220
第四节　受虐青少年群体的社会工作介入和干预 …… 221
一、介入青少年虐待遇到的难题 …… 221
二、对受虐青少年的介入 …… 222

第十四章 学业倦怠青少年群体 ………… 228
第一节 学业倦怠青少年群体概述 …… 228
一、学业倦怠青少年的概念………… 228
二、学业倦怠青少年的现状………… 228
三、学业倦怠青少年的表现………… 229
第二节 青少年产生学业倦怠的原因… 229
一、内部因素………………………… 229
二、外部因素………………………… 230
第三节 学业倦怠青少年群体存在的问题 ………………………… 232
一、生理问题………………………… 232
二、心理问题………………………… 232
三、社会支持问题…………………… 232
第四节 学业倦怠青少年群体的社会工作干预和介入 ……………… 233
一、案情介绍………………………… 233
二、问题评估………………………… 234
三、介入目标与过程………………… 234
四、介入反思………………………… 236
第十五章 贫困青少年群体 ……………… 238
第一节 贫困青少年群体概述 ………… 238
一、贫困青少年的概念……………… 238
二、贫困青少年的现状……………… 239
第二节 贫困青少年群体存在的问题 · 241
一、贫困影响青少年的身心健康成长……………………………… 241
二、贫困影响青少年受教育权利…… 242
三、贫困诱发青少年行为不端……… 242
第三节 青少年贫困的原因 …………… 243
一、家庭因素………………………… 243
二、社会因素………………………… 243
第四节 贫困青少年群体的社会工作干预和介入…………………… 244
一、案情介绍………………………… 244
二、服务计划………………………… 245
三、介入过程………………………… 247
四、案例评估………………………… 248
第十六章 残障青少年群体 ……………… 251
第一节 残障青少年群体概述 ………… 251
一、残障青少年的概念……………… 251
二、残障青少年的现状……………… 251
第二节 残障青少年群体面临的问题 ……………………………… 253
一、教育问题………………………… 253
二、就业问题………………………… 254
三、心理问题………………………… 255
四、社会融入问题…………………… 255
第三节 残障青少年群体问题的成因 ……………………………… 256
一、教育问题产生的原因…………… 256
二、就业问题产生的原因…………… 257
三、心理问题产生的原因…………… 257
四、社会融入问题产生的原因……… 258
第四节 残障青少年群体的社会工作干预和介入……………………… 258
一、相关理论………………………… 258
二、个案工作方法…………………… 259
三、小组工作方法…………………… 261
四、社区工作方法…………………… 262
五、案例分析………………………… 263
第十七章 流动青少年群体 ……………… 267
第一节 流动青少年群体概述 ………… 267
一、流动青少年的概念……………… 267
二、流动青少年群体的现状………… 267
第二节 流动青少年群体问题及成因 ……………………………… 268
一、流动青少年群体存在的问题…… 268
二、流动青少年问题产生的原因…… 271
第三节 流动青少年群体的社会工作干预和介入 …………………… 273
一、案例分析………………………… 273
二、流动青少年群体的社会工作干预和介入建议……………………… 278

第十八章　留守青少年群体 …………… 282
第一节　留守青少年群体概述 ………282
一、留守青少年的研究背景………… 282
二、留守青少年的概念…………… 283
三、留守青少年群体的现状………… 283
四、留守青少年的主要问题………… 283
第二节　留守青少年问题的成因 …… 286
一、家庭：亲代缺位与亲情饥渴…… 286
二、学校：数量与质量堪忧………… 287
三、政策：城乡二元结构体制……… 288
四、社会：次生伤害……………… 289
第三节　留守青少年群体的社会工作干预和介入 ……………… 290
一、面向留守青少年开展社会工作的理念宗旨……………… 290
二、面向留守青少年开展社会工作的内容……………… 291
三、面向留守青少年开展社会工作的方法……………… 292
四、案例分析………………… 296
第十九章　网络成瘾青少年群体 ……… 301
第一节　网络成瘾概述 …………… 301
一、网络成瘾的内涵……………… 301
二、网络成瘾的类型……………… 302
第二节　网络成瘾青少年群体存在的问题 ……………… 304
一、个体层面……………… 305
二、家庭层面……………… 305
三、社会系统……………… 306
第三节　网络成瘾青少年群体问题的成因 ……………… 306
一、个体发展因素……………… 306
二、家庭因素……………… 307
三、学校因素……………… 308
四、社会因素……………… 308
第四节　网络成瘾青少年群体的社会工作干预和介入 ……………… 309
一、网络成瘾与抗逆力……………… 309
二、对网络成瘾青少年的小组工作介入……………… 310
三、介入网络成瘾青少年的抗逆力方法的实施……………… 311
第二十章　灾后青少年群体 …………… 314
第一节　灾害 ……………… 314
一、灾害概述……………… 314
二、灾害的周期……………… 315
第二节　灾后青少年 ……………… 316
一、灾后青少年概述……………… 316
二、灾后青少年创伤后应激障碍…… 317
第三节　灾后青少年心理重建 ……… 318
一、心理重建概述……………… 318
二、灾后青少年心理重建的服务技巧……………… 320
三、案例分析……………… 324
第二十一章　犯罪青少年群体……… 328
第一节　犯罪青少年概述 ………… 328
一、犯罪青少年的概念……………… 328
二、青少年犯罪的特点……………… 328
三、青少年犯罪的现状……………… 329
第二节　犯罪青少年问题的成因 …… 330
一、主观因素……………… 330
二、客观因素……………… 331
第三节　犯罪青少年群体的社会工作干预和介入 ……………… 332
一、服务内容……………… 332
二、主要方法……………… 334
三、案例分析……………… 335
参考文献 …………………… 338
附录　青少年社会工作服务指南 ……… 343
后记 …………………… 349

上篇：理论篇

第一章　青少年社会工作概述

青少年如喷薄而出的朝阳，是国家的未来与希望，也是社会中最活跃的群体。青少年的发展状况直接影响社会的发展进步。青少年作为正在崛起的一代，是社会生产的生力军，也是国家繁荣富强的后备力量。青少年用自己的创造精神、旺盛的生命力推动着社会变革，推动着社会文明不断进步。在多种力量作用之下，社会发生了巨大的变迁，而这些变迁会对青少年的发展产生巨大的影响。青少年阶段是人生成长的关键转折期，在这一时期，青少年的身心发生了巨大变化，首先，从生理层面来看，青少年身体逐渐发育成熟；其次，从心理层面来看，青少年的思想认识、自我意识逐渐增强；最后，从社会层面来看，青少年的人格体系逐渐成熟和完善，逐渐转变为一个社会人。个体在青少年时期接触了大量的信息，身心发生了翻天覆地的变化，剧烈的蜕变让青少年面临来自各方的冲击，同时这些变化也成为一股巨大的推动力，让青少年发生了质的改变。成长中的青少年缺少社会经验，面对纷繁复杂的变化，很难对自己进行正确定位。以青少年为服务对象的社会工作，被称为青少年社会工作。此类工作的目的就是满足青少年的需要，通常会结合青少年的身心特征、社会特征制定出切实可行的服务策略，运用专业社会工作的方法与技巧为青少年提供各种服务，其中渗透着专业社会工作的价值与理念，能够帮助青少年健康成长，让青少年能够更好地适应社会，实现自我成长与发展。

第一节　青少年的界定

一、青少年的年龄界定

青少年正处于个体人生过渡时期，告别了儿童世界，逐渐迈向成人世界。在此过程中，青少年的身心会发生巨大的变化，从而实现质的飞跃。对于个体来说，这一时期是人生向上发展的关键时期，但针对青少年的年龄范围，学术界至今没有形成定论。

(一) 国内的有关界定

我国针对青少年的法律法规，主要有《中华人民共和国宪法》《中华人民共和国未成年人保护法》和《中华人民共和国预防未成年人犯罪法》，这些法律法规中只规定了未成年人的年龄界限，对青少年的年龄界限并没有明确规定。《中华人民共和国民法典》(以下简称《民法典》)中针对登记结婚的年龄进行了规定，比如男女结婚年龄分别为年满22周岁、年满20周岁，才能够登记结婚。如果按照《民法典》的规定来区分青少年和成年人的标准，那么结婚登记年龄以下为青少年，结婚登记年龄以上为成年人。《中华人民共和国刑法》(以下简称《刑法》)从是否负完全刑事责任的角度对此作出规定，凡是年满16岁的罪犯，就要负完全刑事责任；年满14～18岁的罪犯可以从轻或者减轻处分；《刑法》中还明确规定不满18岁的人不适用死刑(情节特别严重除外)。根据《刑法》的规定可以看出，16岁以下未成年人可以作为青少年。但是在具体的刑事案件中，人民法院针对青少年犯罪情况量刑时，把青少年的年龄界定为25岁以下。

针对青少年的概念，国内学术界对此进行了广泛研究，并从不同角度对其年龄进行了划分。心理学家认为，应该从个体的身心发展特征方面来界定青少年的年龄，一般13～25岁之间可以称为青年时期；人口学家认为，应该从个体生理发育方面来界定青少年的年龄，结合正态曲线分布图，青少年的年龄为15～25岁；法学家认为，应该根据能否完全承担法律所规定的权利与义务作为划分标准，未成年人与成年人界限为18岁，也就是说，18岁以下属于青少年；社会学家认为，30岁以下的均称为青少年，应该提高青年期外延的上限；社会团体和民间组织工作的主要对象就是青少年，但是这些组织对青少年的年龄界限也没有明确规定，共青团对团员的年龄进行了规定，14～28岁之前可以称为共青团团员。

此外，社会舆论也经常提到有关青年的话题，三四十岁的人才在社会舆论中也被称为青年，比如青年艺术家、青年科学家等，此方面的规定更加宽泛。

(二) 国际上的有关界定

在1982年墨西哥圆桌会议上，联合国教科文组织针对青年的年龄范围进行了明确规定：14～34岁年龄组人口。1995年，《到2000年及其后世界青年行动纲领》也对青年年龄范围进行了规定：15～24岁年龄组人口。文件中还明确提出，社会政治、经济和文化等方面的变动，会引发青年年龄范围的变动。

对于青少年年龄，不同国家的规定不同。在第七届苏联年龄学科学术讨论会上，很多学者认为，男女的少年时期各不相同，其中女性为12～15岁，男性为13～16岁；青年时期也各不相同，女性为16～20岁，男性为17～21岁。欧洲其他国家也对此进行了规定，但规定的内容比较分散，比如18岁以下的人不能喝酒精制品、不能签订合同，18岁以上才获得法律规定的公民权利、可以考驾照等，18岁的青年通常被认为能对自己的一切行为负责。

(三) 青少年年龄的界定是社会性产物

社会发展会对青少年个体产生一定程度的影响，也影响着青少年年龄界定问题。社会一直处于变迁中，而青少年也会随着社会的变迁而变化，所以青少年年龄界定问题很难形成统一标准，再加上不同国家的文化、经济和社会发展状况各不相同，因此，此方面的界定各不相同。从世界范围来看，受不同国家社会发展程度等因素的影响，再加上社会性含义的变化，很多国家对青少年的要求各不相同，特别是青少年社会化过程和方式存在巨大差异。比如，22岁的巴西人就已经告别青少年时期，进入了成年期。罗马尼亚则规定青少年的年龄为14～30岁。受环境和遗传等因素的影响，不同民族或地区青少年的青春期年龄段也各不相同，部分国家规定14岁之后青少年才进入青春期，部分国家规定少年在8岁时就已经进入青春期，所以很难对青少年年龄的上下限进行明确区分，也很难形成国际统一标准。

(四) 本书关于青少年的年龄界定

本书结合世界各国的情况，综合考虑各方面的因素，对青少年的年龄进行了界定：14～30岁的男女均称之为青少年。青少年社会工作的主要对象就是14～30岁这一年龄阶段的青少年。

对于青少年年龄界定，要考虑各种因素，比如青少年的身心发育特征、承担完全刑事责任的范围、共青团工作的对象、社会习惯认知、人口统计等方面的内容。

首先，共青团员年龄上限为28岁，但是在具体的工作中，很多超过28岁的男女青年仍然属于共青团员。根据我国传统的“三十而立”的观念，通常个体到30岁时，事业上应有一定的成就，并且能够建立家庭。因此，可以把30岁作为我国青少年年龄的上限。

其次，青少年的年龄下限为14岁，应该根据个体生理发育成熟度对此进行界定。一般情况下，我国13～15岁的青少年进入青春期，但是受各种因素影响，当下青少年普遍发育成熟提前。根据青少年犯罪研究的相关理论，一般情况下，把14岁作为青少年犯罪研究的下限。近年来，低龄化犯罪所占比重不断提升。根据人口统计方面的情况，我国少年儿童年龄为14岁以下，而共青团团员的年龄下限为14岁，本书所研究的青少年包括青年和少年，因此，本书把“青少年”年龄的下限界定为14岁。

二、青少年的定义

对于青少年的定义，学术界也进行了广泛研究，不同学科和领域研究的视角不同，得出的结论也各不相同。

(一) 生理学上的青少年

生理学家认为，应该根据人体的发育情况来鉴定是不是青少年，包括个体的身高体重变化、内分泌系统和神经系统发育成熟度等。其中青少年最大的特点就是个体进入青春期，性成熟度不断提升，从春情发动开始，一直到生理完全成熟，均为青少年期。或者说，青少年期的起点和终点分别为第二性征开始发育、性发育完全成熟。柏曼(L. Berman)根据个体内分泌功能的变化把个体分为幼年、童年和青年时期，也就是胸腺期、松果腺期和性腺期。在拉丁文中也对青少年也进行了明确划分，第一个时期为生长至成熟，第二个时期为成熟年龄，第三个时期为具有生殖能力。黄志坚在研究中指出，青少年期是人的生殖器官开始发育和性技能成熟的阶段，也就是人生由童稚之年到发育成熟的过渡年龄。

从生理学的视角来看，青少年时期是生理发育的关键时期，特别是生殖能力在这一时期能够达到成熟，所以生理学中把青少年期称为青春期、春情期等。很多学者从生理学角度对青少年进行了研究，发现近年来青少年发育加速或者提前，所以生理学上的青少年期也有提前的趋势。

(二) 心理学上的青少年

心理学家认为，应该从人的智力发展水平方面对青少年期进行划分，根据个体心理机制的质变情况对此进行界定，比如个性的形成、自我特征和情感特征等。根据心理学家的研究，青少年时期结束之后，个体不仅会形成相对独立的自我意识，而且会形成相对完整的个性，而青少年时期正是自我意识和个性形成和完善的时期。针对青少年的概念，心理学家从不同角度进行了研究，划分的标准各不相同，所以至今没有形成定论。个体的心理成熟需要一个过程，并且十分抽象，无法用具体的量化标准对此进行量化或者评价，所以心理学中并没有对青少年的概念进行明确规定。皮亚杰根据人的智力发展水平对青少年进行了研究。彼得罗夫斯基在研究中指出，青少年阶段的典型特征就是形成了自我意识和个性。荫山庄司等在研究中指出，青少年期实现了自我概念的创新，从心理上重建了人生。这一时期个体的个性得以快速发展，并完全实现了性成熟，所以这一时期被称为个体的青春期，或者说个体的第二次诞生。斯普兰格认为，个体进入青少年时期具有三大特征：一是自我发现；二是个人生活目标明确；三是个体社会生活范围进一步扩展。因此他认为，14～17岁，是个体发展的危险时期；17～21岁，是个体发展的归属时期。个体在这两个时期往往会产生孤独感，希望能够有人关心，能够和他人亲近。

(三) 教育学上的青少年

教育学认为，青少年处于学习、受教育的阶段。青少年期就是通过社会的各种教育途径，促使个体不断熟悉、接受并且内化种种社会规范，达至个性成熟，最终成为一个为社会所需要的个体的过程。依田新在研究中指出，青少年期的起点应该是接受中等教育，终点应该是结婚，在这一过程中，青少年接受教育、就业，然后学会独立生活，最后结婚组建家庭。17世纪的教育家夸美纽斯从教育学的角度对青年进行了研究，他认为个体受教育时期分为4个阶段：一是从出生到6岁的幼儿时期，主要接受家庭教育；二是6～12岁的少年时期，一般在国语学校接受教育；三是12～18岁的青年期，一般在文科学校或者拉丁语学校接受教育；四是18～24岁的成年期，一般在大学高等院校接受教育。

(四) 社会学上的青少年

社会学家认为，青少年期是个体社会化过程中的必经阶段。社会按照一定规律运行，而这一规律为大部分人所接受，个体在社会运行过程中逐渐社会化，也就是说，社会的各种价值观念、风俗文化和规范等，会逐渐内化到个体人格当中，成为个体思想认识的一部分。个体社会化过程是一个动态过程，不同阶段的特点不同，社会化存在于个体成长的每一个阶段。当个体成长到青少年期，生理逐渐成熟，社会参与度逐渐提高，社会化进程会进一步加快，个体在社会化过程中的变化与发展，会引发一系列的问题，也就是青少年期的问题。

(五) 社会工作学科中的青少年

社会工作者认为，青少年时期是儿童向成人过渡的时期。个体在这一时期身心逐渐走向成熟，并形成相对独立的人格，能够更好地适应社会，社交范围进一步扩大，并且自主意识在逐渐增强，试图在社会群体中明确自身定位，找到自己的位置，成为一个具有一定影响力的社会人。从社会工作学科的角度来看，青少年身心尚未完全成熟，但正在走向成熟阶段。青少年时期出现的种种问题都是发展中的问题，是可以改变的。

三、青少年的本质属性

在《关于费尔巴哈的提纲》中，马克思从社会实践出发对人的本质做出了最基本的科学规定，他指出："人的本质并不是单个人所固有的抽象物，实际上，它是一切社会关系的总和。"[①]从马克思有关人的本质的基本观点可以看出，人的本质集中体现在两个方面：一是自然性和社会性的有机统一；二是一切社会关系的总和。

对于个体来说，青少年期是其成长中的关键环节，是必不可少的一个阶段。这一时期个体

① 马克思，恩格斯. 马克思恩格斯全集(第3卷)[M]. 北京：北京人民出版社，1973：5.

具有人的一般本质属性，但受到年龄和社会地位等因素的影响，又具有独特的本质属性。

(一) 成长性和基础性

青少年期正处于身心发育的关键时期，这一时期的青少年精力旺盛、生机勃勃，具有极强的生命力。从其生理特征来看，青少年时期是个体身体机能最旺盛的时期，也是个体身体机能、智力发育的巅峰阶段，从形态上看可以体现在：第一，身体形态会发生颠覆性变化，包括身高、体型和体重等；第二，体内机能逐渐发育成熟，包括心血管系统、呼吸系统等；第三，神经系统非常发达，该系统基本上发育成熟，形成了完善的大脑形态；第四，内分泌发育成熟；第五，性成熟。

(二) 发展性

发展性是青少年本质特征之一，这一发展过程深受青少年人格、社会行为等因素的影响。也就是说，青少年社会生活发展过程从性质上看就是青少年社会行为塑造和形成过程，包括青少年的政治和性别角色、职业和道德社会化的过程。青少年受个体特征等因素的影响，社会化的过程、方式和内容等各不相同，但从整体上看，具有由浅入深、持续发展的特点，可以分为三个阶段：青少年前期的社会发展，形成自我概念是这一时期的主要任务；青少年中期的社会发展，增强角色学习、塑造健康人格是这一时期的主要任务；青少年后期的社会发展，主要是继续社会化和再社会化。

认识青少年的本质属性，将有助于青少年工作者把握工作的伦理价值，提升专业技能。

四、青少年观

学术界认为，青少年观的研究重点在于青少年社会定位方面的问题，对该问题进行研究，能够更好地了解青少年群体、个体的社会本质。首先，研究青少年群体相关问题，包括青少年的社会本质和价值、社会作用、社会地位等；其次，研究青少年个体的相关问题，包括青少年本质、主动性和多样性等特点。

青少年观不同，说明了社会对青少年的认识存在一定程度的差异，而我们对待青少年的态度和行为倾向也因此各不相同。研究青少年观能够更好地开展青少年社会工作，同时能够明确社会工作者的工作方向与目标。

(一) 传统青少年观

在中国传统社会中，“父为子纲”的观念根深蒂固。家庭中年长的男性具有绝对权威，家庭中的决策和管理一般与青少年无关。青少年在家庭中甚至不被当作独立的个体，而被认为是家庭的财产、父母的私有物品。青少年的发展方向完全由其父母来决定，人生中的重大事件的决定甚至完全听命于父母。基于此，青少年的社会地位表现出明显的附属性，青少年的权利、社会价值往往被社会所忽略，青少年很难参与到社会决策和管理当中，其功能和价值难以得到充分体现。

(二) 当代中国社会的青少年观

受各种社会思潮的影响，当代中国青少年观更加丰富多样，不同观点相互冲突、相互融合，呈现多元化趋势，其包容性更强。当下有两种主流青少年观：一种是传统的观点，该观点认为，在社会发展中，青少年作为社会客体，需要我们去认识、去挖掘其潜力，这种青少年观承认青少年群体的存在、青少年具有一定的社会价值，并且认为在社会发展和运行过程中，青少年是一股不可缺少的力量，特别把青少年作为无产阶级事业体系中的一个重要环节来对待。另外一种有代表性的青少年观认为，青少年是社会生活中的能动主体，是社会发展中不可缺少的一部分，青少年的社会价值应得到充分的承认，青少年的权利应得到尊重，青少年的需要也应该得到满足。这种青少年观不仅把青少年看作组成社会的一个群体，而且从青少年个体的角度出发来考虑青少年的需要、权利等问题。

(三) 社会工作中的青少年观

纵观当前的社会工作，涉及多个方面，其中青少年社会工作是其重要组成部分。社会工作中的青少年观充分体现了以青少年为核心，为青少年提供服务，一切从青少年成长发展需要出发，让青少年能够茁壮成长，其主要价值包括以下几点。

(1) 相信每一个青少年都有与生俱来的价值、尊严和权利。

(2) 和其他青少年相比，或者和任何成年人相比，任何青少年都有自己独特的个性，社会应该承认和尊重青少年的这种独特性。

(3) 和成人相比，青少年同样有着自身的需求，渴望获得一定的社会地位，获得法律法规规定的权利。青少年的这种需求只有得到满足，才能实现自我成长。但青少年的需求和成人的需求毕竟不同，在满足青少年需求时也要考虑到这种特殊性。

(4) 青少年正处于人生的转折时期，可塑性非常强，并且具有无限潜能，社会应该帮助青少年，为他们提供更好的条件，充分挖掘其潜能，实现青少年的健康成长。

(5) 青少年在成长过程中不可避免存在不足，有其自身的局限性，需要获得他人与社会的援助，每一个青少年都有接受别人帮助的权利，这种接受帮助的权利必须得到尊重。

(6) 青少年在成长过程中不仅需要享有权利、接受他人帮助，而且需要向他人伸出援助之手，积极主动履行自身应尽的社会义务。个体与个体之间是相互依存、相互影响的，在接受他人援助的过程中，要向他人负责，要为社会作出贡献。社会有义务为青少年提供帮助，为青少年提供更多的社会资源，创造更有利的成长条件，满足青少年的成长需求。

第二节　认识青少年社会工作

一、青少年社会工作的概念

青少年社会工作是以青少年为主要工作对象、全面帮助青少年成长的工作，集中体现在对青少年进行学业、生活、就业和职业培训等方面的辅导与指导，也包括为其提供心理咨询、婚姻介绍与教育等方面的服务。青少年社会工作的内容非常广泛，凡是为青少年提供服务、帮助青少年健康成长的社会工作都属于这个范畴。由于青少年群体自身的一些特征，青少年社会工作的重点与针对其他群体的社会工作是有所不同的。无论是学业辅导，还是职业培训，都可以看出其中有“教”的特点。虽然“教”的特点在社会工作理论界是有争议的，但是由于青少年正处在从儿童转变为成年人，从初级社会群体中走出，走向更为广阔社会的过渡期，他们所具备的生存技能不足以面对这个复杂的社会，需要其他社会成员给予必要的支持，把积累的社会经验传授给他们，所以“教”是必要的，也是必然的，只是“教”的方式方法有所不同。青少年社会工作的目的就是帮助青少年茁壮成长，所以青少年是此方面工作的核心，在此引导之下，社会工作者用自己的专业知识为青少年提供帮助，满足青少年的需求，维护其利益，挖掘其潜能，让青少年能够更加健康地成长。

不仅青少年社会工作的内容与其他领域的社会工作不同，其工作过程与工作对象也具有独特性。根据上述分析可以看出，青少年社会工作是指根据青少年的生理和心理状态、兴趣倾向、特长爱好、家庭背景以及智力等实际情况，予以个别或集体的辅导，使其获得正常的发展，并启发其才能与志趣，使其健康发展，以贡献社会和国家。青少年作为一个群体，区别于其他任何一个群体，这个群体有其自身的特点。根据青少年的特征，可以给予青少年一种集体的服务与辅导，同时青少年群体内部的差异性也不能忽视，青少年个体都是不同的，他们有着不同的成长经历、不同的家庭背景、不同的心理趋向、不同的兴趣爱好。同一年龄阶段的不同青少年，可能有着相似的行为模式，但是也可能有着近乎相反的行为模式，要充分考虑每个服务对象的个别性，有针对性地开展服务，这样才能真正发掘其潜能。

青少年社会工作是当前社会工作的重要组成部分，服务对象为全体青少年。社会工作人员凭借自身专业和科学的社会工作知识与经验，为青少年提供全方位的服务，引导青少年健康成长、全面发展，并帮助他们解决各种问题。通过一系列的青少年社会工作，能够让青少年实现茁壮成长，从而承担起社会和国家发展的重任，促进社会和谐发展。首先，青少年社会工作的工作对象必须是青少年，有时可能是全社会所有青少年，有时可能是青少年群体中特定的一些人，比如青少年中有特殊困难、特殊需求的人，或者是在其成长过程中出现了发展障碍或偏差的人。其次，青少年社会工作区别于其他面向青少年的服务的一个重要特征，就是青少年社会工作者能够从社会工作的专业角度为青少年提供服务，运用专业的理论、方法与技巧，帮助青少年解决各种问题，让青少年能够健康成长。最后，青少年社会工作目标明确，即全心全意为青少年服务，挖掘其潜能，增强其能力，实现其成长及全面发展。

二、青少年社会工作的内涵和外延

从内涵和外延来看，可将青少年工作分为两个类型：一是狭义的青少年社会工作，学术界也称之为消极的青少年社会工作，从其性质上看，主要为发展方向存在偏差、发展道路存在障碍的青少年服务，属于事后补救性工作。社会工作者用科学、专业的服务手段与方法帮助这些存在问题的青少年走向正确道路，助其全面健康成长。此方面工作思维方式集中体现在“教”和“治”两方面，通过一系列的手段与方法，让问题青少年走上正确的成长道路。20世纪以前，青少年社会工作主要是以狭义的青少年社会工作为核心，此种模式在当时非常普遍。二是广义的青少年社会工作，只要是和青少年全面发展、健康成长有关的工作都属于该范畴，很多国家和地方政府通过广义的青少年社会工作为青少年提供服务，其目的就是促进青少年身心健康成长，更好地适应社会，从而促进整个社会的和谐发展。广义的青少年社会工作服务对象不仅包括问题青少年，而且包括其他青少年，工作内容非常广泛，涵盖青少年健康发展的各个方面，包括教育、体育、保健、娱乐和医疗卫生等。广义的青少年社会工作更多地带有“预防”

和“发展”的色彩，真正体现了一切以青少年为本，一切以青少年为中心，着眼于青少年的自身需要。广义的青少年社会工作不以“解决问题”为目标，它的目标与整个社会的目标体系一致，已经整合到整个社会的目标体系之中，与社会整体目标融合在一起。所以，广义的青少年社会工作有不少是以国家社会政策的形式，甚至是以法律的形式固定下来。从操作层面看，可能直接由政府部门执行一系列体系化的社会政策和法律法规，也可以由社会组织来执行。针对青少年的社会工作的制度化、法治化发展，能够提升此方面工作的针对性和有效性，能够建立起长期有效机制，为青少年的健康成长保驾护航，特别是能够从根源上消除危害青少年茁壮成长的因素，预防青少年可能受到的伤害，有力地保障青少年的发展。

从性质上看，广义的青少年社会工作虽然面对所有的青少年，其工作具有整体性和系统化的特点，但也非常注重对青少年的个别化指导。此方面的工作深入细化到社会中的每一个青少年，以促进社会中的每一个青少年的潜力发掘、全面发展为工作目标。该理念也体现了“个别化”的原则，不但承认青少年群体的一致性，而且看到了青少年个体的独特性，并且尊重、承认这种独特性。在工作过程中，更是以这种“个别化”的思维模式为主线。

当然，广义和狭义的青少年社会工作并不能绝对地区分清楚，可以看到，随着社会的发展和进步，社会对青少年的需求、权利和福利的重视程度在不断提高，狭义的青少年社会工作越来越向广义的青少年社会工作发展，青少年社会工作也越来越与国家的福利制度、社会政策、法律法规整合为一体。现代青少年社会工作一般都可以理解为广义的青少年社会工作，这是一种积极的青少年社会工作。

三、青少年社会工作的层次结构

在整个社会系统中，现代青少年社会工作属于一个次级系统，隶属于福利子系统范畴，因此具有非常独特的层级结构。从整体上看，青少年社会工作的结构可以分为以下三个层面。

(一) 宏观青少年社会工作

从宏观层面来看，一些行政级别比较高的国家行政体系或者社会民间机构能够从制度层面为青少年的发展制定相关方针政策与法规，保障政策法规能够得以落实，并在此过程中实施监督与管理，不断提高青少年的福利水平，实现青少年的可持续发展。宏观青少年社会工作主要是从制度方面开展工作：首先要制定有益于所有青少年发展的社会政策；其次要把社会政策落到实处，为青少年提供各种福利；最后实现社会的整体目标。一般情况下，青少年福利服务机构在为青少年服务的过程中收集各种信息，反馈社会服务的效果，然后由相关职能部门制定和修改福利政策。这种宏观青少年社会工作对政策实施负有责任，掌握社会资源的分配权和社会政策的制定过程，有时与社会行政及相关政治活动有较强的相关性，这个层面一般不直接提供面向广大青少年的福利服务。

宏观层面上的青少年社会工作在现代国家里有着越来越重要的功能，行政层级较高的工作人员在为青少年提供福利服务的过程中，能够利用自身的职能优势调动更多的社会资源，形成具有一定影响力的社会政策，更好地为青少年服务，同时还能够促进各个具体实施福利服务的机构部门之间协调一致，建立支持性网络，制订制度和计划，监督实施效果，并为政策制定提供反馈。

(二) 微观青少年社会工作

从微观层面看，所有针对青少年的福利服务统称为微观青少年社会工作。此方面的工作强调的是利用专业的社会工作方法、技巧和理念为所有的青少年群体或个人提供服务，让青少年实现全面发展。社会工作者用专业的方法和技巧能够更好地为青少年提供服务，并且在服务过程中能够渗透社会工作的理论、方法和价值观，有利于预防、发现和矫正青少年问题，挖掘青少年的潜能，让青少年能够更好地适应社会，实现健康成长。微观青少年社会工作方法多样，包括个案、社区、团体、整合青少年工作，其内容涉及多个方面，比如为青少年提供学业、生活和心理、职业和就业、休闲服务、婚姻家庭等方面的教育与辅导。从工作性质上看，微观青少年社会工作分为发展性、预防性、治疗性的青少年社会工作等类型。微观青少年社会工作是直接与服务对象接触的层面，这个层面在实际操作上有很多需要学习和掌握的理论、方法和技巧。

(三) 中观青少年社会工作

连接宏观青少年社会工作与微观青少年社会工作的就是中观青少年社会工作。我们很难清楚地指出这三者的明确界限，但是介于宏观和微观之间的青少年社会工作可以被认定为中观青少年社会工作，该环节联系、协调、统一宏观层面与微观层面，是连接两者的桥梁。

上述三个层面相互联系、相互影响，并没有绝对的界限，它们共同组成了青少年社会工作的整体体系。

四、青少年社会工作的要素

与社会工作的概念一样，青少年社会工作的内涵也是非常丰富的，从不同角度、不同层面、不同视野来说，对青少年社会工作的理解是不同的，但是我们可以从中发现一些共性，几乎所有对青少年社会工作的理解都包括以下几个要素。

(一) 青少年社会工作的对象

1. 对社会工作对象的认识

社会工作有特定的服务对象，社会工作的范围不同，对服务对象的界定也就不同。从广义来看，社会工作具有三个功能：一是促进全人类的全面发展；二是挖掘人类潜能；三是促进社会进步。这种理解下的社会工作的服务对象就是全人类，只要他享有人之为人的权利，他就享有接受社会工作者帮助的权利。如果把社会工作定义为接受过专业训练的社会工作人员运用专业知识来帮助社会群体和个体摆脱困境、实现发展，其主要方法就是运用专业的社会工作理论与方法通过挖掘社会群体自身的潜力、动员各种社会资源，让社会群体或个体能够更好地适应社会，实现自身的有效发展，从而促进社会福利。这种定义下的社会工作对象就是指在社会生活中，遇到了一些社会适应上的困扰和障碍，发展受到阻碍的个人、家庭和群体。实际上，在现代社会中，每个人在社会生活中可能遇到的风险都要比传统社会多。任何人在社会生活中都有可能遇到各种各样的困难，阻碍其正常的社会功能的发挥，这并不代表其社会适应功能丧失了，而只是其社会功能在这种特殊的情境中发挥适应功能受到了阻碍，社会工作者的责任在于帮助处于这种情境中的个人或者组织恢复其社会适应能力。只要是生活在现代社会中的个人和组织，都有可能成为社会工作的对象，而那些陷于困难境地中的个人和组织则成为事实上的社会工作对象。在社会工作发展的早期阶段，社会工作对象被认为是有“问题”的个人或者社会组织。社会工作的责任在于帮助这些个人和组织解决问题，使其由“非常态”转变为“常态”。在这种理念指引下的社会工作，是一种“病理性”的社会工作，带有明显的“医疗”模式特征。从前，接受社会工作服务的人常常会带有一种羞耻感、负罪感。这种观念随着社会的不断进步，已经逐渐退出历史舞台。但是迄今为止，仍然有很多服务对象在接受社会工作服务时会产生一种“不体面”的感觉。这种在接受社会工作服务时，服务对象所表现出的“羞耻感”，与在一些落后的国家和地区公民权意识还没有普遍生根有关系。事实上，接受社会工作福利服务是公民的基本权利，任何一个公民都享有这种接受帮助的权利。另外，服务对象在接受服务时有这种“不体面”的感觉，与社会工作者的工作理念和方法都有很大的关系。早期的社会工作者常常以权威者的角色出现在工作对象的面前，在提供专业理论知识和福利资源来帮助工作对象的同时，形成了一种对工作对象发挥自身潜力的压制，使对象成为工作的客体，被动地接受帮助，工作对象的主观能动性和主体性地位受到了严重的压抑。新的社会工作理念正在逐步地摆脱这种专家角色，社会工作者不再以一种权威者的角色出现，而开始关注社会工作者与服务对象之间的互动关系，两者之间不再有客体和主体之分，而是互为主客体。社会工作者不是站在一个高高在上的位置试图给予服务对象某种资源，而是与服务对象站在同一个位置上，从服务对象的角度出发，考察其所处的位置，引导其发掘自身潜力和利用周围可能动用的一切社会资源，使服务对象自己帮助自己解决问题。而且，在服务对象解决当前问题的同时，也帮助其增强面对类似问题的能力，从而促进其社会适应能力的提高，使其更好地适应社会变迁。

2. 青少年社会工作对象的含义

青少年社会工作对象的范围不断发展演变，从早期聚焦于“问题”青少年，向为社会全体青少年提供福利服务转变。这种服务群体范围的扩展，标志着社会文明的发展。青少年社会工作的对象指向全体社会青少年，有其深刻的内涵。

(1) 任何青少年都享有平等的权利，具有无限潜能，同时具有自身的局限性，这是青少年社会工作的基本前提。正是因为青少年具有上述特征，才需要社会工作者的帮助。另外，青少年群体作为一个整体，既具有许多其他群体不具有的优势，也具有许多其他群体可能没有的弱点。这些青少年所独具的特征需要社会给予青少年特别的帮助，接受这种帮助也是每一个青少年应当享有的权利。

(2) 为所有青少年提供服务，特别是为有特殊需要的青少年提供针对性服务，是青少年社会工作的核心与重点。青少年具有独特性，其独特性应该受到尊重。青少年有共同的需要，同时也有自己不同于他人的特殊需要，这种特殊需要也应该得到满足。在开展青少年社会工作中，应重视青少年的特殊需要，并以这种特殊需要作为工作着眼点，为那些处于特殊境地的青少年提供特殊帮助。

(3) 青少年社会工作面向所有青少年，具体地说，是面向青少年所有的成长阶段。青少年实际上是一个不确切的概念，它是指从儿童到成人的过渡阶段，范围相当宽泛。在不同成长阶段，青少年遇到的问题也是不同的。例如，一个14岁的中学生和一个20岁的大学生都属于青少年群体，但是他们所处的人生发展阶段不同，他们可能要面对的问题也不同。青少年社会工作应面向青少年群体所有的成长阶段，尽可能提供全面的帮助与支持。这对青少年社会工作者来说无疑是一个巨大的挑战。青少年社会工作者不能预测可能发生的所有问题，更不可能为服务对象提供现成的解决方案，青少年社会工作者能做的，是向青少年传达一种面对问题、处理问题的角度、方法和态度，引导他们自己解决问题。

(4) 凡是影响青少年发展的因素，都是青少年社会工作的内容。此方面的因素既包括青少年自我因素，也包括社会等因素。也就是说，青少年社会工作内容包括所有影响青少年发展的内外部因素。向内，我们要挖掘青少年内心的无限潜能，帮助他们发掘自身潜力，学会动员自己的能量。我们要帮助青少年，让他们自己学会如何寻找周围一切可以利用的资源。帮助他们意识到他们不是孤立无援的，他们背后有许多可以利用的资源，当他们遇到困难时，他们有权利向这些可以利用的资源寻求帮助。向外，为青少年提供更多的发展机会，创设一个良好的社会法治环境，让青少年能够茁壮成长。包括建立健全各种社会福利政策，完善各种法律法规，实现文化传统的延续和继承以及文明氛围的扩展。这些都是影响青少年成长的重要因素。

(二) 青少年社会工作的目标

1. 社会工作的目标体系

社会工作的目标体系可分为三个层次。

(1) 社会工作的终极目标。社会工作的终极目标集中体现在两个方面：首先，使个体的潜能得以充分挖掘，实现个人的全面发展；其次，实现整个社会的和谐统一。这一终极目标从性质上看属于社会工作的最理想状态，社会工作者通过专业的社会工作知识与技巧，在实践领域实现了专业社会工作的价值观，即充分挖掘人的潜能，实现个体和群体的全面发展，让个体或群体更好地适应社会。这有利于推动社会文明的进步，同时有利于实现社会的和谐。终极目标属于长远目标、理想目标，不是每一次专业实践都可以达到的，但是终极目标是一个方向、一个理想，社会工作者必须朝着这个方向去努力。

(2) 社会工作的中间目标。社会工作的中间目标集中体现在：一是让服务对象恢复信心，能够以更好的姿态对待自我和生活；二是让服务对象能够更好地适应社会；三是使其在以后的生活中将面对问题的态度向更有利的方向转换，帮助服务对象提高勇于且善于解决问题的能力。中间目标比终极目标容易实现，也是在具体的工作过程中所力求达到的目标。

(3) 社会工作的具体目标。此方面的目标主要针对具体的服务对象而言，具体表现为直接或间接为服务对象提供服务，帮助他们学会动用自身以及身边的各种社会资源解决问题。

社会工作的三个目标层次不是截然对立的，是相互联系、有机统一的，在具体实践中，这三个目标层次更是很难清楚地区分。

另外，在专业社会工作实践过程中，还可把社会工作目标分为两个层次：一是工作目标；二是过程目标。工作目标类似于具体目标，就是指具体的社会工作活动所要解决的具体问题以及所要达到的具体效果。过程目标就是通过实践活动可能给服务对象和服务对象所处的具体环境带来的种种改善。这两个目标是统一的，在具体的实践过程中是同时实现的。

2. 青少年社会工作的目标体系

作为社会工作的服务对象，青少年有明显的区别于其他服务对象群体的特征，这些特征要求青少年社会工作的目的性有明确指向。

发展，可以理解为一种变化，这种变化是一种正向的、前进的变化，可能是事物从小到大、从简单到复杂、从低级到高级的一种变化。人的发展是多层次的，有身体的发展、心理的发展，还有社会适应方面的发展。在青少年阶段，这种发展的进程是突飞猛进的，带有质变的特征。青少年正处于成长时期，自身具有巨大的发展潜能，青少年社会工作者要凭借自身专业知识最大限度地挖掘青少年的潜能，帮助青少年更好地适应社会，让青少年能够实现全面发展，让他们朝着自我实现的方向去努力，为社会做出更多的贡献。

青少年社会工作经常面对的服务对象可能是一些在社会上没有被充分认可、缺乏价值感、人格体系不够完善的青少年，比如城市边缘青少年、少女妈妈、滥用麻醉品的青少年，等等。面对这样的服务对象，青少年社会工作者可能会困惑：青少年社会工作的目标如何实现？如何帮助他们发掘自身的潜力不断成长？这确实是一个难题。因为传统社会的包容程度较低，对这些有行为偏差的青少年，社会接纳程度本身就不高，帮助他们恢复社会功能、促进他们发展就更不是易事。正是由于这样的情境，青少年社会工作更加强调它的发展性目标。面对需要帮助的青少年，青少年社会工作者的眼光应放在他们的发展潜质上，青少年社会工作一切努力的出发点都是寻找他们的内在动力。

目标是指导行动的指南，有了目标，青少年社会工作才能更好地把握为青少年服务的方向和内容；有了目标，青少年社会工作者才能更加有效地为青少年服务。

(三) 青少年社会工作的专业手段

1. 社会工作需要专业手段的原因

社会工作之所以成为一个专业，是因为它有专业的工作方法和专业的理论，同时需要受过专业训练的人员来运用这些工作方法和理论。

(1) 社会工作有自己的理论体系。社会工作综合各学科理论知识，形成了自己的理论体系，具体包括社会工作具体方法的理论，如个案、团体、社区工作、社会行政等相关理论；社会工作不同领域的理论，如儿童福利工作、青少年社会工作、老年福利服务、学校社会工作、矫治社会工作等领域的理论等。这些理论有些是直接借鉴其他学科理论，有些是在社会工作实施过程中根据实际工作经验所形成的工作模式和理论架构。在专业社会工作发展的过程中，这些理论已经融为一体，成为社会工作专业的基石。

(2) 专业社会工作强调专业方法和技巧。社会工作技术较为繁复，包括倾听的技术、觉察和解析的技术、沟通的技术、建立专业关系的技术、理性探讨的技术、激励的技术、创新的技术、调解的技术，等等。运用这些技术，能更有针对性、更有效地解决问题。

(3) 社会工作恪守特有的专业伦理。社会工作在理论和技术形成的过程中，也形成了一套专业社会工作的伦理守则，具体包括：案主自决原则、非批判原则、非指导性原则、保密原则、尊重案主原则、重视案主参与原则、正常化原则、个别化原则，等等。这些伦理守则是对专业社会工作从业者的基本要求，是专业社会工作者必须遵守的从业规范。违背了这些规范，就违背了专业社会工作的宗旨。

(4) 社会工作需要专业训练。只有受过专业训练的人士，才能掌握社会工作的专业知识与技能，才能从事社会工作，这也是专业社会工作的基本要求。社会工作者只有通过系统的学习，掌握社会工作的基本理论、知识、方法和技能，同时能够把理论知识运用在实践中，从而形成专业的价值观，才能够在具体的社会工作中，把社会工作的知识与理论、价值观等运用到服务对象的改变中，从而实现自我有效发展。具有一定专业技能的社会工作者懂得如何处理社会问题，并且能够运用一定的方法和技巧，妥善地和服务对象进行沟通交流，帮助服务对象解决各种问题。

2. 青少年社会工作运用的专业手段

青少年社会工作的服务对象是全体青少年。青少年处于身心发展的关键时期，和其他群体特征有所不同，有着自身固有的客观规律。和家庭生活照料、学校知识传授不同，青少年社会工作专业性非常强，其目的是充分发掘青少年的潜能，让青少年能够实现更好的发展与成长，更好地适应社会，为社会创造更多的价值。因此，青少年社会工作者要结合青少年的身心特征、个性特点、客观规律等，制定切实可行的服务方案，运用专业的服务方法与技巧，帮助他们解决问题，走上全面发展之路。为了实现这一目标，青少年社会工作者应参加专业培训，系统地学习相关知识与理论，从而能够运用多学科知识为正处于成长时期的青少年提供专业服务。相对于青少年来说，社会工作者拥有更多的社会资源，可以为青少年提供更多的社会资源，让青少年健康发展。在为青少年服务的过程中，要注重技巧与方法，从而提高服务的针对性和有效性，更好完成青少年社会工作的任务与目标。

青少年社会工作者与传统的青少年工作者的一个很大区别在于，青少年社会工作者运用社会工作的理念做指导，将青少年社会工作作为一种服务来对待。在面对青少年的时候，社会工作者要明确自身和青少年之间是一种平等关系，要尊重青少年的想法，积极主动对青少年进行引导，开展各种形式的活动，才能更好地对青少年进行指导。针对青少年存在的问题，社会工作者通常要提出建议性和建设性的意见，鼓励青少年自我反省，这样才能够真正帮助青少年、更好地为青少年提供社会服务。所以，青少年社会工作需要既掌握青少年成长规律，又具有社会工作专业素养的、经过系统培训的社会工作专业人员。

青少年社会工作面对的是全体青少年，工作内容具有发展性、预防性和补救性的特点，对专业的要求非常高。不同层次、不同性质、不同范围的青少年社会工作需要的专业特质和专业技巧可能不同。宏观青少年社会工作的侧重点是全面了解青少年的福利政策、法律法规，以便于设计青少年福利服务框架，制定相关政策；微观青少年社会工作更多地需要社会工作实务的经验和技巧，来帮助青少年解决他们可能遇到的各种问题。

综上所述，青少年社会工作的服务对象就是广大青少年，社会工作者应运用自身的专业知识、方法与技巧，结合青少年的成长发展规律，挖掘青少年的潜能，为青少年的全面健康发展创造条件，帮助青少年更好地适应社会。

第三节　青少年社会工作在西方的发展

一、青少年社会工作的发展背景

青少年的概念不是一直都有的，而是随着历史的发展，主要是随着资本主义生产关系的产生而产生的，而青少年社会工作则是随着资本主义的迅猛发展和日趋成熟而产生的。

(一) 青少年社会工作产生的内因在于生产力的不断发展

生产力的发展是整个社会发展的基础动力。生产力的快速发展推动社会的不断进步与变革，而分工的出现则是生产力发展的直接后果。整个社会分工越来越细，很多领域出现了多个子系统，交叉领域也得到了进一步细分，社会工作也随之而演变发展，细分程度越来越高，催生了专门为青少年服务的青少年社会工作。青少年社会工作隶属于社会工作，同时它又与一个国家的教育系统、行政体系和生产领域都有着密切的交叉关系。可以说，这正是生产力发展和分工细化的结果。

生产的发展到底如何导致青少年社会工作的产生呢？这种因果关系是一个复杂的过程。其中有的推动力是直接、鲜明的，由于生产的发展直接影响到青少年，从而产生了青少年社会工作这个专业；有的推动力是间接的，是通过生产推动其他领域的转变，比如生产关系和社会关系，通过改变社会结构来推动青少年社会工作的产生；还有更为间接的影响，如改变的社会关系和社会结构影响了身处其中的人，影响了人的诸多观念和价值，从而需要有新的形式来帮助人们面对这些突如其来的对人内在的挑战和冲击。总之，正是因为纷繁复杂的社会的影响，青少年社会工作才得以产生并且发展。

生产的发展直接给青少年社会工作带来推动力。进入资本主义社会以后，生产力的发展引发整个社会的巨大变迁。整个资本主义的历史，可以被看作对生产发展无限追求的历史。没有哪一个社会比这个社会更渴望极限发展。这种极限追求的表现在生产领域就是对生产效率近乎苛刻的追求，对剩余价值近乎贪婪的剥夺，对生产总量一次又一次的突破。任何东西都被放在生产发展的天平上去衡量其价值，这种被赋予的价值是指向生产的价值，是这种东西能否带来剩余价值的评价体系。人本身也是作为生产的一个至关重要的因素而出现。人不再单单是人本身，而是成为一种能够带来巨大剩余价值的资本(被称为人力资本)。复杂多变的社会因此有了一个轴心，所有一切都围绕这个轴心紧密地旋转着。

首先，生产力的发展把青少年抛向了社会，青少年生存和发展问题日益突出。由早期资本主义原始积累的历史可知，妇女和儿童是资本家赚取剩余价值的最好工具。女工和童工在恶劣的工作环境中，做着与成年男工相似的工作，工资却比男工低得多。许多天真的孩子因为整天超过15个小时的劳动而夭折，他们尚未完全发育成熟，还处于一个迅速发展的阶段，他们有自己的诸多问题要去面对和处理，而同时又要为自己的生计而发愁，要成为一种生产力量为这个社会负担一定的责任。这些内在和外在的诸多矛盾必然引起他们的内在冲突，同时带来诸多社会问题。

其次，青少年作为一个重要的社会群体，社会性发展的矛盾日趋尖锐。青少年的本质特征就是发展性，具体体现为两个方面：一是机体的发展，他们正处于一个身体变化急剧和迅猛的时期，需要更多的营养和休息才能使机体发展更为健康。而过早的社会生产劳动使得他们不但不能获得更多的营养和休息，甚至连一般人所需要的营养和休息都不能满足，这势必会使青少年的机体发展受到严重的阻碍，有的甚至可能呈现畸形的现象。二是心理和社会适应方面的发展。从原来的儿童心理逐步发展为成人心理，从儿童的行为模式逐步转化为成年人的行为模式，这一过程是一个循序渐进的过程，而面对角色转换、各种变化，青少年的内心极其复杂、矛盾，甚至会影响到青少年的健康成长。

再次，对生产力发展的强烈追求使得社会无暇顾及青少年的问题，青少年越来越缺少真正的关怀。疲惫的身体和充满矛盾冲突的内心需要有一个途径来缓解，否则向内可能引发青少年的心理问题，向外可能导致青少年社会问题，比如青少年犯罪。过去可能借助家庭、宗教和教育来缓解这一问题，但是资本主义社会使得原来的家庭、宗教和教育本身的运行出现了种种问题，它们已经不可能全部承担缓解青少年问题的责任。这种情况下，青少年心理问题自然成为更为普遍的问题，一个突出的表现就是自杀现象屡见不鲜，而更为广泛的是一种向外的表现，这就是青少年犯罪。

最后，除了生产力直接推动的发展，社会关系的变化会对青少年产生间接影响。矛盾激化到一定程度，才会有解决问题的办法出现。当青少年问题成为一个社会问题，危及资本主义生产发展的时候，作为资本主义代表的国家必须出来解决问题，社会性的、政府行为层面上的指向青少年的工作才可能出现。

根据上述分析可以看出，青少年社会工作产生的内因主要来自生产力和资本主义生产关系的发展。

(二) 青少年社会工作产生的关键原因在于社会关系的变化

生产力的快速发展，推动了社会关系的不断变化，而这种社会关系的变化冲击了传统社会中人与人之间的关系，人与人之间的关系变得简单直接，这就是赤裸裸的金钱关系。人与人之间情感冷漠、关系疏远成为一种普遍的现象。政教分离以后，宗教对人们的约束作用变得越来越小，而原来建立于首属群体之上的道德和规范体系，也因为首属群体关系的松散而变得更加软弱无力。虽然资本主义国家处心积虑建立起来的看似完整的法律体系在一定程度上缓解了这个问题，但是整个社会，特别是在人的价值和精神领域中的失范问题越来越突出。

青少年正处于价值观念形成的关键时期，这些观念的形成过程本身就是一个混乱、冲突和矛盾的不稳定过程。在过去的生活中，通过家庭、社区以及学校的影响，他们已经不自觉地接受了许多关于这个社会的价值规范和文化习俗，对家庭的依赖性比较强。但是资本主义生产关系的出现与形成对传统的家庭关系、家庭结构造成了强烈冲击，家庭功能逐渐被削弱，更多的青少年越来越早地走向社会，不得不迎接来自各方的冲击，身心不成熟的青少年面对各种冲击，感到茫然不知所措，无法应对。

在传统社会中，文化和价值规范变化是比较缓慢的，文化传递也是有规则的，父辈的权威是绝对的。而现代社会中，文化价值和社会规范的变动剧烈，社会中的种种元素，特别是同辈群体的影响取代了父母的影响，成为青少年社会潮流形成的动因。同时，传统社会中的宗教和家庭会给人的价值文化冲突提供一个可靠的缓解途径，而现代社会中宗教的约束作用减弱了。家庭，这个最原始、最基础的社会单位，正面临前所未有的冲击。家庭中原有的紧密的经济联系松散了，它所承担的人类生产功能也在削弱，家庭结构发生变化，核心家庭不断增加，家庭功能、大家族功能逐渐被削弱，青少年问题得不到有效解决，青少年社会工作在这些因素的综合影响下应运而生。

(三) 人的精神发展与追求是青少年社会工作产生的催化剂

随着当今社会的高速发展与变革，人们更加注重对个人价值与社会价值关系的思考和对青少年的培养，同时社会对于青少年的包容度也越来越高，并赋予了他们完整意义上的人的概念，使得青少年社会工作需要向更加专业化的方向发展。首先需要将精神发展和健康完善作为个人发展的重中之重，这也使青少年社会工作变得更有意义，紧跟社会发展的脚步，改变传统的青少年工作模式已经是大势所趋。这是一个快速变化的时代，人们接触到的事物和文化在不断地增加、更新，人们的观念也在发生着前所未有的巨大改变，权利观的普及改变着传统家庭结构，个性化的推崇与发展不仅为社会带来了部分负面影响，也为青少年的发展带来了严峻的挑战，青少年自身的能动作用成为解决青少年发展问题的内在动因。由此可见，随着社会的发展进程，建立专业的青少年社会工作体系已经成为时代的迫切要求。

二、青少年社会工作的发展阶段

青少年社会工作是近代西方资本主义社会的产物，是为解决工业快速发展时期出现的青少年社会问题而从社会工作中分离出来的，它从最初的社会工作组成部分到独立的工作领域，由最开始为青少年提供基本生存服务与保障，被动解决青少年社会问题，到后来主动为青少年提供发展支持与服务的根本性转变，一共在西方经历了三大历史阶段，即萌芽阶段、产生与初始发展阶段与专业化发展阶段。研究西方青少年社会工作的历史进程，有助于我们了解青少年社会工作的根源、性质所在，以及东西方文化的差异所在，取其精华，去其糟粕，研究出更有针对性的、更符合本土文化的青少年社会工作理论体系。

(一) 青少年社会工作的萌芽阶段 (17世纪初—19世纪中叶)

圈地运动在16世纪开始登上近代西方社会的历史舞台。17世纪初—19世纪中叶，圈地运动的进一步高涨，虽然提高了社会整体的生产力水平，也为西方社会改革带来宝贵的契机，但是人们依然被生活贫困所困扰，也因此出现了通过济贫助困来保障人们基本生活需求的举措，而青少年社会工作就是这类社会工作的一部分。

1. 对“青少年”这一特殊群体的关注

在法国启蒙思想家卢梭的《爱弥尔》中我们可以发现有关青少年时期特点的描述：像海啸的浪潮预示着暴风雨的来临，不断上涨的热情同样预示着什么。压抑已久的兴奋警告我们危险即将来临。卢梭认为，该阶段对人的情感和精神产生的影响之大不亚于一次重生，处于这一时期的人们可能会因各种因素而表现出性格改变、叛逆、敏感、冲动等不同于以往的情绪或者行为，并认识到这种情况将会持续很长一段时间。因此，他建议我们对处于这一时期的年轻人负起责任，陪伴、引导他们顺利度过这一危险期。歌德在他举世闻名的《少年维特之烦恼》中，通过对维特生前经历和最后结局的描写，让人们认识到处在特殊时期年轻人的处世态度和情绪特征。即使该阶段还未出现“青少年”“青春期”的概念，人们也已经开始对处于这种特殊时期的年轻人投入更多的关注。

2. 青少年成为政府救济的对象之一

随着圈地运动的不断发展，出现了越来越多的无业农民，这些农民失去了赖以生存的土地，失去了一切经济来源，因此流离失所。在此时，部分教会和私人富豪组织了一些慈善活动来救助这些贫困农民，随着慈善活动的发展，政府开始接手慈善事业并且向贫困农民发放救助。其中，标志性事件就是1601年英国伊丽莎白女王颁布了救助贫民的《济贫法》，规定要向国内无法工作者和儿童群体提供粮食，同时要求教区设置专门的贫民习艺所为男女儿童提供学习手艺的场所，教区同时需要义务为其提供、介绍工作，或者为其提供原材料以及相关的工具来帮助其进行生产。[①]英国《济贫法》颁布后，西方开始有组织地兴起社会救济工作，青少年群体成为政府救济对象中的重点群体，大多数进入抚育院和习艺所的贫民都是青少年群体。

3. 开始出现保护童工的法案

英国人罗伯特・皮尔勋爵为了遏制社会中越来越严峻的利用贫苦儿童进入纺织厂做苦工获得资本的现象，在1802年向国会提出了《健康与道德法案》并经国会审议通过。此法案成为英国第一个保护童工的法律法规，这一法律限定了各类纺织工厂使用童工的标准，例如要求分配给童工的工作时间不得超过12小时、不得要求童工从事夜间工作等。后来，皮尔、欧文、伍德等人长期致力于儿童保护事业。由于各方人士的推动，国会在1819年对法案进行了修正，规定不得雇佣9岁以下儿童、限定16岁以下童工的每日工作时间不得超过12小时，这一立法仅限于纺织业。[②]

这一时期作为青少年社会工作的萌芽和起源时期，社会政策领域开始出现了对儿童工作者各方面的关照。但此时青少年社会工作并没有与社会工作领域进行详细划分，只是作为政府对青少年的社会救济中的重要方面，主要内容是救济、培训和提供工作机会。

(二) 青少年社会工作的产生与初始发展阶段 (19世纪中叶—20世纪初)

资本主义在早期的原始积累过程中，吸纳了越来越多的青少年成为社会生产和资本积累的主力。青少年正处于身体急剧发育和思想迅猛发展的时期，需要更多的营养和休息来保证健康。但是由于各方面的因素，导致绝大多数青少年不得不提前进入工厂工作来维持生存，部分青少年在工厂劳动过程中缺乏足够的安全保障，在工作生产中受到意外伤害导致身体残疾，甚至有部分青少年在工作生产过程中过度疲劳致死。人们的社会关系由于社会化大生产的迅猛发展而发生了根本性的改变，当时较为普遍的社会现象便是人与人之间的情感越发淡漠、关系越发疏远。而青少年群体由于自身生理和心理的迅猛发展，以及严峻而又残酷的生存现实产生了极为复杂的心理状态和感受，内心冲突十分强烈，最终产生了大量复杂而又激烈的社会问题。例如，狄更斯在《雾都孤儿》小说中所描写的场景，当时青少年社会问题现象极为突出，出现了大量青少年自杀现象，青少年犯罪率不断上升，妓女群体低龄化现象越来越严重。在早期资本主义城市的发展过程中，青少年流浪问题成为较为严重的社会问题。

1. 青少年群体组织及小组活动的出现

由于工业化的高度发展，英国城市中涌现大量的谋求生路的农村青少年。据不完全统计，当时的英国伦敦有15万左右的由农村进入城市谋生的年轻人，这些年轻人每天需要长时间工作，缺乏足够的时间和精力以及资金进行正常的娱乐，同时由于工作过度劳累，绝大多数年轻人染上了酗酒等不良恶习，最终导致其生活放纵和堕落。年轻人乔治・威廉是一个虔诚的基督

① 李增禄. 社会工作概论[M]. 台北：巨流图书公司，1996：20.

② 刘燕生. 社会保障的起源、发展和道路选择[M]. 北京：法律出版社，2001：62-63.

徒，即使身处风气如此不良的社会环境中，依然会在其工作的布店中组织一些同伴诵读经文，每天坚持祷告，同时不断地努力引导其他雇员的道德发展，陆续在其工作的布店中成立了青年宣道社、查经班以及青年生活改良社。乔治的不断坚持逐渐影响到店铺周围其他的店铺和相近的工厂，促进了日后YMCA组织的成立。1844年6月6日，乔治、威廉等12位基督教青年在伦敦正式成立基督教青年会(简称YMCA)。成立基督教青年会之后，乔治以及其他会员经常性地组织演讲和布道会，推动了这一组织在英国的迅猛发展，在很短的时间内，这一组织便成为一个国际性组织。1855年，基督教青年会世界协会成立。虽然青年会属于一个宗教组织，却是世界上第一个由青年人自己组织和成立的青年群体组织，组织通过小组活动的方式推动入会青年提高自身的道德和精神追求。这一组织的诞生成为青少年社会工作产生的标志。

在美国，基督教青年会的会员数量和分部数量不断增加。同时，纽约在1876年出现了第一个正式的男孩俱乐部，该俱乐部有专属的集会场所和体育馆。男孩俱乐部联盟则是在1906年正式成立，成立的目的是对74所独立的男孩俱乐部进行联合。至1991年，美国已经拥有110所男孩俱乐部，共计招收108 063名青少年。[①]基督教青年会与男孩俱乐部都是通过举办有组织的群体活动，对青少年成员进行影响，成为青少年群体独立活动的主要场所和组织，推动了青少年的健康发展，同时稳固了社会秩序。1902年，在美国农村成立了以学习农业为主的四健会(4-H Club)，设置了大量的实践学习项目来培养年轻人的生存能力，同时提升年轻人的品德和领导能力。这些青少年组织有效地推动了这一时期青少年的健康发展。

2. 童子军运动

19世纪下半叶，由于资本主义的不断扩张和对外侵略，具有强烈军国主义性质的民族主义思想迅速在欧洲大地蔓延，青少年群体成为备受关注的重要群体。上层社会已经有部分具有远见的高层人物注意到可以将青少年群体发展成为实现军国理想的重要工具，例如德国的陆军中校格尔兹男爵在1883年发表的著作《全民武装》中指出，最适合从军的年龄是18～24岁。格尔兹认为，在此年龄段，青少年自身有着极为旺盛的精力、勇于拼搏的精神、热血澎湃的激情，且没有较大的负担，组建一支充满年轻血液的野战队，这支野战队将战无不胜。格尔兹还提出了国家的力量存在于青少年中这一观点。[②]英国的W. H. 达文波特 · 亚当斯在1888年出版了《给男孩们的书》，书中指出并强调了男孩子应有的品质，例如狂热、执着、自律、高尚、诚挚、百折不挠等。英国的威廉 · 史密斯在1883年创立了格拉斯哥少年军，吸收了大量适龄的青少年，通过阅兵训练和周日学校的学习对青少年进行培训，同时确立了一个十分明确的目标，即“在少年军中进一步巩固建立基督王国，提倡尊严、自律和自重，倡导真正的基督精神的男子气概”。[③]军事训练成为少年军最主要的活动项目和活动内容。在19世纪80年代末，少年军已经有了过万名成员，同时有着遍布全英国的分支，英国公立的军

① [美]彼得 · 威特，琳达 · 凯德威尔. 娱乐与青少年发展[M]. 刘慧梅，孙喆，译. 杭州：浙江大学出版社，2009：74-75.

② [英]乔恩 · 萨维奇. 青春无羁狂飙时代的社会运动[M]. 章艳，魏哲，等，译. 长春：吉林出版集团有限责任公司，2010.

③ [英]乔恩 · 萨维奇. 青春无羁狂飙时代的社会运动[M]. 章艳，魏哲，等，译. 长春：吉林出版集团有限责任公司，2010.

官学院在此阶段数量明显增加。

但是当时只有公益学院的男生以及基督少年军的成员参与军事训练，而处在下层社会的贫困家庭里的青少年时常酗酒、斗殴等，导致在两次布尔战争中明显出现了年轻的城市应征居民体力不支的现象。1904年，原陆军上校巴登·鲍威尔男爵在苏格兰格拉斯哥市参加了一年一度的操练视察以及少年军复查，视察过程中受到了巨大的启发，决定开展一项试验，通过试验确定如何更好地提升下一代的体魄，培养下一代的骑士精神，让下一代无论出身于哪种环境都可以成为良好的公民。1907年7月，鲍威尔男爵招募了12名来自上层社会的青少年以及29名来自下层社会的青少年，将41名青少年分为4个小队，开展了为期两个星期的野外训练活动，活动场所设定在普尔港褐海岛的森林当中，主要培养青少年的射击、侦查、追踪、救生和林中识路等技能。①1908年1月开始，鲍威尔男爵在《每日快报》上以连载的形式发表了著名的《童子军活动》，该著作就是对此次试验的记载，引起了强烈的社会反响。②自此以后，越来越多的青少年开展了以野外训练为主的童子军活动，逐渐发展成为世界上最大的青少年教育活动，这就是在历史上十分有名的童子军运动。在青少年社会工作发展史中，童子军运动有着十分重要的地位，是一种体能与精神合二为一的教育活动。在活动开展过程中，可以充分有效地提高小组成员各方面的素质水平，让小组成员获得较快的成长，充分发掘动力和潜力，有效地培养团队合作精神，实现小组工作目标。

3. 对青少年的社会控制与社会保护的出现

19世纪中期到20世纪初期，美国迎来了工业化和城市化迅猛发展的时期，全国各地在短时间内涌入大量移民，城市人口急剧增长，导致原有的城市基础设施无法满足人口群体的需求，工业化的急速发展需要消耗大量的劳动力，许多原先在工厂工作的妇女和儿童被解雇，而仍然留在工厂工作的儿童绝大多数会受到成人的影响，在工作之余与成人一起酗酒、赌博等，养成诸多恶习。一部分无家可归的青年人，慢慢聚集成为无法掌控的帮派，出现了大量的帮派斗争，各种犯罪活动不断发生。英国同样出现了类似的情况，例如在1890年，曼彻斯特出现了一次参与人数超500名的青年混战。③从19世纪中期以来，社会出现了越来越严重的城市青少年社会问题，严重阻碍了城市的正常发展，影响了城市秩序。随着媒体行业的不断发展，越来越多有关青少年犯罪的事件被报道出来，例如青少年杀人事件、青少年暴力袭击事件和帮派斗争事件，使得人们越来越重视城市青少年存在的问题。针对这些问题，成人社会的改革者决定通过制定相关的社会政策来控制和保护青少年。

(1) 延长学校教育时间。美国早在1852年就在马萨诸塞州出台了义务教育法案，接着在1873年和1874年于内华达州、堪萨斯州和纽约州相继出台了义务教育法。通常情况下，法案规定青少年需要从6岁或7岁开始上学一直到16岁结束，而人们同样也做了一系列努力，来延长六年级或者八年级以上的教育时间，设立高中就是为了增加青少年在八年级以后受教育的机会。

---

① 1907年7月29日英国人罗伯特. 巴登·鲍威尔发起童子军运动[EB/OL]. http://www.wst.net.cn/history/7.29/2.htm.

② [英]乔恩·萨维奇. 青春无羁狂飙时代的社会运动[M]. 章艳，魏哲，等，译. 长春：吉林出版集团有限责任公司，2010.

③ [英]乔恩·萨维奇. 青春无羁狂飙时代的社会运动[M]. 章艳，魏哲，等，译. 长春：吉林出版集团有限责任公司，2010.

上学成为一种美国化的、控制青少年和减少他们可能陷入麻烦的一种办法。[①]因为学校可以有效地控制青少年的各种行为，避免青少年过早地进入社会，给社会带来不安定因素。

(2) 实施青少年保护与宵禁。宵禁的主要目的是防止儿童特别是15岁以下的儿童在深夜缺乏成人监护下在街上游荡，预防和减少犯罪事件的发生。这些儿童绝大多数是报童，根据相关方面统计，19世纪末已经有多达3万名被遗弃的儿童成为报童。自1853年开始，有人对报童进行救济帮助。例如，查尔斯·卢陵·布雷斯特意在纽约市建立了一个报童寄宿站，同时开展了一个叫做“孤儿列车”的项目，项目主要内容是将这些孤儿送上列车离开纽约进入乡下，由稳定的家庭抚养。

(3) 建立青少年法庭。美国民法明确规定，21岁之前的青年人都是孩子，人们一直努力将孩子犯罪与成人犯罪进行区分。1899年7月，伊利诺伊州通过了一项具有代表意义、影响美国整体青少年的法案——《少年法院法》，执行该法案的主要目的是对未成年的、被忽视的、有不良行为的孩子进行管理和控制。该法案规定，不满16岁的青少年如果违反了国家城市或者乡村的任何法律法规，一并被视作少年犯，同时该法案还明确强调了独立青少年法庭的存在。该法案在童年和成年之间提出了新的年龄分界线和较为详细的分界点，主要目的是保护较为年轻的罪犯不受惯犯的影响，同时该法案还采取了一种较为灵活的、有着更好预防效果的方式对待少年罪犯，法官要求对缓刑罪犯进行监视的官员考虑三个方面：第一个方面是孩子自身的健康和利益；第二个方面是社区的整体利益；第三个方面是家长和亲属的智力与感情。[②]青少年法庭取得了很大的成功，至少体现了一种对青少年的保护意识。

(4) 有关青少年劳动法案的出台。1819年，英国纺织业《健康与道德法案》进行修正；1872年，颁布了《矿山法案》，法案规定，妇女以及12岁以下的男女童工不得从事井下工作，矿山矿主需要进行一定的预防工作来保证所雇佣工人的安全；1883年，出台了《工厂法》，规定纺织类工厂不得雇佣9岁以下的儿童从事相关工作，同时限定9～13岁童工每天工作时间不得超过9个小时，每周总工作时间不得超过48个小时。[③]这些劳动法案表现出对低龄青少年的关注与保护。

4. 青少年研究的出现与“青春期”概念的产生

19世纪，大多数人们并没有将发育期作为人类成长发展过程中的独立阶段看待。1904年，G. 斯坦利·霍尔出版了对世界青少年有着极大影响的著作《青春期》，标志着“青春期”这一概念的提出和产生，以及对青少年研究的出现，霍尔因此被称为“青春期研究之父”以及“青少年研究的鼻祖”。霍尔在其著作中指出，青春期与发育期不同，青春期不仅包括发育期，甚至可以延续10年的时间；女生的青春期是12～21岁，男生的青春期是14～25岁，发育期的高潮是在15岁或者16岁。研究表明，青春期不仅是性冲动时期，同时也是各欧洲国家犯罪逮捕率最高的年龄阶段，因此引导青少年在青春期正确过渡十分重要。[④]霍尔十分重视青少年的青春

① [美]彼得·威特，琳达·凯德威尔. 娱乐与青少年发展[M]. 刘慧梅，孙喆，译. 杭州：浙江大学出版社，2009.

② [英]乔恩·萨维奇. 青春无羁狂飙时代的社会运动[M]. 章艳，魏哲，译. 长春：吉林出版集团有限责任公司，2010.

③ 刘燕生. 社会保障的起源、发展和道路选择[M]. 北京：法律出版社，2001.

④ [英]乔恩·萨维奇. 青春无羁狂飙时代的社会运动[M]. 章艳，魏哲，等，译. 长春：吉林出版集团有限责任公司，2010.

期，认为青春期是塑造青少年生命的重要初始阶段，同时也是青少年承受社会风暴压力的重要阶段。[①]霍尔提出了“复演论”，被称为“达尔文的心理学”。霍尔认为，人作为生命个体，其成长过程可以看作复演人类族群进化历史的过程，在人类个体整个成长阶段，青春期属于人类成长阶段中较为躁动不安的时期，和人类历史中的混乱期相互映照。霍尔和其他学者以及改革家都主张，在青春期这一阶段，青少年应当在学校里度过而不是在工作中度过。

(三) 青少年社会工作的专业化发展阶段 (20世纪初开始)

20世纪初，社会工作不断向专业化发展，进入了专业化发展时期，学校社会工作发展越发完善。由于青少年群体成为独立的研究群体，学术界对青少年群体各方面的认识逐步深入，人们开始从多角度对青少年群体进行研究，并结合青少年群体独有的特点，采用社会工作专业的理论研究方法对青少年社会工作进行深入研究。在20世纪，西方的青少年社会工作的相关发展具体表现为以下几个方面。

1. 学校成为青少年社会工作的重要领域

20世纪初，在美国的中等学校内部出现了学校社会工作。1906年，纽约市政府聘请了两位访问教师向哈特雷区和格林威治区的三所学校学区进行访问，同时访问学生家庭，对学生在学校的学习情况和生活适应情况等相关方面的问题进行了解，这是美国学校社会工作的开端。1913年至1921年，越来越多的教育机构相继设立了“访问教师”这一职业。1916年，美国成立了“学校家庭访问员”以及访问教师协会。一直到1930年，美国在31个州共计拥有244名访问教师，这些访问教师被称为“学校社会工作者”。在第二次世界大战之后，美国的学校社会工作迅速发展，到1944年，美国已经有266个城市实施了学校社会工作服务。[②]1945年，美国教育部向各学校建议校内的专业社会工作者应当具备社会工作硕士学位资格；1955年，随着学校社会工作的不断发展，美国社会工作人员协会将学校社会工作认定为一项专业职业；1992年，美国社会工作人员协会的教育委员会对原先的学校社会工作服务标准进行了修改；1994年，美国社会工作人员协会将学校社会工作作为其第一大服务项目推出，同年美国成立了学校社会工作协会。[③]作为最重要的青少年社会工作领域，学校社会工作为在校的青少年学生提供全方位的服务。

2. 专业方法在青少年社会工作领域中的应用

1917年，著名学者玛丽·里士满所创作的著作《社会诊断》正式出版，该著作的出版标志着社会个案工作的正式产生，同时也成为社会工作专业化发展的重要标志之一。随着社会工作教育和学科的不断发展进步，社会工作的专业方法和专业标准基本成熟，同时在青少年社会工作领域也出现了有关于家庭治疗社会工作的专业方法。在20世纪20年代，心理学家阿德勒已经认识到了儿童和青少年出现各类问题与家庭之间具有密不可分的联系，于是便开展了家庭治疗方面的实践活动。在第一次世界大战之后，阿德勒在维也纳建立了超过30所儿童指导诊所，诊

---

① [美]彼得·威特，琳达·凯德威尔. 娱乐与青少年发展[M]. 刘慧梅，孙喆，译. 杭州：浙江大学出版社，2009.

② 林胜羲. 学校社会工作[M]. 台北：巨流图书公司，2003：4-8.

③ David R·D. 学校社会工作——有效的服务技巧与干预方式[M]. 李丽日，李丽年，翁慧圆，译. 台北：五南图书出版公司，2006：11.

所主要服务对象是儿童及其家庭，服务内容主要是进行家庭系统性治疗。在第二次世界大战之后，阿德勒的同事维可斯前往美国发展，同时将阿德勒所创造的系统性家庭治疗理论以及方法带到了美国并发扬光大。部分心理治疗师在解决家庭问题过程当中发现，一些接受过心理治疗的个体，症状在治疗初期会有所改观，但是往往会被其他没有受过心理治疗的家人所破坏，因此想要彻底转变服务对象的症状，就必须进行系统性的家庭治疗，对家庭所有成员进行共同心理治疗，这样不仅可以彻底地帮助服务对象转变自身的症状，同时可以帮助整个家庭改善原有的各类问题，于是家庭系统治疗发展起来。

3. 青少年研究的学科化发展

随着学术界针对青少年研究的不断深入，青少年研究实现了学科化发展，其理论更加丰富，为青少年社会工作的顺利开展奠定了理论基础。通过此方面的研究，能够更好地认识青少年社会工作的重要意义，同时有利于人们从不同的视角去了解和认识青少年。很多学者对此进行了研究，并形成了大量的理论成果，比如生物学理论、心理社会理论、人类学理论等。该时期的代表性著作包括《青少年：从10岁到16岁》《萨摩亚人的成年》《新几内亚儿童的成长》《梦的解析》等。

4. 青少年社会工作视野与领域不断扩大

第二次世界大战结束后，社会发展日新月异，社会工作也进入了更加专业化的发展阶段，其中青少年社会工作专业化程度大大提高。苏美冷战阶段，俄罗斯与美国两大军事集团针锋相对，政治矛盾恶化。政治上的对立，使得青少年社会工作的政策方针服从于上层政治的要求，西方国家虽对青少年个体出台一些保护策略，但未全面认识到青少年的独立性、完整性，以及对社会的重要性，导致在20世纪60年代，涌现出大规模的青少年学生运动，青少年为了张扬个性，挑战世俗认可的主流文化，颠覆传统印象，展开了轰轰烈烈的嬉皮士运动。规模巨大的青少年运动改变了人们对青少年的传统认知，让人们认识到青少年问题的严重性，特别是青少年不同以往的社会地位，以及这个群体所拥有的力量。多数国家都认识到过往对青少年问题重视程度不够，改变以往的认知，给予青少年群体权利，让青少年参与社会问题。国家重新思考青少年群体的发展问题，青少年社会工作的领域逐步扩大，由最开始的问题型逐渐向发展型转化。

5. 青少年社会工作的专业化与职业化

青少年社会工作在20世纪70年代已经被大众所接受，青少年社会工作者成为专门的职业，但若想参与某项工作，必须考取有关证书。要想获得参与工作的资格，全美社会工作者协会提供了两条路径：一种是青少年和家庭社会工作者(简称CCYFSW)，另一种是青少年和家庭高级社会工作者(简称C-ACYFSW)。若想获得证书，其一是加入全美社会工作协会成为其会员，其二是拥有社会工作本科学历以及两年和三千小时带薪参与有关于青少年和家庭的工作经验。而后一张证书更是要求有社会工作硕士学历才能申请。此外，针对层次的差别以及社会工作的要求，美国成立了各种相关机构，为参与青少年社会工作进行培训，以提高专业化程度。

贫困、斗争、堕落这些严重的社会问题致使青少年社会工作产生，从最开始帮助青少年解决生存问题、提供生活保障，发展为被动地解决青少年中存在的社会问题，到现在主动地推动青少年的发展，给予青少年更多的机会与可能性，帮助他们获得发展。这些历史性的变迁能够帮助我们更加清晰地了解青少年社会工作发展的脉络，成为我们今天开展青少年社会工作的借鉴与启迪。

第四节　青少年社会工作在中国的发展

青少年社会工作是围绕青少年所展开的综合性社会服务活动，其目的是让青少年能够更好地生存与发展，活动内容包括对青少年的教育、监管、保护、维权等，活动开展依据主要是社会工作价值观念和专业理论(邱服兵、唐勇，2015)。青少年社会工作可以理解为社会工作介入青少年事务的一种运用，其本身作为社会福利系统中的一个次系统，是促进青少年健康成长、增进青少年福祉的重要内容。青少年事务又是社会公共事务管理的组成部分，它既涉及公共物品供给，如公益活动的宣传推动，又涉及公共意志的表达，尤其体现在对特定价值观的塑造和倡导，是一种综合性较强的公共服务，因此也成为和谐社会构建中创新社会治理的重要方式。近年来，国家高度重视弱势青少年群体的救助、关爱和保护，加快了青少年社会工作方面的建设，更好地为青少年群体提供帮助。中国共青团、相关职能部门随后又针对加强青少年社会工作方面的问题出台了诸多文件，颁布了专项政策，比如《关于开展青少年事务社会工作者试点工作的意见》《关于加强青少年事务社会工作专业人才队伍建设的意见》等，文件中针对青少年社会服务体系、制度、专业人才建设做出了明确规定。针对青少年社会工作，党和国家在很多城市建立了试点，比如北京、上海和广州等地，在试点地区组建了一批青少年事务社工队伍，并建立了相应的工作机制和制度，促使试点地区的青少年社会工作得到了快速发展，形成了各具特色的实践模式，为全国青少年社会工作的推进积累了宝贵经验。

一、中国青少年社会工作的发展背景

(一) 党的青年工作对象的延伸与扩展

随着互联网的出现和快速发展，我国的新兴青年群体不断出现，与传统青年群体大不相同。2013年6月，习近平总书记在与团中央新的一届领导班子进行座谈时指出："现在很多青年人在新经济组织、新社会组织、社区里，在网络空间、虚拟社会里，在农民工群体、个体工商户、网民、'北漂'、'蚁族'里，尤其是那些自由职业者、网络意见领袖、网络作家、签约作家、自由撰稿人、独立演员歌手、流浪艺人等种类繁多的新兴群体，里面有很多有本事的人，有的甚至可以一呼百应。工作做不好，他们可能成为负能量；工作做好了，他们就可以成为正能量。随着社会发展，这类青年人群将会越来越多，团组织必须适应这个发展趋势，努力去做他们的工作，深入他们、帮助他们、引导他们，而不要排斥他们、拒绝他们、疏远他们，不要让他们游离于社会组织之外。"2015年，在中央统战的工作会议上，习近平总书记提到要加强非公有制经济人士、海内外留学人员、新型媒体中的代表人员这些新青年一代的工作。在2019年发表的新年致辞中，又表达了对普通劳动工作人员，如环卫工人、出租车司机、快递小哥这些基层群众的致意。这些劳动群体里的青年，具有青年的鲜明特性：流动性强，分散广布，思维跳跃性强，观点多样化。中华人民共和国成立以来，时代的发展不断对共青团工作提出新的挑战，工作对象不断变化，工作对象的诉求也愈加复杂，共青团始终坚持政治性与统战性的辩证统一，从共青团员向普通青年延展，从体制内青年向体制外青年延伸，不断转变工作思路和理念，以开放、理性、灵活、务实的精神不断推进工作创新。

(二) 党的青年工作内容从思想引领扩延至服务青年

在历史的洪流中，青年的推动作用有目共睹，在社会发展的关键时期，也总能见到青年人的身影。《中长期青年发展规划(2016—2025年)》中针对青年的发展提出了更高要求，并进一步明确了青年工作的主要内容，包括对青年进行思想道德教育、健康教育、就业创业教育、保护青年合法权益等。党的青年工作内容在不断拓展，共青团的职能也随之拓展，党的青年工作的基本内容主要在三个方面。

1. 青年思想政治工作

该项工作主要是引导青年理性认识社会，帮助他们树立正确的价值观念，涉及宣传、教育、文化等多个部门，共青团、青联、学联是专职担负青年思想政治工作的主要力量。

2. 服务大局工作

该项工作主要指组织动员青年在现代化建设中建功立业。在经济领域，企业和工人是主力军，共青团主要通过组织青年突击队、青年科研攻关团队等直接参与经济建设，同时也通过技能培训、技能比赛等群众性活动来助力经济发展。在社会领域，共青团的担当更多，作用也更大，主要是动员群众，通过举办各种社会性活动和社会化项目，来提升现代化意识，培养现代人格。在党的青年外交工作中，共青团也是积极的配合者。

3. 服务青年工作

该项工作具体体现在教育、就业、婚恋、住房、社会保障、维权等领域，党的青年人才培养工作也在其列，涉及党委、政府诸多部门，共青团、青联、学联是重要的配合力量。如何在有效服务中实现思想引导? 随着网络科技的高速发展，社会个体的聚集方式与以往大不相同，表达自己的方式多种多样，思维方式新奇独特，使用新型社交媒体联络青年、影响青年，是共青团持续探索的重大时代课题。在现代社会治理的大格局中，共青团视青年社会组织为伙伴，通过孵化、扶持、联络等多种途径，搭建枢纽型组织平台，试图构建一种互利共赢的良性互动关系。职业是青年人安身立命、塑造现代人格的基本依托，这一时期在服务青年方面做得比较多的就是促进青年就业创业。助力青年成长发展，是实施思想引领的一个重要前提。当前已经形成了以共青团为中心，以全国学联、全国青联、青少年志愿者协会、少先队等为连接点，以各类青年社团为外围支撑的大联盟式青年工作格局。

(三) 青年组织形态多样化趋势明显加剧

随着市场经济体制的不断深入，城镇化建设程度的不断加深，广大青年流动性更强，分布更加碎片化，此种状况导致基层团组织力量薄弱、松散涣散的状态没有得到有效改变。当前共青团组织建设的关键在于，如何充分利用社会网络和虚拟空间网络资源开展团组织建设。

2003年，共青团开始在广大城市社区和农村乡镇推动青年中心建设，其目的是发挥乡镇街道的桥头堡阵地作用，吸引更多的基层青年参与到团组织中，壮大团的力量。2010年，共青团为了进一步推动乡镇街道团组织格局的创新，采取了体制和编制内外结合等方式，吸引区域内青年参与，整合力量，推动共青团的有效发展。2015年，团中央提出了开展区域化团建，其目的是进一步增强城市基层团组织建设，发挥团组织在基层的功能。同时，各地对物理空间的有形载体进行探索，如上海的“青春家园”、北京的“青年汇”、陕西的“青春驿站”、重庆的“市民学校”，以及后来的“青年之家”等，其目的就是探索团组织发展的创新模式，打造理想的共青团组织。

在当前形势下，共青团组织形态可以借助互联网社会实现有效转型。2016年，团中央结合当前青年工作的具体情况，提出了打造网上共青团的方案。2018年，团中央进一步强调了要借助网络信息化手段推进智慧团建，提升团的整体功能。

(四) 青年工作机制方法由行政化向社会化、项目化转变

当一个组织的职能和工作内容明晰后，以什么样的机制去推动工作，用什么样的方法开展工作，就成为形成组织影响力的决定因素。党的青年工作机制首先体现在政党政治和国家政治的制度安排中。比如，实行以地方党委为主的领导体制、地方党委青年工作联席会议制度、共青团干部参加或列席党委有关会议制度及政协共青团、青联界别制度。随着政治体制的不断变革，这些制度逐步得以完善，但从总体效果上看，落实与提升的空间仍很大。进入21世纪之后，共青团每年确定一个主题，从团中央到地方团组织，分级开展此项工作，成为上下沟通的主要政治通道。说到底，党的青年工作最终还是群众工作，因此其主要的工作方式是动员。从动员的种类和方式来看，动员的形式多样，包括政策、网络、媒体、教育和宣传动员等，但其实质在于思想动员。改革开放之后，青年动员不能再靠轰轰烈烈的运动，而是要靠实事求是的舆论宣传、科学合理的政策导向、扎实细致的工作作风。因此，这一时期主要通过满足青年需求和利益的方式进行动员，同时注重运用社会化动员手段以及互联网等新媒体平台。

青年工作者的工作方式和工作作风直接影响青年工作的效果。改革开放之后，党中央秉承实事求是的工作原则，推动了各项工作的顺利开展，实事求是原则也成为党的青年工作的基本原则，工作作风得以转变，青年工作特点集中体现在精雕细琢、项目化运作方面。在党的统一领导下，建立健全各种机制，整合各种资源，构建良好的发展环境，为广大青年的成长与成才创造条件，为青年工作的顺利开展做好价值引领和服务保障，努力构建习近平新时代中国特色社会主义青年工作机制。

二、中国青少年社会工作的实践模式

(一) 北京：以社区为本的平台支持模式

北京作为首都，是众多青年向往并最终落脚之地。青年群体的流动性非常强，传统团组织功能在这里得不到充分发挥，很多青年游离于团组织之外。为了解决这些问题，增强团组织的吸引力和凝聚力，北京团市委借鉴其他地区此方面的工作经验，并结合当地的实际情况，构建了“社区青年汇”等基层青年组织，借助青年身边的活动平台和团组织，依托社区开展各种活动。“青年汇”的服务场域集中在青年居住和工作的聚集区域，打造了一个好玩的俱乐部，一个靠谱的朋友圈，其目的就是促进青年更好地融入城市，不断实现自我提升与成长。

当前北京团市委共建成了500余家“青年汇”，分布在北京17个区(王春晖，2016)。社区青年汇是北京市开展青少年事务社会工作的主要载体，通过骨干共青团员和专职社工共同参与，在实力雄厚工作团队的带领下，青年工作得到了有效开展(苏贻堆，2013)，其具体操作体现在以下几个方面。

首先，通过政府购买社工服务岗位的方式，为青年群体提供服务。

其次，委托多家具有专业资质的社工机构进行青少年事务社工的选派和管理，以社区青年为服务目标群体，开展个性化、特色化、专业化的服务，并制定了详细的工作指标，专职社工的职责非常明确。

再次，北京市为每家社区青年汇提供了不低于8万元的经费支持，并要求区县财政和街道乡镇财政也要为此提供经费支持。

最后，要求每家社区青年汇至少配备一名专职社工，700名青少年事务专职社工构成了一支实力雄厚的社工队伍，为北京的青少年提供全方位服务，在推动基层共青团工作顺利开展方面起到了重要作用。

(二) 上海：以社会组织运作为导向的政社合作模式

上海是中国最先在青少年事务社会工作这一领域进行开拓的城市。2004年，民办非企业组织——上海市阳光社区青少年事务中心(简称“阳光中心”)成立，标志着上海真正开始出现青少年事务管理工作。起初，上海市青少年事务社会工作的目的是预防和减少青少年犯罪。2014年，费梅苹提出以“政府主导推动、社团自主运作、社会多方参与”为方针，促进工作开展，实现青少年事务社会工作的发展。

在实践过程中，“统筹”“协调”“合作”这几个关键词带来的作用至关重要，上海市共有27个部门参与“上海市预防青少年违法犯罪专项组”。市政府通过社区购买阳光中心的服务，为上海市16～25周岁，没有固定工作、没有上学、缺少监督管理的青少年提供就业岗位，为他们提供专业的社会服务。服务过程由阳光中心负责，资金来源于上海市财政，政府为帮助青少年做出了巨大努力。根据周志坚2009年的调查，在市、区、街(镇)阳光中心依次对照设立总部、社工站和社工点，分三级进行管理，截止到2009年，已形成由500人组成的青少年事务社工人才队伍。从2015年起，上海市政府用于购买社工服务的费用进行上调，计划到2020年，每100名常住社区青年至少有一位得到青年事务社工的帮助，青少年与青少年事务社工的比例为每100名重点青少年配备1名青少年社工，政社合作模式在上海得到有效推广。

(三) 广州：以共青团统筹为主的政府购买模式

2007年10月，中央综治办、团中央等单位将广州和其他几个城市设立为全国首批青少年事务社会工作试点城市。2008年，广州市确定“青年地带”项目在海珠区开始试点，具体由专业人员对海珠区青少年及其家庭和学校提供服务，服务资金由海珠区政府和广州市民政局共同承担，监管机构为团海珠区委，对于资金的发放过程、物资的配用给予、服务效果的评价，由广州海珠区启创社会工作发展协会运作，旨在形成“党政主导推动、共青团组织管理、社团自主运作、社会多方参与”的工作格局，为青少年发展助力。此后，青少年社会工作服务推广至全市，“青年地带”社区和学校社工站为广州社区工作的主要活动承载者，更直接地服务于边缘青少年。“青年地带”针对青少年群体不同的特征，将青少年群体划分为六大类别，根据服务对象需求的不同，提供专业的社工服务，做到精细化、深层次化。已开展社区活动近4000场，对青少年群体提供服务达140.3万人次。如今“青年地带”已成为共青团在社会上的品牌项目和共青团为青少年提供服务的重要阵地。

三、中国青少年社会工作的基本经验

(一) 逐步纳入地方社会建设的宏观系统

在青少年事务社会工作中，“北上广”等地区最先开始试点，后逐步推行，对于专业人才队伍的培育、保护、社会组织的培养、发展等方面构建起整体性发展框架，特别是将青少年社会工作纳入政府购买范围，提供资金及资源支持，青少年事务社会工作服务体系得以确立，被纳入社会建设的宏观系统，受到各级党和政府的高度重视，成为社会治理创新至关重要的领域。

以上海市为例，在政法委的大力支持下，青少年社会工作进展迅速，上海市社区青年事务办公室已成为职能部门，为促进青少年社会工作的发展提出不少有价值的建议，成为青少年社会工作不可或缺的组成部分。

(二) 形成“政府—共青团—社会组织”三级合作的运作模式

从“北上广”地区的运作模式来看，以青少年群体为对象的社会工作服务在运作过程中呈现“政府—共青团—社会组织”三级合作运作的特征，体现了“党政主导、团组织管理、社团运作、社会参与”的工作思路，管理工作与运行工作分开，政府与社会结合。根据这种工作模式，各地方都在探索适合本地青年发展的组织管理方式和运行模式。比如，在北京模式中，共青团具有更强的控制力，一方面，通过团市委孵化成立社工事务所，培养、管理青年汇里的专职社工；另一方面，领导北京青少年社会工作协会，制定行业标准。

与北京模式不同，上海模式下的青少年事务社会工作在管理机制上完全形成了与政府行政管理体制相一致的涵盖市、县区、街道/镇的三级管理体系，每一个行政级别都设有综治办、团组织，各自完成所负责的工作。

(三) 注重以管理创新促进发展

“北上广”地区青少年社会工作的活跃发展，离不开制度管理与创新。例如，上海市先后出台了多个市级的重要文件，制定了配套制度来管理青少年社会工作者，实现管理的精细化。同时，加强对青少年社会工作人才职业生涯规划设计，在青少年社会工作序列中设立了初级、中级、高级三级职业晋升制度，满足了社会工作者职业发展需求，极大地稳定和促进了社会工作者队伍的发展。此外，北京和广州相继出台了《北京青少年社会工作专职社工职位设置及薪酬待遇指导标准》《广州市青少年事务社会工作者管理办法》，明确和保障了青少年社会工作者的职业发展路径和提升空间。

(四) 以项目化运作方式打造服务品牌

政府管理部门利用项目化运作方式有效地激发和提高了青少年社会工作的活力，而青少年社会工作机构通过项目化运作也获得了服务所需的资金，从而提升了整体服务水平(王鑫等，

2014)。“北上广”地区在推进青少年事务社会工作过程中，都以项目化运作的方式进行申报、管理和评估，同时以项目化运作的方式开展各种合作。在创新服务项目、塑造品牌形象方面，“北上广”地区进行了有益的探索，从工作载体的品牌化延伸到服务项目的品牌化。从工作载体来看，北京的“青年汇”、上海的“阳光中心”、广州的“青年地带”已经形成了青少年事务社会工作的地域性品牌；从工作项目来看，这些地区结合实际，创立了诸如上海的“小秦工作室”“小海豚”，广州的“公益大本营”等全国知名的公益项目品牌，通过品牌效应支持青少年社会工作持续健康发展。

(五) 强调以社区为本的服务传输

青少年社会工作的社区化发展已经成为一种趋势，不论是北京、上海，还是广州模式的青少年事务社会工作，均强调以社区为基础的服务输送模式。这种以社区为本的介入策略嵌入在青少年生活网络中，必然会推动青少年服务走向效率化和普及化。例如，上海市创造性地提出“社区青少年”的概念，对社区辖区内的所有青少年进行统一摸查和个案建档，准确掌握社区青少年生存和发展现状，为青少年提供有针对性的专业化服务，在生活、学业、心理、行为等方面提供帮助，从而提高青少年的社会适应能力，实现了对该群体服务的有效覆盖。

(六) 实施以预防和发展为导向的服务供给

伴随着社会的快速发展，青少年社会工作服务渐趋深入，最初的“预防和减少青少年违法犯罪”的工作目标也在发生深刻变化。从“北上广”地区的实践探索来看，有两个方面的发展趋势值得关注。

第一，青少年社会工作的服务对象由五类重点青少年群体向兼顾青少年大众群体拓展。比如：北京将商务楼宇青年群体也纳入服务范围；上海青少年服务群体逐步向来沪务工青年及随迁子女、在校学生和企业青年员工延伸；广州也将服务对象的年龄范围逐步扩大。

第二，随着传统青少年社会工作服务场域的变化，其专业方法也在发生变化，除了综合运用个案工作、小组工作、社区工作等服务方法之外，社会工作者注重对本土工作方法的提炼。同时，外展服务、联合家庭治疗等方法也逐步得到应用。从服务内容和目标设计上看，“北上广”地区逐步形成了治疗性、预防性、发展性服务并重的多元化、立体化青少年社会工作服务体系。

第二章　青少年社会工作的价值观、伦理与职业素养

青少年社会工作是社工实务领域中的重要一环，在多年的实务积淀中逐渐发展成为助人的专业和职业。青少年社会工作在实务积淀和自身发展中不仅会建立起对价值偏好的反思和对伦理规范的思考，同时也会产生在不同文化传统和福利思想发展的背景下对伦理道德的认同。青少年社会工作价值观和伦理的不断形成、发展和成熟，越来越成为推动中国社会工作理论和实践模式本土化的重要动力。

把青少年作为服务对象开展专业社会工作，需要社会工作者有专业的视角和思维，能够正确认识青少年群体的特殊性，能够正确对待自己和助人活动本身，明确专业活动的价值所在及面对不同的主体如服务对象、同事、机构本身、专业、社会等需要遵循的价值伦理规范。为了实现助人自助的专业使命和目标，青少年社会工作者应该具备多样化的能力和职业素养，在科学专业的助人活动中发挥不可替代的作用。

第一节　青少年社会工作的价值观

一、价值与价值观

“价值”一词通常用于经济学领域，泛指客体对于主体表现出来的积极意义和有用性，可视为能公正且适当反映商品、服务或金钱等额的总值。价值观是基于人一定的思维感官而做出的认知、理解、判断或抉择，也就是人认定事物、辨明是非的一种思维或取向，从而体现出人、事、物一定的价值或作用。在价值观中，价值观念是价值标准，价值行动是价值选择，价值观念作用于价值选择，两者共同促进价值效应。在阶级社会中，不同阶级有不同的价值观念。

二、社会工作价值观

社会工作价值观是一整套用于支撑社会工作者进行专业实践的哲学信念，是在长期的社会工作实践中形成的、被社会工作领域所认同的、社会工作者必须秉持的专业理想、使命与信念体系，代表社会工作专业共同体内奉行的对价值偏好的反思和对伦理道德的思考，代表整个专业团体内部对社会公正、服务、个人的尊严与价值、人际关系的重要性、社会团结等的一般看法以及对专业活动标准的认定，其基础是社会主流价值和社会工作专业的本质追求。

(一) 国际社会工作界认同的专业价值观

1. 服务

社会工作者应该把服务弱势群体作为自己的首要任务，牢记服务使命，用专业服务帮助其

解决问题。

2. 社会公正

社会工作者应秉承社会公正的信念，在为服务对象谋求幸福的过程中推动政策改革，促进社会公平正义的实现。

3. 个人的尊严和价值

社会工作者必须充分尊重每一位服务对象，理解其不同的特点和差异性，尊重其在生活习惯、文化种族、宗教信仰等方面的不同，认为每一位案主都有其独特的价值。

4. 人际关系的重要性

社会工作是一门充满“人情味”的学科，在社会工作实务中要与人打交道，因此，社会工作者必须充分重视人际关系的重要性，建立良好的专业关系，深切同感案主的遭遇和困境，并提出建设性的解决方案。

5. 诚信

社会工作者应真诚对待服务对象，真心实意帮助案主解决问题，想案主之所想，做案主之所需，对待案主诚信。同时在服务过程中，社会工作者也要积极看到自身的不足，适时调整工作方法和技巧，以达到良好的助人效果。

6. 能力

社会工作者不是万能的，因此社会工作者必须不断提升个人能力，参加培训再学习，坚持与时俱进，创新工作方法和形式，提升专业水平和助人成效，进一步增加社会福祉。

(二) 操作层面的社会工作价值观

1. 接纳

社会工作者在助人过程中，必须从内心接受服务对象，宽容其处事方式、生活习惯和价值偏好，不能因为存在差异性而歧视服务对象，更不能因此拒绝提供服务。但接纳不等于认同，接纳表示对案主专业的服务态度。在实务过程中，接纳是建立良好专业关系的基石。

2. 尊重

社会工作者要尊重案主个人的价值和尊严，无论在哪个服务阶段都要让案主受到尊敬并得到周到的服务，不能因为案主的某种行为就完全否定案主自身的价值。

3. 个别化

每个案主都是世界上独一无二的个体，社会工作者应尊重服务对象间的个体差异，尊重个体发展的机会和权利，考虑服务对象在生理、心理、社会等方面的差异性，在服务过程中，满足案主的个性化需求，充分挖掘案主的个人潜能。

4. 自决权和知情同意

在社会工作服务过程中，案主有自我决定的权利，社会工作者要充分尊重案主的自我决定，但同时，社会工作者要和案主保持高度的信息共享，有必要向案主提供信息，案主也要在充分知情的情况下对服务计划等重要内容做出决策。自决权是案主个人尊严的重要体现，因此应充分发挥服务对象的自主性和能动性。如果案主本身没有决策能力，社会工作者也应该根据法律政策规定由他人代为行使决策权，一般不鼓励社会工作者代替服务对象做决定。

5. 保密

在社会工作者和服务对象双方友好合作的关系上，社会工作者必须对服务对象的信息保密，充分尊重案主的隐私权，未经同意不得向第三方泄露有关服务对象的个人信息。在特殊情形中，如情况危及服务对象生命时，社会工作者可打破保密原则，第一时间联系相关部门进行危机介入和处理，但也要留存相关证据，方便事后补交工作记录和完成工作程序。

6. 不批判

在助人过程中，社会工作者要注意避免将自己的价值观强加到服务对象身上，对服务对象的言行和价值观不做评判和指责，尊重服务对象的观念和生活方式。

(三) 我国的社会工作价值观

1. 以人为本，注重服务的人情味

社会工作的使命是助人自助，是帮助弱势群体解决困难、修复与环境关系的专业活动。社会工作服务活动要一切从人的需要出发，本着为人负责的态度，真诚守信地帮助服务对象走出当前的困境并发展复元能力。在此过程中，社会工作者要始终贯彻以人为本的工作要求，使助人效果达到最大化。

2. 强调社会和谐

社会工作的健康发展在社会和谐建设中发挥着至关重要的作用。在我国的社会工作价值观中，和谐社会的理念一直被强调和赋予，社会工作者要把促进社会和谐作为自己专业服务的出发点和落脚点，在服务过程中，促进案主家庭关系和谐、人际关系和谐、社会关系和谐等。

3. 重视道德建设

社会工作不仅是一种服务过程，也是一种道德实践。因此，做好道德建设也成为我国社会工作的价值观之一。社会工作者要把满足案主多样化需求和解决案主面临的困境等放在助人工作的首要位置，在服务过程中做好道德建设，帮助服务对象提升与改善自我。

4. 注重平等待人

社会工作者与服务对象之间是平等的合作关系，良好助人关系的形成会使助人工作的开展事半功倍，有助于服务对象和社会工作者共同面对问题，共同找寻解决问题的方法。社会工作者要充分尊重案主自决，始终维护案主利益的最大化。

5. 体现社会发展的要求

社会工作的终极目标不仅是帮助案主解决当下的困境，提升案主自身的复元能力，更重要的是，要帮助案主更好地融入社会，改善社会功能。社会工作不仅要注重个人层面的帮助和服务，也要在社会层面进行倡导和推动，促进有关社会政策的改革，为服务对象谋求更大的福祉①。

三、青少年社会工作价值观的内涵

青少年社会工作，是把青少年作为工作和服务对象，通过运用关于青少年成长和发展的规律，以及社会工作专业的理念、理论、方法和技巧，来最大限度地发掘青少年的潜能，促进其全面健康发展，使其更好地适应社会生活的专业活动。

从价值观和青少年社会工作的相关概念中，不难概括青少年社会工作价值观是指在社会工作专业价值观的指导下，基于青少年发展、社会公平以及青少年权利等前提，为满足青少年基本发展需要、促进青少年健康成长而奉行的专业理念。青少年社会工作价值观以青少年为核心，充分体现了服务青少年、促进青少年发展公平、维护青少年发展权益和改善青少年发展环境的理想追求。

(一) 对青少年个体的价值观

1. 青少年个体有作为人的价值与尊严

社会工作者要始终相信这一点，每个青少年都有自身的独特性，无论经济富有或贫穷，身体健康或残疾，个人资质聪明或愚笨，每个青少年都是重要且独一无二的。

2. 青少年个体具有改变和发展的潜能，最终能够实现改变

每个青少年内心都蕴藏着无限的潜能等待挖掘，且每个青少年都有内在的动力想要使生活变好，在他们内心当中深埋着对未来美好生活的无限向往，因此，社会工作者要充分挖掘青少年个体的潜能和动力，以促进其完成改变。

3. 青少年有能力对自己和他人负责

青少年在处理与自己相关事物的决策上享有自决权，社会工作者必须充分尊重与鼓励案主自己决定自己的行为，并对产生的结果负责。

4. 青少年作为一个群体，有相同的需求和目标，但是在个体需求上也存在差异性和独特性

青少年处在特殊的生理、心理发展阶段，会有相同的目标和需求，如身体和情感上的需求，因此，青少年有时需要与他人互动来寻求安全和归属感。但不能忽视的是，青少年在各个层面的发展也存在差异，每个青少年的生活经历都不尽相同，应以差别化的方式对待。

5. 保障青少年应享有的权利

每个青少年，不管其民族、种族、阶层、地位如何，都享有生存权、受保护权、发展权和参与权。青少年所享有的权利应受到保障，任何人不得以任何名义干扰青少年的生存、发展、参与和受保护权，社会各方应协同促进青少年的健康发展，形成全社会关爱青少年的良好氛围。

---

① 全国社会工作者职业水平考试教材编写组. 社会工作综合能力(中级)[M]. 北京：中国社会出版社，2016.

(二) 对社会的价值观

1. 社会应该为青少年提供平等参与社会生活的机会

青少年应利用平等参与社会生活的机会，最大限度地发挥自己的潜在能力，在参与创造世界的过程中履行自己的社会责任，树立正确的世界观、人生观和价值观，提高自我社会实践的能力，并完成自我价值的塑造。

2. 社会应提供各种资源，协助青少年自我实现

青少年时期作为人生中的重要阶段，应受到社会各方的重视，社会应大力提供各种资源满足青少年日益增长的需求，妥善解决青少年可能出现的各种问题，使青少年正常的社会功能得以充分发挥。

3. 修订和完善有关青少年的社会政策与法律，为青少年的生存和发展提供良好的社会环境

青少年的健康发展离不开社会发展的大环境，青少年问题的根本解决也需要社会政策和社会制度的实施，因此，应不断修正和完善关于青少年的政策和法律，除了基本的教育、劳动就业、居住、医疗卫生等社会保障外，针对青少年群体一些特别的生活需要、安排，也要出台相应的福利照顾与服务政策，全方位满足青少年需求，保障青少年权利，做好青少年保护工作。

4. 社会应包容青少年群体的各种信仰、行为和习俗

青少年个体间有其共性也有特殊性，社会应包容和接纳青少年群体在宗教信仰、行为习惯、文化风俗等方面的差异性，用开放和多元的价值观使青少年在社会大环境中感受到温暖和关爱。

(三) 对青少年社会工作专业的价值观

1. 应该超越个人利益为青少年群体提供专业服务

社会工作者在为青少年提供服务时要始终站在青少年的立场和角度，在超越个人利益之外，社会工作者工作的出发点和落脚点是维护青少年群体的最大利益，用科学的工作方法和技巧帮助青少年走出困境。

2. 专业服务的重点应放在为青少年群体服务而不是追求财富

青少年社会工作者是在社会工作的价值理念下，运用社会工作专业方法从事青少年社会服务的人员。在服务过程中，社会工作者会凭借自己的专业知识和技能帮助青少年服务对象正确分析和评估当前的处境与问题，并提供社会福利服务，实现社会工作“助人自助”的宗旨。社会工作者的工作重心是改变服务对象，帮助其复元，而不是追求财富。

3. 青少年社会工作追求的是社会正义和青少年群体的福利

青少年社会工作追求社会公正和社会福利，旨在使每一个青少年都受到尊重和保持尊严，不因个体间的差异而遭到社会的歧视。青少年社会工作者也应呼吁和倡导社会对青少年群体的福利照顾，共同呵护青少年的健康成长。

4. 青少年社会工作的主要目标是增强服务对象解决问题的能力

社会工作的终极目标不仅在于帮助青少年解决当前困境，更重要的是帮助青少年增强社会功能，修复青少年与社会环境的关系，最大限度地挖掘青少年自身的潜力，完成“助人自助”的目标。

(四) 对青少年社会工作者与自身角色的价值观

1. 青少年社会工作者应将知识和技巧传授给他人

在助人活动中，社会工作者是青少年最为信赖的伙伴，社会工作者应将关于青少年成长与发展的方法和技巧教授给青少年个体或群体，使其逐渐具备对抗挫折和困境的能力，增加其抗逆力。

2. 即使感到挫折，仍坚持为服务对象的利益而努力

由于生理、心理发展的不确定性和复杂性，青少年社会工作对社会工作者来说也面临重重挑战，但无论怎样曲折和艰难，社会工作者都要秉承助人工作的理想信念，始终坚持为维护服务对象的利益而不懈努力。

3. 高标准要求个人行为与专业行为

社会工作者在服务过程中要严格要求自己的个人行为和专业行为：在专业行为上要始终恪守专业价值观，为改善青少年的生活状况并恢复其社会功能而不懈努力；在个人行为上要充分把握适度原则，不可逾越社会工作的专业关系。

四、青少年社会工作价值观的作用

(一) 保护青少年的权益

青少年社会工作的主要目的是帮助青少年实现人与环境的和谐，帮助青少年解决问题并走出困境，提高其面对挫折的因应能力。社会工作者在青少年社会工作价值观的引领下，通过满足青少年的多样化需求、保护青少年使其免受伤害、恢复青少年的社会功能等方式保护青少年的权益。

(二) 促进青少年社会工作实务的健康发展

作为实务性较强的专业，青少年社会工作在实践活动中不断践行着专业使命，通过围绕案主的需要与权利来提升案主的复元能力，改善服务对象的社会功能，促进了青少年与环境的良性互动，促进了青少年社会工作实务的健康发展，也提高了青少年社会工作的影响力。

(三) 促进社会公平与稳定

从宏观上来说，社会工作的使命是践行社会的公平与稳定，社会工作者在帮助青少年改善人与环境关系的同时也为青少年提供了参与社会的机会，在开展专业实践中进一步增加了社会福祉，促进了社会的公平与稳定。

第二节　青少年社会工作伦理

伦理指人与人相处的各种道德准则，也是人们在人际关系方面所持有的价值信念和行为准则，包括个人的自我行为控制和调节以及对他人的行为期望标准。伦理与价值观是密不可分的，是支配与被支配的关系，价值观决定伦理选择。

一、社会工作伦理

社会工作伦理作为职业伦理的一种，是一整套指导社会工作从业人员正确履行责任和义务并预防道德风险的行为规范。社会工作伦理守则规定了社会工作专业本身对从事专业社会工作的个人提出的行为标准和道德理想，它清晰地告诉社会工作者“应该做什么”和“不应该做什么”，逐渐成为社会工作者自我约束的道德规范。社会工作伦理是从社会工作价值观中推导出来的，它来源于社会工作价值观并且与价值观保持一致，是社会工作价值观的具体化。

(一) 社会工作伦理守则的基本内容

1. 服务

社会工作者以服务有需要的人群为核心目的，通过提供服务来提高案主解决问题的能力和改善案主的社会功能。

2. 社会正义

社会工作要始终维护社会正义，使弱势群体获得平等参与社会生活的机会，通过增加社会福祉来促进社会整体利益。

3. 人的尊严与价值

社会工作要尊重个体或群体的尊严和价值，相信每个人都是世界上独一无二的，每个人都具有无限的发展潜能。

4. 人与人之间关系的重要性

从事社会工作需要与人打交道，在助人活动中要始终围绕着人来开展，增强服务对象的人际互动，减少人际冲突，促进人际关系的和谐。

5. 正直

社会工作者在服务中要奉行正直诚信的原则，与服务对象之间坦诚交往，倾注心血和精力，通过运用科学的方法和技巧，满足服务对象需要，保障服务对象的权利。

6. 能力

社会工作者要注重学习，不断提高服务质量，在发展变化较快的社会环境中，及时调整工作方法和形式，维护好服务对象的权益，实现助人目标。

(二) 社会工作专业伦理守则的国际惯例

在早期阶段，社会工作专业化发展水平并不高，社会工作专业伦理守则比较简单和粗略。

随着社会工作的专业化水平越来越高，守则的内容也逐渐得到完善和修订。以美国社会工作者协会为例，经过多次修订，逐渐形成了涵盖范围较为全面的标准和内容①。

1. 对受助对象的伦理责任

社会工作者需要对服务对象的承诺负责，满足服务对象需求；充分尊重服务对象的自决权，使其自己主导自己的生活；尊重服务对象的知情同意，制订与开展计划时与服务对象充分沟通；相信服务对象的能力，相信其具备处理自己问题的潜能；始终具备文化敏感性，能够处理多元文化间的冲突；遵循保密原则，保护服务对象的隐私不受侵犯。

2. 对同事的伦理责任

社会工作者需要尊重同事，友好相处；遵循保密原则，保守与同事共有经历的秘密；积极寻求与同事间的合作，提高工作能力；妥善处理利益冲突与争议，不发生纠纷；咨询和征求同事的意见和建议，可请同事进行教育与培训工作，提升服务技能；必要时将服务对象转介给同事。

3. 对专业的伦理责任

社会工作者要在多次专业实践中推动专业向前发展，追求并促进专业价值；注重专业品行，提高社会福利和社会服务水平；加强专业的评估与研究，坚持按照专业伦理遵照执行。

4. 对机构的伦理责任

社会工作者有责任维护机构的政策与立场，代表机构坚守与服务对象的承诺；遵循保密原则，对机构的相关资料和信息保密；妥善使用和保存机构文件和信息，做好记录和存档工作；促进机构与其他社会组织之间的交往，建立友好合作的关系。

5. 作为专业人员的伦理责任

社会工作者要树立持续学习的理念，不断强化自我服务能力；作为专业人员要做到个人行为不干扰专业行为，个人价值偏好不影响专业价值判断；不欺骗和操纵，始终真诚地面对服务对象。

6. 对社会的伦理责任

社会工作者在服务过程中要致力于追求社会公平和正义，促进社会福利的发展；积极参与公共事务，尽可能多地促进公共参与；通过社会与政治行动减少不平等，反对歧视；发生公共危机时提供介入与救助措施，彰显社会责任感。

二、青少年社会工作伦理的内容

青少年社会工作伦理是青少年社会工作价值观在实务中的具体体现，是青少年社会工作者在实务工作中需要遵守的行为规范与准则。

(一) 尊重青少年的价值与尊严

在青少年阶段，生理和心理的发展和变化使他们内心变得丰富且敏感，这就更加突显了在

① 童敏. 社会个案工作[M]. 北京：中国社会出版社，2007.

青少年实务过程中尊重的重要性。青少年社会工作者在服务过程中要尊重青少年个体的独特性，要让他们时时刻刻感受到尊严，即使有的青少年存在越轨和偏差的行为，社会工作者也不能完全否定其价值存在的意义。

(二) 接纳

接纳是青少年社会工作专业服务的首要任务，只有完全接纳青少年才能建立社会工作者与服务对象之间良好的专业关系，促进助人目标的实现。此外，在青少年阶段，多样化的需求使得其更加需要得到他人的关心、爱护和理解，社会工作者要做到接纳和包容青少年在生活习惯、行为方式等方面的差异，对青少年做到充分接纳与关怀，促进青少年成长。

(三) 自决

在社会工作服务过程中，青少年对于自己的事务享有自主决定权，社会工作者也要始终尊重青少年的价值和尊严，相信他们具备处理好问题的潜能。但青少年的自决并不意味着社会工作者完全没有权利去干预其所做的决定，如果青少年的决定影响到社会工作者的正常工作或是危害到他人或者社会利益时，社会工作者要适时调整和及时干预。

(四) 保密

在青少年社会工作实务中，保密是建立双方信任和良好专业关系的核心。社会工作者在未经服务对象同意的情况下，不能将青少年的个人信息和有关隐私透露给第三方，以保证助人工作的顺利进行。如果社会工作者违反保密要求，随意透露服务对象情况，则不仅要承担对案主的责任，还会有损专业声誉，甚至承担法律责任。

(五) 个别化

每个青少年的成长环境不同、生活阅历不同，因此在为人处世、待人接物、行为模式、生活习惯等方面都存在一定的差异性，而且受文化、种族、民族等条件影响，青少年之间还会在宗教信仰、文化习俗等方面呈现显著差异。因此，社会工作者应为不同的青少年定制个性化的服务方式，在制订计划和选择介入方法时要以适合青少年为原则。

(六) 协助青少年适应社会环境

随着社会的发展，青少年在学业学习、人际关系、就业发展和社会适应等方面都显现出诸多问题，这些问题直接导致青少年成长和发展的困境，特别是随着经济发展水平的提高，各种亚文化在逐渐影响青少年的身心健康。因此，社会工作者要协助青少年开发不断适应社会变化的能力，通过专业方法和技巧的应用，帮助青少年健康成长。

(七) 持续学习以保证服务质量

在青少年社会工作中，社会工作者接触“边缘青少年”的频率比较高，这就非常考验社会工作者与其打交道和适时调整工作计划的能力，而且由于青少年敏感的性格，社会工作者更加需要倾注心血和精力。此外，由于目前我国专业社工人才缺乏，且社工的工作强度大，专业目标有时会和机构目标有冲突，因此社工常常会出现职业倦怠的心理。社会工作者也是人，也需要排解压力和抒发情绪，更需要不断学习新知识、补充新能量，在为青少年提高专业服务质量的同时，保证自我的身心健康。

三、青少年社会工作中的伦理困境

青少年社会工作是一种专业的道德实践过程，它不是想当然的介入过程，而是在专业价值观和道德规范的引领下，面对服务对象的问题而开展的助人活动。但在现实生活中，由于服务对象问题的复杂性，青少年社会工作者常常会面临一些伦理困境。伦理困境是指社会工作者在社会工作实务中，面对复杂的情境现实而陷入的多元性价值冲突与多样性伦理选择的艰难境地[①]。

(一) 青少年社会工作伦理困境的具体表现

1. 案主自决与社会控制的冲突

案主自决是青少年社会工作实践中必须要遵循的原则，但是由于青少年社会阅历较浅，社会工作者可能常常遇到家长、学校和青少年三方决定相悖的情形，或者由于青少年部分能力受限，必须由监护人代为决定的情形等，这都会对案主自决发出挑战。

2. 平等尊重与父权主义的冲突

青少年和成年人一样享有被平等尊重的权利，且社会工作服务开展后，青少年与社会工作者之间建立的是平等互信的合作关系，但这种平等尊重的价值关系往往与父权主义有所冲突。在父权主义看来，青少年不具备独立处理问题的能力，在问题的判断和决策上，青少年需要成年人的帮助和关心，这样的情形会影响社会工作者与青少年之间建立平等尊重的关系。

3. 专业自主与家长权威的冲突

家庭是青少年的第一保护地和栖息地，青少年社会工作者在开展社会服务时也需要家长的积极参与和配合，但容易被家长的权威左右，尤其是年轻的社会工作者与年长的青少年家长之间，冲突更加频繁。有些家长虽然认可社工的专业性，但并不完全信任其专业能力，会干扰社工的专业判断，干预服务计划。因此，平衡好专业自主与家长权威也是青少年社工需要思考的重要伦理议题。

4. 隐私权与监护权的冲突

尊重青少年隐私、遵循保密原则是青少年社会工作伦理实践中的重要原则。然而在具体的操作过程中，由于青少年生、心、社和知、情、意等方面发展不够成熟，父母对青少年子女具有知情权和监护权，社工常常会遇到青少年隐私权与家长监护权之间的冲突。

5. 服务对象利益与服务对象家庭利益的冲突

站在服务对象的立场思考问题，维护服务对象的利益是青少年社会工作者时刻要遵循的伦理守则，但在具体的实践过程中，服务对象利益、服务对象家庭利益、机构利益等多方主体利益交织在一起，使得社工面临多重利益冲突。

---

① 罗肖泉. 青少年社会工作伦理议题[J]. 社会工作，2007(01).

6. 青少年的权利和父母的权利的冲突

作为青少年，有选择更好生活的权利；作为父母，也有追求更好的事业和生活的权利，两者常常不能兼容。有时，当青少年出现行为偏差时，多半是家庭中父母监管照顾不到位或者是家庭结构失衡所致，社会工作者不能把责任归咎于父母，但也不能因为父母的自由权利就赞同他们忽视对子女的养育。

7. 青少年社会工作者角色的冲突

在青少年社会工作中，社会工作者要充当不同的角色，既要满足青少年的多元需求，又要增强其社会功能，促使其能在社会上正常生活，维持社会稳定，同时，社会工作者还要为争取青少年利益多方奔走……不同角色间的转换常常会使社会工作者陷入角色冲突中。

8. 多元期待的冲突

青少年社会工作者在服务计划开展后会接触到与青少年有关的多方行为主体，如家长、学校、机构和社会，当这些行为主体对社会工作者的期待存在冲突时，社会工作者就面临何去何从的伦理困境。

9. 多元价值的冲突

随着社会的不断发展和变迁，文化种类和文化形式都变得多元，加之青少年自身的敏感性和好奇心，社会上通行的价值观不一定能被其遵照执行，社会工作者在帮助青少年矫正偏差行为、适应社会的同时也会面临多元价值的冲突。

10. 传统观念与专业观念的冲突

受中国传统思想观念的影响，孩子不仅被家长看作生命的延续，更是家庭梦想的延续，孩子自由独立的权利会受到家长的限制。此外，很多时候当青少年面临困境或危机时，家长会产生“家丑不外扬”的想法，坚决拒绝社会工作者的介入，这就为社会工作者开展服务工作带来一定难度。

11. 理想体制与现行体制的冲突

许多青少年的问题都与当下的社会制度有关，社会制度的不健全导致青少年产生逆反心理，社会工作者在帮助青少年疏解情绪的同时，也要扮演好自己作为政策倡导者的角色，但往往政策的变革历时较久，甚至需要几代人的共同努力才可以，因此，虽然理想是美好的，但是和现实之间的差距和矛盾也不能忽视。

(二) 青少年社会工作的现实伦理选择

伦理选择，又称伦理决定、伦理抉择，青少年社会工作伦理选择是指社会工作者分析和评估青少年社会工作实务中涉及伦理方面的问题，以便形成恰当的、符合伦理的专业行为的过程。对于从事青少年社会工作的人来说，常常会面临价值两难的情境，尽管在实践中并不存在标准的公式可以套用，但作为理性和负责任的青少年社会工作者，应谨慎思考做出价值选择，遵循具体的伦理抉择步骤，保护服务对象的权益不受侵犯。综合各专家和国际社工界提出的伦理抉择步骤，大概可归纳出伦理选择的基本框架。

(1) 认识伦理问题，保护青少年生命。

(2) 分析社会工作者自身权利义务，识别伦理决定境况，维持青少年独立、自主和自由。

(3) 正确认识伦理行动的过程，分析可能存在的利弊和风险，促进青少年平等参与社会。

(4) 深入了解伦理决定中涉及的人支持或反对的理由，提升青少年的生活质量。

(5) 向同事或专家咨询，但在此过程中要遵循保密原则。

(6) 做出伦理决定并完整披露所有相关信息。

(7) 监督和评估伦理决定，在价值观和伦理守则的约束下规范服务。

四、青少年社会工作的伦理原则

(一) 关爱与保护原则

青少年正处于身心发展的重要阶段，在这一时期，青少年社会工作者在开展服务时应给予青少年无限的关爱和保护，坚持生存权优先于其他权利保障，把青少年的生命健康放在第一位。

(二) 发展性原则

青少年社会工作的最终目标就是促进青少年的发展，使其不仅在生理和心理上逐渐成熟，更重要的是完成社会性成熟，获得独立自主的机会和形成自我意识，帮助其树立正确的人生观、世界观和价值观。

(三) 主体性原则

开展助人工作时，要充分尊重青少年的主体性原则，坚持青少年的自决权优先于其他基本需求的满足。社会工作者应配合案主在整个决策过程中不同阶段的需要，采取诸如探索期望、讨论目标、促进抉择、完成决策、付诸行动等阶段性做法。

(四) 注重自我形象原则

社会工作者的素养和行为对服务效果和专业形象至关重要，所以青少年社会工作从业人员要始终奉行伦理守则，注重自我形象，对违反专业价值的行为进行约束和限制。

(五) 注重社会责任原则

在青少年社会工作中要始终践行社会使命，注重实现社会责任感，坚持法律规范优先于道德和感情，在维护青少年个体或群体利益时要坚持公平与效率兼顾、公平优先于效率的基本原则。

(六) 关注处境原则

每个青少年的生活经历不同，因此，社会工作者在服务过程中应关注青少年的处境，着重把握其因生活处境的差异而产生的心理变化、形成的行为模式，及时干预和介入，最大限度维护青少年的利益。

五、青少年社会工作专业伦理的作用

(一) 评判青少年专业服务是否适当

青少年社会工作的专业伦理为社会工作者开展实务提供了依据和指导，成为检验社会工作者开展专业服务是否适当、自我约束是否规范、对服务对象是否妥当的准则和标准，也将社会工作专业性服务与一般性的助人服务区分开来。

(二) 保障青少年权利

青少年社会工作是社会工作在青少年实务领域的具体化过程，社会工作者在服务过程中会与不同类型、处于不同困境的青少年接触，社会工作者作为提供服务的人，难免在此过程中与青少年产生冲突和争执。当冲突发生时，青少年社会工作伦理作为评判标准，不仅可以维护社工作者的形象，也可以在维护双方良好关系的基础上和平解决争端。

(三) 减轻青少年社会工作者伦理抉择的压力

在伦理道德的范围内，没有唯一正确的伦理规范，对青少年社会工作者来说也是一样，当面临两难境地时，青少年社会工作者也会产生压力和困惑。这时，青少年社会工作伦理会提供一整套价值、原则和标准引导社会工作者理清思路，帮助社会工作者权衡利弊后做出决策。

(四) 帮助青少年社会工作者自我反思及价值澄清

青少年社会工作者不仅是服务提供者，在服务过程中，社会工作者也在不断地学习与进步。青少年社会工作者在伦理守则的规范和约束下与服务对象共同探索期望、完成目标制定并实施介入计划的实践过程，也能帮助其自我反思，积累服务经验。

(五) 奠定社会对青少年社会工作的信任基础

青少年社会工作伦理是得到专业承认和从业人员遵照执行的服务公约，青少年社会工作伦理能够约束社会工作者的言行，使社会工作者与服务对象之间建立友好合作的专业关系，提升大众对青少年社会工作的认同和支持。

六、案例分析

(一) 案情简介

由农村进入城市上学的小A，因为身份、穿着和长相等问题，长期受到同学们的嘲笑、排挤、人身攻击等，学习成绩不是很理想，老师对其有偏见，在家里也得不到父母的理解。由于长期得不到来自家人和朋友的安慰和温暖，小A情绪一度很低沉，写过遗书，多次想到自杀。自从学校社工站开展了小信箱服务后，她跟社工小Y有过一段时间的信件往来，与社工小Y建立了一定的信任关系。在一次学校开展的青春期讲座之后，小A向社工小Y透露自己曾遭到异性的侵犯。小Y鼓励小A将自己的遭遇告诉学校和老师，并承诺会帮助她一起解决问题。但是小A拒绝了小Y的帮助，并且情绪非常激动，说自己把小Y当姐姐，不希望她把这些事说出去，否则她就去自杀。

(二) 面临的伦理困境

当社会工作者在开展专业服务中遇到伦理困境和冲突的时候，要遵循一定的价值、原则和标准做出决定。伦理抉择所遵循的价值、原则和标准对于解决复杂的伦理问题具有重要的指引作用。在这个案例中，社会工作者所面临的困境是：服务对象小A由于长期受到欺凌，并且得不到来自外界的关爱，内心敏感自卑，不认为他人可以帮助其改变现状，所以当社会工作者小Y提出要帮助她时遭到了拒绝，这时出现了保护服务对象利益与服务对象自决原则之间的冲突。另外，由于这起校园欺凌事件中存在人身侵犯的情况，涉及服务对象的隐私问题，当社会工作者介入事件时，就要面临如何在尊重小A隐私权的基础上帮助其摆脱现状、解决问题的困境。

社会工作者小Y在为小A提供专业服务的时候，需要慎重考虑能否以保护服务对象利益为由去干预服务对象的自我决定，而且要考虑服务对象的自决权是否在一定程度上受到限制。在小A明显遭受校园欺凌和他人侵犯，甚至日后可能会有生命安全威胁的情况下，她还拒绝社会工作者的帮助，社会工作者是否应该介入以及如何介入？社会工作者能否明确私人关系和专业关系的边界？另外，事关服务对象的隐私问题，涉及学校、医院、司法等机构，在与同事或其他领域合作时，如何界定共享受害人的隐私资料的范围和程度？如何在帮助服务对象与保护其隐私之间取得平衡？

(三) 遵循的伦理原则

在本案例中，出于对以上几个伦理困境的考虑，抉择时应遵循以下四项伦理原则。

1. 保护生命原则

无论何时，人的生命都应受到尊重和保护。在遇到伦理困境时，社会工作者应该始终将保护生命放在第一位。在严重的校园欺凌案件中，受害者的生命安全会受到威胁，因此，遏制轻微的欺凌以防发展成严重的校园暴力，保护受害者的生命安全是最为紧迫的任务。在本案例中，人身攻击有可能会发展成严重的身体伤害，而且服务对象小A有潜在的自杀倾向，生命安全会受到威胁，因此，社会工作者在干预过程中要将保护其生命原则放在首要位置，评估小A已经受到的伤害和未来可能会继续受到的伤害，再做出选择。

2. 服务对象自决原则

强调服务对象自决是对其个人价值的尊重，有助于培养服务对象的独立自主性和对自身潜能的认识。自决包括消极的自决和积极的自决：消极的自决指不强迫服务对象接受特定价值或单方面为服务对象做出决定；积极的自决是指服务对象在知情同意的情况下做出理性选择。也就是说，服务对象的选择是在充分理解信息的基础上做出的。因此，社会工作者要尽可能详细地提供相关信息。在青少年社会工作实务中，服务对象大多是未成年人，在生理或心理上缺乏做决定的能力，所以在一定情况下，其自决权是受到限制的。同时，如果社会工作者按照专业判断，认为服务对象对自己或他人构成了可预见的、近在咫尺的危险，自决原则同样也会被限制。在本案例中，小A长期受到伤害，其个人利益已经被侵犯并且很有可能会危害到她的生命，而且她在情绪和心理上很不稳定。在这种情况下，不能完全任由小A自主决定。社会工作者小Y应当协助服务对象小A认清她自己的处境，让她认识到自己的选择可能产生的一些结果。同时，因为小A敏感自卑，社会工作者要表达对其意志和能力的尊重，并协助她挖掘成长和改变的潜能。

3. 最小伤害原则

当面临的困境有造成伤害的可能性时，社会工作者应该避免或防止这样的伤害，尽量不造成二次伤害。当伤害不可避免的时候，社会工作者应该选择造成伤害最小，带来的永久性伤害最小和伤害最容易弥补的方案。在本案例中，基于小A目前的处境，如果让其继续在这样的困境中生活下去，日后会造成更严重的伤害，甚至造成永久性的伤害。而如果小Y介入这件事并且处理妥当，就会终止小A目前以及未来会受到的伤害。

4. 保密与隐私原则

社会工作的基本原则之一是对个体隐私权的尊重，这是现代社会文明进步的象征，也体现了社会工作者与服务对象之间建立的一种默契的信任关系。在满足“保护生命原则”的基础上，社会工作者要保守服务对象的秘密，尊重服务对象的隐私权利。在本案例中，社会工作者小Y经过专业判断，明确服务对象小A会遭遇的可预见的、严重的伤害，因此小Y有打破保密原则并承担警告和保护的义务。

(四) 关键点

本案例的伦理决定需要处理以下几个关键问题。

首先，社工应将保护生命原则放在第一位。在本案例中，社会工作者在面对服务对象自决与服务对象利益这样的冲突时，必须考虑服务对象的生命安全等因素。如果让服务对象自决，她会继续忍受校园欺凌和他人的侵犯，日后可能会有生命危险，更多的利益也将无从谈起。同时，根据专业判断，服务对象目前属于未成年人，而且情绪不稳定。综合以上考虑，社会工作者要在一定程度上合理干预服务对象的自决。但是社会工作者不能全凭个人意愿替服务对象做出决定，而要与服务对象进行协商，帮助其分析现在的情况，否则会激发服务对象的逆反心理，也不利于其日后的成长，但是在这个过程中，要注意对服务对象的相关信息保密。

其次，针对服务对象小A的性格、心理等情况，社会工作者在帮助服务对象解决问题的同时要激发其改变的潜能，尊重其个人价值。

最后，社工应该在充分收集信息和资料之后征询相关同事、专家的意见，在此基础上找出各种可能的行动方案，并对这些行动方案的利弊得失进行权衡，考虑对每种行动赞成与反对的理由，进而选择最适当的行动，最后对伦理抉择行动方案的执行过程和结果进行监督、记录和评估。

(五) 总结

伦理问题贯穿于社会工作者的工作之中，且社会工作者所遇到的伦理困境会涉及多个方面，但不管怎样，社会工作者都应该遵守社会工作核心价值观，遵从伦理守则的要求，以服务对象的福祉为首要任务，为服务对象争取最大的利益，并且在实践中，掌握解决伦理困境的技巧。

第三节　青少年社会工作者的职业素养及其角色

一、青少年社会工作者的职业素养

社会工作是助人的专业化活动，其核心是帮助服务对象摆脱困境，重获希望。社会工作者(简称社工)在此过程中具有重要的能动作用，承担多重角色。在实务过程中，他们不仅直接与受助者联系和接触，有时还需要链接资源，为维护服务对象利益而四处奔走。社工作为与社会各方沟通频率最高的行动者，应满足服务对象多样化的需求，不断完善服务内容、创新服务形式，担负起多种责任。不难看出，在实务过程中，对社工的职业素养要求非常高，此外，社工的角色也会随着实务过程的变化而发生变化。青少年作为社会工作的重要对象群体，具有特殊性，青少年社工不仅要具备基本的职业素养，而且要了解青少年群体的特殊性，明确青少年这一时期生理、心理社会角色的变化特点，有的放矢，精准施力，才能有针对性地解决青少年在这一时期暴露的问题，多层次地满足青少年的发展性需求。

(一) 青少年社工的价值理念素养

青少年的价值理念素养是在青少年社会工作价值观和青少年社会工作伦理影响下形成的，在青少年社工价值素养中起着导向作用。青少年社工的价值素养体现在价值观层面上的遵循，体现在伦理守则上的依托，体现在职业道德上的规范①。

具体来说，在价值观的层面上，青少年社工应遵循社会工作价值观的要求，尊重和接纳青少年群体的特殊性，尊重其价值和尊严，相信他们存在的独特性，不妄加评判，坚持案主自决的原则，并对服务对象的隐私保密。在伦理守则的层面上，青少年社工要以伦理规范为依托，做到对服务对象、对个人、对机构、对专业、对同事、对社会自觉承担相应责任。在职业道德的层面上，青少年社工要做到明确和遵从，热爱青少年社会工作并愿意为之奉献，随着社会工作实务的不断深入，能不断调整自身定位，适应青少年发展和变化的过程，同时也要警醒和不断反思自己的不足，以更加专业的形式和形象推进服务工作的开展。

(二) 青少年社工的理论知识素养

在社会工作中，实务的开展需要扎实的理论知识储备作为根基。一名优秀的青少年社工需要金字塔式的知识体系，其理论知识素养主要体现在基础知识的积淀、社会工作专业理论的把握，以及青少年社会工作特有理论知识的运用方面。

具体来说，在基础知识的层面上，一方面，社工在为不同的青少年个体或群体提供社会服务的过程中，接触到的青少年及其家庭、学校、社区等不同，其文化背景、经济条件、生活习惯等都有显著差异，因此，青少年社工必须尽可能多地了解服务对象的相关情况，才能更好地与其建立专业关系，开展专业服务；另一方面，随着时代的变迁和社会的飞速发展，青少年问题的复杂性也愈发突显，青少年社工具有更加牢固的基础知识，才能以不变应万变。总的来说，青少年社工掌握的基础知识应该丰富且多元，涵盖心理学、人类学、社会学、教育学、政治学、管理学、伦理学等综合知识。

---

① 孙成键，吕春苗. 青少年社会工作者的职业素养探析[J]. 山东青年政治学院学报，2015(05).

专业理论是社会工作学科区别于其他学科的根本，也是各学科之间形成显著差异的独特内容，所以，在社会工作专业理论的层面上，青少年社工更要熟知心理学、社会学，以及实务过程中的各种关于青少年社会工作的理论，这些理论都是在长期的实践发展中，各个专家学者形成的对青少年发展过程的规律性认识。熟练掌握和运用青少年社会工作的专业理论，不仅能提升社会工作的专业性，也能在某种程度上促进我国青少年社会工作的本土化进程。青少年社会工作专业理论知识包括与青少年建立专业关系的知识、良好的预估和判断问题的知识、为青少年建立服务计划的知识、运用专业方法介入的知识、评估青少年发展变化的知识等。值得注意的是，青少年社会工作的基础知识与专业知识不存在冲突，它们相辅相成、彼此促进，青少年社工只有将两者融会贯通、合理使用，才能达到最佳的助人效果。

青少年是人一生中的关键阶段，青少年时期发展得好坏很可能影响人一生的发展过程，因此，青少年社工应掌握青少年社会工作的特有理论，主要包括根据青少年个体或群体生理和心理发展变化的特征有针对性地提出介入方案，根据青少年的成长背景和个性化特征形成精准的服务方案。同时，由于网络世界的复杂和各种不良文化的影响，有些青少年会出现偏差行为，这就要求青少年社工在专业服务中要帮助其明辨是非，抵制不良文化的侵害，要能够充分倾听和共情，了解青少年的特殊困境，在专业服务中体现自己的专业素养。

(三) 青少年社工的综合能力素养

要从事实务性非常强的助人实践活动，青少年社工对于综合能力的掌握尤为重要，在接触青少年并为之服务的过程中，社工应拥有充分的共情能力，能处理好和受助者之间的关系；社工应拥有组织与介入的能力，将社会工作的方法和技巧运用自如；社工应有良好沟通的能力，在链接资源时能够充分游说各方，获得多方面支持；社工应拥有较强的适应能力，能在处理青少年的不同问题时灵活转换角色，调整方案，以达到最佳的工作效果。

在共情能力上，青少年社工首先要做到双方交往愉快，并初步与服务对象建立良好的专业关系，随着交往的深入和共情的增加，服务对象才会流露出内心的真实想法，这样才能完成日益艰巨且复杂的助人任务。青少年个体或群体在这一时期的生理和心理发展比较迅速，处于从儿童向成人过渡的关键时期。生理上，青少年的内分泌机制完善，人体机能和形体发生变化；生理机能逐步增强，大脑发育趋向完善；第二性征开始出现，出现男、女性特有的形态和征象。生理变化是心理变化的基础，随着生理变化的不断显现，以及青少年所接受的外部环境的影响，其心理特征也慢慢表现出来。心理上，青少年的智力不断发展，思维明显开阔，看待事物的角度开始多样化，认知能力有所提升；自我意识开始增强，开始关注自我的内心世界，对人际关系变得敏感；性意识得到觉醒和发展，对性关系有了更多的理解、体验和态度；情感发展往往与现实产生矛盾，独立性增强，叛逆情绪飙升，易诱发早恋问题。同时，由于外部环境中不良文化影响的加深和与同辈交往容易出现偏差，青少年期也是最容易误入歧途的成长阶段，会出现鲁莽冲动、暴躁易怒甚至暴力和犯罪的问题。因此，正确认识青少年成长过程中生理、心理的各种变化，与青少年进行融洽的社会交往可以有效提升青少年社工的共情能力。

在实务过程中，社工的服务对象可能是青少年个体也可能是群体，所以在运用专业方法时，可能涉及个案、小组、社区等不同的方法，青少年社工需要在不同方法的运用中具备强大的组织和介入能力，才能在各种环境中工作自如。在个案工作中，社工需要针对其问题有策略地实施介入，在介入服务对象本人时要细心观察，妥善运用介入方法，以保证介入效果。在小组工作中，青少年社工要维护小组成员的共同利益，促进整个团体目标的实现，设计活动方案时也要考虑小组成员的特点和适应性。由于小组人数可能较多，青少年社工在带领和引导的过程中要注意留意每一位成员，确保每一位成员不被忽略、积极参与，青少年社工要根据小组成员的共同需求拟定组织和介入方案，改善小组成员的状况。在社区工作中，社会工作者可以利用丰富的资源，如青少年活动室、青少年机构或组织、居民、志愿者等物质和人力方面的支持。一方面，青少年社工可以充分利用社区内存在的自组织，通过组织居民互助来达到解决青少年个体或群体问题的目标；另一方面，青少年社工还要全面负责与社区的机构、组织联系，加强各主体的沟通，更好地满足青少年的需求。在社会行政中，青少年社工要合理筹措与安置社会资源，在规划与计划的基础上，完善对青少年个体或群体的社会服务方案策划。此外，青少年社工还要对涉及青少年个体或群体事务的工作人员统一调配和管理，对资金的募集和使用也要做出合理的安排，还要维护服务机构的公共关系并提升青少年社会工作的公信力。这些都表明，青少年社工更加要具备较强的组织和介入能力，更加认同工作目标并积极主动开展实务工作。

青少年社工的沟通能力也是必备的综合能力之一。青少年社工在链接资源时常常要对接不同的行动主体，需要向相关政府部门、机构组织、公众等介绍社会工作的相关信息和内容，因此沟通能力的好坏也会直接影响完成目标的效率。同时，青少年社工开展工作也需要获得政府、机构和公众等多方面的支持和协助，所以青少年社工要具备良好的沟通能力，这样才能搞好公共关系，也可以提升公众和相关政府部门及机构对青少年社会工作的了解和认同，便于后续工作的开展。

(四) 青少年社工的心理个性素养

心理个性素养是青少年社工的宝贵品质，难以进行量化，也绝非一朝一夕可以提升，它是青少年社会工作者与生俱来或者是在实践中摸索积累的个性体现，对青少年社会工作实务具有重要的影响。作为较为重要的职业素养之一，青少年社工的心理个性素养也需要不断培养和加强。青少年社工的心理个性素养主要体现在亲社会行为的品质和心理素质。

具体来说，青少年社工在开展专业服务中要热心沟通、亲切和善，积极参与到相关的个案、小组、社区服务中去，在助人服务中能收获幸福、收获快乐。青少年社工要对未来社会工作发展的前景抱持坚定的信心，要能够坚守工作岗位，具备良好的服务素养，并能在整个服务过程中不断总结反思，以此促进社会工作专业性的提升和个人的成长。由于在青少年社会工作中，社工服务的对象是青少年，社工要能够对青少年个体或群体做到无条件尊重、接纳和积极关注，能够从他们的立场出发解决问题，让其感觉到温暖并愿意配合。青少年社工在介入时也要能创新服务方式，为青少年个体或群体定制个性化的服务方案，敢于打破传统的介入模式，寓教于乐，促进青少年的成功蜕变和健康成长。

当然，青少年社会工作是一项复杂且艰巨的任务，社工在这个过程中或多或少会遇到困难和阻力，这就意味着青少年社工在具备价值理念、理论知识、综合能力等素养的同时也要具有足够的心理承受能力和心理素质。青少年在青春期阶段本就呈现叛逆倔强、敏感易怒、对外抗拒的特征，这就给社工的介入带来很大的阻力，青少年的不配合常常会使工作遭遇挫折，导致社工无法进行资源的链接和支持网络的搭建，因此社工必须有强大的心理素质来面对随时可能出现的挫折与变化，坚持用自己的初心来提供专业服务。同时，服务过程中，社工常常会现身说法，自我披露相关经历来建立良好的专业关系，促进青少年问题的解决，但是社工要避免将自己的负面情绪传达给青少年，这就要求青少年社工在服务过程中要始终保持积极乐观、阳光向上的心态。

二、青少年社会工作者的角色

青少年社会工作是社会工作者通过专业的手段和方法满足青少年个体或群体的不同需求，以达到帮助青少年个体或群体走出困境、健康成长的服务目标，完成助人使命的过程。在这个过程中，青少年社会工作者承担了多重角色。

(一) 服务提供者

青少年社工是直接向青少年提供服务的人，可以说服务提供者是社工的主要角色。这里的“服务”不仅包括为青少年提供心理咨询和意见咨询，也包括提供物质帮助、政策信息咨询等直接或间接的服务。同时，青少年社工也为出现偏差行为等问题的青少年提供治疗和辅导，帮助其建立正确的行为模式。

(二) 支持者

服务过程中，社工要给予青少年源源不断的支持，不仅要提供各种服务，而且要鼓励、支持青少年尽可能自立自强、自我决策、克服困难，实现助人自助。社工要用恰当的方式充分表达对青少年当前处境的同感，让服务对象时刻感觉自己被尊重和接纳，感觉到社工是站在自己的立场上，真心实意帮助自己解决问题的。在服务过程中，支持是基础和重要的工作，社工是青少年积极反应的支持者和鼓励者，并尽可能创造条件使其自立和自我发展。

(三) 倡导者

在一定的情况下，当青少年必须采取新的行动才能走出困境时，青少年社工应积极向其倡导新的合理行为，并指导他们，使其走向成功。倡导分为三个层次：第一层是直接服务，社工立足于当前青少年的个人或家庭，从需求出发，倡导其所需，保障青少年健康成长的环境；第二层是组织机构层面的倡导，倡导机构或组织对青少年提供更多元的服务；第三层是政策层面的宏观倡导，倡导社会和政府部门共同关注青少年问题，形成关爱青少年的社会大环境。

(四) 协调者

青少年社工是整个介入过程的主要指导者和协助者，要统筹协调每个环节的事务，对社会工作的介入过程要实时进行有效控制。同时，还要对可能涉及的多方行为主体和多方资源信息进行协调、安排和管理，以实现社会工作助人的高效率目标。

(五) 使能者

青少年社工要激发、赋予并强化青少年内在的潜能，促使其有能力解决其自身的问题。在这个过程中，青少年社工要运用自身拥有的专业知识和技巧，调动青少年自身的资源和能力，发挥其潜在能力，并促进其发生有效改变，完成青少年社会工作的终极目标。

(六) 资源争取者

为了更好地完成助人使命，青少年社工通常要链接多方资源，共同就服务对象当前的问题提出解决措施，借助各方力量促使青少年走出困境，走上新的人生轨道。社会工作者通常要求助于政府部门、福利服务机构、志愿者团体甚至广大社会群众，来争取青少年发展和福利等相关层面的资源，并将资源传递到青少年个体或群体手上。

除此之外，青少年社工在直接服务和间接服务等方面还承担了多种角色，如指导者、管理者、政策影响人、研究者、教育者、经纪人等[①]。正是由于青少年社工的多重角色与身份，才使得其在专业服务过程中的不同阶段发挥不同的作用，全方位保证了青少年的平安健康成长。

① 陈世海. 青少年社会工作[M]. 北京：中国社会出版社，2011.

第三章　青少年社会工作相关理论

第一节　以心理学为基础的相关理论

青少年在发展过程中不仅会出现身体上的变化与成长，而且会伴随心理状态的不断成熟与蜕变。青少年的健康茁壮成长也是身心共同健康发展的过程，但是在这一时期，青少年会出现强烈的逆反心理，其心理结构也在发生改变并不断调整，了解和掌握以心理学为基础的青少年社会工作理论有助于社工了解青少年内心剧烈变化的内在逻辑，便于更好地开展服务工作。

一、精神分析理论

西格蒙德・弗洛伊德是精神分析理论创始人。精神分析理论产生于19世纪末20世纪初的奥地利，它奠定了现代心理学的根基，对人文社会科学的发展产生了不可名状的影响。

(一) 精神分析理论的主要内容

精神分析理论体系庞大，基本包含心理结构理论、人格结构理论、人格发展理论和心理防御机制。

1. 心理结构理论

心理结构理论分为三个部分：第一是意识，指的是与直接感知有关的心理部分，是人心理结构的表面层次，即我们通常集中注意力时，自己内心能觉察的观念、想法和情感。第二是潜意识，又称无意识，指的是个人的原始冲动和本能有关的欲望，是心理结构中最深层的部分。潜意识是弗洛伊德精神分析理论中重要的观点，它代表了本能的冲动、被压抑的欲望和不被允许的观点态度潜伏在人内心深处。第三是前意识，又称下意识，指的是调节意识和潜意识的中介机制，下意识本身也是心理活动过程，但是在一定的时刻，这些过程不受到注意，只是偶尔会觉察到。

2. 人格结构理论

人格结构理论又称为“三我理论”，弗洛伊德也同样将其分为三个部分：第一是本我，指原始的自己，是与生俱来的，包含生存所需要的基本欲望、冲动和生命力。它不受外界理性规范的约束，只遵循快乐的原则，寻求直接的满足感。第二是自我，是自己可意识到的执行思考、感觉、判断或记忆的部分。自我的机能是寻求本我的冲动得以满足，同时保护整个机体不受伤害。自我的工作方式较为理性化，它会在社会允许的范围内采取方法让本我得到满足，使本我的冲动合理规范在自我的现实环境中，因此自我遵循现实原则。第三是超我，是人格结构中代表理想的部分，它是个体在成长过程中通过内化道德规范、内化社会和文化环境的价值观念而形成的，其机能主要是监督、批评和管束自己的行为。超我追求完美，但通常情况下无法符合现实环境，它只能从社会规范的制高点出发来约束本我和自我的行为，超我遵循道德原则。

3. 人格发展理论

人格发展理论又称性本能理论，弗洛伊德认为，人格结构中的“三我”一直处于动态平衡中，本我所代表的无意识冲突主要是性需要的满足，而这种满足是通过身体的某一个部位或者区域的快感来实现的，而这个区域在个体发展的不同时期是不同的，这就是人格发展理论。

弗洛伊德把人格发展划分为5个阶段。在他看来，这5个阶段的顺序是不变的。

第一阶段是口唇期，即0～1岁，指的是口唇区域为快感的中心。这一时期婴儿的活动大多以口唇为主，摄入、撕咬、含住、吮吸、吐出和紧闭是主要的口腔活动模式，如果对一种模式产生固着作用，即口唇快感没有得到满足，会遗留一些口唇期的行为方式，成年后就可能形成相应的人格特征。

第二阶段是肛门期，即1～3岁，意味着肛门区域成为性感区。在这一阶段，儿童会接受排便训练，这也是其第一次接触到外部纪律或权威，因此代表了自由与社会规范之间的冲突。一般来说，如果排便训练过于严格，儿童会形成控制的行为习惯，如洁癖、吝啬和强迫的人格特征，也有可能会造成儿童的反抗，从而形成铺张浪费、越轨的人格特征。如果排便训练过于随便，儿童在成年后容易形成肮脏、浪费、凶暴和不守秩序等人格特征。

第三阶段是性器期，即3～6岁，意味着生殖器成为性感的中心，这是人格发展的关键阶段。在这一时期，儿童以异性父母作为自己的性欲对象，即会出现俄狄浦斯情结(恋母情结，仇恨父亲)和厄勒克特拉情结(恋父情结，仇恨母亲)。在这一阶段中，青少年试图放松与家庭的联系，在他们克服并排斥乱伦幻想的时候，青少年也就实现“青春期最痛苦的、心理上的完成：脱离父母的权威”，这是通过撤回对父母的感情，并把它转向同伴而实现的，这种情结上的损失被称为“分离之恸”。如若转向完成失败，儿童就可能出现性心理障碍。

弗洛伊德认为，前三个阶段是人格发展最重要的阶段，为成年后的人格模式奠定了基础，他主张人格的最初形成应该是在5岁左右。

第四阶段是潜伏期，即6岁到青春期。这一时期，儿童对性不再感兴趣，也不再通过身体某个部位来获得快感，而且这一时期儿童开始接受学校的正规教育，其兴趣点转向外部，从家庭成员转向同伴，特别是同性同伴，倾向于避开异性同伴。

第五阶段是生殖期，即青春期到成年。这一阶段是个体的性发育成熟期，个体开始试图与父母分离，建立自己的生活，并逐步发展出成年人的异性恋，可以建立持久的性爱关系。

弗洛伊德把性欲的力量源泉称为“力比多”，他认为，成人人格的基本组成部分在前三个发展阶段已经基本形成，个体的人格发展要想在各方面都达到成熟状态或是理想水平是很难的，因为人格在发展过程中会遇到两种危机：一是固着，即不论在每个发展阶段满足过多或过少，都会使“力比多”停滞在那个阶段，从而使个体在成年后表现出该阶段的人格特征；二是倒退，即个体在人格发展过程中遇到挫折，从而从高级阶段返回到低级阶段，表现出低级阶段的人格。他认为，固着和倒退是心理疾病产生的原因。

4. 心理防御机制

自我受到超我、本我和外部世界三方面的胁迫，如果它难以承受其压力，则会产生焦虑反应。然而焦虑的产生，促使自我发展了一种机能，即用一定方式调解冲突，缓和危险对自身的威胁，既要使自我能够允许，又要使超我能够接受，也要使本我有满足感，这样一种机能就是心理防御机制。心理防御机制主要分为五大机制：第一层机制是逃避机制，即以逃避性和消极性的方法减轻自己在遭遇挫折或冲突时感受到的痛苦，主要类型包括压抑、否定、退行、潜抑；第二层机制是自骗机制，即自欺欺人，主要类型包括反向、合理化、仪式抵消、隔离、理想化、分裂；第三层机制是攻击机制，即不能向对象直接发泄时，向其他对象以直接或间接的攻击方式发泄，或是采用转嫁的形式，主要类型包括转移、投射；第四层机制是代替机制，即用另一种事物去代替自己的缺陷，以减轻痛苦，主要类型包括幻想、补偿；第五层机制是建设机制，即向好的方面做补偿，主要类型包括认同和升华。需要注意的是，心理防御机制只能在一定程度上化解冲突与矛盾，过度使用则会适得其反，使冲突积聚，容易产生心理疾病。

安娜·弗洛伊德认为，青春期是一段内在冲突、心灵失衡且行为不稳定的时期，其典型特征是充满内在的冲突、心理失衡、行为怪癖。一方面，青少年是以自我为中心的，认为自己是人们感兴趣的唯一对象，是宇宙的中心；另一方面，他们又能做出自我牺牲和奉献，产生两极表现。因此，在青少年期，按照弗洛伊德的人格结构理论和心理防御机制理论，青少年增加了本我——按照快乐原则，满足冲动的愿望。这些本能冲动向个体的自我和超我提出了直接的挑战。同时，少年各种抵制行为的增加，也反映了自我和超我获得了一定的成功，但这使个体自己付出了代价。

(二) 精神分析理论对青少年社会工作的启示

(1) 精神分析观可以帮助我们正确认识与对待青少年的冲动与反抗，青少年的内在心理结构正处于极度波动和复杂的不稳定状态中，精神分析的观点以一个全新的理论视角解读了青少年个体发展各个阶段的状态变化和行为模式，进一步促进我们了解了青少年的人格系统和内在心理特质。

(2) 精神分析理论可以帮助我们更好地认识与解决青少年问题，特别是青少年在发展阶段中会出现的心理问题和社会化过程中显现的诸多矛盾与冲突。精神分析观可以促使青少年社工帮助青少年了解其问题产生的根本、直接和深层原因，加深对自我的了解，从而有助于问题的解决。

(3) 对青少年现存问题的追溯也是精神分析理论中的重要内容，对儿童时期的经验回顾有助于掌握现存问题的直接根源，这也从侧面提醒青少年社工在实务过程中要更加注重对青少年成长环境和生活经历的追溯。

(4) 由于青少年在青春期的生理和心理发育速度较快，所以注重性教育也是青少年社工要把握的关键。看似纷繁复杂的问题，可能都与青少年对性的关注有关。所以，在这一特殊阶段，在精神分析观的指导下，既要让青少年学习性方面的有关知识，也要让其形成对性的正确态度，形成正确的性道德观。

(5) 心理防御机制方法的运用是青少年应对日常问题和排解内心矛盾的一种直接而有效的方法，它可以帮助青少年缓解成长压力、保护身心健康，但要注意使用的度，切不可过度使用，以免造成负面影响。

二、行为主义理论

行为主义理论诞生于19世纪末20世纪初的美国，在心理学界产生了重大影响。与精神分析理论不同，行为主义理论不强调人的内在本能或心理成长过程，而是强调外在条件，注重外在环境因素对人格的影响。行为主义理论认为，心理学注重研究的科学性，只能在实验室通过观察或试验的方式获得结论，其代表人物有桑代克、华生和斯金纳等①。

(一) 行为主义理论的主要内容

1. 桑代克的试误说

桑代克认为，学习过程或联结建立的过程是尝试错误的过程，学习的实质是经过试误在刺激与反应之间形成联结，即形成S-R的联结。联结指的是情境和反应之间的联结，因此他的心理学又称为“联结心理学”或“联结主义”。

在桑代克看来，人类的学习方式在本质上与动物的学习方式一致，都是试误学习。他还提出学习三大定律，主要是准备律、效果律和练习律，五条从属的学习律是多重反应、心向与态度、优势元素、联结变化和类比反应。

2. 华生的刺激—反应论

华生是行为主义的创始人，他在心理发展问题上的主要观点是环境决定论。

首先，华生否认遗传的作用。在他看来，行为发生的公式是刺激—反应，从刺激可预测反应，从反应可预测刺激，刺激来自客观，因此不可能遗传，且华生以控制行为作为心理学的研究目的，而遗传是不能控制的，这更加排除了遗传的作用。

其次，华生夸大了环境和教育的作用，他认为环境和教育是行为发展的条件。为了验证自己的观点，他提出构造上及幼年时期训练上的差异可以说明后来行为上的差异。在此基础上，华生提出了著名的论断“请给我一打健全的婴儿以及适合我培育他们的特殊环境，我可以保证把他们训练成任何我想要的样子，让他们成为医生、律师、艺术家、企业家甚至乞丐或小偷”证明自己的教育万能论。不仅如此，华生还通过婴儿实验(小艾尔伯特实验)的方法印证了学习观点的基础是条件反射，学习的决定条件是外部刺激，而外部条件是可以控制的。

3. 斯金纳的操作条件反射学习观

人和动物的行为在斯金纳看来分为应答性行为和操作性行为。应答性行为是经典条件作用的研究对象，其特点是先呈现刺激再出现反应；操作性行为是操作性条件作用的研究对象，特点是先出现反应后呈现刺激。与华生不同，斯金纳用“操作性反应”来解释箱子里动物的行为(斯金纳箱实验)，他认为人类从事的绝大多数有意义的行为都是操作性的，比如看书、写字、上课、学习等。

斯金纳的理论主要体现了行为的强化控制原理，强化是指使反应概率增加或是维持某种反应水平的任何刺激。在斯金纳看来，不管有没有刺激存在，如果反应之后伴随强化的出现，则会增加反应出现的概率。强化作用是塑造行为的基础，强化在行为发展中起着重要的作用，而

① 陈世海. 青少年社会工作[M]. 北京：中国社会出版社，2011.

且要使得行为得到增强或延续就要及时强化，不然行为会消退，就得不到想要的行为发展。斯金纳还区分了两种强化类型：正强化和负强化。正强化是指当人们采取的某种行为对自己有利时，行为出现的频率就会增加；反之即为负强化，对自己不利时行为就会减弱或消失。

(二) 行为主义理论对青少年社会工作的启示

(1) 重视环境对青少年发展的影响，社会工作者要着重观察青少年所处的环境，把握青少年行为中的环境因素，如家庭环境、学校环境、社区环境、媒体环境、政策环境等。

(2) 帮助青少年营造健康的周边环境，最大限度地发挥外部环境的正强化功能，培养青少年的亲社会行为。同时也要加强对青少年的引导，以减轻或消除环境中负面因素所产生的不利影响。

三、人本主义理论

人本主义理论于20世纪50—60年代在美国兴起，由马斯洛创立，以罗杰斯为代表①，和精神分析及行为学派并称为“心理学上的三大势力”。人本主义反对精神分析把人看作不健康的个体，又批评了行为主义不理解人的内在本质，从全新的角度强调人的自我实现。人本主义特别注重人的正面本质和价值，强调人的成长和发展，着重研究人的主观经验和潜能。

(一) 人本主义理论的主要内容

1. 马斯洛的心理学理论

(1) 马斯洛的需要层次理论。作为人本主义理论的创始人，马斯洛的贡献主要在于提出需要层次理论以及自我实现理论。在需要层次理论中，马斯洛认为人的需要是连续的，是分层次发展的，可以把人的各种需要安排在一个层次序列的系统中。在他看来，人有5种基本需要，即生理需要、安全需要、归属和爱的需要、尊重需要和自我实现的需要，这5种需要是从低级需要到高级需要的逐级递进，犹如金字塔的结构。

马斯洛认为，人隐藏着5种不同层次的需要，只有当低级需要被满足时，较高一级的需要才会随之出现，只有所有的需要相继满足后才会出现自我实现的需要。一种需要在相当程度上被满足后，其对于个体的重要性就不断减弱，进而激励个体向更高层级的需要行动。如一个人首先需要被满足的是生理的本能需求，当基本的温饱生理需求被满足后才会想要安全的需求，想要有稳定的工作和住房。当这两个需求被满足后，人就会强烈渴望归属和爱，需要亲情、爱情和友情等情感。在这之后，又会对自己高标准、严要求并希望得到社会或他人的认可和尊重。如果前面所有的需求被满足后，人就会产生更大的行为内驱力想要去完成自我实现，追求自我理想的实现，做自己认为有意义和有价值的事情。

(2) 强调人性和自我实现。强调人性和自我实现是马斯洛人格理论的核心，马斯洛看到了人的需要的不断发展及其规律性，他强调人的尊严、价值、创造力和自我实现，他认为个体天生具有潜力和良好的品质，能变成想要成为的样子。真正的心理学应该建立在对人的正确认识上，即人都是健康的、积极向上的、主动性的、有自我意识的。

马斯洛指出，在社会生活中，人实际上并不像我们所看到的那样，总是与他人竞争，而是

① 于晶利，刘世颖. 青少年社会工作理论与实践[M]. 上海：人民出版社，2019.

努力实现自己的理想、努力让自己成为更好的人。个体之所以存在，之所以具有生命意义，就是为了达成需要理论层次中的自我实现。

2. *罗杰斯的心理学理论*

(1) 个人中心疗法。作为人本主义理论的代表人物，罗杰斯的主要贡献是创立了“以当事人为中心”的心理治疗方法。他深信人不仅具有建设性和自我实现的潜能，也具有自我指导的能力，因此个人中心疗法强调心理治疗过程中的非指导原则。与传统心理治疗中医生和当事人的关系不同，这种疗法鼓励当事人自己叙述问题、认识问题和解决问题，咨询师则平等地对待当事人，不对当事人进行解释和评价，只是适当地重复当事人的话，用无条件的关怀和爱帮助当事人理清思路，接受现实并自我治疗，让其最大限度地发挥自己的潜能。

罗杰斯还非常强调咨询师与当事人之间建立的关系和当事人自身的潜力，咨询师与当事人之间是一种饱含真诚、倾听、关注、无条件爱的专业关系，咨询师是当事人亲密无间的伙伴，会陪伴当事人进入其内心世界，克服当事人心中理想自我与现实自我之间的差距。在罗杰斯看来，当事人具备依靠自己的力量改变自己的能力，其自身拥有无限的潜力，可以获得整个人生态度的转变和能力的提高。

(2) “自我”理论。罗杰斯说，人类有一种天然的自我实现的动机，一个人根据自己对外部世界的认识而力求自我实现的行为表现，就是人格，因此，罗杰斯的人本主义理论也被称为人格的自我理论。他将自我分成两个部分：一个是现实自我，即人对自我现状的知觉；另一个是理想自我，指个人愿意成为的自我。理想自我与现实自我越接近，个人就越感到幸福和满足；反之，就会感到不愉快和不满足。

(二) 人本主义理论对青少年社会工作的启示

(1) 人本主义理论中的需要理论可以成为解释和揭示青少年行为的动因，在青少年社会工作的具体操作过程中，满足或主动迎合青少年一些必要的要求，引导青少年向正确方向发展，能促进其健康成长，实现青少年社会工作的目标。

(2) 为青少年社会工作的开展提供了参考思路，让我们坚信青少年有能力通过自己的努力去解决和克服问题，社会工作者只是伙伴和支持者。同时，青少年在日益走向丰富社会生活的过程中，社会工作者要帮助青少年形成积极向上、不断进取的乐观心态，使其受益终身。

(3) 创新了青少年社会工作的工作模式，使社会工作者可以通过让案主倾诉问题的方式捕捉其内心丰富的变化过程，消除求助者的内心冲突，在人格发展上形成协调统一的自我概念。

四、认知发展理论

让·皮亚杰认为，认知发展是环境影响和大脑及神经系统成熟的综合结果。他用五个术语描述了发展的动力学：图式、适应、同化、顺应和平衡[①]。

① 全国社会工作者职业水平考试教材编写组. 社会工作综合能力(中级)[M]. 北京：中国社会出版社，2016.

(一) 认知发展理论的主要内容

1. *感知运动阶段(0～2岁)*

儿童主要通过感知的形式与外界发生相互作用，通过不断地同化与调节等多样性适应动作来得到智慧的发展。

2. *前运算阶段(2～7岁)*

儿童的思维已显示出符号性特点，他们的语言迅速发展，可以通过模仿、想象而创造新形象，但其思维具有具体形象性、不可逆性、自我中心等特征，符号化的思维过程较为表象和空灵。

3. *具体运算阶段(7～11岁)*

儿童具有明显的符号性和逻辑性，能进行简单的逻辑推演和心理运算，思维的自我中心性得到克服，思维可逆。

4. *形式运算阶段(11岁以上)*

青少年开始运用抽象规则进行思维，能够进行假设和检验，开始采用系统化的方法寻求解决复杂问题的答案，开始掌握初步的科学思维方法，能监控和内省自己的思维活动，经常会思考高深的问题或对理论性质等有独特的见解，具有抽象性。

(二) 认知发展理论对青少年社会工作的启示

皮亚杰的理论在青少年社会工作中的影响举足轻重，特别是在青少年培养和教育领域，青少年社工要注重对青少年智能的开发和引导，以促进其心智的发展，要在充沛的教育环境和良好的情绪适应下发展青少年的潜能。

此外，在认知发展阶段论中，皮亚杰还认为，青少年随着形式运算思维的发展，也开始出现这一时期所特有的心理系统。个体进入青春期后又一次出现了自我中心的状态，青春期的自我中心状态表现为他们认为世界应服从于一个观念的格式，不应服从于现实的系统，这是一个典型的形而上学的年龄时期。因此，我们应该相信青少年这一时期的逻辑思维能力，并且鼓励其运用这种思维，对自己和自己周围的人和事物进行思维活动，以此来对抗这种以自我为中心的心理状态，引导青少年的认知正确发展。

五、社会学习理论

美国心理学家阿尔伯特·班杜拉是社会学习理论的创始人，社会学习理论超越了行为主义理论的一个重要方面就是突出人的能动作用，强调人和环境的相互作用，它着眼于观察学习和自我调节在引发人的行为中的作用，主张行为的获得是通过社会学习产生的。

(一) 社会学习理论的主要内容

1. *观察学习*

班杜拉强调成人的所作所为及其呈现的角色榜样在影响青少年的行为方面所发挥的作用，比他们所说的要重要得多，即青少年会通过观察模仿学习。观察学习是指一个人通过观察他人的行为及其强化结果习得某些新的反应，或使其已经具有的某些行为反应特征得到矫正。观察学习由四个过程组成，即注意过程、保持过程、产出过程和动机过程。注意过程指的是在观察时要进行心理建设，这决定着观察者选择什么样的示范原型；保持过程是对示范过程的保持，以符号化形式表象化，留存在记忆里；产出过程是指将符号表象转换为外显行为；动机过程是指观察者在特定的情境条件下由于某种诱因的作用而表现出示范行为的过程。这四个过程紧密联系，不可分割。

2. 交互决定论

班杜拉认为，人们可以通过行为改变环境，即行为、环境与认知因素之间是相互作用的，强调个体通过选择自己的环境及希望追求的目标，从而在很大程度上决定自己的命运。人们会对自己的思想、情感及活动进行反省和调整，以实现自己的目标。

3. 自我效能论

自我效能论是班杜拉理论的核心内容，主要是指个体对自己能否在一定水平上完成某一活动所具有的能力判断、信念预期，即个体在面临某一任务活动时的胜任感及其自信、自珍、自尊等方面的感受，也是个体对自己与环境发生相互作用效验性的一种自我判断。自我效能主要包括结果预期和效能预期，前者是指对行为后果的预测，而后者则指对自己能力的判断。自我效能主要受自身成功与否的经验、观察他人的替代性经验、他人的言语说服、情绪与生理的影响、客观环境条件五种因素的影响。

(二) 社会学习理论对青少年社会工作的启示

(1) 重视榜样和强化在青少年成长和行为塑造中的作用，通过展示和树立正面的榜样，促进和强化青少年良好行为的发展。

(2) 重视环境、行为和青少年三者之间的交互作用，从青少年所处的环境中了解其行为的发展变化。

(3) 通过熟练掌握成功经验、学习模仿、积极反馈、疏导情绪、改善周围环境等来提高青少年的自我效能。

六、心理社会发展阶段理论

爱利克·埃里克森提出心理社会发展阶段理论，又称为心理社会同一性理论，代表人格的心理社会观点。

埃里克森与弗洛伊德观点的差异主要体现在三个层面：首先，弗洛伊德强调个体生物性及性驱力，而埃里克森强调社会和文化背景因素在发展中的作用；其次，弗洛伊德重视潜意识以及非理性的力量，而埃里克森认为意识理解以及适应性选择在发展中起重要作用；最后，弗洛伊德相信早期决定论的观点，而埃里克森认为人格发展是持续终生的过程。

早在1950年，埃里克森就在《童年期与社会》一书中写道，在个体从一个阶段向下一个阶段发展时，其总体任务就是要获得一种“积极的自我认同”。自我认同的完成既不是始于青少年期，也不是止于青少年期，它是贯穿终生的过程。他认为人一生中的每个阶段都存在影响人格发展的诱因，并不是只在特定的时期才会出现，而是随时都有可能出现。

(一) 心理社会发展阶段理论的主要内容

1. 婴儿期(0～1.5岁)

这一时期也被称为感觉期，主要问题是会出现基本信任与不信任的心理冲突。父母与孩子之间已经建立了基本的信任关系，父母的频繁出现是奠定双方信任基础的关键。信任在人格中会形成希望的积极品质，对于孩子个性的塑造及形成有着重要的作用。

2. 儿童期(1.5～3岁)

这一时期也被称为肌肉期，主要问题是会出现自主与羞怯的冲突。孩子已经出现基本的自主感和自我能力，父母要给予孩子充分的自由，不能过分严厉，要帮助其养成良好的行为习惯。这一时期产生的积极品质是意志。

3. 学龄初期(3～5岁)

这一时期也被称为运动期，主要问题是会出现主动对内疚的冲突。如果孩子的行为受到鼓励，其就会形成主动性，对于培养孩子的责任感和创造力起到了积极作用；相反，如果孩子的行为遭到成人的讥讽，就会不断失去信心和主动性。

4. 学龄期(6～12岁)

这一时期也被称为潜伏期，主要问题是会出现勤奋与自卑的冲突。这一阶段的孩子在学校接受教育，因此，学习是这个阶段的主要任务。当孩子能顺利完成学业，就会产生勤奋感，反之则会感到自卑，当勤奋感大于自卑感就会产生能力的积极品质。

5. 青春期(12～18岁)

这一时期是儿童走向成人的过渡期，主要问题是会出现自我同一性和角色混乱的冲突。青少年一方面会面临本能性高涨，另一方面也会为面临新的社会要求和社会冲突而感到困扰。因此，这一时期青少年的任务是建立新的自我同一性以及确立在社会集体中的情感位置，随着自我同一性的逐步形成，青少年会产生忠诚的积极品质。

6. 成年早期(18～25岁)

这一时期也被称为青年期，主要问题是会出现亲密和孤独的冲突。只有将自我同一性与异性同一性磨合成功的青年，才能在恋爱关系中建立亲密感，否则就会产生孤独感。这一时期会产生爱的积极品质。

7. 成年期(25～65岁)

这一时期的主要问题是繁殖与停滞的冲突，成年人不仅有工作的负担，也要承担起生儿育女的责任。这是成年人对创造下一代最旺盛的时期，产生的积极品质是创造力。

8. 成熟期(65岁以上)

这一时期也被称为老年期，主要问题是会出现自我整合和绝望的冲突。如果一个人在回顾一生时能接受自我、承认现实，他将能产生智慧的积极品质，反之将形成绝望的心理。

埃里克森认为青少年期是一个标准的危机时期，是冲突不断增长的正常阶段，其特征是自我力量的波动。青春期问题的发生大多因为自我同一性尚未建立，青少年会不断尝试以形成自我认同意识，但不断尝试又不可避免会导致角色失败。因此，自我认同意识是青年自我意识的基础，在这一时期，个体必须建立一种个人自我认同感，避免角色扩散和自我认同扩散的危险。

(二) 心理社会发展阶段理论对青少年社会工作的启示

(1) 提供了认识与解决青少年问题的独特视角，青少年青春期问题的发生多是因为同一性尚未建立，心理社会发展阶段理论有利于更好地认识青少年发展的需要和任务，帮助青少年完成自我同一性的发展。

(2) 明确了青少年发展任务完成时机的重要性，使得社会工作者能够更好地把握青少年的行为特征。

第二节　以社会学为基础的相关理论

一、社会系统理论

社会系统理论是以结构功能主义为基础形成和发展起来的一种理论。社会系统理论认为，社会是具有一定结构或组织化形式的系统，系统内部的各个子系统或各个元素以有序的方式相互关联，并对社会整体发挥相应的功能。协调或均衡是系统维持与运营的基本条件，也是个体生存和发展的基本条件，社会工作的基本任务就是使子系统和元素之间趋于平衡的状态[①]。

(一) 社会系统理论的主要内容

1. 帕森斯的社会系统理论

美国社会学家帕森斯于20世纪40年代建构起一整套以结构功能分析为特征的社会理论。帕森斯认为，一个社会只有满足了四个基本需求才能发挥其功能，维持其秩序和稳定，这四个需求是：第一，适应，即确保社会系统能从环境中获得所需资源；第二，目标获得，指制定好社会系统的目标并分清目标主次之后，能调动资源和引导社会成员实现目标；第三，整合，即使社会系统各部分协调为一个整体；第四，维持，即维持社会共同价值观的基本模式，并使其在系统内保持制度化。在社会系统内，执行这四种功能的子系统分别为经济系统、政治系统、社会共同体系统和文化模式托管系统。这些功能在社会系统中相互联系。帕森斯尤其强调社会整合功能的满足，他认为这需要社会成员接受和遵守社会共享价值观，只有社会共享价值观被多数社会成员接受，才能维持社会稳定和发展。

2. 默顿的社会系统理论

美国社会学家默顿进一步发展了结构功能方法，成为结构功能主义领域的代表人物。默顿认为，在功能分析上，应该注意分析社会文化事项对个人、社会群体所造成的客观后果。他提出“显功能”和“潜功能”的概念，显功能是指有助于系统的调整和适应的客观后果，这种调整和适应是系统中的参与者所期望达到或能预料到、认识到的；潜功能是指没有被预料也没有

---

① 王思斌. 社会工作概论[M]. 北京：高等教育出版社，2006.

被认识的客观后果。进行功能分析时，应裁定所分析的对象系统的性质与界限，因为对某个系统具有某种功能的事项，对另一系统就可能不具有这样的功能。

默顿认为功能有正负之分，对群体的整合与内聚有贡献的是正功能，而推助群体破裂的则是负功能。默顿主张根据功能后果的正负净权衡来考察社会文化事项。他还引入功能选择的概念，认为某个功能项目被另外的功能项目所替代或置换后，仍可满足社会的需要。社会制度或结构对行动者的行为影响是默顿著述中的主题之一。他认为，社会价值观确定了社会追求的目标，而社会规范界定了为达到目标可采用的手段。如果文化结构(目标与社会结构制度化手段)之间发生脱节，就会出现社会失范状态，导致越轨行为。

(二) 社会系统理论对青少年社会工作的启示

(1) 在青少年社会工作中，社工不能只把眼光局限在青少年的生理、心理等因素，同时应该多关注青少年的社会系统，判断其执行功能的子系统是否与所处的社会系统相吻合，是否发挥了应有的功能，并及时予以干预和介入，以促进青少年社会系统的健康发展。

(2) 研究青少年的社会系统时，要用整体的视角去看待，不仅要从青少年的认知和行为入手，更要全方位地介入其所处环境。

(3) 青少年社工在服务过程中要形成社会系统健康、和谐、正常发展的青少年社会工作终极目标。

二、社会交换理论

社会交换理论于20世纪50年代末在美国兴起，最初是针对结构功能主义提出的，主张一切行为都可以作为奖励和报酬的交换活动，代表人物有乔治·霍曼斯、彼得·布劳、埃默森等①。

(一) 社会交换理论的内容

1. 霍曼斯的行为主义交换论

霍曼斯认为，社会学的主要研究单位是人，而非结构功能主义强调的社会角色或社会结构，社会学中的制度、组织等都可以拆解成人的行动，当把人作为研究单位时，遵从人本能的趋利避害和利己主义，任何的行为都是一种交换活动。霍曼斯的交换论包括以下六个命题。

(1) 成功命题：某种行为能得到相应奖赏，这一行为就会被重复，获得的奖赏越多，重复频率就越高。

(2) 刺激命题：某种情况下的活动得到奖励或惩罚，当再次出现这种情况时，就会重复或不再重复这种活动。

(3) 价值命题：某种行为的后果对一个人越有价值，他就越有可能去重复同样的行动。

(4) 剥夺与满足命题：某人或团体重复获得相同奖赏的次数越多，那么这一奖赏对该人或团体的价值越小。

(5) 攻击与赞同命题：该命题包括两个副命题，一是当个人的行动没有得到期待的奖励或者受到未曾预料到的惩罚时，就可能产生愤怒的情绪，从而出现攻击性行为；二是当个人的行

---

① 陈世海. 青少年社会工作[M]. 北京：中国社会出版社，2011.

动得到预期的奖赏，甚至超过期待值，或者没有遭到预期的惩罚时，他就会高兴，就会赞同这种行为。

(6) 理性命题：在面对各种行动方案时，行动者总是选择价值最大和获得成功概率最高的行动。

2. 布劳的结构交换论

彼得·布劳在很多方面修正和发展了霍曼斯的交换理论，他认为霍曼斯的理论只适用于直接人际互动的小群体，只能解释非制度的社会行为，不能解释宏观领域的交换行为。布劳的结构交换论旨在既要克服功能主义忽视研究人的理论缺陷，又要弥补霍曼斯理论值局限于微观层次方面的不足，为分析非制度化的人际互动和制度化的结构关系提供一般性交换的理论框架，以填补微观研究与宏观研究之间的鸿沟。

首先，布劳认为，并非所有的人类行为都是交换行为，使行为交换必须具备两个条件：一是某行为的最终目标只有通过与他人互动才能达到；二是该行为必须采取有助于实现这些目标的手段。其次，布劳将行动者期望的薪酬分为“外在酬赏”(金钱、商品和服务)和“内在酬赏”(爱、尊敬、荣誉和职务)。最后，布劳还在霍曼斯理论的基础上分析了大型复杂组织中的交换与权力。他认为，大型复杂组织中普遍存在着权力分层，在这种权力分层体系中，只有对上层和下层成员都有好处时，这种关系才是交换关系，否则就是强制性的权力关系。

3. 埃默森的社会交换网络分析

埃默森主张社会交换理论的研究单位是个人与个人之间的关系，而非交换者本身。埃默森把既成的交换关系本身作为分析单位，用严密的数理模型和网络分析，阐述了社会结构及其变化、社会交换的基本动因和制度化过程，在方法论上进一步充实了交换理论的理论体系。

社会交换网络分析的三条独特的核心假设为：一是人们会理性地行动，争取收益最大化；二是在价值调适原则上，获得越多，自我感觉价值越低；三是个体在社会互动中得到的收益取决于个体向其他人提供的利益，社会由此也会形成利益流动的网络。

霍曼斯的交换理论探讨了人类的社会行为，对整合、权利和地位做出了小群体间的解释和研究，它以个人主义的假定为前提，主张个人层次的命题对解释社会行为极其重要。布劳的结构交换论通过深入研究社会交换概念来发现社会资源的不平等和由此产生的权力地位分化，并从各个权力层次之间的对立和冲突中找到社会系统发展、变迁的动力。它更贴近研究社会现实，加强了社会学与社会运行之间的联系。埃默森则把网络分析技术用于交换理论，把分析的触角伸向交换关系的形成，给传统交换理论注入了新的活力。

(二) 社会交换理论对青少年社会工作的启示

(1) 合理运用社会交换理论的原理，及时补充青少年社会工作的技巧，如可以利用霍曼斯的六个命题来强化服务对象正确的行为。

(2) 构建青少年良好的社会交换网络，当青少年陷入困境需要帮助时，社会工作者要注重分析其生活环境中的交换网络，如家庭成员间、同辈群体间、师生间、社会资源间，确认交换网络是否完整和通畅，若一旦出现缺陷，应及时修补和恢复。

三、社会冲突理论

社会冲突理论于20世纪50年代中后期形成，它反对当时占据主导地位的结构功能主义，强调社会生活中的冲突性并以此解释生活变迁，其主要代表人物有科瑟尔、达伦多夫、赖克斯和柯林斯①。

(一) 社会冲突理论的内容

1. 科瑟尔的冲突理论

科瑟尔反对帕森斯认为冲突只具有破坏作用的片面观点，他力图把结构分析方法和社会冲突分析模式结合起来，修正和补充帕森斯理论。科瑟尔认为，冲突具有正功能和负功能，从某种程度上而言，冲突可以保证社会连续性、减少对立两极产生的可能性、防止社会系统的僵化、增强社会组织的适应性并促进社会整合，并不是只简单存在破坏性。

2. 达伦多夫的冲突理论

达伦多夫认为，社会现实有两张面孔：一张是稳定、和谐与共识；另一张是变迁、冲突和强制。社会学不仅需要一种和谐的社会模型，还需要一种冲突的社会模型。为此，社会学必须走出帕森斯所建构的“乌托邦”社会，建立起一般性冲突理论。达伦多夫吸取了韦伯关于权威和权力的理论，以此为基础建立关于阶级和冲突的理论，他认为社会结构中固有的不平等权威的分布，使社会分化为统治和被统治两大彼此对立的准群体并进入一轮又一轮争夺权力的冲突中，社会现实是冲突与和谐的循环过程。

3. 赖克斯的冲突理论

赖克斯从马克思主义的基本立场出发，反对帕森斯以价值规范为重心的秩序理论，强调物质生活手段的分配应该在建构社会模型时占据优先地位。在1961年出版的《社会学理论中的关键问题》中，赖克斯还描述了“统治阶段的情境”，认为统治集团会支配社会生活的各个领域，并运用强制性权力迫使社会整合。

4. 柯林斯的冲突理论

1975年，柯林斯的《冲突社会学：迈向一门说明性科学》一书出版，标志着冲突问题的研究进入了一个新的阶段。早期冲突论者只是对结构功能主义进行补充和修正，认为秩序理论和冲突理论同是有用的理论工具。柯林斯认为，社会冲突是社会生活的中心过程，仅仅提出一种补充性“冲突理论”不足以说明这一过程，必须建立一门以冲突为主题的社会学。

(二) 社会冲突理论对青少年社会工作的启示

(1) 直面青少年生活环境中的社会问题，不应回避或遮掩问题，要多方面寻求缓解冲突的宏观和微观方法，在社会设置层面以及解决问题的技巧层面共同提出研究对策，促进青少年问题的解决。

(2) 合理运用冲突的正功能，提升青少年个体或团体的积极品质。

(3) 从社会“安全阀”的视角出发，为青少年提供情绪放松的渠道，满足青少年多层次的

---

① 于晶利，刘世颖. 青少年社会工作理论与实践[M]. 上海：人民出版社，2019.

需求，对于青少年面临的具体冲突，可参考社会冲突理论及时予以分析并采取措施。

四、社会互动理论

社会互动是指个人与个人之间通过语言、表情、身体姿势和其他象征性符号，彼此表达意向、沟通感情、共同采取行为的过程。广义上来说，凡是个人活动涉及他人或对他人产生影响，并能引起他人反应的行为，都可以称之为社会互动①。

(一) 社会互动理论的主要内容

1. 符号互动论

符号互动论产生于20世纪30年代的美国，其中心观点是，人类互动是基于有意义的符号的一种行动过程，符号是一种能够体现或代表其他事物的东西，主要指具有象征意义的词句以及与社会运动、社会意识相关联的想象，正是这些象征意义的符号能够引起人们强烈的立体想象，从而引起情感反应。符号互动论的代表人物有库利、托马斯和米德。

库利提出了“镜中我”的概念，指的是他人对个人的态度就像一面镜子，个人可以从镜子中看到自己的形象，即个人的自我观念是与其产生互动的其他人对他态度的反映。在库利看来，一个人的自我观念正是在与他人的交往过程中形成的，这种形成过程包括三个组成部分：一是想象自己怎样显现于他人面前；二是想象别人对这样的显现如何判断；三是形成某种自我感觉。

社会学家托马斯提出了情境定义的理论，用来解释人们的互动机制或过程。情境定义就是给自己面对的情景下定义、做解释，指人们在行动之前对自己所处和面对的情景进行的审慎考虑和主观解释，这种解释对人们采取何种行动有直接影响。

在米德的互动理论中，“自我”是其核心概念，自我是社会互动的过程，是正在行动的有机体，而不是被动接受刺激并做出反应。“自我”分成两种状态：主体我(I)与客体我(me)。主体我是个体对他人态度进行反应的过程性自我，是一种行动的自发意向或冲动；客体我是概化了他人和团体规范的总和，是个人已经从他人那里学到的有关自身的看法或观点，从他人的立场上评价和预测自我。米德认为，通过符号互动的过程，不仅实现了人与人之间的互动，而且他人作为重要的存在，在主体我(I)与客体我(me)之间形成自我②。

2. 戏剧理论

欧文·戈夫曼把关于人类互动的研究称为戏剧理论，这种理论是用表演说明日常生活中人与人之间相互作用的一种符号互动理论。戏剧理论把社会看作舞台，将人看作舞台上的演员，人们会按照社会剧本的要求进行表演并接受来自观众的评判，这种印象管理的方式会让舞台上表演的人们努力向别人表现自己，使在别人面前呈现的自我形象能够为自己想要达到的目的服务。

在戏剧理论中，人们的表演分为“前台”行为和“后台”行为。在“前台”行为中，人们

---

① 彭华民，杨心恒. 社会学概论[M]. 北京：高等教育出版社，2006.

② 郑杭生. 社会学概论新修[M]. 北京：中国人民大学出版社，1994.

会进行舞台表演，会按固定的方式为观众呈现特定情境，他人也能通过表演者的“前台”行为了解其性别、年龄、身材、外貌、官职、地位、言谈及面部表情。“前台”行为针对的是不熟悉的一般观众，且表演没有更改的可能，表演者只能尽力做到理想化的表演。“后台”行为的表现主要是针对亲密朋友而言，后台是观众和局外人不被允许进入的场所，因此在后台中可以修饰表演者的瑕疵，表演者也可以不考虑外表和形象的限制。

3. 形式主义互动理论

德国社会学家齐美尔最早提出形式主义互动理论，他认为人与人之间的互动形成了社会。在齐美尔看来，社会互动的内容和形式是丰富多样的，并且是在各种各样的社会情境中产生的，社会学是以社会互动的形式为研究对象的。

(二) 社会互动理论对青少年社会工作的启示

(1) 社会工作者要和青少年服务对象进行良好的互动，只有互动顺利才能建立平等尊重的专业关系，才能有助于专业目标的实现。

(2) 社会工作者在青少年社会工作中要重视服务对象自身的互动体系，要注重服务对象与家庭、学校、机构和社会等多方行为主体的互动关系，共同致力于服务对象问题的解决。

五、社会角色理论

社会角色是指与人们在社会关系体系中所处的身份、社会地位相一致的一整套权利义务的规范与行为模式。它是对处于某一位置的人的社会认可和社会期望，是构成社会群体或组织的基础。社会角色有不同的类型，根据获得方式的不同，可分为先赋角色和自致角色；根据规范化程度的不同，可分为规定性角色和开放性角色；根据追求目标的不同，可分为功利性角色和表现性角色等①。

(一) 社会角色理论的主要内容

1. 角色丛理论

角色丛理论是美国社会学家默顿于1957年提出的。他指出，每个人在社会生活中都具有多重社会地位，需要扮演多重角色，社会生活中的每个人都是角色关系的复合体——角色丛，角色丛也是角色关系的补充。对角色丛的理解，可以看作由于地位所产生的多种角色之和。

在角色丛的多组角色中，角色冲突常有发生，因此默顿提出了角色丛中四种能缓解角色冲突的机制。

(1) 角色丛的多组角色丰富了角色期望的功能。

(2) 多组角色的冲突赋予角色更多的自主权。

(3) 适当隔离了角色丛成员的观察与角色活动。

(4) 地位不同的角色丛成员相互间的社会支持。

---

① 陆士桢，王玥. 青少年社会工作[M]. 北京：社会科学文献出版社，2017.

2. 角色扮演理论

角色扮演理论的创始人是米德，他指出角色扮演是指人们按照角色所要求的规范去活动和履行社会责任，并与其他角色发生相互作用。在开始角色扮演前，要先进行角色采择，对角色拥有认知和自知能力，确认好扮演的角色后才能发生角色行为。

角色扮演是一个动态的过程。首先，要了解自身所拥有的角色技能。角色技能是指个人拥有的令人信服的角色扮演的能力和特质，角色技能一部分来自先天，一部分来自习得。其次，在清楚自身角色技能的基础上要了解社会对角色的期望，角色期望是指由个体社会角色所对应产生的责任承担和应有的行为表现。角色期望是对角色的限制和要求，只有了解不同的角色规范，学习社会通行的行为模式才能扮演好社会角色。再次，要培养好自身的角色意识，自身要把社会对角色的期望转化为内在的力量，要明确意识到自己要承担的责任和社会及他人的行为期待，努力用自己的行动去表现社会的期待。最后，要进行角色实践和表现，在实践过程中要创造性地运用行为规范或及时调整自己的角色行为，以便顺利地应对新情况。

在角色扮演的过程中会出现一些问题，比较常见的有角色冲突、角色中断和角色失败等。角色冲突是指在角色扮演的过程中同时担当多重角色使扮演者左右为难；角色中断是指角色扮演者在扮演过程中需要被迫停止扮演某种角色，承担的新角色则与原角色截然不同；角色失败是指由于多种原因使角色扮演无法继续进行。无论出现哪一种问题，角色扮演者都需要调整和克服，做好万全准备，才能诠释好自己的角色。

(二) 社会角色理论对青少年社会工作的启示

(1) 帮助青少年强化角色认同，保持或改变自己的角色行为。在社会角色理论中，角色扮演不仅是人与人之间相互作用的特征，而且成为人社会化的基础。社会角色理论能够使青少年扮演好各类不同的角色，更好地成为社会人。

(2) 帮助青少年学习化解角色冲突的方法，在青少年成长发展的过程中，会不断承担多种社会角色，相互之间难免发生冲突。社会角色理论有助于青少年学习如何顺利完成角色转换，从而不断发展自身，避免角色冲突。

六、越轨理论

越轨理论是美国社会学家默顿根据法国社会学家涂尔干的失范论所提出的，是用于解释越轨行为的理论。

(一) 越轨理论的主要内容

在默顿看来，越轨行为的许多重要形式是由社会规范本身的职能和社会结构及社会结构发生作用的方式引起的。默顿基于涂尔干的失范论重新诠释了失范的含义，他认为失范是文化目标与实现目标的合法手段之间的冲突。当人们用实现目标的合法手段追求文化目标时，社会处于平衡状态；反之，当实现文化目标的手段与正统手段冲突时，社会失范就会产生。

当人们感受到压力和紧张时，社会失范就会导致人们越轨行为的增加，默顿从这个新颖的视角归纳出五种失范状态下人们的行为模式。

1. 从众方式

从众的适应方式主要是，社会中文化程度高、工作状态佳的人认同社会的文化目标，并且可以通过合法和制度化的途径达到，这类人不会产生越轨行为。

2. 创新方式

采用创新方式的人群不会墨守成规，他们认可价值规范和文化目标，喜欢用全新的手段去达成社会文化目标，某些情况下可能会产生违反社会规范的行为，即越轨行为。

3. 仪式主义

奉行仪式主义的人往往不认同社会文化目标，但在行为上并不采取反抗的方式，只是仍然按照社会中的既定规范行事，虽然不会产生实质性的越轨行为，但在价值观上已经出现了观念的偏差。

4. 逃避主义

适应逃避主义的人对社会的文化目标不认同且也无法通过正统的手段达到目标，他们对社会文化目标以及完成目标的手段都不认可，采用抵制和拒绝的越轨行为来逃避社会，如酗酒、吸毒等。

5. 造反行为

造反行为是最直接的越轨行为，是人们在拒绝和排斥现有文化目标和手段的情况下，采取的新的目标和手段①。

(二) 越轨理论对青少年社会工作的启示

社会工作者要针对不同青少年个体或群体的不同越轨行为，具体分析其行为背后的原因机制，透过对其经济背景和生活阅历的了解，探析青少年的社会文化目标以及达到目标手段的正当性。只有深入了解产生越轨行为的原因，才能从根本上帮助青少年摆脱消极状态，树立正确的社会主义核心价值观，有利于青少年个体或群体的健康发展。

七、社会化理论

社会化问题不仅是心理学者，也是社会学者、文化人类学者共同关心的问题。心理学者关心的是个体在发展过程中受到了什么样的社会影响？为什么个体在社会化过程中具有不同于他人的独特个性？进而探讨个体社会化过程的心理机制。而社会学者和文化人类学者则着重于研究社会是如何把个体培养成为一定的社会成员的？他们关心的是在同一社会环境影响下人们所表现出来的共同的行为模式。

在社会学领域中，社会化包括个体社会化和整体社会化两个方面。这里说的“社会化理论”主要依托社会学中的相关概念，认为社会化理论指的是以个体社会化的过程、内容、方式和机制等为研究对象的理论，简单地说，就是将生物人变成社会人的过程，在这个过程中使其能独立参与社会生活。个体的社会化过程不仅仅是学习知识和技能、培养社会需要和发展自我

① 陆士桢，王玥. 青少年社会工作[M]. 北京：社会科学文献出版社，2017.

个性的过程，同时也是把个人一体化到群体中的过程[①]。

(一) 社会化理论的主要内容

1. 社会化的相关概念

社会化不仅有个体的社会化，也有整体的社会化。从社会宏观的角度看，整体的社会化指的是为了使社会群体得到延续和发展，需要遵循特定的方式，培养一代又一代的新人，接替并完成工作和使命，使得社会文化得以积累和延续，社会结构得以维持和发展。从个体微观的角度来看，个体的社会化是指作为一个生物个体的人，经过不断学习知识和技能、内化社会规范，成长发育为一个社会成员并能逐渐适应社会生活的过程。我们这里所谈的“社会化”主要是指个体的社会化过程，在个体的社会化过程中，人与社会充分互动，人的需要与环境相互促进，共同发展。

在个体的社会化发展过程中，个体并不是被动或消极地接受环境的影响，而是主动接受和适应。同时社会化是一个人生命中长期发展的过程，从孩提时代，个体就开始学习如何内化社会价值观并如何自觉加以运用。个体在成长发展的过程中，会通过自身实践和神经活动把外界事物转变为自己的思想、心理和行为规范，这既是个体社会化发展的过程，也是个体人格塑造的过程。

2. 结构功能主义与社会化

美国结构功能主义大师帕森斯在描述社会行动系统时，将社会分为四个系统，即文化系统、社会系统、人格系统和有机体系统。帕森斯认为，文化系统与社会系统对人格系统产生了巨大的影响，符号和意义作为文化系统的基本分析单位，其内含的价值规范和价值观为整个社会行动体系提供了实践模式；而社会系统则是无数行动单位用制度化的关系进行联结形成的，为个体人格系统的完整提供了保障；人格系统作为文化系统和社会系统的基本力量，将价值观和行为规范充分内化于自身，形成了社会化，且在社会化的过程中维持了社会控制并保证了社会团结。

在帕森斯看来，社会化的过程会影响人的文化系统、社会系统、人格系统和有机体系统，社会化会使得这四个系统相互关联。随着个体的不断发展，人们从行为有机体开始逐渐丰富和内化自我价值观，并通过社会系统中的他人学习知识和完成社会认可与期待，从而诠释社会参与。

3. 社会化与青少年发展

早在1953年，美国学者哈维格斯特就站在社会环境适应论的立场上，进一步明确了人在社会化过程中会遇到的“发展课题”。他指出：“为了拥有幸福的人生，人在与社会互动的过程中，必须按照顺序做好各个时期必做的事情，不能错过时机。如果能完成各个时期的课题，便是幸福的，并且以后的课题也将易于完成；如果没有完成，本人就会不幸，也会遭到社会的谴责，完成后面的课题也将是困难的。”哈维格斯特的贡献在于，他在折中、概括了众多学者理论的基础上，针对人的幼儿期、儿童期、青年期、成年早期、成年期、老年期六个不同的年龄

① 陆士桢，王玥. 青少年社会工作[M]. 北京：社会科学文献出版社，2017.

阶段，提出了各个阶段的“发展课题”，即社会化内容，或叫“社会化任务”。各个阶段之间相互衔接，并且具有序列性。对于青年期而言，哈维格斯特提出了三个方面的十项社会化发展任务，见表3-1。

表3-1 青少年社会化发展课题(社会化任务)

社会化任务分类	社会化任务具体内容
与同龄人关系	1. 学习与同龄男女之间新的交际技巧
	2. 学习男性或女性的社会任务及角色
独立性的发展	3. 认识自己的身体结构
	4. 在情绪上达到与父母和其他成人的独立
	5. 有信心实现经济独立
	6. 准备选择职业
	7. 做结婚和家庭生活的准备
人生观的发展	8. 掌握作为社会成员所必需的知识
	9. 寻求并完成负有社会性责任的任务
	10. 学习作为行动准则的价值观和伦理体系

4. 社会化的其他界定

关于社会化的其他界定还可以分为继续社会化、再社会化和特殊社会化。继续社会化是指当人们经济和人格独立后，通过不间断的学习，进一步接受社会的文化传统和生活经验，接受新的价值观念和社会行为模式。再社会化是指用补偿教育或强制方式对个人实行与其原有的社会化过程不同的再教化方式，一般发生在犯有越轨行为后。特殊社会化指的是对某些身心遭受过损伤、不能进行正常生活的人进行的特殊教化过程，对象包括残疾、病弱、存在偏差行为、精神健康状况不佳的人。

(二) 社会化理论对青少年社会工作的启示

(1) 在青少年社会工作中，社会化理论让我们坚信每个青少年都有回归社会的可能性，在家庭、学校、组织、社会等多方社会成员的共同帮助和关怀下，青少年完全可能恢复社会适应能力，参与社会生活。

(2) 社会化过程会伴随人一生的发展，青少年时期则是人生中最主要和最重要的社会化时期。青少年社会工作者不仅要教导服务对象基本的道德纪律和行为规范，使其认识到自身的社会地位和角色，培养价值观念，也要传授其生活知识和劳动技能，使其牢固树立对未来的生活目标，将青少年培养成为一个精神健康、智力正常，有统一的个性，能灵活地适应社会、支配环境，与社会相协调的社会成员。

(3) 在帮助青少年顺利完成社会化任务，使其成为社会成员，并能独立参与社会生活的过程中，家庭、学校、社区、青少年个人、同辈群体、大众传媒等各个行为主体均应付出自己相应的努力。

(4) 社会工作者要明确，青少年社会化是一个社会教化与自我内化的双向交互过程，不能仅通过青少年自我的反思和自我克服来完成，要注重社会规范和价值观的能动作用，使青少年能正确认识社会、适应社会甚至改造社会。

第三节　社会工作实务相关理论

一、优势视角理论

优势视角理论产生于20世纪90年代，它是代表社会工作发展到一个全新的阶段——由问题取向变为资源取向，涉及的概念是优势、赋权和抗逆力。优势视角是相对于问题视角而言的，它建立在对案主主观能动性的理解上，关注点在案主的内在力量和优势资源上。优势视角是近些年来社会工作中的全新理念，其强调所有人都具备内在的转变能力，概括地说，优势视角就是聚焦于个人优势，以开发和利用个人潜能为出发点，解决其外在或潜在的问题。

(一) 优势视角理论的主要内容

1. 优势视角理论的核心概念

优势视角理论的内核是抗逆力，抗逆力是指个人面对困境时能够勇敢抗争的能力，能够理性地做出建设性、正向的选择和处理方法，是个人内在的资源。从构成要素上说，抗逆力分为外部支持因素(I have)、内在优势资源(I am)以及自我效能因素(I can)三个部分。

2. 优势视角理论的基本假设

(1) 优势视角相信个体、团体、家庭和社区都有其优势，社会工作者在实务过程中要鼓励案主与社区发出声音并给予尊重。

(2) 从优势视角来看，挑战可能带来威胁，但也可能是机会来源，挑战会促使案主发现自己的能力和自尊，社会工作者要把案主看作具有韧性和资源的个体。

(3) 个体、团体和社区的热望应受到重视，在助人活动中要充分评量案主自身和环境资源，制定服务方案。

(4) 社会工作者要和案主共同合作才能提供全面的服务，社会工作者也要善于使用资源，扩大个体、家庭和团体的韧性，使其从困境中脱离出来。[①]

3. 优势视角理论下的助人原则

(1) 关注服务对象所具有的优势、兴趣、能力、知识和才华，而非诊断、缺陷、症状和缺点。

(2) 和服务对象之间形成合作的、相互的和伙伴性的关系，社会工作者不能将自己的权利凌驾于服务对象之上。

(3) 使服务对象担负起自我复元的义务和责任，明确自己才是解决自己问题的主体。

(4) 优势视角是一种以优势为本、以服务对象为中心的方法，其鼓励将助人活动安排在服务对象经常活动的自然场景之中。

(5) 在进行正规的治疗或提供正式的服务之前，应优先考虑服务对象的原生资源。

---

① 宋丽玉，施教裕. 临床社会工作：优势视角模式[M]. 北京：国家开放大学出版社，2018.

(二) 优势视角理论对青少年社会工作的启示

(1) 在青少年社会工作中，要正确认识青少年的能力和潜能。优势视角下，作为青少年社工，应该做的就是立足于发现和探索青少年的优势和资源，协助他们达到自己的目标，实现他们的梦想，引导青少年在创伤、痛苦和苦难的荆棘中看到希望和转变的种子。

(2) 在青少年社会工作中，要提升青少年的抗逆力。在外部支持因素上，青少年社工应帮助青少年建立正向的连接关系，打造关怀与支持的环境，提供有意义的参与机会，形成积极合理的期望；在内在优势因素上，青少年社工应帮助其形成良好的个人形象感和积极乐观感；在自我效能因素上，青少年社工应协助青少年提升人际交往技巧、解决问题能力、情绪管理能力、目标制定能力等。

(3) 优势视角在一定程度上改变了青少年社会工作的过程模式，优势视角下的青少年社会工作关注的是青少年的优势而非问题。与传统的病理视角不同，优势视角采用全新的角度关注和看待青少年，不再是孤立或专注地看待其问题，而是将目光投向可能性，重新构建新的生活方式。

二、生态系统理论

1979年，美国心理学家尤里·布朗芬布伦纳提出了一个理解社会影响的生态模型，强调发展个体置于相互影响的一系列环境系统之中。在这些系统中，系统与个体相互作用并影响着个体发展。布朗芬布伦纳对环境影响做出了详细分析，他认为生物因素和环境因素交互影响着人的发展，并认为自然环境是人类发展的主要影响源，自然生态是“一组嵌套结构，每一个嵌套在下一个嵌套中，就像一套俄罗斯的嵌套娃娃一样[①]”。在青少年社会工作中，他认为社会影响可以分为围绕青少年扩展开来的一系列系统，而青少年则是这些系统的中心。

(一) 生态系统理论的主要内容

(1) 微观系统，是指个体活动和交往的直接环境，这个环境是不断变化和发展的，是环境系统的最里层。依照时间发展顺序，从婴儿开始，微观系统只限于家庭，但随着婴儿的不断成长，和同辈群体的交往愈发密切，其微观系统开始变得复杂，他们不仅受微观系统中人的影响，而且他们的生物习性和社会性特征也会影响同辈群体。因此，微观系统处在不断的发展变化中，每个人都在对他人产生直接或间接的影响。

(2) 中间系统，是指各微观系统之间的相互联系，如家庭、学校和同辈群体之间的相互关系。布朗芬布伦纳认为，如果微观系统之间有较强的支持性关系，发展可能实现最优化，如与父母之间的关系较为亲密与和谐，其在青少年期与同伴的友谊关系也很亲密；反之，微观系统间的非积极联系会产生消极的后果，如在家庭中被宠溺，若是在学校中享受不到同等待遇，则会产生心理落差，不利于其身心发展。

(3) 外层系统，是指那些儿童、青少年并未直接参与但对他们的发展产生影响的系统。如父母的工作环境就是一个外层系统影响因素，儿童在家庭的情感关系可能会受到父母是否喜欢其工作的影响。同样，儿童在校的经历也会受到外层系统的影响，如学校的整体计划。

---

① 于晶利，刘世颖. 青少年社会工作理论与实践[M]. 上海：人民出版社，2019.

(4) 宏观系统，是指存在于以上三个系统中的文化、亚文化和社会环境。宏观系统实际上是一个广阔的意识形态，它规定如何对待儿童和青少年，给儿童和青少年教授哪些内容以及儿童和青少年应该努力实现的目标。在不同的文化中，这些观念是不同的，但是这些观念存在于微观系统、中间系统和外层系统中，直接或间接地影响儿童和青少年知识经验的获得。

(二) 生态系统理论对青少年社会工作的启示

(1) 为认识青少年问题提供了新的视角，生态系统理论告诉我们，分析青少年问题产生的原因时，应该从青少年所处环境整体出发，而不是简单地将问题聚焦在青少年自身上，在解决青少年问题时，也应该从青少年所处的生态环境出发。

(2) 为解决青少年问题提供了系统的方式与方法，生态系统理论比任何理论对环境的描述都更为丰富，我们每个人都嵌套在层层系统中，该理论让我们在解决青少年问题时有了系统的方式与方法。

三、社会支持网络理论

社会支持网络理论是20世纪70年代在美国正式提出的，社会支持是指运用一定的物质和精神手段对社会弱势群体进行无偿帮助的行为的总和。社会支持网络理论是指一组由个人接触所形成的关系网，透过这些关系网，个人得以维持其认同的观点，并获得情绪支持、物质援助、服务、讯息、新的社会接触等。依据社会支持网络理论的观点，一个人所拥有的社会支持网络越强大，就能够越好地应对各种来自环境的挑战。个人所拥有的资源又可以分为个人资源和社会资源，个人资源包括个人的自我功能和应对能力，社会资源是指个人社会网络中的广度和网络中的人所能提供的社会支持功能的程度。

(一) 社会支持网络理论的主要内容

1. 社会支持网络的类型

社会支持网络分为两种类型，即正式支持网络和非正式支持网络。正式的社会支持一般是指国家行政或事业机关或是正式的社会服务组织所提供的资源支持，如医院、街道办事处、社工事务所、学校、单位的工会以单位的名义提供的各种服务等；非正式的支持一般是指通过私人关系获得的人情支持，比如亲戚、朋友等提供的支持。

2. 社会支持网络理论的基本假设

(1) 人类要想生存需要与他人共同合作，离不开他人的协助，人与人之间的亲密关系是社会支持的实质。

(2) 在生命发展历程中，每个人都能遭遇一些可预期和不可预期的生活事件。

(3) 人类在遭遇生活事件时，需要资源以因应伴随而来的问题，其中包括个人的内在资源与外在资源。

(4) 社会支持网络可以通过一定的方法缓解外来压力带来的负面影响。通过网络的支持帮助，人们可以解决日常生活中的问题和危机，并维持日常生活的正常运行。

(5) 一些弱势群体的社会支持网络较为薄弱，需要专业人士协助，以扩展网络范围和增进社会网络的支持功能。

(二) 社会支持网络理论对青少年社会工作的启示

(1) 在青少年社会工作中，要完善青少年的个人网络。个人支持网络是重要资源与必要手段，青少年社工要帮助青少年提高应对困境的能力，完善来自家庭、亲友、邻里和非正式组织的支持网络。

(2) 社会工作者要帮助青少年正确认识社会支持网络的作用与功能，采取自愿连接策略，帮助青少年团体形成自助群体，使彼此间能够互相帮助、汲取经验，解决当前的困境。

(3) 在青少年社会工作中，社会工作者要帮助服务对象建立网络联系。社会支持网络的建构是青少年社会工作中的重要工作内容，社会工作者在实务过程中要协助青少年做好正式支持网络与非正式支持网络间的联系。完善的社会支持网络不仅能为青少年提供所需的物质，更能提供精神的满足；不仅有利于解决青少年当前的困境，还能促使其提升能力，预防各种问题的发生。

四、增能理论

20世纪70年代，索罗门在《黑人增能：受压迫社区里的社会工作》一书中提到增能的概念。他提出，增能指的是社会工作者协助一些受社会歧视的群体对抗产生不公平待遇和压迫的外在环境和社会结构，以帮助他们降低无权感，增强其能力和权利的过程，也是个人在与他人的积极互动过程中，获得更大的对生活空间的掌控能力和自信心，以及促进环境资源和机会的运用，以进一步帮助个人获得更多能力的过程。

(一) 增能理论的主要内容

1. 增能理论的基本假设

(1) 个人的无力感是由于环境的排挤和压迫而产生的，弱势群体的弱势地位是不利环境造成的，并非自身有缺陷。

(2) 社会环境中存在的直接或间接障碍是可以改变的。

(3) 每个人都不缺少能力，个人的能力是可以通过社会互动不断增加的。

(4) 服务对象是有能力、有价值的，社会工作者应关注服务对象的长处，承认其为积极的主体，帮助其去除环境中的压制和由此产生的无力感，使他们正常发挥社会功能。

(5) 社会工作者与服务对象以及环境之间能够实现有效互动，从而使服务对象实现自己。①

2. 增能理论下的助人过程

(1) 选择长期处于“弱势地位”的服务对象个体或群体。

(2) 与服务对象之间建立良好、专业的伙伴关系。

(3) 着重挖掘服务对象的潜在能力。

(4) 立足于人在情境中的理念，维持服务对象与所处环境两个工作焦点。

---

① 于晶利，刘世颖. 青少年社会工作理论与实践[M]. 上海：人民出版社，2019.

(5) 确认服务对象是积极的主体。

(6) 给予服务对象个人、人际和社会参与等不同层次的增能。

(二) 增能理论对青少年社会工作的启示

(1) 带来了独特的服务理念，尊重青少年的自决和自我实现。

(2) 协助青少年认识到自己才是改变自己的媒介，能帮助自己走出困境的只有自己，而非外力。

(3) 协助青少年了解到专业人员的知识和技巧是可以分享和运用的，增强青少年改变的决心和信心。

(4) 协助青少年认识专业人员只是帮助他们解决问题的伙伴，他们则是解决问题的主体，避免对其产生权威感。

(5) 协助青少年明确无力感是可以改变的，深入了解压迫及无力的根源之后教授青少年增能的方法。

(6) 带来了新的工作模式，便于多角度为青少年增权。

值得注意的是，每一种青少年发展理论的研究都为我们提供了一种研究的范式和研究的思路，为我们进一步的研究和探讨提供了一定的理论依据，可以使我们形成一种敏锐的洞察力，善于发现现实生活中以及理论观点中存在的问题，有利于我们形成探讨问题的新视角。此外，在提出理论的同时也提出了相关的研究方向，这对于以后从事青少年理论研究具有重要的借鉴意义。当然，这些理论除了具有一定的理论价值外，还可能具有重要的现实意义，可以帮助我们更好地解决现实问题。

第四章　青少年的发展与特征

青少年期是人体发育的第二高峰期，在这个时期，青少年的身心迅速发展，并表现出其特有的阶段性生理及心理发展特征。青少年群体在生理特征方面较之其幼年期有了长足发展，其外表形态有了明显改变，身体内部功能逐渐趋于成熟，具体表现在内分泌机制完善、生理机能逐步增强、第二性征出现等方面。生理特征的变化为其心理变化做出了铺垫——生理变化是心理变化的物质基础。青少年时期作为个体心理迅速走向成熟而又尚未完全成熟的一个过渡期，在心理发展方面更是错综复杂。智力发展显著，自我意识增强，性意识的觉醒和发展，情感的发展与现实的矛盾等方面无不体现着青少年时期的心理变化特征。伴随青少年的身心发展，青少年在人际交往、情绪情感、行为方式等方面表现出这一时期特有的社会化发展特征。

第一节　青少年的生理发育

一、青少年的生理发育的含义及过程

(一) 青春发育期的含义

从卵细胞受精开始到发育成人，大约需要20年的时间，这是一个呈阶段性和波浪形的连续统一过程。在个体生长发育的整个过程中，会出现两个高峰期：第一次生长发育高峰期是在胎儿期至出生后第一年，第二次是在青春发育期，见图4-1。

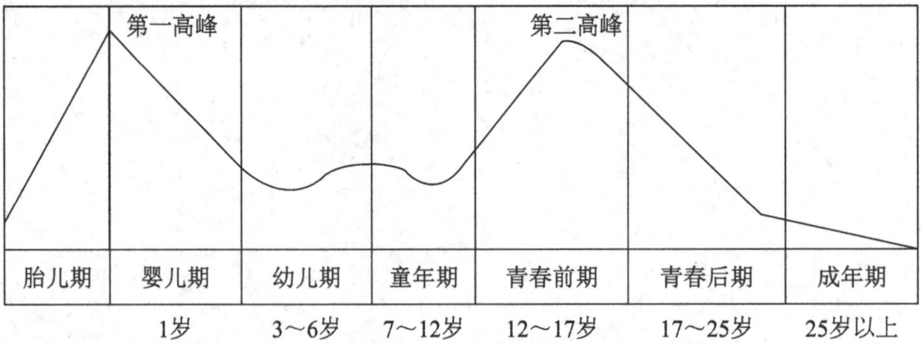

图4-1　人成长发育曲线

通常，青春发育期(简称青春期)是指从人体开始青春发育起到人体生理的全面成熟为止。这个年龄在我国是从12～14岁开始，到17～19岁结束。当人的生理成熟以后，青春发育期基本上也就结束了。青春期是人体生长的一个高峰期，它是决定人一生的体质好坏的关键时期。

处于青春期的青少年，会经历一系列微妙而又显著的变化。比如人体形态的变化，体内机

能的健全以及神经系统、内分泌和性的发展成熟等。青少年需要认知和理解自己在青少年期的各种变化，否则会影响自身成长，带来一系列烦恼。

(二) 青春期发育的过程

青春期发育是在一个较短的时期内完成的，是人体生理急剧变化的一个时期。

1. 青春期的启动

青春期发育的关键是性的发育。青春发育的启动是在整个神经体液调节机制下实现的。青春发育启动的最高调节中枢是下丘脑，下丘脑是青春发育的启动者。下丘脑的性中枢，在到达一定的时期后，便分泌“促性腺激素”，作用于腺垂体，腺垂体在下丘脑的控制下，增加促性腺激素的分泌，睾丸、卵巢则在促性腺激素的作用下分泌性激素，性激素再作用于子宫、阴道、阴茎、前列腺等器官，继而第一性征和第二性征出现并发育，青春期开始。

2. 青春期的发育

进入青春期以后，性激素的分泌量开始增多，男孩主要是雄性激素增多，女孩主要是雌性激素增多，开始出现性别差异。其中，男孩的雄性激素主要由睾丸的“间质细胞”分泌，主要是促进前列腺、精囊、阴茎、胡须、喉结等的发育，促使肌肉发达，并保持它们的成熟状态；女孩的雌性激素是由卵巢内发育中的卵细胞的颗粒细胞、内膜细胞等分泌，主要是促进输卵管、子宫、阴道和外阴部的发育，抑制胡须的生长，促进皮下脂肪的沉淀，并维持它们的成熟状态。

3. 男女青春期发育的具体过程

针对男生来讲，10～11岁时，男生的睾丸、阴茎开始增大；11～12岁时，前列腺开始活动，喉头增大；12～13岁时，阴毛出现；13～14岁时，睾丸、阴茎急速增大；14～15岁时，腋毛出现，变声，乳头发胀，睾丸增长完成；15～16岁时，精子生成，第一次射精；16～18岁时，开始长胡子，脸上长痤疮等；18～22岁时，骨骼闭合，停止生长。

针对女生来讲，8～9岁时，子宫开始发育，臀部开始变圆；9～10岁时，骨盆开始加宽，乳头发育，皮脂腺分泌增多；10～11岁时，乳房开始发育，阴毛出现；11～12岁时，阴道黏膜出现变化，乳头、乳晕突出，内外生殖器发达；12～13岁时，乳头色素沉着，乳房显著增大并成熟；13～14岁时，初潮(开始为不排卵的月经，不能受孕)，腋毛出现；14～15岁时，月经变为规律的、有排卵的周期，有可能受孕；15～16岁时，变声，脸上可能长痤疮；16～18岁时，骨骼闭合，停止生长。

二、青春期的生理特征

进入青春期后，一般具有以下几个方面的生理特征。

(一) 体型巨变

1. 身高的变化

青春期是人体生长的第二高峰期，首先表现为身高的迅速增长。青春期前与发育期时青少年身高增长的差异主要为：青春期之前，平均每年增长2～3.6厘米，长势平稳；青春期时，平均每年增长6～8厘米，多的达10～12厘米。男女身高增长的差异主要为：男生进入身高生长加速期晚(约10岁)，约13岁达到高峰，停止晚(23～26岁)；女生进入身高生长加速期早(约8岁)，约11岁达到高峰，停止早(约19岁，最晚23岁)。

在身高突增阶段，身体各部位的发展是不同步的，如上下肢的增长比脊柱增长快。因此，青少年会出现长臂长腿的不协调状态。在青春发育末期，脊柱的增长又超过四肢，形成成人的正常体型。

2. 体重的变化

青少年青春期体重变化的快慢表现为：青春期始，男生10岁左右时，体重为28.0公斤，是成人的47.3%；在青春期发育中，平均增长31.2公斤，是成人的52.7%。女生在青春期始，平均27.8公斤，是成人的53.6%；在青春期发育中，平均增长24.1公斤，是成人的46.4%。男青年在身高体重突增后，脂肪逐渐减少；女青年的脂肪发育可以一直持续到发胖的程度。因此，女青年显得体态丰满，而男青年显得结实健壮。

3. 体型的变化

男生在外形上表现为喉结突出、肩宽背厚、肌肉发达，髂骨窄于肩骨，骨骼发达，肘见棱角；在身体结构上表现为肌肉发达，骨骼肌的重量占全身的42%，男女肌肉总量之比为5∶3。女生在外形上表现为颈部和肩部圆润、平滑，形成很柔和的曲线，乳房丰满突出，髂骨宽于肩骨，脂肪丰富，皮肤细腻；女生在身体结构上表现为骨骼轻，全身骨骼的总重量平均比男青年轻20%，骨骼密度小，四肢骨较短，肌肉所含水分和脂肪较多，肌肉纤维内含糖量较少。

一般来说，女青年比男青年矮，男青年比女青年体力强。经过青春期的发育，人的体型呈现明显的两性差异。

(二) 机能健全

在身体外形巨变的同时，青少年的身体内部机能也迅速地发展起来，尤其是生理基础的心血管系统和呼吸系统等逐渐健全起来。

1. 心血管系统的发育

心血管系统包括心脏和全身血管。心血管系统迅速健全主要表现在以下几个方面。

(1) 心脏重量。在出生时，心脏重量为20～25克，占体重的0.7%；1岁时，心脏重量约为出生时的2倍；5岁时，心脏重量约为出生时的4倍；9岁时，心脏重量约为出生时的6倍；青春期后，心脏重量为出生时的12～14倍，达到成人水平。

(2) 心脏血容量。心脏有四个腔，分为左心房、右心房、左心室、右心室。它们的总容量出生时是20～22毫升；青春期之初可达到140毫升；青春期开始后，速度明显增快，18～20岁达到240～250毫升。

(3) 血压。人在14岁以后，血压达到成人水平，稳定在高压90～130毫米汞柱，低压在60～80毫米汞柱。男青年的收缩压略高于女青年。

(4) 心率。新生儿心率在平静时平均每分钟120～140次，2～3岁100～120次，8～14岁70～90次，在16岁以后达到成人水平，平均每分钟72次左右。值得注意的是，从青春期起，心率有了性别差异，女青年的心率略快于男青年。

(5) 每搏输出量。所谓每搏输出量，是指心脏每收缩一次射出的血液量。进入青春期后每搏输出量明显增加。7岁时约为23毫升，12岁时约为41毫升，青春期结束时达到成人量，大约是61毫升。青春期发育迅速，对新血液的需求急剧增加，青春期的每搏输出量比儿童期增加近2倍。

2. 呼吸系统的发育

呼吸系统分为上呼吸道和下呼吸道。呼吸的功能是吸入氧气，呼出二氧化碳。青春期呼吸系统的发育主要有以下几个方面。

(1) 肺活量。呼吸功能可以用肺活量、潮气量、每分通气量等测定标准来测量。肺活量是指一次深呼吸后的最大呼气量。

主要表现为：男生在10岁时，肺活量大概为1670毫升；在17岁时，肺活量大概为3520毫升，已经接近成人水平。女生在10岁时，肺活量大概为1500毫升；在17岁时，肺活量大概为2560毫升，已经接近成人水平。

(2) 呼吸频率。婴幼儿时期肌体代谢旺盛，需氧量大，呼吸器官发育还不完善，因而年龄越小，呼吸的频率越快，随着呼吸器官的发育，呼吸频率逐渐变慢。

主要表现为：在新生儿时期，呼吸频率为40～45(次/分钟)；在1～3岁，呼吸频率为25～30(次/分钟)；在4～7岁，呼吸频率为20～25(次/分钟)；在8～14岁，呼吸频率为18～20(次/分钟)；在青春期末，呼吸频率为16(次/分钟)。

(三) 神经系统发达

大脑和神经系统高度发达是青春期的重要特征之一，具体表现为以下两方面。

1. 脑的发展

青少年脑的重量发展过程：在刚出生时，脑的重量大概为390克，约为成人的1/3；在9个月时，脑的重量大概为660克；在7岁时，脑的重量大概为1200克；在12～14岁时，脑的重量大概为1400克，接近成人水平。

脑科学家认为，人超过25岁，每天在脑中要死掉10万个神经细胞；70岁时，人脑的重量只有青年时的95%；80岁时，减少到90%。

2. 神经系统的发展

青春期是神经系统机能最充沛、生长力最强的时期。青春期大脑的兴奋与抑制过程基本上达到了平衡，第二信号系统的作用很快上升，使得青少年的抽象逻辑能力和理论思维能力得到了充分的发展，表现出记忆力强、理解力快、想象力丰富等特征。

(四) 性成熟

生殖系统是人体最晚成熟的一个生理系统，性成熟被看作青春发育的最重要特征。现代医学认为性的发育与性激素的增加有直接联系，是性激素引起了性的萌发与成熟。

性激素包括雌激素、雄激素、孕激素三类化学物质。性激素的分泌器官是性腺。人的性腺是指男性的睾丸和女性的卵巢。性激素的作用主要有以下几个方面。

(1) 促进生殖器官发育成熟，并维持其功能。

(2) 促进骨骼的生长发育，及骨骺的闭合。

(3) 雄激素促进蛋白质的生成，雄激素促进皮下脂肪沉积。

(4) 促进第二性征的出现，如阴毛、腋毛的生长，男性喉结增大、胡须生长，女性乳房发育、骨盆增宽。

虽然由于性激素的大量分泌导致青春期引人注目的第二性征出现，但性成熟的根本含义是指具有生殖能力或生育能力。也就是说，男性能排出足够数量和质量的精子，女性能排出具有受精能力的卵子。因此，性成熟的主要标志是排精和排卵。排精和排卵能力的获得和显现的标志是男性出现遗精，女性月经来潮。

(五) 内分泌发展

青春期的发育主要受内分泌腺(体内的一些特殊腺体)的控制和影响。内分泌腺的活动与神经系统的机能活动相互调节，共同组成了体内的神经体液调节系统。内分泌腺包括脑垂体、甲状腺、甲状旁腺、肾上腺、胰腺、胸腺和松果体。其中以脑垂体最为重要。脑垂体可分泌多种激素影响其他内分泌腺的活动，从而刺激生长，影响新陈代谢，调节生理发育过程。脑垂体通过自身分泌的激素直接控制和影响青春期的生长和发育。如生长激素调节身体的生长，特别是影响骨骼的发育；促性腺激素控制着生殖系统的成熟和第二性征的发育。

第二节　青少年的心理发展

青少年的心理健康备受关注，了解青少年的心理发展特征以及心理问题对于促进家庭和睦、社会进步都有重要的意义。

一、青少年心理发展特征

(一) 主体与客体的互动

青少年的心理发展受到社会环境与自身社会实践的影响。在这一过程中，一方面，主体需要不断地适应社会环境，因此会调整自己的主观认知和判断以适应周围的环境；另一方面，因个人的需要和意愿而产生改变周围环境的主观能动性，从而获得一个更加利于自己发展的环境。

1. 主体作用于客体

这里的主体是指青少年自身，客体是指青少年周围的社会环境。由于青少年具有强烈的主观能动性，他们在认识世界的过程中会不断形成自己的感悟和观念。

(1) 认识客体。青少年认识世界主要有间接和直接两个方式：一方面是在书本和他人的讲解过程中间接理解世界，初步拥有了对世界的感知，掌握了科学知识以及探索方法；另一方面是通过与身边他人交往以及参与具体社会实践直接获得基本的生存技巧、劳动技巧。在这两种方式的共同作用下，形成了自己的人生观、价值观和世界观。

(2) 接受客体。青少年在接触周围环境之前，往往对整个世界有一个非常理想、简单的认知，但是随着慢慢步入社会环境，在和身边的人与事接触的过程中，会经历一些和自己最初设想不同的事情，因而就会不断改变自己对世界一开始的认知，明白自己最初的想法、看法是相对幼稚和不理想的，从而开始调整自己看待世界的方式，开始接受这个世界。因此，青少年在接受世界的过程中，个人经历及成长环境对于其性格及价值观的形成具有重要影响。

(3) 改造客体。随着青少年通过书本间接认知世界以及通过社会实践直接感受身边的环境，他们开始崇尚科学，开始利用自己的知识来改变周围的环境。青少年会利用自己的主观能动性，以及掌握的人与事和其他方面的规律，将不利于自己的客体进行创新和开拓，从而改造成为符合自己想法的、有利于自己和人类的更好的环境。

2. 客体反作用于主体

在主体作用于客体的过程中，青少年将不断地认识、接受以及改造世界。与此同时，客体也在反作用于主体，青少年所处的客观环境会影响青少年对于自身的纠正和调试。

(1) 社会对青少年的纠正。青少年在具体的社会实践中，总是会面临一些风俗习惯、法律法规的约束，这些约束和限制也让青少年对于社会有了更深刻的认识。为了更好地融入社会，青少年会在自身意识、思想上与社会相统一，在行为上与社会规范相协调。

(2) 客观规律对青少年的限制。青少年可通过书本知识以及在现实生活中理解的基本知识认识自然规律和社会规律，在深刻地认识到这些规律具有不可改变性后，青少年会自觉地认同和服从这些规律。

(二) 矛盾心理的冲突

1. 情感丰富强烈与意志薄弱的冲突

青少年时期情感逐渐变得丰富活跃，容易对很多事情激起高度的热情，并且容易把未来想得过于美好和理想。外界事物很容易对青少年产生影响，比如他人的描述、在网络上看到的小说、电视剧、电影，都会让青少年产生向往，热血沸腾。这是青少年情感特征和大脑兴奋性增强的反应。由于青少年的意志发展还不完善、不稳定，他们常常将事情想得浅、想得近，不深刻、不长远。当自己的理想与结果无法匹配时，会感受到挫折，情绪失落。

2. 强烈社交需求与缺乏判断能力的矛盾

青少年时期的学生大多思维活跃、精力充沛，有很多自己感兴趣的活动和爱好，并且大多青少年都有自己的好友。但是，由于青少年缺乏正确判断好友和损友的能力，缺乏一定的社会经验，他们对于与好友的相处方式容易把握不恰当，会产生“讲哥们义气”的现象，容易产生友情大于亲情的错误认知。少数学生还会因为法治观念的淡薄，不顾社会利益，跟随损友拉帮结派，结果误入歧途。

3. 思维的批判与经验的矛盾

青少年在成长发展的过程中容易对人与事物产生怀疑的态度，他们对他人的意见和看法不听信、不认可。青少年的叛逆行为和心理会导致他们跟随自己的想法一意孤行，但是由于缺乏社会经验和阅历，他们的一些错误认知会让他们遭遇挫折。同时，逆反情绪又会让他们继续我行我素，导致更严重的后果。

(三) 突变与渐变的统一

1. 青少年心理发展的突变性

随着青少年社会经验的增加、知识的丰富、能力的提升，青少年的心理过程和心理特征会发生显著的变化，具体表现为：青少年的情绪表达能力、逻辑思维能力、判断事物能力等与儿童时期有着很大的不同；青少年对于自身的负面情绪能够更好地控制和调试，渐渐明确该如何转变负面情绪，在外人面前能够隐藏、控制自己；青少年的思维开始具有抽象性和概括性，能够构建自己的思维方式，找到看待事物、世界的角度；青少年在间接地获取知识、直接地参与社会实践的过程中，能明确自己的理想和目标，具有较强的独立思考能力。

2. 青少年心理发展的渐变性

青少年心理发展的渐变性主要表现在以下几个方面。

(1) 内涵渐进。在成长的过程中，青少年的人格、品质将越来越复杂、丰富，它们由少到多、从无到有，不断建构成型。青少年的内涵变化与他们的认知范围、知识能力以及自身经历有着密切的关系，会逐渐形成个体的价值观与思维方式。因此青少年会觉得儿童期的一些想法和心态是幼稚、不现实的，随着自身社会实践的增加，对于人与事的想法也在丰富和变化，从而形成自己的世界观。

(2) 阶段渐进。青少年的各种心理认知是随着自身成长经验不断变化的，并表现出一定的阶段性。在青少年时期，由于社会经验少，所理解的范围小、深度相对浅薄，认为自己看到的就是事实，对于家庭、事业方面的想法不成熟。在成家立业之后，对于父母和儿女的感情会有相对深刻的认知和感悟，对工作和学习有了更为明确的目标和方向。青少年的心理成熟经历了少年期、青年初期、青年中期、青年后期这几个阶段，在每一个阶段都有着自己的任务和需求，是有层次、分阶段的循序渐进的过程。

二、青少年的心理问题

(一) 自我心理

随着心理的成熟，青少年的内心世界越来越复杂。其中青少年最关心的是对自我的认识，即怎样认清自己的行为、性格及心理上的表现，并时时刻刻摸索自己心理上的肖像，即感知自己的性格特征，在意自己在别人眼中的形象，会希望他人认可自己。有些青少年因为感知到自己的形象、性格与自己所期待的不符，会感觉到失望和无助，从而产生落差感。这样的心理问题也会影响青少年的正常发展，青少年需要找到正确的方式来进行自我调适。

(二) 性心理

随着青少年的生理发育，随之而来的是青少年性心理的发展。一些青少年不懂得如何处理自己与异性之间的关系，不清楚自己为什么会出现这些想法与苦恼，不知道该如何处理相关问题。青少年在这一阶段要学习该如何与异性相处，如何按照生理性别去讲话和穿着等，需要家长和老师的正确引导①。

---

① 王婵. 青少年心理健康问题与对策[J]. 山东省青年管理干部学院学报，2005(01)：19-20.

第三节　青少年的社会性发展

一、青少年社会性发展的含义及影响因素

(一) 青少年社会性发展的含义

一个人的发展有诸多方面，比如生理方面，如身体特征的变化等；心理方面，如认知、人格等；还有社会性的发展。社会性发展指的是个体在社会的影响下，通过社会知识的学习和社会经验的获得，形成一定社会所认可的“心理-行为”模式，成为合格社会成员的过程，也称社会化。社会化过程的本质是社会经验的传递。

一个人初到人世之时，是一个具有生物学意义的“人”；当他开始有意识地接触周围的人和事，参与社会性的活动，他才会慢慢成长为一个“社会人”。人的社会性发展是一个繁复且持续终生的历程，社会化与个体发展之间是一个相互作用的过程。外界环境因素每时每刻都在影响着个体，而个体在不断发展的过程中，也在一定程度上“刻画”着外界环境。埃里克森强调自我的作用，把自我看成人格中一个相当有力且独立的部分。他认为自我的作用是建立人的自我认同感并满足人控制外部环境的需要。当人缺乏自我认同感时会感到混乱和失望，从而产生自我认同危机，自我认同对个体保持心理健康有着重要意义。

埃里克森的心理社会性发展理论建立在弗洛伊德精神分析的基础上，他的心理社会性发展理论强调生物因素的重要性，同时埃里克森认为人的一生是一个自我意识持续发展的生命周期，从婴幼儿期到老年期，分为八个发展阶段。他认为，每个阶段都有特定的危机解决任务，危机的积极解决能够增强自我力量，形成积极品质，使心理健康发展，有利于个体对环境的适应。同时，每个阶段都是建立在上一阶段危机解决的基础之上，前一阶段危机的成功解决会增加后一阶段危机解决的可能性。因此，危机的解决是心理健康发展的前提，心理健康教育的任务就是在每个阶段发展该阶段的积极品质，避免消极品质。

(二) 影响青少年社会性发展的主要因素

1. 社会文化对社会性发展的影响

社会文化中存在约定俗成的一系列行为规范，或称为习俗，凡是参与社会活动或与社会存在联系的个体都要接纳这一系列标准的影响，处于身心快速发展中的青少年当然也不例外。举个例子，由于东西方文化的不同，来自东西方的青少年自然呈现不同的社会行为。西方文化倡导个人主义、竞争，强调表现自我，这使得西方国家的青少年强调个人进取精神，更富有竞争力；而东方文化倡导集体主义、合作，不强调自我，这使得我国青少年更强调合作，要求个人利益服从集体和国家利益。简言之，一个人的社会行为往往受其所处社会环境的影响。如果社会文化改变了，人们的行为方式和规范体系会随之发生变化，这种变化自然也会影响到发展中的个体。

2. 认知发展水平对社会性发展的影响

处于不同年龄阶段的人认知发展水平不同，这在一定程度上也影响着社会性发展。例如，处于具体运算阶段的儿童，其思维具有可逆性，所以有能力站在他人的角度上看待问题，有能

力运用他人的观点来审视自己的观点，但处于此阶段的儿童仍需要具体事物的支持。而处于形式运算阶段的青少年，与处于具体运算阶段的儿童相对比，不再需要具体事物的支持，他们有能力以假设的方法为基础，对不同的社会关系进行可逆化的认知处理。综上所述，处于此阶段的青少年的社会性行为摆脱了完全服从倾向，在一定程度上由个人认知判定。

3. 家庭对社会性发展的影响

家庭是个体成长环境中重要的组成部分。青少年正处于从儿童期向成人期转换的特殊阶段，且家庭生活占据了青少年成长的大部分时间，所以，家庭仍是青少年主要接触的社会环境。父母作为家庭中的主要角色，其文化程度、职业特点、工资收入以及教养方式对青少年心理发展水平的高低和特点具有重要影响。其中，家庭教养方式是影响青少年社会性发展的最重要因素。

家庭教养方式根据不同的家庭环境表现出不同的类型，主要包括民主型、专制型、放任型与溺爱型。举个例子，民主型的家庭成长环境有助于青少年与他人发展积极而恰当的人际关系，他们容易有好人缘，且富于合作；专制型的家庭成长环境会导致青少年与同伴、成人的不良社会关系，这种对子女过多限制的教养方式，还会抹杀孩子在解决实际问题中的好奇心、创造性及灵活性。一般来讲，类似专制、溺爱、放任的家庭成长环境会使青少年人际关系变得敏感，不利于社会性发展。

4. 学校对社会性发展的影响

学校作为一种特定的社会化的环境，其基本职能是教书育人。教育的目的不仅仅是向学生传授知识和技能，更重要的在于培养健全发展、适应性良好的社会成员。换句话说，教育的重要归属之一是社会性发展，这就决定了学校在青少年社会性发展中的作用。

5. 朋辈关系对社会性发展的影响

青少年的朋辈关系相较于儿童期的朋辈关系发生了质的改变，这种改变对其社会性发展有重要的影响。

青少年的朋辈关系更像成人的朋辈关系，他们所选择的朋友不再仅仅是儿时游戏的伙伴，而是信任度高的，能给予他们更多的自信和理解的同伴。他们与这些同伴分享快乐与忧伤，共同面对青春期的情绪变化，共同探讨成长过程中出现的新思想或新问题。通过与同伴交往，他们可以使自身的思想发生改变，使自身逐渐成长起来。

6. 生物因素对社会性发展的影响

生物因素在一定程度上也会影响青少年的社会性发展。这里的“生物因素”主要是指遗传，即父母的生理、心理特征经过受精作用传递给子女的一种生理变化的过程。它在一定程度上决定了个体的某些生理特征，例如身高、体型、肤色等；同时也决定了个体的某些心理特点，例如个人的智力、知觉等行为特征。而这些生理、心理特点正是人社会性发展的潜在基础和自然前提。所以，从生物学的意义上讲，正是由于存在遗传的影响，才为个体的社会性发展奠定了生物学基础。但是，遗传因素并不是影响人社会性发展的唯一因素。正如前文所说，人的社会性发展是一个繁复且持续终生的历程，社会化与个体发展之间是一个相互作用的过程，外界环境因素每时每刻都在影响着个体，而个体在不断发展的过程中，也在一定程度上“刻画”着外界环境。

二、青少年社会性发展的主要表现

(一) 自我意识

青春期是自我意识发展的活跃期。步入青春期，身体特征的迅速发育及变化会引发青少年不由自主地将大部分注意力集中到自己的身体变化上，并越来越关注自己主观世界的想法。青少年开始自我反省，分析自己的性格特点及人格发展，比如会选择利用日记的方式抒发情感、分析想法。他们在关于“自我”的思考和感受中无法自拔，往往容易陷入一种主观偏执的矛盾困境：一方面，他们认为自己的想法及观点是准确无误的，容不得其他意见与其相左；另一方面，他们又特别在意别人的看法，总觉得自己受到别人的检视和挑剔，看到别人低语、微笑，就会怀疑是否在议论或嘲笑自己，这种过度的敏感常常使一些青少年感到压抑和孤独。

(二) 自我同一性

处于青春期的青少年开始将过去的经历、蓬勃发展的性意识、不断增长的认知能力和社会价值观念融合在一起，从而逐渐形成自己独特的心理身份。自我同一性的确立需要从父母和社会那里得到认可，否则会对自己是什么样的人或能够成为什么样的人感到困惑，缺乏方向和动力，从而影响将来的发展。几乎所有的青春期少年都有过这样的疑惑：我是谁？我将来会怎样？这样的疑惑会随着对自己认识的加深和周围其他人的肯定而渐渐消失。伴随着自我身份的建立和稳固，青少年会获得一种美德——忠诚，一种对自己的信仰、理想、目标和选择的忠实和贯彻。自我同一性的确立是一个渐进的过程，往往需要几年时间，在这个过程中会出现种种可能。有些青少年轻易地接受和服从传统价值观念，而没有真正考虑过愿意怎样度过自己的一生。他们较少经历危机和矛盾，对问题采取回避态度，这种不经过探索的自我身份的建立将使人过早地否定许多可能性。

(三) 逆反心理

中枢神经系统的兴奋性过强是导致青春期少年逆反心理的生理因素。在青春期初始阶段，与性相关的中枢神经系统的活动明显增强，但性腺机能尚未成熟，个体的中枢神经系统处于过分活跃状态，使得青少年对于周围的各种刺激过于敏感，反应过于强烈。

自我意识的高涨是导致逆反心理的一个重要原因。他们希望确立自己的身份，塑造理想的形象，渴望得到父母、同伴和社会的认可。在这个寻求心理定位的过程中，往往会产生一些过于理想化的设想，过于急切，因而难免遭遇挫折。他们将失败的原因归咎于成人的阻力，所以对长辈的叮嘱与劝告感到不耐烦，从而产生对抗情绪。

独立意识是导致逆反心理的另一个重要原因。随着独立能力的加强，青春期少年迫切要求更多的自由，他们把父母的关照和爱抚视为获得独立的障碍，将老师及其他长辈的教导看成对自身发展的束缚，所以对这些他们认为会影响他们自由发挥、展示才能的外在力量产生不同程度的排斥。

逆反心理在青春期少年身上普遍存在，表现方式多种多样。有时人以“风暴式”的方式对抗外在力量，态度强硬，举止粗暴。情绪激动时，任何劝导都无济于事，但事后冷静下来，反抗情绪消失较快。有的人不直接顶撞或反抗，采用一种冷淡的态度，对别人的意见置若罔闻，固执己见，这种“闷犟”的情绪不易疏通和消释。还有的人对一个人某一方面的不满可能扩散为对这个人的全盘否定，在反感情绪的左右下，他们容易在是非判断上产生困惑或偏差，将一些正确的东西排斥掉。

举两个例子：①父母回家，发现15岁的儿子将空调温度调得过低，就说：“屋里这么冷，我们受不了，你就不考虑一下别人感受？”儿子默不作声地将温度调到最热的温度，然后进入自己的房间，狠摔房门，嘴里还叨叨咕咕说着什么。妈妈一下懵了，接着怒不可遏。②周末，爸妈要带17岁的小然到亲戚家去玩，目的是让小然跟读硕士的哥哥沟通一下，接受点好影响。小然坚决不去。“你不是一直跟哥哥感情不错吗？为什么不去？他也难得回来一趟，跟哥哥学习一下好习惯对你有好处！”“不去，要去你们去。”爸妈有点火：“你今天必须去，不去看我怎么收拾你。”“我就不去，你们收拾吧，打死我最好！”。[①]

(四) 情绪状态

青春期少年经常表现出时而风雨时而晴的情绪状态。他们的情感表达不再像幼儿时期那样直接，逐渐失去了率真。他们的情感经过控制以更含蓄的形式表现出来，有时甚至有些造作。青少年的做作，是个体在试图通过一张张面具寻找到真正的自己。他们的情绪体验也不再单一和粗糙，而是愈发丰富和细致。情绪感受不仅仅由外部刺激引发，有些还来自主观思考和遐想。比如，个体看了一部具有深刻人生意义的电影作品后，会长时间地沉浸在电影所引导的情绪中，并代入自身进行思考。青春期少年情绪体验虽然强度很大，但并不深入，因而常常表现出情绪多变的状态，从一种情绪很快转为另一种情绪，这是因为他们的抽象思维刚刚觉醒，还不能完全理智地区分内部生活和外部世界，所以在生活中有任何新发现，皆会引起内心强烈的情感变化。进一步说，生活中的新发现只会更多不会停止，有时还存在矛盾，在个体还没有深入理解其根源时，冷静客观地应对是不可能的。而青少年在有些情况下会陷入某种情绪无法摆脱。比如，遭遇几次挫折后，个体会被一种无助、无力的情绪掩盖且难于挣脱。青少年初期自杀率很高，究其原因，大部分是因为种种外界压力导致他们固执地认为造成失意的根源在于自己，归因于个体能力低下、性格缺陷，导致失去生活的信心，最终对生活绝望。

综上所述，青少年社会发展主要表现在自我意识觉醒、自我同一性感知、逆反心理出现、情绪状态变化无常四个方面。就外在表现来说，逆反心理的矫正是明确青少年社会发展方向的切入点。所以，找到合理的角度看待逆反心理，通过正确途径缓解逆反心理对青少年社会发展的影响，并结合理论支持、实务辅助，即为帮助青少年完成社会发展的重要方法。

---

① 李艳波. 对学生叛逆心理的研究[J]. 内蒙古教育，2009(13)：47-48.

第五章 青少年的成长环境

在当前复杂、多元、开放的社会里，青少年的成长环境利弊共生，日渐优越的社会环境带给青少年很好的物质基础，但在信息丰富的今天，也让青少年不知如何抵挡诱惑。本章将青少年的成长环境分为家庭环境、学校环境、社区环境、媒体环境，通过对四种环境的详细说明来分析青少年的成长环境对青少年的影响。

第一节 家庭

家庭在促进个体的人格、心理、气质等方面的形成和发展中发挥着重要作用。青少年期是个人成长的转折时期，是个人心理层面的成长点，同时也是个人在心理方面和行为方面从幼稚走向成熟的时期。因此，应发挥家庭在青少年成长中的作用，促进青少年的积极成长，加快青少年健康心理的形成，推动青少年行为的进一步发展和养成。

一、家庭环境

(一) 家庭的含义

吉登斯认为：“家庭就是直接由亲属关系联结起来的一群人，其成年人负责照料孩子。”波普诺认为：“家庭是亲属关系中相对较小的户内群体，是一个相互合作而发挥作用的单位。”孙本文认为：“通常所谓家庭，是指夫妇子女等亲属所结合之团体而言，故家庭成立的条件有三：第一，亲属关系的结合；第二，包括两代或两代以上的亲属关系构成的整体；第三，比较永久共同生活在一起的团体。”尽管不同学者对家庭的理解和表述有所不同，但还是对其基本含义达成了共识。综合而言，家庭是由感情、责任义务、婚姻、血缘以及收养等关系组成的初级群体，并且成员之间的关系和感情是任何一个人都不可替代的。

(二) 家庭的类型

家庭的类型是指根据家庭关系或家庭结构的不同所做的分类。可以根据不同的文化需要，采用不同的分类标准，划分不同种类的家庭。

(1) 按家庭的权力结构划分，有父权制家庭、母权制家庭、夫妻平权制家庭。

(2) 按家庭所在社区的性质划分，有农村家庭、城市家庭、工矿区家庭。

(3) 按家庭主要人员的职业属性划分，有工人家庭、农民家庭、干部家庭、军人家庭、知识分子家庭。

(4) 按家庭生育功能划分，有生育家庭、非生育家庭。

(5) 按子女多寡划分，有多子女家庭、独生子女家庭。

(6) 按家庭关系的状况划分，有和睦家庭、不和睦家庭、解组家庭。

(7) 按照家庭组成人员的不同划分，有核心家庭、主干家庭、联合家庭、丁克家庭以及隔代家庭等。

(三) 家庭的特征

(1) 家庭是社会的初级群体。家庭成员在家庭中所扮演的角色是非常重要的，也是不可替代的。成员对家庭是全身心投入和付出的，家庭成员之间的交流互动都是面对面进行的直接交往，这符合小群体的基本特征。

(2) 家庭的组成离不开以某种关系作为纽带的紧密联系，联系家庭成员的纽带一般是婚姻关系和血缘关系。同时，也存在以法律上的收养关系、以爱情为基础的同居关系和同性恋作为纽带组成的家庭。维系家庭关系的纽带不同，家庭的脆弱性和稳定性也是不同的。

(3) 家庭成员之间有比较长期的在一起生活的关系，经济上在某种程度上是共有共享。一般来说，每一个家庭都是一个独立的经济个体，不但具有一定的家庭经济资源，而且对于大部分或者全部家庭成员来说，这些家庭经济资源是全部家庭成员共享共有的。家庭具有足够良好的韧性和稳定性，家庭成员都向往并渴望着一个稳定而幸福的家庭，家庭中发生的矛盾和纠纷是家庭成员之间不可避免的，家庭成员在维护家庭稳定性中发挥着至关重要的作用。

(4) 家庭是一个社会历史的发展范畴。家庭是人类社会发展到一定时期的社会产物，不同时期、不同地区、不同民族、不同社会发展程度产生的家庭，其形式、功能和规模也是不一样的。

(四) 家庭教养模式

父母是孩子的第一任老师。父母对青少年的教育方式直接或间接地影响着青少年的性格发展、社会化发展，因此，家庭教养模式的正确与否与青少年的性格同一性、社会化发展息息相关。

1. 娇纵型

父母溺爱和疏于管束，构成娇纵型教养模式。在这种溺爱娇惯的家庭环境中，孩子容易养成自我中心、骄横跋扈、疏懒散漫、贪婪无度的“霸王”心态。这种“霸王”心态如果不能得到及时矫正，很容易发展为反社会型人格。

2. 支配型

家长溺爱与严加管束结合，构成支配型家庭教养模式。在这种家庭中，家长在生活方面对子女无微不至，在学习上严加管理。一方面是过度保护，包揽生活中的一切；一方面又期望过高。这种方式容易使孩子形成怯懦胆小、意志薄弱、清高孤傲等个性心理特征。

3. 专制型

家长缺少爱心或耐心，管理方式粗暴，构成专制型家庭教养模式。在这种家庭中，孩子的人格、自尊、意志、权利等不被尊重，家庭亲子关系是一种命令与服从的关系。这种教养方式易使孩子产生不信任感、戒备心理严重，形成自卑、消极、暴躁、懦弱、依赖性强或叛逆等人格特征。

4. 放任型

家长既缺少爱心、耐心，也缺乏责任感，对孩子放任自流，构成放任型家庭教养模式。在放任型家庭教养模式下，孩子由于得不到必要指导和正常约束，会形成缺乏自信、自制力差、不负责任、情绪波动异常、为人处世具有攻击性、易受诱惑、做事敷衍、缺乏理想等心理倾向。

5. 冲突型

家庭成员间关系紧张、不和谐，家庭气氛失调，价值导向不一致，构成冲突型家庭教养模式。在这种家庭环境中，孩子易形成缺乏安全感、意志力薄弱、残忍冷酷、爱撒谎等个性特征，且大多数有激烈的反抗性，可能出现反社会倾向。

6. 民主型

家庭成员间互相尊重、平等交流，对子女既有约束，又有鼓励，构成民主型家庭教养模式。在民主型教养方式下，孩子容易形成自尊、自信、自律性强、具有创造性、社交能力强、具有成就动机等良好社会适应性的个性特征。

(五) 家庭的功能

家庭的功能是指家庭对其成员所起的积极作用。具体来讲，家庭的功能有情感支持、性爱满足、繁衍后代、社会化和经济功能等。

1. 情感支持

家庭作为初级社会群体，成员之间日常互动频繁，情感交流充分，彼此之间容易相互理解和支持。通过提供情感支持，家庭可以帮助其成员纾解家庭以外的社会环境带来的压力及负面情绪，给予正面支持和鼓励。

2. 性爱满足

家庭是为法律和社会习俗所认可的性生活场所，性爱是家庭生活的重要内容。家庭中的性爱一方面保证了性爱的排他性，促进夫妇之间的情感交流，能够更充分地满足彼此的性爱需要；另一方面可防止因性需要而引起的社会问题，促进社会的和谐与稳定。

3. 繁衍后代

家庭通过建立双系抚育、确立婚姻、夫妇配合等一系列制度来实现繁衍后代，维持人类种族的延续。

4. 社会化

家庭是个体社会化的重要场所，家庭可以提供角色模型供青少年模仿学习，父母的社会角色在日常家庭交往中也可以体现出来，父母也会或多或少为青少年的未来方向提供指引，帮助青少年更好地适应社会，为进一步社会化打下良好的基础。

5. 经济功能

家庭经济功能主要是指家庭作为生产经营和消费的单位所发挥的作用。随着社会的不断发展，家庭生产经营的功能逐渐弱化，而消费的功能却日益增强[①]。

二、家庭环境与青少年成长

家庭是培养青少年社会化的重要载体，良好的家庭环境对青少年的发展起着积极的促进作用，有利于青少年形成良好的行为规范，同时也对青少年的身心发展起到积极的推动作用，加快了青少年生活技能的培养进程，其作用具体包括以下几个方面。

(一) 良好的家庭环境有助于青少年形成良好的行为规范

家庭是一个人社会化的起点，父母是孩子的第一任老师，家长的行为举止、为人处世、待人接物，随时随地都对孩子有着潜移默化的影响。孩子会模仿家长的行为举止，会学习父母为人处世的方法和态度，学习父母待人接物中所采取的一些措施和手段，自觉接受父母对其有关行为规范的要求，且会有意识或者无意识地将其作为指导观念，内化为自己的想法和行动。

(二) 良好的家庭环境有利于发挥家庭保护功能

家庭保护是指父母或监护人对青少年依法行使监护权，履行其对被监护人进行健康保护的权利和义务，具体包括为青少年提供成长所需的物质生活条件，保证必要的医疗保健条件，以健康思想、正确品行和适当方法给予青少年教育并引导其向健康、文明的生活方式发展。良好的家庭环境不仅能够提供充足的物质和精神层面的支持，而且能确保家庭保护功能的有效发挥。

(三) 良好的家庭环境能促进青少年身心的健康发展

青少年正处于身心发展的重要阶段，随着生理层面和心理层面的进一步发育发展，社会阅历能帮助其开拓视野，形成多样化的思维方式。他们在学习、生活、人际交往等方面都会产生不同的看法，会产生多样化的心理困惑。这时，父母的关心和鼓励、优良的家庭环境会为孩子的心理、体魄和人格的健康发展提供更广阔的发展空间。有调查结果显示，民主型的家庭培养出来的孩子性格活泼开朗，具有较强的独立自主性和创造性，在大多数情况下，能正确对待并处理自己和他人、自己与社会之间的关系，具有较强的自尊心、同情心和自信心，能站在别人的角度思考问题，适应社会能力强，能正确面对困难和挫折，并能采取有效措施应对。

(四) 良好的家庭环境有助于青少年基本生活技能的培养

游戏、学习和劳动是构成人们社会生活的三种主要形式。在青少年时期，人们一般主要以游戏和学习的生活形式为主，而家庭则是人们开展游戏和学习的重要场所。在游戏中，青少年能学到各种各样的网络知识，锻炼自身的身体素质和能力，学会一些与人交往的方法。家长在日常生活中督促青少年参加家务劳动，能培养青少年的兴趣爱好，提高青少年的学习能力，不仅可以促进青少年智力的发展、动手能力的提高，同时能进一步增强他们的独立自主能力。家庭对青少年的生理、心理的发展发挥着基础性作用，所以，我们要及时针对影响青少年发展的家庭环境方面的问题，开展社会工作并提出相应的解决方案，让家庭在青少年的发展中，能减少甚至消除影响其成长的负能量，进一步注入更多能促进青少年发展的正能量，为青少年的成长创造一个良好的家庭环境，构建一个适合青少年发展的环境。

---

① 全国社会工作者职业水平考试教材编写组. 社会工作综合能力(中级)[M]. 北京：中国社会出版社，2018.

三、构筑良好的家庭环境

对于青少年来说，家庭不仅要为其提供生活所需的安全照顾，还要丰富并提高青少年进入社会生活所必需的知识、技能，更要完善青少年的心理健康以及提升其适应社会发展的能力。

(1) 推动政府和全社会普及现代家庭观念，运用各种手段加强家庭成员的普法能力，提高青少年的法律意识。

(2) 监督、推动家庭对青少年权益的保护。家庭有义务去保障青少年的权益，不应该损害青少年的相关权益，促进青少年的健康成长。

(3) 加快全社会对于婚姻恋爱知识的宣传普及进程，广泛开展婚姻教育、亲职辅导、育儿辅导等社会服务，为青少年的成长构建一个良好的社会环境。

(4) 推动政府和全社会建立相关机构，直接为家庭建设提供必要的生活照料、家庭辅导等帮助，提高青少年成长环境的质量，为青少年成长提供优质的成长环境。

(5) 推动社会开展针对亲子关系和青少年教育方面的服务，在全社会普及青少年发展及教育的知识，使青少年能够生活在一个良好的家庭环境当中。

第二节　学校

学校是青少年社会化的主要场所，它不仅要传授基础知识、培养基本技能，还要进行德、智、体、美、劳全方位的素质教育，旨在培养对社会有用的人才。学校不仅配备各学科能力超强的老师，还应配备心理咨询师或社会工作者，积极引导学生的健康心理，推动学生社会化进程，进一步提高学校人才培养的质量，促进社会进一步发展。

一、学校环境

(一) 学校的含义

学校是专门进行能力教育和素质教育的机构，但学校的责任不仅是教书育人、传授知识，同时还肩负着青少年人格教育、素质培养、心理辅导、生存技能教育等社会化任务。因此，学校在青少年发展和成长过程中有着至关重要的作用。学校是通过老师的言传身教及学校环境的熏陶来实施教育的，学校对青少年的成长有着非常重要的作用。

(二) 学校环境的类型

这里的“学校环境”是广义上的学校环境，包括多个层面的内容，从总体上可以把它分为硬环境和软环境两大类。

1. 学校硬环境

学校硬环境是指学校内部及其周边附属学校为学校正常运转提供的服务和硬件设施，主要包括学校教学楼、各种教学设备、图书资料、娱乐设施、饮食服务设施、住宿条件、校园绿化情况等方面。良好的学校硬件环境对青少年的身心健康发展有着极为重要的意义，优质的学校硬件能促进青少年朝积极的方向发展，成为一个各方面能力兼备的人才，实现全面发展。

2. 学校软环境

学校软环境分为以下四方面：教风、学风、管理体制和人际关系。

(1) 教风。教风是衡量学校教师教学水平的重要指标，它涉及教师的知识能力水平和教学技术的高低、教学态度的好坏等方面。教风的好坏直接决定了其“生产”的人才质量的高低。好的教风可以培养高质量人才，为社会发展提供全面发展的高素质人才，对青少年的发展起到关键作用。

(2) 学风。学风是在学生中形成的一种风气和氛围，是学生学习态度最直接、最真实的反映。积极向上的学风能带动全体学生提高学习积极性，进一步提高青少年对学习的认真度和负责度，从而有效避免青少年出现厌学、逃课等不良行为。

(3) 管理体制。学校的管理体制在总体上引领着学校环境发展的大方向。学校对老师及学生的奖励和惩罚措施、培养学生的目标和方向、办学理念和对问题学生的处理方式都是学校管理体制的重要内容。合适、正确的管理体制，不仅能有效提高老师教学的积极性和高效性，也有利于引导学生达成培养目标，进一步推动学校形成良好的校风，提高学校的教学质量和学生质量。

(4) 人际关系。从青少年的角度来说，学校环境中的人际关系一方面是指学生与老师的关系，另一方面是指学生之间的同伴关系。师生关系主要取决于老师在学生面前所展示的个性特征及对学生的态度，如果老师无论成绩好坏，都能采取平等的态度，那么这位老师就能得到学生的尊重和喜欢；如果偏心对待成绩好的学生，而对待成绩差的学生总是采取无视的态度和消极的看法，那可能会间接影响学生的学习态度和喜欢这门课程的程度。同伴关系主要取决于青少年的个体特性、与人交往所采取的态度，良好的同伴关系有利于增强青少年的自信心，从而实现其人格的全面发展。

(三) 学校对个体行为的影响

随着社会的发展，个体在学校的时间逐渐延长，学校对个体行为的影响也有所增强。总体来看，学生的行为会受到校园文化、班级规模、教学模式以及师生关系的影响。

1. 校园文化

校园文化反映了学校的精神风貌，它具有强烈的凝聚力和激励作用。良好的校园文化能够提高学生的责任感和主人翁意识，培养集体观念和协作意识，同时还能约束和规范学生的行为，培养其良好的行为习惯，引导其朝着更好的方向发展。

2. 班级规模

班级规模是指在一位特定教师指导下的一个特定班级或一个教学团体的学生人数。班级规模的不同对学生的学习行为有直接影响。班级规模过大，教师很难关注到班级中的每一个学生，在学生自我管理较差的情况下，很难形成良好的学习习惯；而在小班化教学中，教师对学生能够进行个性化指导，做到因材施教，教学质量较高。

3. 教学模式

应试教育模式一切以考试为中心，过度重视学习成绩，忽视了学生其他方面的发展。例如，对学生的沟通能力、人际交往能力、自学能力等关注不足，导致“唯分数论”的情况发生，使学生的性格发展不平衡。素质教育旨在使学生形成相对完整的素质，教师不仅要向学生传授知识和技能，而且要引导学生在更广阔的领域里全面发展个性与能力。在素质教育模式下，强调教育者的创造精神，教师可以从学校实际出发，设计并组织科学的教育教学活动，促使学生在自主活动中将外部教育影响主动内化为自己稳定的身心素质，促进其身心素质得到全面发展。

4. 师生关系

师生关系是学生在学校环境中与教师所建立的认知、情感、行为等方面的联系。良好的师生关系有利于学生形成对学校的积极情感，并在行为上积极参与班级、学校活动，与同学形成积极的人际关系，发展出良好的个性品质和较强的社会适应能力；不良的师生关系则可能使学生产生孤独感或对学校产生消极情感，并在行为上表现为退缩、与老师同学关系疏远以及攻击性等，从而影响其学习效果，甚至造成辍学、心理障碍等问题。

二、同辈群体

(一) 同辈群体的含义

同辈群体是指由年龄、性别、志趣、职业、社会地位及行为方式相近的人所组成的一种非正式的群体。同辈群体的形成大部分源于偶然性因素，随着年龄的增长，同辈群体的形成越来越趋向于主动选择。

(二) 同辈群体的特点

1. 平等性

同辈群体成员的年龄、知识、能力等方面比较相近，他们之间的地位是平等的，不会产生太大的差异，相互之间的沟通也更为平等、稳定。

2. 开放性

同辈群体内部不存在特别严格的规章制度，成员之间的交流和交往在语言、方式、话题等方面都没有特定的形式。

3. 认同性

同辈群体是个人自由选择结合的结果，群体成员之同的交往是在自然随意的过程中进行的，成员之间相互依赖，对群体有较强的心理归属感和较强的认同性。

4. 独特性

每个同辈群体都有自己独特的亚文化，这种群体的亚文化为群体成员提供了新的价值标准和行为方式。群体成员在语言、行为方式等方面都体现出自己的独特性。

(三) 同辈群体对个体行为的影响

同辈群体对青少年成长发展的影响既有积极的一面，又有消极的一面。

1. 积极的影响

(1) 满足青少年情感交流的需求，促进情感的发展成熟。同辈群体之间的沟通和互动能够满足青少年交往的需要、归属的需要以及尊重的需要，有利于促进青少年身心健康发展。

(2) 同辈群体也可促进青少年的学习和兴趣爱好的发展。同辈群体不仅可以分享情感、纾解情绪，还可以在学习上互相帮助、答疑解惑，有助于促进学习成绩的提高。同辈群体由于具有很高的同质性，他们的兴趣爱好也具有相似性，经常在一起交流和切磋有利于他们兴趣爱好的发展。

(3) 同辈群体是青少年获得生活经验和社会信息的主要来源。同辈群体之间的交往、交流更加直接和频繁，他们从对方身上获得的生活经验和社会信息比从书本中获得的更为直接和迅速。

(4) 同辈群体对青少年生活目标和价值观的影响。生活目标是指通过个人努力与争取可以实现的目标。在儿童时期，个人目标是从父母教导、老师讲述以及书本知识中慢慢获得的；而到青少年期，由于同辈群体之间交往频繁，彼此之间会沟通一些看法，自由交换彼此的意见，青少年会更易于听取同辈群体的意见和建议，因此同辈群体对青少年的生活目标和价值观也有一定的影响。

2. 消极的影响

(1) 同辈群体所承载的文化与社会主流文化存在相悖的一面。青少年群体性质不同，传递的文化特质也不同。积极型群体往往承载社会主流文化；中间型群体所承载的主要是同辈群体亚文化，一些同辈群体亚文化表现为抽烟、酗酒、打架等。这种亚文化将导致同辈群体对主流文化的不认可、不服从，对青少年的成长发展有不良影响。

(2) 群体内部非制度化的行为规范对成员的控制是非正式性的，随意性较强。一旦群体内规范与社会行为规范相悖，群体内强大而无形的制约力会促使青少年屈从于群体行为规范，不利于青少年的健康成长。如果是消极的同辈群体，他们之间会传递大量的社会亚文化，其他的同辈群体成员有时不得不屈从于群体亚文化，发展到最后甚至可能出现犯罪行为。

(3) 维系同辈群体存在的单一的情感纽带，不具有稳定性，缺乏理性的指导，易导致意气用事。青少年对待感情大多比较感性，比较欠缺理性的思考和认知，容易凭着“兄弟义气”的想法，冲动地为同辈群体成员解决各种问题。若这种情况不加以理性指导，容易导致青少年在没有衡量自己的能力和是非对错的前提下盲目帮忙，无益于青少年的社会化①。

三、学校环境与青少年成长

学校教育是青少年完成社会化的有效途径之一，良好的学校环境有助于加快青少年整体素质的提高，有助于促进青少年良好行为规范的培养和形成，有助于加快青少年健康心理的发展，有助于培养青少年基本生活技能和能力。具体来讲，主要包括以下几个方面。

(一) 良好的学校环境有利于青少年成长成才

良好的学习环境、先进的教学设备以及高水平的教师队伍为青少年学习科学文化知识提

---

① 陈正良. 同辈群体环境对青少年发展的影响[J]. 宁波大学学报(教育科学版)，2004(05)：61-64.

供了有力的保障。同时，多样化的教学配套设施还满足了青少年放松自己和减轻学业压力的需求，有利于削弱青少年因学习产生的厌倦、疲乏的心理，进一步创建学习与娱乐相结合的有效场所。在这样的环境下，真正实现了青少年发展的身心共建，有助于促进青少年的身心和谐发展。

(二) 良好的学校环境有助于青少年的社会化

学校是青少年由家庭生活走向社会生活的一个过渡场所。在家庭中，青少年主要承担的是家庭成员的责任和义务，但进入学校后，青少年理所当然应承担起青少年社会化的责任和义务。高质量的学校环境不仅能为青少年的社会化提供和谐宽松的人文环境，还有助于进一步培养青少年的社会安全感、自信心和社会责任感，为他们形成法治观念和责任意识奠定一个良好的基础，培养他们的社会意识，提高他们的社会责任感，从而调动他们为社会做贡献、为人民服务的积极性。

(三) 良好的学校环境有助于青少年心理健康的发展

为青少年创造一个友好和谐、轻松愉快、氛围浓厚的学习环境，从目前来说，有利于促进学生心理的健康发展；从长远来说，它对每个学生的人格影响是终生的。良好的学习环境对青少年的学习和成长具有无可替代的促进作用。

四、构筑良好的学校环境

(一) 影响青少年发展的不良学校环境因素

1. 学业失败与发展终结

越来越多的社会调查数据显示，学业的失败往往是许多城市闲散未成年人发展的终点和越轨的起点。而他们学业失败的主要原因，往往与学习压力过大有着紧密的联系。单调的学习内容、频繁的学科考试和变味的成绩追求等使学习成为青少年苦不堪言、厌恶至极的负担。在被压得喘不过气的学业压力下，这些未成年人的学习兴趣很容易消失，而频频旷课、逃学更会使学生对学习的兴趣逐渐下降，逐渐被外面世界的诱惑所吸引，导致其成长的发展链中断。

2. 教师失误与权利侵害

相关教育理论与实践证明，师生关系具有重要的调节作用，能影响学生的行为规范，乃至影响学生受教育的成败。教师低水平的教育技巧、教育方法，是导致青少年脱离学习轨道不可忽视的因素。教师的一些侵权行为，成为学生厌恶学习、反感教师、逃离学校生活的直接动因，进而也成为学生辍学乃至越轨违法的重要因素之一。教师对学生的影响具有潜移默化的作用，教师应当承担起教书育人的责任，保障学生的健康成长和素质发展。

3. 学校管理失责、资源配备失公与成长失调

学校管理失责的背后隐藏着教育资源配备不公的问题。由于教育管理部门将升学率视为考核“政绩”的重要内容，教育管理部门的倾向是不言而喻的，不会过多关注已经无望提高升学率的未成年人，不关注偏远落后地区的教育，不提高当地的教育水平和教师质量，导致当地的学生受到的教育与时代脱轨，达不到提高自身能力和自身素质的作用。这种人力、物力资源

的配备不公，使本该得到更多帮助、获得更多教育的未成年人失去了发展的机会。

(二) 促进学校环境建设，推动青少年健康成长

1. 帮助处于不利地位的学生，实现教育机会均等

教育机会均等是指不管种族、民族、宗教或性别的差异，每个人都有相同的机会入学去接受教育。受教育权是一项基本人权。在现代社会中，每个人都可以平等接受教育，也可根据个性实行个性化教育，每一个学生在教育中都应该受到平等的对待。青少年社会工作者应该采用专业的理论与方法，对处于不利地位的学生进行深刻调查，包括家庭背景、学校环境、老师态度等方面，给予适当的调整和鼓励，在需要的时候，也可以给予适当的支持和帮助，制定相对应的解决方案，让他们在教育方面可以受到公平对待，更好地成为一名被社会所需要的人才。

2. 协助建立青少年与学校的良好关系

学校环境对青少年的人格形成、文化素养、素质教育都起着重要的作用。学校教育应帮助来自不同环境、不同家庭背景的个体改变或调整自我，以便自我能更好地适应社会生活。对来自不良家庭背景或社会环境的青少年学生，通过给予良好的教育指导，可改变其原来的价值观念和行为习惯，成为一个文化素养与道德素养兼具的社会性人才。

3. 协助学校教职工和管理者创建适合青少年发展的学校环境

学校教职工和管理者是学校社会工作者的重要依靠者和支持者，双方只有进行全方位合作，才能共同探索和解决遇到的问题。同时学校社会工作者要了解教师的个人需求和所面对的教学困难，并给予必要的建议和帮助，及时改善他们在认识和教育行为上的一些不当之处，促进教师改进教育工作，提高教学能力，推动学校的整体发展。

4. 协助学生掌握实用的知识与技能，以适应现实生活的需要

现代学校大多采用班级授课制，这种教学方式可以提高教学效率，降低教学支出，但往往忽视学生的个别需要，有的学生接受能力并不是很好，采取班级式授课，就会影响他们的受教育程度，也会影响他们对学习的兴趣和态度。学校社会工作者需要采用个案工作方法及个别教育方法，去弥补班级授课的缺陷，激发个别学生对学习的兴趣，及时调整和改变他们不正确的想法，满足他们的个性化需求，培养符合学生个性的知识、能力和技能，从而促进青少年个性化的发展，培养多方面发展的个性化人才。

5. 协助学生形成健全的社会化人格

学校青少年社会工作者应协助学校完成教育功能，培养学生的亲和能力、生存能力和道德教育能力，特别是帮助少数在学习和适应上有困难的学生，通过综合调整教学方案，帮助其处理好学习上和生活上的困难，促进其健全人格的形成。

社会工作者的职责本质是为促进服务对象福利发展提供专业性服务，学校社会工作作为青少年社会工作的重要组成部分，服务对象是在校的所有学生，学校社会工作者应协助学生解决在学习和社会适应过程中所遇到的心理困扰和学习困难，发掘其潜在能力，促使其更好地适应未来社会的生活，成为健康的社会人才资源，进一步促进社会的进步和发展。

第三节　社区

社区是青少年主要的活动场所之一，社区开展的教育和文体娱乐活动，不仅丰富了青少年的课余生活，也在潜移默化地培养青少年的正确观念和行为意识。对于青少年教育来说，避免社区的不良风气，是除了家庭教育和学校教育外，必不可少的一环。因此，青少年社会工作者要积极与社区工作者联系，共同创建一个有利于青少年健康成长的社区环境，营造浓厚的社区文化氛围。

一、社区环境

(一) 社区的界定

不同的社会学家对社区有不同的理解和定义。德国社会学家腾尼斯在1887年出版的《社区与社会》中提出，社区是指具有共同习俗和价值观念的同质人口组成的关系密切、互相帮助的人性化团体。美国芝加哥大学的帕克认为：“社区的基本特点可以概括为如下几个：第一，有按地域组织起来的人群；第二，这些人不同程度地扎根在他们所生息的那块土地上；第三，社区中的每一个人都生活在一种相互依赖的关系中。”中国的学者结合中国的国情认为：“社区是进行一定社会活动，具有某种互动关系和共同文化的维系力的人类群体及其活动区域。”

(二) 社区的构成要素

(1) 空间。如村落、集镇等，其社区形态都存在于一定的地理空间中。

(2) 人群。一定数量的人口是社区不可缺少的条件，同时人口的数量、集散疏密程度以及人口素质等，都是影响社区的重要方面。

(3) 情感上的认同和归属。在同一个社区中生活的人，会遇到相同的问题，因共同的需要而联合起来，在联合的过程中，会兴盛某种共同行为规范和社区意识，如共同的文化需要、社区归属感和民俗文化归属感等。

(4) 公共设施。社区居民需要社区周围的一些公共设施，如商店、学校、娱乐设施、医疗卫生设施、教育机构、文化场所等。一个社区若没有这些基本设施，社区居民的生活会受到一定程度的影响，也会影响社区的文化氛围。

从社会工作的范畴来看，对社区概念和含义的理解需要突出以下两个方面：一方面，可以突出社区的某种地理性质，单独指某个地方因人群居住而形成的社区；另一方面，也可以指社区成员间的联系和互动保证了人们态度的一致及与他人的联系。所以，一般将社区定义为“居住于某一地理区域内，具有共同关系、社会互动及服务体系的人群”。

(三) 社区的类型

1. 地域性社区和功能(精神)性社区

地域性社区是指聚居在一定区域内的社会生活共同体，是按照社区的空间特征来划分的一种社区类型，如农村社区和城市社区。功能(精神)性社区是由共同目标或共同利害关系人组成的社会群体，如知识分子群体、宗教群体。

2. 农村社区和城市社区

农村社区是由以从事农业生产为主要谋生手段的成员组成的地域性社区。农村社区的主要特点是：人口密度低，同质性强，流动小；经济活动简单；风俗习惯和生活方式受传统影响较大；组织结构简单；家庭在生活中起着重要作用，血缘关系浓厚。

城市社区是由从事非农业劳动的成员组织的地域性社区。城市社区的主要特点是人口集中，异质性强；经济和其他活动频繁；具有各种结构复杂的群体，血缘关系淡化；政治、经济和文化都较为发达。

(四) 社区的特点

1. 集体性

集体性表现为一群人对整体利益的认同，进而引发对集体身份的认同和归属感，愿意以实现整体利益为出发点采取“利他行为”，体现了个人对整体的忠诚与投入。人们也因此对社区关系感到亲切，觉得彼此相似，愿意为对方付出，乐于承担责任和义务，有一种认同所属社区、愿意为社区效劳的“社区意识”。

2. 共同性

共同性主要是指一群具有共同点的人，他们可以是在同一地域内的居民，也可以是有着共同生活方式、信仰、背景、利益及功能的一群人。共同性在社区成员之间形成“我们感”，使他们看到与其他人群的不同，从而对“我们群体”采取特殊主义态度，对“他们群体”采取普遍主义的取向。

(五) 社区的功能

1. 经济的功能

这里主要指的是通过经济和商业活动，包括生产、消费和流通过程，满足社区居民日常生活，保障基本生活的社区经济体系。这些活动包括满足居民的衣、食、住等基本需求，如商店、餐饮服务点等，同时也包括提供医疗照顾、环境卫生、就业、交通、休闲等其他服务。

2. 社会化的功能

社区能够向成员灌输信息、知识和价值观。这里主要指社区居民在交往和互动过程中，将人们普遍持有的规范、传统和价值观社会化。社会化引导居民态度的发展，这些态度和认知影响人们如何看待自我、他人以及权利与义务，同时通过社会化的过程，将社区居民所形成的价值、知识、行为、文化信仰等系统地传承给下一代，以维持社区的价值、文化、风俗习惯，促进社区意识的提升和凝聚力的稳固。

3. 心理支持功能和感情功能

社区中的居民相互支持和帮助，可以满足其在感情和物质上的需要。当家庭、朋友、邻居、志愿者和专业人员在社区中共同照顾失业者、贫困者、老年人等困难人群时，相互支持的功能就得以实现，相互之间的感情也得以增加。

4. 社会参与和互助的功能

社区为人们提供表达社会需求和兴趣的渠道，同时也提供机会帮助人们建立协助和支持网络。居民组织(如社区居民委员会)、非正式的邻里团体(如社区合唱队、社区志愿者小组)等被认为是居民表达需要和兴趣的社会渠道。同时，社区参与使得社区居民彼此之间形成一种相互信任、互相依存的社区认同感和归属感，并形成互助群体，有助于社区意识的形成，维持社区的稳定，促进社区的可持续发展。

5. 社会控制的功能

这里主要指通过制定规章与公约及有效执行，确保社区居民遵循社会规范和社会价值理念。政府、教育机构和社会服务机构可以通过社区来实现其社会控制的功能。社区也可以通过建立一整套以奖惩制度为基础的社会控制体系，鼓励遵守社区规范的社区居民，惩罚违反社区或社会规范的人。

二、社区环境与青少年成长

(一) 社区为青少年提供了必要的基础设施和资源

每一个家庭在青少年成长中满足需求的能力都是有限的，因为家庭不可能为青少年的发展提供其需要的一切资源，所以社区也担起了为青少年发展提供资源的责任。具体来说，社区提供了包括吃喝住行各方面的基础设施，建立了青少年开展学习及娱乐活动的文化场地，同时，作为人员聚集地，社区内部不乏革命先辈、先进人物、艺术工作者等各类人才，他们为青少年的成长发挥了模范带头作用，对青少年的成长产生重要的影响，成为青少年成长道路上一部读不完、学不尽的教科书。近年来，随着社会生产力的提高和科学技术的进步，社区图书馆、社区阅览室的普及，怎样更好地利用这些优秀的资源，为青少年的成长提供课外拓展课堂是一个需要社区认真思考的问题。

(二) 社区为青少年提供多样化的服务

“社区服务”是指在政府的资助和政策支持下，社区依照成员的需求，安排社区的服务者和志愿者为其提供的公益性服务。根据不同青少年的特征和个性，社区可开展不同类型的公益性服务。对待学龄前儿童，社区可以适当开展绘画、音乐、舞蹈等培训活动，提供简单的学业培养活动，开展有关成长的相关讲座；对于处于青春期的青少年，社区应该适当提供心理咨询服务并提供相应的解决方案，提供相关课业的辅导和指导，适当举办读书分享会、书友交流会等活动，进一步营造社区良好的学习氛围和浓厚的文化氛围；对于不良少年，社区志愿者应该给予关怀，找出其心理问题和不良行为的致因，制定符合其个性的解决方案，提供适当的帮教工作和心理辅导，协助其规划未来的发展道路等。另外，街道居委会还应协同青少年社区服务组织为生活困难的青少年及其家庭提供物质和心理方面的支持与服务，帮助青少年及其家庭减轻生活压力，解决困难。

(三) 社区是青少年逐渐走向社会化的重要场所

青少年社会化主要经过早期社会化与继续社会化两个阶段。早期社会化是指个人学习社会生活、接受社会规范、健全个性与人格、融入社会关系体系的初始阶段。往往这一阶段的发展是在家庭或者学校进行的，家庭和学校在青少年社会化的早期社会化阶段发挥着重要的作用。而作为青少年居住和生活的重要场所，社区对于青少年的早期社会化往往具有决定性作用。青少年正处于友谊需求的迫切期，他们渴望同伴朋友，希望可以和同辈建立良好的同伴关系。对于独生子女来说，除同学外，大部分同伴都是居住在社区的同龄人，他们所交往的同伴的类型和气质会产生潜移默化的作用，影响他们自身的行为和思想。

三、构筑适合青少年成长的社区环境

针对影响青少年发展的诸多社区不利因素，社会工作者可以尝试从以下几个方面介入。

(一) 创建“学习化社区”

社区内隐含丰富的人力、物力资源，可以就地取材，充分发掘社区内各类机构、人文景观、风俗习惯等蕴含的文化资源，组织和引导青少年参观学习，探索其独特的文化内涵和文化意义；调动社区内的专业性和多元化人才，对青少年进行生活及学习教育，为青少年教育工作牵线搭桥，联系所需的辅导专家，进一步提高青少年的文化内涵和文化素养，加快青少年社会化进程。

(二) 加强社区青少年的道德文化建设

在“爱国守法、明礼诚信、团结友爱、勤俭自强、敬业奉献”的基本道德规范指导下，青少年社会工作者可通过海报、居民手册等书面材料的张贴发放，以及道德讲堂讲座、影片放映、活动演出、居民参与等形式，引导青少年树立良好的道德风尚；通过组织青少年参加集体活动或社区服务，在实践活动中提高个人道德修养，建设少年宫、图书馆学习室等各项必需的社区公共设施，为青少年进行课余文化学习提供必备的场所；规范和增设以培养青少年的文化素质和道德素养为目标的社团组织，参与社区青少年服务与发展，提高青少年的参与度和积极性，加快青少年的社会化进程，进一步提高青少年的综合素质。

(三) 建立失足青少年的社区矫正制度和服务体系

针对青少年在生活、学习中遇到的各类问题和困难，建立相关支援救助中心，如心理咨询室、法律热线服务等，完善青少年社区支持网络。在社区建立青少年社工岗位，为失足失学青少年开设支持小组、个案辅导，建立失足青少年的社区矫正制度和服务体系。只有社区做好接受失足失学少年的准备，社区居民才能更好、更快地接受失足失学少年，而且可以提高青少年素质，进一步培养青少年的社会意识和社会责任感，让青少年成才，更好地为社会服务。

(四) 增强青少年社团责任意识和归属感。

增强社区青少年的社团责任意识和归属感，激发青少年参与社区活动和建设社区的热情。只有青少年更好地把自己融入社区这个大家庭中，才能更好地为社区服务，建设优质的社区环境。

第四节　媒体

随着时代的进步，科学技术的不断发展，媒体在人们心理和行为塑造上起着越来越突出的作用。先进的媒体技术能给青少年社会化提供积极的引导作用，但由于网络内容的多样化和复杂化，也可能给青少年带来消极的影响。因此，采取必要的专业手段，制定和完善网络环境的运营规则，能适当减少复杂低俗的文化内容对青少年社会化的影响，让媒体发挥指导青少年成长的积极作用，促进青少年进一步正向发展。

一、媒体环境

媒体是信息传播的重要中介物，是传播信息符号的重要物质载体，媒体具有如下功能和主要职责：传播与宣传、交流与沟通、教育与引导、示范与榜样、娱乐与审美等。媒体语言具体包括报刊语言、广播语言、电视语言和网络语言。由于媒体传播信息主要是通过媒体语言来完成的，媒体语言的作用实际上基本体现了媒体的功能与职责，即媒体语言的作用主要体现在报道、传播新闻信息，形成、引导和反映舆论，进行社会教育与知识传播，提供娱乐与服务等方面，具体包括：媒体语言主导并引领社会的语言生活，媒体语言创造和催生新的文化观念与思维方式，媒体语言影响并干预人们的价值观及对事物的判断。因此，应规范媒体语言形式，减少低俗媒体语言的传播，使其在青少年社会化中起到积极的推进作用。

二、媒体对青少年的影响

(一) 媒体对青少年的积极影响

1. 帮助青少年形成正确的价值取向

当代青少年通过媒体感受到积极、健康、向上的价值观时，自由、竞争、公平、效率等时代意识观念会明显增强。以网络为例，一方面，青少年从网络中感受到了自我、梦想、归属与爱的价值观。由于网络的匿名性特征，人与人之间没有太多现实利益冲突和牵挂，交往反而更真实、更理想，青少年可以从中感受到更多真实的友情、真诚以及助人的乐趣。另一方面，网络不仅帮助青少年完善个人修养，还促使其自觉形成自我实现的高尚价值观。网络的发展速度快、更新周期短、开放程度高，是现代科技的结晶，也是信息社会时代精神的集中体现。网络的这些特征有利于培养青少年的新时代观念，如学习观念、效率观念、平等观念、全球意识等，这些能促进青少年正确价值取向的形成，培养青少年的正确意识。

2. 帮助青少年进行社会化发展

在大众传媒技术高度发达的今天，青少年社会化的环境主要有两个：一个是由家庭、学校、社会同辈群体组成的现实环境；另一个是由网络、电视、电影等大众传媒组成的虚拟环境。在现实环境中，青少年社会化的施化者(执行者)的角色是真实的、确定的，社会化的过程一般是单向的、可控制的；而在虚拟环境中，施化者的身份和角色是虚拟的、不确定的，社会化的过程是自主的、双向的、不可控制的。媒体为青少年提供了许多社会生活中个人应该遵守的基本行为规范，以及个人由一个自然人转变为一个社会人的实例，虚拟成年人的生活环境和生活条件，使青少年提前进入社会化生活，进一步促进青少年形成将来社会生活中所必备的个人品质，获得依循社会行为规则的能力，并且对如何在社会上立足有基本的了解和基本的方向与目标，为青少年成为一个独立的社会人做好准备工作，从而为青少年未来的社会化发展奠定良好的基础。

(二) 媒体对青少年的消极影响

媒体是一把“双刃剑”，在青少年的价值观形成和社会化进程中扮演着不可替代的积极角色的同时，也对青少年的成长起到阻碍作用。有的媒体传播许多不利于青少年成长的内容，如暴力、色情、低俗的文化等，在青少年的社会化发展道路中起到阻碍作用，向青少年的社会化提出了新的挑战。

1. 媒体传播的不良信息导致青少年形成负面的价值观

青少年的是非判别能力、自我控制能力和选择能力较弱，不足以抵制不良诱惑，很容易在不知不觉中成为不良信息的“污染”对象，受到低俗文化的影响，从而形成低俗的文化观念。

2. 媒体的负面影响冲击着青少年主流价值观的形成

丰富多彩的媒体内容在很高程度上丰富了青少年的精神世界，同时也充斥着形形色色的思潮、观念，给青少年价值观的培养和形成带来了一定的负面影响。随着互联网覆盖范围的不断扩大、影响程度的不断加深，不同文化类型、社会意识形态之间的交汇、冲突与整合作用将越来越明显，这种状况必然会对青少年的世界观、人生观、价值观的形成产生重要影响。

3. 真实环境与虚拟环境的冲突

青少年社会化的一项重要内容便是通过学习与体验产生对社会的正确认识。从社会现实建构的角度来看，“现实”可分为三种：一是真正存在的现实；二是由媒介所建构的虚拟现实；三是受众根据自身经验从媒介上理解的理想中的现实。因此很多时候媒体并不直接反映现实，而是在某些方面对现实进行理解，塑造一个虚拟的现实。例如，铺天盖地的广告可能使人产生一种错觉，甚至产生错误的判断和选择。在这种情况下，青少年在真实世界中与虚拟社会的联系也会被有意无意地减少，甚至发生联系的隔断，进而促使青少年对社会认知、对行为方式的认知以及对社会现实的理解也随之改变。

4. 视频暴力游戏

当今盛行的视频暴力游戏有其独特的“魅力”。在视频暴力游戏中，玩家扮演游戏中的某个角色，而不是作为一个游戏观察者，视频游戏的玩家主动实施并进行攻击行为；而传统媒体对观察者而言，则是一种被动的、被替代的经验。假如青少年将这些虚拟的体验感觉真实地运用在现实生活中，将会引起不可预知的后果。例如，在美国的多起校园枪击事件以及中国近年来的校园暴力事件中，暴力游戏可能有难以推卸的责任。可见，暴力游戏易导致青少年的攻击性行为，容易引发青少年对暴力行为的模仿[①]。

---

① 于晶利，刘世颖. 青少年社会工作理论与实践[M]. 2版. 上海：格致出版社，2019.

第六章　青少年社会福利政策

社会工作的目标在于提升社会整体的福利水平，那么了解社会福利和社会福利政策就是社会工作者开展专业社会工作的重要前提。本章主要介绍青少年社会福利政策的内涵、特点、目标，以及发达国家和我国的青少年社会福利政策概况。

第一节　青少年社会福利政策概述

一、社会福利与青少年社会福利

(一) 社会福利的内涵和分类

1. 社会福利的内涵

社会福利是指国家依法为所有公民普遍提供的旨在保证其较高生活水平和生活质量的一项社会保障制度。一般从广义和狭义两个角度理解社会福利：广义的社会福利是指提高全体社会成员生活水平的各项政策和社会服务，旨在解决社会成员在各个方面的福利需求；狭义的社会福利是指对老年人、妇女儿童、残疾人等相对弱势群体的社会照顾和社会服务。社会福利的内容十分广泛，包括生活、教育、医疗等方面的福利待遇，其目的在于提高广大社会成员的物质和精神生活水平，使之得到更多的生活享受①。

2. 社会福利的分类

社会福利主要可以分为两大类：狭义的社会福利和广义的社会福利。其中，狭义的社会福利包括补缺型社会福利和选择型社会福利，广义的社会福利包括制度型社会福利和普惠型社会福利。

补缺型社会福利也称为剩余型社会福利，其认为国家的社会福利机构只有在其他“正常”的供给渠道如家庭和市场不能维持时，才应为遇到困难的人提供帮助。选择型社会福利指的是为特定人群或者特定领域所提供的帮助，具有针对性。

制度型社会福利指将社会福利看成一个社会所必需的重要的社会职责和社会功能，主张以制度化的社会福利体系积极地为全体社会成员服务，使每一个社会成员和社会群体都获得发展的机会②。普惠型社会福利是针对全体国民的一种社会福利，这种福利存在很大弊端，因此，中国现在推崇的是适度普惠型社会福利。

---

① 周爱国. 社会救助与社会福利[M]. 南京：南京大学出版社，2017.

② 陆士桢，王玥. 青少年社会工作[M]. 3版. 北京：社会科学文献出版社，2017.

(二) 青少年社会福利的内涵

青少年社会福利是指国家和社会为满足青少年发展需要、促进青少年健康成长而提供的各类基本保障项目①，其内涵主要包括以下三个方面。

1. 青少年福利代表一种先进的社会理念

最初的社会福利以弱势群体为主要的关注和保护对象，普通的青少年能够获得的社会福利很少。随着社会的不断发展，社会福利水平的逐步提升，青少年群体的社会福利也开始有了一定的发展。国家开始重视青少年的独特性、尊严以及他们的需求，并且不再认为青少年期是为成年期做准备的时期，承认青少年期是人生发展必经的阶段。由此，通过现代福利思想在青少年福利问题上的体现，可以说青少年福利代表的是一种更为先进的社会理念。

2. 青少年福利是现代国家的一种制度

青少年福利同其他社会福利一样，进入政府的政策体系甚至成为一种国家机制。国家可以通过制定政策、实施法案、形成法律等形式把青少年福利问题转换为政府行为。青少年福利是政府的责任，要以社会政策的形式，通过社会政策和立法满足青少年需求、保障青少年权利②。随着公共政策的发展，青少年福利政策成为国家的一种社会机制，是政府日常行政工作的重要组成部分。

3. 青少年福利是一种社会行为

青少年福利虽然作为现代国家的一种制度和行政机制，常常以社会政策的形式出现，但是它与国家其他的社会政策和行政机制具有一定的区别。青少年社会福利不仅是政府行为的一部分，也是社会行为的一部分。青少年社会福利不仅需要政府采取行政举措，还需要社会共同参与，主要可以通过家庭、社区、社会组织的参与来为青少年提供服务，促使青少年福利不断提升，以实现青少年的健康成长与发展。

(三) 社会福利与青少年社会福利的产生与发展

1. 社会福利的产生与发展

社会福利的概念起源于西方国家，主要的代表国家有英国、德国、美国。1601年，英国《济贫法》的颁布标志着现代意义上英国社会救助的开始。19世纪70年代到第一次世界大战前，德国先后制定了《疾病保险法》《工伤保险法》《老年与残疾保险法》《孤儿寡母保险法》《帝国矿工保险法》《职业介绍和失业保险法》，使德国的社会保险制度更加完善，基本建成完整的社会保险制度。1935年，美国《社会保障法》的出台，表现出社会救助、社会保险和社会福利的综合性发展趋势。第二次世界大战以后，1942年《贝弗里奇报告》的发表，提出了建设社会福利国家的思想。然而，在不断实践的过程中，人们发现社会福利国家也存在弊端。为了调整这种弊端，逐步涌现国家干预、自由主义以及吉登斯提出的第三条道路等思想，使得社会福利改革制度取得了一定的成效。

---

① 王玉香，宋歌，孙艳艳，等. 青少年社会工作[M]. 济南：山东人民出版社，2012.

② 王思斌. 社会工作概论[M]. 3版. 北京：高等教育出版社，2019.

2. 青少年社会福利的产生与发展

随着工业社会的发展，青少年群体日益受到关注。工业社会以前，青少年并没有作为一个群体出现，还不具有独立性，在传统的父权社会中，青少年只是家庭的附属品。然而，在工业社会时期，由于生产的需要，大量青少年进入工厂做工。青少年做的工作虽然与成年人相同，甚至比成年人还要辛苦，但是他们所获得的薪酬比成年人要少很多，而且他们的劳动环境十分恶劣，基本生活难以保障。但是，相较于那些在社会发展中失去依靠的青少年来说，这些在工厂做工的青少年的境况仍然是“优渥”的。没有依靠的青少年不仅会受人欺辱、流浪街头，还可能被迫走上犯罪道路。在这样动荡的时期，政府不得不对这些青少年的生存与发展承担责任，福利问题因此被提上日程。

二、社会福利政策与青少年社会福利政策

(一) 社会福利政策

社会福利政策的制定、修改、执行由国家和政府部门完成，目的就在于通过一系列政策的实施来促进社会成员福利水平的提高，满足社会成员的福利需求[①]。社会福利政策主要以人群划分，包括老年人社会福利政策、妇女儿童社会福利政策、残疾人社会福利政策。

(二) 青少年社会福利政策

青少年社会福利政策是一套谋求青少年健康成长发展的方针或行动准则，其目的在于促进青少年的幸福。它是政党、国家社会政策的一部分，是为保证青少年健康发展的一切立法及行为的总原则和规范。广义上讲，青少年社会福利政策可指一切涉及青少年福利活动的政策立法，包括医疗政策、教育政策及未成年人保护立法等各个方面。狭义而言，仅从青少年社会工作的角度探讨，则涉及青少年生存环境状况的、地区性的、针对青少年的问题及需要提出的有利于青少年成长与发展的政策保障[②]。

三、青少年社会福利政策的特点与目标

(一) 青少年社会福利政策的特点

1. 强制性

青少年社会福利政策是国家用法律、法规、办法、条例等形式对青少年需求的满足和行为的约束。它是国家针对青少年权利保障和保护工作所作出的强制性规定，体现的是国家意志。因此，青少年社会福利政策具有强制性，任何组织和个人都必须遵守。

2. 目的性

青少年社会福利政策具有目的性，不仅体现为要保障有特殊问题和特殊需要的青少年的社会福利水平，还体现为满足整个青少年群体的福利需求，以促进青少年更好地成长与发展。国

① 陆士桢，王玥. 青少年社会工作[M]. 3版. 北京：社会科学文献出版社，2017.

② 陆士桢，王玥. 青少年社会工作[M]. 3版. 北京：社会科学文献出版社，2017.

家有责任对青少年的生存条件做出改善，促使青少年更好地适应社会，以及在社会中实现自我价值。

3. 广泛性

青少年社会福利政策的广泛性体现在服务对象和服务内容上。青少年社会福利政策的受益对象是社会中的全体青少年，任何人都不能阻碍青少年享受国家给予的福利。青少年社会福利政策涵盖了青少年生存和发展的各个领域，包括医疗、教育、就业、司法等。

(二) 青少年社会福利政策的目标

1. 保障青少年权利

青少年作为自然人的组成部分，他们所享有的基本权利与公民所享有的基本权利是一致的，既包括生存权、平等权，也包括政治、经济、文化等方面的权利。根据联合国《世界人权宣言》《儿童权利宣言》《到2000年及其后世界青年行动纲领》《青年、政策和活动里斯本宣言》等文件的界定，青少年权利包括青少年的生存权、受教育权、健康权、就业与社会参与等方面的权利。随着20世纪60年代以来爆发的青年运动以及人民权利意识的觉醒，青少年作为独立的群体逐渐被重视，青少年的社会福利提上日程，青少年社会政策的目标之一就是保障青少年的权利。

2. 满足青少年需求

青少年时期是人成长和发展的重要时期，这一时期青少年的生理和心理发展都还未达到成熟的状态，认知发展还不全面，抵抗诱惑的能力较低，在社会中生存以及适应社会的能力不足。青少年社会福利政策就是通过一系列法律、法规的形式来确保青少年的这些需要能得到满足。

3. 照顾和保护青少年

青少年社会福利政策中针对青少年的照顾与保护主要是指对具有特殊问题和特殊需求的青少年的照护，如残疾青少年、失足青少年等。特殊青少年作为青少年群体中特殊的组成部分，是青少年社会福利政策主要关注的部分。青少年社会福利政策针对其特殊的需求制定相应的照顾和保护措施，使其在社会中能够更好地生存与发展。

四、国际社会对青少年社会福利政策的原则、任务及优先领域

为了维护青少年的权利，联合国及相关国际组织通过了许多法律、法规。1965年，联合国在《关于在青年中培养民族间和平、互相尊重及彼此了解等理想之宣言》中提出了关于青年权利的六项基本原则；1985年，联合国青年世界大会通过了《联合国关于进一步规划及推进青年领域工作的行动纲领》，出台了《联合国少年司法最低限度标准规则》；1990年，联合国出台了《联合国保护被剥夺自由少年规则》和《联合国预防少年犯罪规则》；1995年，联合国大会召开青年问题特别会议，审议通过了《到2000年及其后世界青年行动纲领》；1998年，在葡萄牙的布拉加召开非政府组织的第二次联合国系统世界青年论坛，通过了《布拉加青年行动计划》；同年，于葡萄牙里斯本召开第一届世界政府负责青年事务部长大会，通过了《青年、政策和活动里斯本宣言》。其中，1995年通过的《到2000年及其后世界青年行动纲领》(以下称《行动纲领》)中有关青少年福利政策的立场、原则，对于制定和理解青少年社会福利政策具

有重要的参考价值。

(一) 青少年社会福利政策的原则

1. 青少年基本需求范畴

《行动纲领》为世界各国的青少年事业发展明确了青年需求的基本范畴，为青少年社会福利政策的制定提供了一个基本的依据和思考角度，具体包括以下几方面。

(1) 达到符合青年愿望的文化程度。

(2) 得到与他们的能力相匹配的就业机会。

(3) 得到充分参与社会生活所需的足够粮食和营养。

(4) 增进健康和避免患病致癌，而且无各种暴力形式的物质和社会环境。

(5) 不分种族、性别、语言、宗教，或无任何其他形式的歧视人权和基本自由。

(6) 参与决策过程。

(7) 提供从事文娱体育活动的场所和设施，以改善农村和城市地区青年人的生活水平。

2. 青少年社会福利政策的制定原则

《行动纲领》所提供的青少年需求的基本范畴，是基于世界各国关于青少年工作的经验所做出的精辟总结。充分了解各国青少年的基本需求情况，不仅有利于社会工作的开展，还有利于各国通过参考制定出符合自己国情的青少年社会福利政策。此外，《行动纲领》为制定和修改青少年福利政策提供了一些原则，包括以下几项。

(1) 各国应为其青年人提供接受教育、掌握技能和充分参与社会所有方面的机会，以期他们能获得生产性就业机会，拥有自给自足的生活。

(2) 各国应保证所有青年人能按照《联合国宪章》和有关人权的其他国际文书充分享受人权和基本自由。

(3) 各国应采取一切必要措施，消除对青年妇女和女孩的一切形式的歧视，排除两性平等以及提高妇女地位和赋予妇女权利的所有障碍，并应确保女孩和青年妇女享有接受教育和就业的充分和平等机会。

(4) 各国应促进不同种族、文化和宗教背景的青年人之间相互尊重、容忍和了解。

(5) 各国应设法确保其关于青年人的政策是根据关于青年人的境况和需要的准确数据制定的，而且公众有机会取得这些数据，使其能有意义地参与决策过程。

(6) 鼓励各国实施旨在培养青年具有国际和平、合作和相互尊重精神的教育和行动。

(7) 各国应按照1994年9月的国际人口与发展会议通过的《行动纲领》、1995年3月的社会发展问题世界首脑会议通过的《社会发展问题哥本哈根宣言》和《行动纲领》、1995年9月的第四次妇女问题世界会议通过的《北京宣言》和《行动纲领》，在负责的计划生育实践、家庭生活、性健康和生殖健康、性传染疾病、HIV感染和艾滋病预防等领域，满足青年人的特殊需要。

(8) 环境的保护、促进和改善是青年人认为对社会未来福祉至关重要的问题之一。因此，各国应鼓励青年人，包括青年组织，积极参与旨在保护、促进和改善环境的各种方案，包括教育方案和行动。

(9) 各国应采取措施，发展残疾青年人接受教育和就业的可能性。

(10) 各国应采取措施，改善生活在特别困难条件下的青年人的命运，包括保护他们的权利。

(11) 各国应促进充分就业的目标，作为实施经济和社会政策的一个基本优先事项，要特别关注青年人就业情况。各国也应采取措施，消除对童工的经济剥削。

(12) 各国应为青年人提供必要的保健服务，确保他们身心健康，包括采取消灭诸如疟疾和艾滋病毒/艾滋病的措施，并防止他们服用有害药物和遭受吸毒、吸烟和酗酒成瘾的影响。

(13) 各国应将人民置于发展的核心，使经济发展方向能更有效地满足人民的需要，确保青年人成为发展进程中的积极参与者和受益者。

这些国际性原则需要各国严格遵守，同时，各国也应依据本国青少年福利需求的实际情况有针对性地制定本国的青少年福利政策，以促进青少年福利事业发展，维护青少年权益，并在实际操作中不断开拓创新，发展出更加符合各国青少年现状的原则与规范，推进世界范围内青少年事业的不断发展。

(二) 青少年福利政策的任务及优先领域

1. 青少年社会福利政策的任务

《行动纲领》中明确提到：执行《行动纲领》意味着青年人必须充分享受一切人权和基本自由，而且各国政府也必须采取有效行动防止这些权利和自由受到侵犯，并促进不歧视、容忍和对多样性的尊重，同时要充分尊重青年人各种不同的宗教信仰、伦理价值、文化背景和见解信念，使所有青年男女能够机会平等、团结一致、获得保障和参与社会。由此可以看出，制定青少年社会福利政策需要完成的任务有以下几方面。

(1) 满足青少年基本需求。各国在制定青少年社会福利政策时，首要任务就是要满足青少年的基本需求。确保青少年享有基本的人权以及受教育、就业、医疗等方面的权利，并确保青少年身心健康，能够正常适应社会。

(2) 消除歧视。各国都应该加强树立男女平等的意识，消除对青年妇女和女孩的一切形式歧视，使性别平等观扎根于每个人的心中。此外，各国应制定求同存异、互相包容的社会政策，能够尊重社会多样性。

(3) 保障青少年的合法权益。保障青少年的合法权益主要体现在保障特殊青少年的合法权益上，各国应该采取措施，保障残疾青少年、失足青少年等特殊青少年群体的权益，确保他们能够享受相应的社会福利。

(4) 确保青少年享受社会发展成果。各国应该把改善人民生活作为发展的最终目的，并保证青少年能够享受社会发展的成果。青少年是促进国家发展的中流砥柱，在青少年时期就能享受到国家的各种福利和发展成果，也能促使其对国家更有信心，培养其对国家的忠诚与热爱。

2. 青少年社会福利政策的优先领域

国际社会所确定的十个青少年社会福利政策的优先领域是教育、就业、饥饿与贫穷、健康、环境、药物滥用、少年犯罪、闲暇活动、女孩和青年妇女、青年充分和有效地参与社会生活和决策。《行动纲领》中针对青少年社会福利政策的十个优先领域进行了阐述，介绍了每个优先领域的主要问题、具体目标以及相应的行动提议。例如，在青少年健康领域中，《行动纲领》认为，青少年的健康欠佳是由社会条件和青少年本身的一些不良行为造成的，因此，提出了以下行动提议：提供基本保健服务；发展卫生教育；促进保健服务，包括性健康和生殖健康，并制定有关的教育方案；针对青年人感染艾滋病毒、艾滋病问题，各国政府应为青年人发展易得、可得和负担得起的高质量保健服务；提倡良好的环境卫生和个人卫生习惯；防止青年人因卫生习惯不良而生病；消除对青年人的性虐待；防止青年人营养不良。

第二节　发达国家青少年社会福利政策

福利国家制度一直是国家治理和公共管理领域中的重要议题，很多发达国家和地区的社会福利待遇较好，人民生活满意度高，例如瑞典、德国、法国、日本、加拿大、比利时等。这些国家和地区的社会福利制度与社会福利政策发展完善，国家所提供的社会保障基本上能够覆盖所有国民，儿童与青少年作为国家的未来，其享受的社会福利也是各个发达国家和地区社会福利中重要的组成部分。

一、瑞典青少年社会福利政策

(一) 瑞典社会福利制度和政策的发展

瑞典社会福利制度起源于19世纪中叶，瑞典颁布的《济贫法》明确规定，穷人有权利接受社会救助，国家也有义务提供该项救助。这是瑞典社会保障制度形成并实施的最初阶段。这一阶段，瑞典进行了以下议题的讨论并出台了一些政策：1913年通过了《全国养老金》法案，法案规定对全国的老年人和丧失工作能力者提供社会保障；第一次世界大战前，议会就是否实行失业保险、医疗保险等制度进行过辩论；1918年通过实施了《工伤事故保险法》；1919年通过了八小时工作制的规定。但是自第一次世界大战爆发后，政府便无暇顾及社会福利，致使社会福利制度和政策在此期间并没有取得任何成就。直到20世纪30年代，随着社会民主党的上台，“人民之家”计划被提出，即人们可把社会视为自己的家，社会在就业、医疗、养老等方面满足他们的需求。在此基础上，社会民主党提出在年金、社会救助、医疗保健和教育等方面的一系列激进的改革方案，以社会保险为主干的社会保障制度便基本形成。到20世纪40年代，受《贝弗里奇报告》的影响，瑞典在五年间先后进行了广泛的社会福利方面的改革，颁布了有关子女补助、医疗保健服务、教育补助等新的法规，20世纪30年代提出的各种福利计划也都相继实施。因此，这一时期被称为大改革时期。此后，瑞典在社会福利制度方面不断探索，现在已成为世界上社会福利最高的国家之一。

(二) 瑞典社会福利制度和政策的特点

瑞典的社会福利制度和政策主要有四个特点：起源早、范围广、涵盖度高、保障力强。19世纪中叶，瑞典的社会福利制度开始形成，在探索过程中，社会福利制度和政策逐渐完备，基本上为国民提供了“从摇篮到坟墓”的全面保障。儿童和青少年福利是瑞典社会福利的重要组成部分，瑞典为儿童和青少年制定的福利制度十分用心，计划形式丰富多样，包含内容广泛全面，使得瑞典成为享誉世界的“儿童乐园”。

(三) 瑞典青少年社会福利政策的内容

瑞典为青少年提供的福利主要包括以下几个方面：在教育上，从小学到高中，公立学校免交学杂费、书本费，住所距离学校较远的学生还可享受交通费补贴。此外，学校免费供应午餐。在医疗上，只需要定期缴纳健康保险，就可以享受免费提供的医疗服务，包括住院费和治疗费都可以免交，以及享受病假津贴。在就业上，凡参加职工培训或者报名参加成人教育的雇员、雇工，以及参加军训和民防训练的国民，都有权享受雇员培训补助、成人教育补助和军训补助。此外，如果青少年失业，其失业期超过300天以及不曾参加失业保险的雇工可以享受失业救助。年满20周岁，每日可领320克朗的基本失业保险金。在社会救助与社会保障上，国民自出生之日直到16岁，均有权享受儿童补助，每个儿童可享受约4800克朗的补助，有三个以上子女的家庭还可以享受儿童附加补贴。凡18岁以下失去父母一方或双方的国民，有权享受儿童年金。与此同时，仍保留有享受其他津贴待遇的权利。如果青少年的父母因工伤致残，其父母享受终身残障年金，工伤死亡者除给予丧葬补助以外，其未成年子女可同时享受遗属补贴直至19岁。

二、德国青少年社会福利政策

(一) 德国社会福利制度和政策的发展

早在15世纪，德国已经形成具有社会互助性质的保障形式。1871年德国统一后，社会保障制度进入更高阶段：为了对付日益高涨的工人运动，俾斯麦依据德国历史学派和社会政策协会的思想，主张在普鲁士矿工基金制度的基础上，于1883年到1990年先后颁布了《疾病保险法》《工伤保险法》《老年与残疾保险法 》三项保险法案，使德国成为历史上第一个实行社会保险制度的国家。20世纪后，德国沿用并完善这种社会保障制度，这为德国现代高社会福利制度的实行提供了历史性条件。

德国的福利主要包括几个方面：在抚育下一代方面，有双亲假、育儿补贴、完善的日托机构、免费的教育等；有完善的医疗保险体系、养老保险、失业救济金等制度①。这些制度细致地保障了一个公民各个社会活动时期的各种权益。直到现在，德国的社会福利制度一直处于世界领先地位。

(二) 德国高福利政策的积极影响

高福利政策不仅与每个国民息息相关，更能促进社会的整体发展。首先，高福利可以缩小贫富差距，减少因为差距导致的冲突与争斗。其次，高社会福利可以在一定程度上提高国民素质，国民素质的提高将促进技术水平的提高和国际竞争力的提升。再次，社会福利可以刺激社会总需求。对于富人而言，消费占收入的比重固定不变，即使更多的收入也难以增加消费，反而穷人会因为收入不足和借贷规模的限制被限制消费。社会福利通过对收入的再分配，刺激了

① Michaela Perlmann-Balme，Susanne Schwalb. 新标准德语强化教程(中级1)[M]. 北京：外语教学与研究出版社，2006.

穷人的消费，拉动了社会的总需求，对 GDP 有很高程度的积极影响[①]。最后，高社会福利可以提升居民的生活满意度和幸福指数，能使人们之间的相处更加真诚友善，从而促进社会的和谐发展。

(三) 德国青少年社会福利政策的特点和内容

德国历来以“高工资、高税收、高福利”为特征，是“莱茵模式”的主要代表。德国社会保障历史悠久，内容和对象广泛，水平高而合理，政府在社会保障的发展中起着主导作用。此外，德国社会保障法规完善，执法严格。

德国为青少年提供的社会福利主要包括：在免费教育方面，德国实行免费义务教育，经费由政府承担。所有德国境内的孩子都可享受公立幼儿园、小学、中学和大学免费教育，除此之外，政府对接受各种职业培训的学生也提供各种形式的补助。在家庭津贴制度方面，从1954年开始，德国实行家庭津贴制度，对所有养育子女的家庭提供补助，补助对象为18岁以下的未成年子女，每个孩子大致每月可以领取200欧元，在校学习和正在接受职业培训的子女享受此项补助可以至27岁，失业者可至23岁，伤残子女则无年龄限制；在住房补贴方面，第二次世界大战使德国大部分住房被摧毁，战后初期德国房荒十分严重，为此，德国政府自50年代开始采取积极支持住房建设和提高居民住房水平的措施，对住房建设与消费实行政策鼓励和资金补贴[②]。

三、法国青少年社会福利政策

(一) 法国社会福利政策的发展

法国是典型的高福利发达国家，1898年，法国颁布了社会保障法律并在逐渐发展过程中形成了一套比较完备的社会保障福利制度，到1996年改革了社会保障体系，从而形成了新的社会保障法案。新法案所规定的社会福利形式是目前法国社会使用的主流社会福利保障体系。法国的社会福利水平一直居于世界前列，拥有种类繁多的福利保障项目，且这些项目全面覆盖全国各个阶层。

(二) 法国社会福利政策的积极作用

首先，世界经济危机的爆发，使人民群众遭受了巨大的损失。在此背景下，法国加强了政府对自由经济市场的控制，初步形成了以就业公平、分配公平、社会福利、混合经济为特色的“社会福利经济”发展模式[③]。其次，由于欧洲是近代社会主义思潮的诞生地，法国深受国内社会党和共产党的影响，特别是法国国内政府一直坚持将社会主义体制的要素融入法国的资本主义体制之中(具体来说，就是将市场经济和福利制度结合起来)，逐步推动和形成了比较完善的社会福利保障体系，促进了法国社会的和谐与稳定。最后，法国国内工会组织的逐步壮大也给高福利体系创造了可能。在法国，工会组织是一股很强大的力量，为了调和工会组织的情绪，法国政府不得不付出一定的福利补偿，为其提供基本的生活保障，来缓解政府和工会组织

---

① 郭锐. 德国的社会福利政策及其启示[J]. 法制博览，2019(26)：199，201.

② 曾国安. 德国社会保障制度的内容、特点及评价[J]. 长江论坛，1995(02)：49-52.

③ 郑炬文. 法国社会福利政策评析[J]. 中国民政，2015(07)：60-61.

之间的矛盾[①]。

(三) 法国青少年社会福利政策

法国社会福利保障项目包括50多种，涵盖医疗、养老、失业、家庭福利等方面。据相关数据统计，法国的养老保险占据社会保障基金的64%，医疗基金占45.6%，家庭津贴占11.5%，失业保险占8.4%，住房保证率占2.9%。可以说，养老保险、医疗保险及医疗保障是当今法国社会保障的三大支柱，且失业保险也变得越来越重要[②]。其中，与青少年社会福利相关的有：医疗保险，法国的医疗保险全民享有，拥有基础医疗保险的青少年可以报销70%的医疗费，如果再购买补充保险，基本上可以实现全额报销；教育福利，法国的国民教育，从小学到大学是全部免费的，且如果家庭收入低于一定标准，孩子还可以在每学期开学时领取一笔补助。

四、日本青少年社会福利政策

(一) 日本社会福利的发展

日本是世界发达国家中极具特色的福利国家，20世纪50年代，《社会福利事业法》的颁布对日本社会福利的发展来说具有划时代的意义，它标志着日本社会福利制度的形成。在此之前，日本的社会福利法主要有《生活保护法》《儿童福利法》《残疾人福利法》。20世纪60年代，日本又出台了《精神薄弱者福利法》《老年人福利法》《母子福利法》，由此也可以看出日本社会福利制度的逐步体系化。到20世纪70年代，《在宅福利服务战略》这一计划的提出使人民对“从摇篮到坟墓”的福利制度充满了期待，但是世界性石油危机的产生使日本的经济受到了严重的打击，导致社会福利的发展遇到了阻碍。在此之后，日本的社会福利进入了不断改革调整的时期，现在日本的社会福利在国际上也处于较高的水平。

(二) 日本青少年社会福利政策的特点与内容

日本的儿童与青少年社会福利制度较为完善，与此相关的政策也有很多，包括《儿童福利法》《少年法》《儿童虐待防止法》《少年救护法》等。日本儿童与青少年社会福利政策的特点主要有：强调以家庭为主体，认为家庭教育对孩子的成长与发展发挥着重要的作用，家庭应该发挥自身的职能与职责；推行多元化福利供给的模式，即儿童的社会福利由国家和地方政府(地方公共团体)、企业、民间社会团体等共同来完成；以“儿童自立生活援助”为儿童福利事业的着眼点，儿童自立生活援助事业主要指针对正在上学的儿童以及初中毕业儿童进行日常生活援助、生活指导以及就业指导支援等。

在青少年就业问题上，日本政府于2003年制定了名为“青年自立·挑战计划”的综合性青年就业政策，并于2004年开始实施，主要提供以下服务：职业介绍，政府设置了公共职业安定所，工作咖啡厅等为青少年提供支援就业的设施；职业咨询与培训，通过职业培训与咨询促使青少年更加明确自己的工作兴趣，提升自己的工作能力；职业教育与人才培养，主要是通过实地参观接触企业与加强实习来强化青少年的职业生涯学习和提供职业支援。此外，针对特殊青

① 郑炬文. 法国社会福利政策评析[J]. 中国民政，2015(07)：60-61.

② 郑炬文. 法国社会福利政策思考与启示[J]. 人民论坛，2014：254-256.

年群体的就业问题，政府还设置了地方青年站和茧居者地方支援中心，促使特殊青少年能够正常就业。

第三节　我国青少年社会福利政策

一、我国社会福利与青少年社会福利政策的发展

在我国古代，自然灾害频发，战争频起，人们的生存环境极其恶劣，导致经常出现剧烈社会动荡。随着社会的不断进步与发展，一些开明的君主与思想家基于实践经验的积累逐步萌发了安民抚民的思想与行动，构成了最初的社会救助与社会福利的思想与实践。具有代表性的有：儒家的大同、仁政和民本等思想，赈济、仓储制度等。

虽然我国自古以来就有救危济困的传统，但是在中国古代没有完整的青少年概念。当然这并不是说我国不具有青少年福利的思想，《易经》中有“蒙以养正”的育幼思想，《周礼》中的“慈幼”被列为保息六政之首，表明当时青少年福利已颇受重视。此外，还有一些青少年福利性质的政策与社会福利机构和实施机制，如汉代的《胎养令》，南北朝时期的“孤独园”等①。从春秋战国时期，就有实际的青少年福利工作和机构人员设置。1915年，政府曾制定过关于教养游民和感化不良少年的《游民习艺所章程》，民间在这一时期也成立了许多慈善团体，如北京的利济养济院、贫儿院、普济教养工厂等。中华人民共和国成立以后，政府更加重视青少年的成长与发展，出台了许多与青少年社会福利相关的保护政策。2017年4月，我国颁布了历史上第一个青年发展规划《中长期青年发展规划(2016—2025年)》，充分体现了以习近平同志为核心的党中央对青年一代的亲切关心、对青年工作的高度重视，是我国青年发展事业的重要顶层设计。

二、我国青少年社会福利政策的具体内容

中华人民共和国成立以后，政府更加重视青少年的成长与发展。2017年颁布的《中长期青年发展规划(2016—2025年)》提出：到2020年，我国初步形成具有中国特色的青年发展政策体系和工作机制，广大青年思想政治素养和全面发展水平进一步提升，在决胜全面建成小康社会伟大实践中的生力军和突击队作用得到充分发挥。到2025年，我国具有中国特色的青年发展政策体系和工作机制更加完善，广大青年思想政治素养和全面发展水平明显提升，不断成长为志存高远、德才并重、情理兼修、勇于开拓，堪当实现中华民族伟大复兴中国梦历史重任的有生力量。为了促进青少年的发展，国家将会越来越重视青少年的社会福利。在此规划提出之前，我国已经在青少年的健康、教育、就业、司法保护和社会保障等领域出台了一系列的社会福利政策。

(一) 青少年身心健康保护政策

青少年的身心健康直接影响着青少年的成长与发展。《中国儿童发展纲要》规定中国儿童

① 陆士桢，王玥. 青少年社会工作[M]. 3版. 北京：社会科学文献出版社，2017.

健康发展的总目标是：“坚持‘儿童优先’原则，保障儿童生存、发展、受保护和参与的权利，提高儿童整体素质，促进儿童身心健康发展。儿童健康的主要指标达到发展中国家的先进水平；儿童教育在基本普及九年义务教育的基础上，大中城市和经济发达地区有步骤地普及高中阶段教育；逐步完善保护儿童的法律法规体系，依法保障儿童权益；优化儿童成长环境，使困境儿童受到特殊保护。”我国的青少年社会福利与儿童的社会福利基本一致。

我国与青少年身心健康相关的政策及法规主要有《全民健身计划纲要》《保护学生视力工作实施方法》《中华人民共和国未成年人保护法》《中小学生健康教育基本要求》《关于加强中小学心理健康教育的若干意见》《教育部关于加强普通高等学校大学生心理健康教育工作的意见》《关于创造良好社会教育环境保护中小学生健康成长的若干意见》《中共中央国务院关于加强青少年体育增强青少年体质的意见》等。其中《中华人民共和国未成年人保护法》指出，未成年人保护应该包括家庭保护、学校保护、社会保护。我国的青少年福利政策也是从这三个方面对青少年的身心健康提供保护。

(二) 青少年教育保护政策

青少年教育关乎我国未来的人口素质，因此我国对青少年的教育尤其重视。青少年教育政策主要包括基础教育政策、高等教育政策、职业成人教育政策、民办教育政策。基础教育政策中与青少年相关的主要有义务教育政策和普通高中教育政策。我国于1986年颁布了《中华人民共和国义务教育法》，此后又经过几次修改，此法主要是保障适龄儿童、青少年接受义务教育的权利。针对义务教育时期的青少年，国家为保证青少年的校外活动，出台了《2000—2005年全国青少年学生校外活动场所建设与发展规划》《关于加强青少年学生活动场所建设和管理工作的通知》《关于合理安排中小学生课余生活加强中小学生安全保护工作的通知》等政策，促使青少年能够做到劳逸结合。针对高中教育阶段，国家出台了《关于积极推进高中阶段教育事业发展的若干意见》和《关于大力办好普通高级中学的若干意见》，目的是保障青少年能够接受良好的高中教育。此外，在其他教育政策上，国家也十分重视，尽力为青少年营造良好的教育环境并增加其受教育机会。

(三) 青少年劳动就业保护政策

我国与劳动相关的法律主要包括《中华人民共和国劳动法》《中华人民共和国矿山安全法》《中华人民共和国职业教育法》等。由劳动部或劳动部会同有关部门制定颁布的劳动行政规章主要有《劳动就业服务企业管理规定》《职业指导办法》《职业介绍服务规程》《劳动力市场规定》《关于禁止使用童工的规定》《未成年工特殊保护规定》《劳动争议处理条例》《职工工作时间的规定》等。

我国青少年劳动就业政策的目标是促进青年充分就业，高校毕业生就业保持在较高水平；青年就业权利保障更加完善，青年的薪资待遇、劳动保护、社会保险等合法权益得到充分保护。内容主要包括对青少年劳动就业的特殊政策规定、对未成年人的劳动保护政策以及劳动合同相关政策。对青少年劳动就业的特殊政策规定涵盖三个方面的内容：普通高校毕业生的就业政策、孤儿青少年的就业政策、残障青少年的就业政策。对此，国家出台了《普通高等学校毕业生就业工作暂行规定》《民政部、公安部、人事部、劳动部关于妥善安排我国SOS儿童村孤儿就业的通知》《关于进一步做好残疾人劳动就业工作的若干意见》《民政部、劳动部、卫生部、中国残疾人联合会关于发布“社会福利企业招用残疾职工的暂行规定”的通知》等一系列政策文件，加强了对特殊青少年的就业保护。此外，《中华人民共和国劳动法》《集体合同规定》等政策也保障了青少年在就业领域的合法权益。

(四) 青少年司法保护政策

我国自1991年通过《中华人民共和国未成年人保护法》后，开始有了较为系统、专门的关于未成年人的法律法规，并在立法和法律适用上逐渐加强对未成年人的司法保护。《中华人民共和国刑法》《中华人民共和国刑事诉讼法》《中华人民共和国未成年人保护法》《中华人民共和国预防未成年人犯罪法》等法规的出台使国家对青少年的司法保护逐渐完善。我国吸取了国外青少年司法制度的先进理念，根据国情建立了更加适合中国青少年的法律。1987年的《上海市青少年保护条例》是我国第一部青少年保护法规，它第一次把少年法庭写入法律之中。

中国青少年司法保护政策的内容主要包括：如何预防和减少未成年人犯罪；少年犯罪后如何处置；对被实行监禁处置的犯罪少年的权利的保护。预防和减少未成年人犯罪主要从三个方面开展工作：事前预防，事后预防，未成年人对犯罪的自我防范。预防主要以各方合力共同为青少年营造良好的生活环境，未成年人重新犯罪的预防坚持以教育为主、惩罚为辅。在处罚犯罪的少年时主要依据两个原则：相称原则，即在对少年决定采取刑法措施时，应当综合考虑少年犯罪的罪行因素、少年犯罪人的具体因素、社会救济需要，以在刑法规定、少年需要、社会需要三者之间达到最佳的平衡；从宽处罚原则，即少年犯罪应当相对成人犯同样罪从宽处罚，主要包括从轻、减轻与免除刑事处罚三个方面。《未成年犯管教所管理规定》规定：未成年犯管教所贯彻“惩罚和改造相结合，以改造人为宗旨”和“教育、感化、挽救”的方针，将未成年犯改造成为具有一定文化知识和劳动技能的守法公民。

(五) 青少年社会保障政策

我国政府特别重视特殊青少年群体的生存与发展，并由国家和社会采取统一、专门的措施，分门别类地对特殊青少年实行某种集体照顾或社会照顾。我国现行的特殊青少年救济、救助政策，主要体现在对无家可归、无人监管、无收入来源的青少年等群体的救助保护，对残障青少年的救助保护以及对贫困青少年、留守青少年的教育救助①。

(1) 对无家可归、无人监管、无收入来源的青少年等群体的救助保护政策，包括《关于加强孤儿救助工作的意见》《中华人民共和国民法典》《家庭寄养管理暂行办法》《关于加强困境儿童和留守儿童保障工作的实施意见》等。对于孤儿，一般采用院舍安置、家庭寄养、收养等方式进行安置；对于流浪青少年，由流浪儿童救助保护中心进行救助和保护。

(2) 对残障青少年的救助保护政策有《关于发展特殊教育的若干意见》《中国残疾人事业“十二五”发展纲要》《教育部特殊教育学校暂行规程》《社会福利企业管理暂行办法》《国务院办公厅转发卫生部等部门关于进一步加强残疾人康复工作意见的通知》《中国精神卫生工作规划(2002—2010)》《关于进一步加强残疾人辅助器具服务工作的意见》等。这些政策在教育、就业、康复、社会保障、扶贫、体育等方面为残障青少年提供了诸多保障。

---

① 王玉香，宋歌，孙艳艳. 青少年社会工作[M]. 济南：山东人民出版社，2012.

(3) 对贫困青少年、留守青少年等其他特殊青少年群体的救助保护政策。对于贫困大学生，国家出台了《国务院关于建立健全普通本科高校、高等职业学校和中等职业学校家庭经济困难学生资助政策体系的意见》《普通本科高校、高等职业学校国家助学金管理暂行办法》《关于完善国家助学贷款政策的若干意见》《关于调整完善国家助学贷款有关政策的通知》等政策，政策内容主要包括大学生的奖学金助学贷款事宜，大学生困难补助。对于留守、流动儿童与青少年，国家出台了《国务院关于解决农民工问题的若干意见》《国务院关于加强农村留守儿童关爱保护工作的意见》《关于加强困境儿童和留守儿童保障关爱工作的实施方案》《关于进一步做好为农民工服务工作的意见》等政策，为留守、流动儿童和青少年的成长与发展提供了保障。

三、我国青少年福利政策存在的问题及完善

(一) 青少年福利政策存在的问题

中华人民共和国成立以后，青少年社会福利逐渐受到国家的关注。进入20世纪以来，国家针对青少年的需求与问题出台了一系列政策，近几年来国家对青少年发展的重视更是不断增强。国家针对青少年社会福利方面出台的政策文件总体上来说已经是相当细致了，在操作层面上也具有很强的指导意义，但在落实机制上还存在一些问题，主要表现在没有设立专门管理青少年事务的机构，使得青少年领域的工作分散在四五个部门里，比如公安部门负责青少年的犯罪问题，法院负责青少年的司法救助，力量分散，管理工作难以集中，这与此前儿童事务管理存在相同的问题。2017年12月20日，北京市民政局召开新闻发布会，宣布北京市民政局已在省级民政部门率先成立首家儿童福利和保护处，其工作主要涵盖儿童福利、收养、救助三大领域。这一保护处的成立推进了儿童福利政策的落实。

(二) 青少年福利政策的完善

1. 制定青少年福利政策的专门法体系，成立相关管理机构

我国目前尚无明确的以“青少年福利政策”为名的政策门类，也缺乏统一的有关青少年的专门法体系，更没有设立管理青少年事务的机构。因此，我们首先需要出台明确的青少年法律，促使我国建立起一套完整、系统的青少年福利政策体系。一些发达国家都有明确的青少年法律，比如韩国的《韩国青少年基本法》、日本的《青少年培养施政大纲》。其次，我国应该抓紧设立青少年事务管理机构，《中长期青年发展规划(2016—2025年)》政策的出台，是我国青少年福利政策发展史上的一个重要里程碑，青少年事务管理机构的设立能够促进有关青少年社会福利政策、法规的实施与落实，并协调相关部门、服务组织之间的行动。

2. 积极动员各方机构合力促进青少年的成长与发展

青少年是祖国的未来与希望，因此，我国应积极动员各方机构在促进青少年成长与发展方面发挥积极作用。例如，居委会、街道应主动为青少年的成长营造良好氛围，适当为其开展一些社区活动；共青团、青联、学联组织应充分发挥促进青年融入社会和参与社会的主导作用，并以此带动各类青年组织在促进青年有序参与社会中发挥积极作用。

第七章　青少年社会工作基本方法

青少年社会工作是社会工作的重要实务领域之一。本章将介绍青少年社会工作的基本方法，即个案工作、小组工作、社区工作。在社会工作实务领域，其专业性主要体现为专业方法的灵活运用。社会工作者在提供专业服务时应审慎地选择专业方法，依据服务对象的实际需求提供切实可行的服务。在青少年社会工作实务领域中，小组工作方法相较于其他两种方法应用更为广泛，服务效果更理想。

第一节　青少年个案工作

一、青少年个案工作概述

(一) 个案工作

个案工作是指专业社会工作者运用专业的技术和方法，帮助处于困境的个人和家庭运用所有资源并激发其潜在能力解决当前面临的困境，恢复自身及家庭的平衡状态。个案工作作为社会工作的三大基本方法之一，主要通过一对一的专业服务方式，向有困难的个人和家庭提供帮助，是最直接的服务方式。

(二) 青少年个案工作

青少年个案工作是以青少年个人和其家庭为主要服务对象，尤其是为有特殊困难和问题的青少年和家庭开展服务，其主要目标在于帮助处于困境的青少年个人和家庭恢复功能，促进青少年个人和家庭的正常发展，挖掘潜能，增进其独立解决问题的能力，真正帮助青少年成长和发展。青少年个案工作主要针对处于校园暴力、失业、抑郁等困境的青少年群体。

(三) 青少年个案工作的要素

想要充分了解青少年个案工作，可以从青少年个案工作的要素入手。一般认为，青少年个案工作的要素主要包括四个方面①。

1. 青少年个案工作者

青少年个案工作者作为拥有专业技术的人员，应具备社会学、心理学、人类学、人口学、伦理学等方面的知识，并具备一定的社会工作实践经验，在开展个案工作的过程中要充分体现专业性，避免和其他专业相混淆，尤其要注意与心理咨询的区别。

① 陆士桢，王玥. 青少年社会工作[M]. 3版. 北京：社会科学文献出版社，2017.

2. 青少年个案工作的对象

青少年个案工作的对象主要是青少年个体及其家庭，但在实际操作过程中，一般都会选取处于困境和存在问题的青少年及其家庭作为服务对象。当今青少年面临的困境和问题主要有贫困、吸毒、抑郁、网络成瘾、校园欺凌等，尤其在当今经济快速发展的时期，不少青少年会因为经受不住金钱的诱惑而误入歧途，这就要求社会工作者不断提升自身的能力，以适应青少年工作多样化的需求。

3. 青少年个案工作的方法

青少年个案工作有独特的方法和技巧，主要是从内在心理和外在发展两个方面来改善青少年的适应能力。在心理上，疏导青少年个体的情绪，使其在情绪上达到平稳的状态，以免做出一些过激行为，并在服务的过程中发现、激发其内在潜能，促进其正常发展。在发展上，为青少年链接社会资源，根据其能力提供适合青少年个体的资源，提升社会功能，使其更好地融入社会。

4. 青少年个案工作的目标

青少年个案工作的目标主要是促进青少年个体和家庭走出困境，恢复功能，适应社会。这个目标主要分为两个层次：低层次的目标指解决具体的问题，应付眼前的困难；高层次的目标指发现并激发青少年个体的潜能，促进青少年全面、健康发展①。高层次的目标是社会工作者助人的根本目标，也最能体现社会工作的专业性。

(四) 个案工作对青少年的适用性

青少年正处于青春期，常有逆反心理，容易冲动，做事不计后果。大多数青少年与父母发生冲突都是因为其认为与父母存在“代沟”，很难沟通；而由于青少年个案工作者能以接纳、包容的态度和青少年相处，使得青少年很容易获得被理解的感觉，把社会工作者当成倾诉对象，在此基础上建立信任关系。个案工作是一种个别化的服务方式，在服务过程中，青少年能够时刻感受到自己被尊重，这也有利于服务的进一步开展。此外，个案工作注重激发青少年的潜能，同时为其整合自身及链接周围的资源，通过提升青少年个体的能力，增进青少年个体与社会环境之间的适应能力，更好地促进青少年成长和发展。因此，个案工作的方法不仅可以帮助青少年走出困境，还能帮助青少年更好地成长。

二、青少年个案工作的原则

(一) 保密原则

保密原则是社会工作者在个案服务过程中最为重要的原则之一，目的是保证服务对象的信息不被泄露，同时也是社会工作者遵守职业道德的体现。青少年本就作为受保护的对象，因此，在收集、整理资料的过程中必须杜绝任何泄露信息的可能。但是，保密原则是相对的，当青少年的问题涉及青少年的生命或者违法犯罪时，保密原则可打破。

---

① 陆士桢，王玥. 青少年社会工作[M]. 3版. 北京：社会科学文献出版社，2017.

(二) 个别化原则

个别化原则也可称为具体情况具体分析原则，即工作者要重视青少年个案问题的特殊性，强调青少年的个体差异。青少年容易产生的问题或许相同，但是问题产生的成因各式各样，因此，青少年个案工作强调个别化原则，即“一人一方案”。

(三) 非批判原则

非批判原则指对服务对象的生活方式、性格、价值观不作倾向性的批判。青少年有自己的生活习惯和行为方式，且由于青少年处于青春期，易产生逆反心理，作为青少年个案工作者，要避免对其行为进行批判，防止由于专业关系问题导致服务对象拒绝接受服务。

(四) 环境分析原则

环境分析原则指对青少年所处的环境进行分析，强调的是一种综合分析。青少年心智尚未完全成熟，容易受外界因素的干扰。因此，对于青少年问题的分析，不能仅局限于青少年自身，也要着眼于社会系统，着眼于整体社会的影响。

三、青少年个案工作的介入模式

(一) 认知行为治疗模式

认知行为治疗模式是传统个案辅导模式的一种。认知行为理论认为，认知对人的情绪和行为有着重要的影响，人的行为也会影响人的思维方式和情绪。在日常生活中，人们会对发生的事情进行评估，产生对事件的认知，进而影响情绪和行为。

认知行为疗法是一种从认知、行为和情绪三方面同时采取有效干预措施的方法，它是认知疗法、行为治疗和情绪调节的综合①。在认知层面，可以采取认知重组、提供信息等方法进行矫治；在行为层面，可以运用行为主义的治疗原理，采取角色扮演、系统脱敏、强化等方法进行调节；在情绪层面，可以运用放松治疗、情绪宣泄、理性情绪疗法等方法进行调节。

(二) “社会—心理”模式

“社会—心理”模式是传统个案辅导模式的一种。“社会—心理”模式是一种将服务对象的心理状态、心理过程同他生活的社会环境结合起来考虑并开展工作的方法。“社会—心理”模式将有关意识、潜意识、人格功能、人类行为、情绪的有关知识结合在一起，帮助社会工作者为服务对象制订个别化的“诊断与治疗计划”②。“社会—心理”模式的理论基础是弗洛伊德的人格结构理论和人本中心的“成长环境”对个人自我实现的助力理论，以及埃里克森分析人的成长和发展过程的理论。因此，以“社会—心理”模式作为青少年个案介入模式时，不仅需要关注青少年的心理状况，提高服务对象对自己和环境的认识能力，还要不断改善环境，提升青少年对环境的适应能力，帮助青少年实现客观环境与主观印象的平衡，促进青少年更好地成长与发展。

---

① 王玉香，宋歌，孙艳艳. 青少年社会工作[M]. 济南：山东人民出版社，2012.

② 王思斌. 社会工作概论[M]. 3版. 北京：高等教育出版社，2019.

(三) 任务中心模式

任务中心模式是新个案辅导模式中的一种。任务中心模式是一种以目标为导向的服务方式，它帮助服务对象在有限的时间内实现自己所定的明确目标。因此，在任务中心模式中，帮助服务对象界定目标与任务非常重要。一是要与服务对象共同探讨需要解决的问题；二是目标的确立最好能起到激发服务对象潜能的作用，把目标定得过于简单或者过于困难都不利于服务对象完成任务；三是要遵从服务对象自觉的原则，社工只能从旁协助。简而言之，就是在界定任务时需要把服务对象的问题、服务对象解决问题的能力、服务对象的意愿这三个因素融合进去。任务中心模式非常关注服务对象的自主性，在介入过程中要尽可能发挥服务对象自身拥有的潜在能力，提高服务对象解决问题的能力。

(四) 危机介入模式

危机介入模式是新个案辅导模式中的一种，它是针对服务对象的危机状况而开展的调试和治疗的工作方法。它采取的是一种心理、社会相结合的服务介入策略，将服务对象的内部心理调整与外部资源链接整合在一起，并且针对服务对象危机的消除提供直接有效的服务①。

每个人在生命中都会遇到危机，青少年更容易得到危机的“青睐”，由于社会经验的缺乏和自身能力的不足，危机会使青少年在心理和身体上受到创伤。对于处于危机情况的服务对象，社会工作者需要遵循以下原则开展工作：一是及时处理，抓住时机，切忌延误；二是限定目标，以危机调适和治疗为目标；三是输入希望，帮助服务对象找回行动的动力；四是提供支持，给予服务对象鼓励与支持；五是恢复自尊，促进服务对象恢复自信；六是培养自主能力，增强服务对象面对以及克服危机的能力。

四、青少年个案工作的过程

(一) 接案

接案是个案工作的第一步，也是非常关键的一步。当服务对象带着问题来求助时，社会工作者必须做出准确的判断，在机构能力范围内开展工作，如果本机构无法解决服务对象的问题要适时进行转介。来求助的服务对象一般有四种类型：自愿；由其他人介绍；转介；有关部门强制其接受服务。在接案过程中，需要充分了解服务对象的来源。例如，在父母主动请社会工作者帮助自己的孩子戒除网瘾的一个案例中，虽然求助者是父母，但是工作者的服务对象是他们的孩子。面对这样的服务对象，工作者势必要比自愿来机构求助的服务对象多花些心思。此外，在接案过程中，工作者还需要完成的任务有了解服务对象的求助过程，使“潜在的服务对象”变成“现有的服务对象”，与服务对象建立初步的专业关系。

(二) 收集资料与诊断

在初步建立专业关系，使服务对象变成“现有的服务对象”的基础上，工作者要准备收集服务对象的资料并做出诊断。收集的资料主要包括两个方面的内容：一方面收集服务对象个人的资料，另一方面收集服务对象所处环境的资料。

---

① 全国社会工作者职业水平考试教材编写组. 社会工作综合能力(中级)[M]. 北京：中国社会出版社，2017.

1. 服务对象个人资料

(1) 基本信息，包括籍贯、年龄、教育情况、身体情况、职业等。

(2) 主观感受。服务对象自己如何看待问题，问题产生的时间、频率以及针对这个问题服务对象做出了怎样的努力等。

(3) 服务对象的能力，即服务对象分析与解决问题等方面的能力。

2. 服务对象环境资料

(1) 家庭状况包括家庭收入、居住环境、成员的健康状况、家庭的互动、家庭的沟通与家庭的关系状况等。

(2) 其他社会系统的状况，包括朋辈系统、学校系统等系统的情况。

在资料收集完整后，社会工作者需要根据资料对服务对象做出一个基本的判断，这就是诊断。

(三) 制定目标与计划

依据服务对象的资料进行初步诊断后，社会工作者要为服务对象制定工作目标与计划。工作计划主要包括目的和目标、多层次的介入策略、社会工作者和服务对象的角色、工作方法等。其中，目的指的是总目标，即服务完成后需要达到的最终效果；目标指具体的工作指标。目的和目标的制定要从服务对象的实际情况出发，充分考虑服务对象的能力，同时制定的目标要清楚明晰、便于测量。此外，服务的策略和方法要具有可操作性，避免纸上谈兵。

(四) 服务与治疗

工作计划制订完成后，接下来就要进行个案工作中最重要的步骤，即服务与治疗，这是个案工作中执行的环节。在开展服务的过程中，工作者要注意运用多种谈话技巧，包括同理、澄清、聚焦、面质、摘要等。社会工作者也要承担不同的角色，包括使能者、支持者、资源链接者、教育者等。社会工作者应帮助服务对象增进对自我的认识，进一步发现存在的问题，协助服务对象调整自己的社会关系，激发个人潜能，调动周围的资源，改善个人生活。

(五) 结案与评估

结案是指工作者和服务对象结束专业关系并终止一切相关的服务工作。结案包括四种类型：目标实现的结案；由于服务对象不愿再接受服务而必须终止的结案；由于存在不能实现目标的客观因素的结案；社会工作者和服务对象身份发生变化时的结案。结案阶段社会工作者需要完成的任务有：处理服务对象的离别情绪；巩固服务对象取得的成绩；让服务对象分享自己的收获，并对其进行鼓励和肯定。

评估是社会工作最后阶段需要完成的任务，评估能够反映工作者的成果，也能促使社会工作者总结工作经验，改善工作技巧，提升服务水平。评估主要包括过程评估和结果评估。

五、青少年个案工作案例分析

(一) 案情描述

就读于L中学九年级一班的小蕊同学，由于性格内向，太过于腼腆，不敢表现自己，受到其班主任的格外关注。班主任虽私下对小蕊进行开导，但是效果不佳，于是向S社工事务所求助，想要帮助小蕊改善与人交往的情况。随后，社工进行了介入，在开展工作的过程中，社工发现，小蕊的突出问题好像并不是班主任所说的性格内向、不善与人交往(但是也存在性格内向的情况)，而是她不喜欢在公共场合与人打招呼和不愿与同年级的男生交往，导致其行为的原因是不良的家庭氛围催生了孩子的自卑心理。

(二) 背景资料

1. 服务对象个人资料

(1) 基本信息：小蕊，女，16岁，安徽人，就读于L中学九年级一班，是一名随迁子女。其父母在上海工作，因此跟随父母来到上海读书，因为学籍问题在下学期要返回老家。

(2) 问题发生与持续的时间。服务对象性格过于内向、不愿与人交往的问题实际发生在接案的前两年，也就是服务对象刚上七年级的时候，因为在这一时期服务对象的父亲做起了网吧的生意，导致服务对象终日沉迷网络游戏，不愿与人交往。但社工在与服务对象交往的过程中发现，服务对象的这种情况已经有了很大的改善。不想在公共场合与人打招呼以及不愿与男生交往的问题持续了一年时间。当服务对象不再沉迷网络游戏时，开始慢慢和同班同学交往，但是服务对象认为男生太过活跃，因此只和班里的女生交往，而且这种交往只限于在学校中，离开学校之后，在其他公共场合，服务对象就不想与学校的小伙伴打招呼。

(3) 主观感受。服务对象认为自己是一个内向的人，原因是自己不爱和别人说话，不愿意和别人打招呼。她也觉得不好，但她就是不想引起别人的注意。服务对象觉得在公共场合和别人打招呼是一件非常招摇的事情。她认为这些问题对她没有影响，虽然觉得不好，但她不想改。她觉得不跟男生做朋友也没关系，不跟别人在公共场合打招呼也没事，只要大家在学校里能一起玩就行了。

2. 服务对象环境资料

(1) 家庭系统。小蕊的家庭成员共有三位，包括父亲(四十八岁，安徽人)，母亲(四十七岁，安徽人)，哥哥(二十二岁，安徽人)。小蕊的父母和哥哥皆为工人，平日里工作较忙，但对服务对象的关心程度总体上还是比较高的。小蕊在家庭中与父亲和哥哥的关系比较好，由于母亲经常会“碎碎念”，使得服务对象不太喜欢母亲。

(2) 学校系统。小蕊就读的学校是专门为随迁子女建立的，共有三个年级，一个年级有两个班，每个班大概有三十人，男女比例比较协调。每个班都有一名班主任，负责管理和照顾孩子们。

(3) 朋辈系统。服务对象在学校中的主要玩伴就是同班的女生。

(三) 诊断

1. 服务对象问题的成因

在家庭中父亲是权威，代表沉稳，哥哥也是如此，两个人对于服务对象都是爱护和照顾的，但是学校中的男生与父亲和哥哥的行为差距较大，导致服务对象不能接受。

父母在家庭中经常吵架，有的时候行为比较激烈，服务对象作为一个弱者，只能偷偷哭泣，没有能力改变，导致服务对象的逃避心理。她认为父母吵架是不对的，别人知道后也会议论她，因此不愿在公共场合与人打招呼。

2. 服务对象的优势与缺失

(1) 个人方面——优势。服务对象性格中有一定的积极成分，虽然有一段时间沉迷网络游戏，但是在环境发生改变之后，并没有做出过激反应，能够逐步适应环境的改变。

(2) 个人方面——缺失。服务对象面对问题想要逃避，不想在公共场合表现自己，与异性交往存在一定问题。

(3) 社会环境——优势。服务对象在班级中有一些女生朋友，在学校里班主任比较关注学生，在家庭中有父亲和哥哥爱护。

(4) 社会环境——缺失。社会中以及社区内缺乏亲子关系的培训，且对于夫妻如何给孩子营造好的家庭氛围缺乏一定的指导。

(四) 服务模式：认识行为治疗模式

认知行为理论将认知用于行为修正，强调认知在解决问题过程中的重要性，强调内在认知与外在环境之间的互动，认为外在的行为改变与内在的认知改变都会最终影响个人行为的改变。本案中，服务对象不想改变现状的原因就是服务对象认为自己不与异性交往以及在公共场合不和别人打招呼也没关系，没有意识到自己形成这种状态的原因，也没有意识到现在的问题对她以后成长的不利之处。因此，选择运用认知行为治疗理论和认知行为治疗模式作为本案的理论基础和介入模式。

(五) 服务计划

服务对象因为没有正确认识到青春期的性别差异，导致对男生产生厌烦情绪，不愿意和男生交流，认为男生调皮过度，不愿意同其交往。同时，服务对象自身性格比较腼腆、内向，在除学校外的公共场合不愿意与认识的同学、朋友，尤其是男同学打招呼。受家庭氛围影响，服务对象有时也会表现出急躁的情绪，想要逃避。这些问题都是因为服务对象的错误认知而导致的，因此首先应该从服务对象的认知方面着手。

1. 总目标

帮助服务对象树立正确的性别观念意识，处理好青春期的交往问题，同时帮助其增强家庭支持。

2. 具体目标

(1) 与服务对象建立专业关系，鼓励服务对象提升自信。

(2) 帮助服务对象树立对性别观念的正确认识。

(3) 鼓励服务对象接纳男生，调节好人际关系。

(4) 帮助服务对象认识到自己在家中的重要作用，增进亲子关系。

3. 服务方案

(1) 和服务对象建立良好的关系，达到信任的状态，慢慢了解服务对象的内心，逐步探究服务对象的需求。

(2) 与服务对象的同学及老师会谈，多方面了解服务对象的信息，帮助其获得更多的鼓励与支持。

(3) 对服务对象进行心理辅导，促使其正确认识青春期的交往问题。

(4) 和服务对象的家长进行沟通，使服务对象的家长了解服务对象内心的想法和考虑。

(六) 介入策略

1. 直接介入

(1) 对服务对象进行心理辅导，确定服务对象不正确的、扭曲的思维方式和想法，并让服务对象自己觉察到错误的认知。

(2) 修正服务对象的不理性对话，充分认可服务对象的看法，但同时也要帮助服务对象认清自己的看法和别人的看法之间的差距，并帮助服务对象分析造成自己现在这种情况的原因。

(3) 不断鼓励服务对象，尝试布置家庭作业，让服务对象从出校门和同学说再见开始做起，并进一步挑战和改变错误认知和错误的自我对话。

(4) 帮助服务对象实现经验学习，让其观察其他小伙伴都是怎样与人交往的，分享对他们行为的看法和启发。

(5) 使用逆向操作，让服务对象在菜市场看到同学的时候与同学说“你好”，然后记录其感受和想法与社工分享，社工给予鼓励支持。

(6) 巩固现有成果，检验服务对象的认知以及现在的行为模式。

2. 间接介入

(1) 和服务对象的家长进行沟通，使服务对象的家长了解服务对象内心的想法，让他们避免在服务对象面前发生冲突，为服务对象营造一个良好的家庭氛围。

(2) 在学校内组织一些亲子活动，增加服务对象与父母之间的互动，建立良好的亲子关系。

(3) 在学校内组织一些结对游戏，适当增加男生与女生之间的互动，让其互相展现优势，能够让服务对象逐渐欣赏男生，减少对男生的厌恶感。

(七) 服务评估

服务计划以服务对象为中心，在会谈过程中根据服务对象的需求不断调整服务计划，从与服务对象的不断沟通交流中，发现服务对象的问题主要体现在认知上，故选择认知行为治疗法，先调整服务对象的认知状况，再逐步改善她的行为并不断鼓励其认清自己所能发挥的能力和作用，提升自信，调整心态。结案后，服务对象在与人交往中明显有了自信，家庭关系也明显好转。

第二节　青少年小组工作

一、青少年小组工作概述

(一) 小组工作

小组工作是一种方法，它由知识、了解、原则和技巧四方面组成。个人加入社区机构中的各类小组，借助小组工作者的协助，促使其在小组活动中进行互动以及与其他成员建立关系，并以个人能力与需求为基础，获得成长经验，旨在达成个人、小组、社区发展的目标①。

(二) 青少年小组工作

青少年小组工作是指以青少年团体和青少年小组为服务对象，通过社会工作者运用专业的技巧开展小组活动，促使青少年在小组中不断互动，相互鼓励与支持，习得相应的成长经验。青少年小组工作对于青少年的适用性很强，可以开展活动的小组工作实务包括：青少年网瘾矫正小组、青少年人际关系提升小组、青少年自信心增强小组等。

(三) 小组工作对青少年的适用性

青少年正处于身体和心理成长的重要时期，这一时期他们的身体和心理是极易受到伤害的，尤其心理更加脆弱。青少年小组工作把经历相似的青少年聚集在一起，能够充分发挥同辈群体的作用。同辈群体对于青少年来说更容易产生共鸣，因此，同辈群体的正向支持对于青少年的成长和发展具有非常重要的意义。

在青少年小组中，除了同辈群体给予的情感安慰等心理支持之外，青少年还能在小组中学到社会规则、与人相处的技巧，共同思考，培养解决冲突与问题的能力，小组的规范也能促使青少年学会服从，并进一步调整自己的行为模式。这些都在促进小组成员不断提升自己适应社会与环境的能力，小组工作的核心就是致力于利用集体的力量帮助每个人解决问题，所以说小组工作的方法对于青少年工作来说，是具有适应性的。

二、青少年小组工作的原则

(一) 个别化原则

1. 小组成员个别化原则

青少年本就处于生理和心理成长的特殊时期，需要工作者格外关注。不管是在个案工作还是小组工作中，工作者都应注意到每位青少年服务对象的特殊需求与问题，综合每个人的特殊情况，制定相应的介入方案。

2. 小组的个别化原则

由于问题和经历相似，小组成员得以聚集。但是同样的小组问题可能只是表面上归类相同，由于每个小组的互动模式、内部需求不同，对于归类相同的问题也不一定可以采用相同的介入方式。例如，同样是青少年网瘾矫正小组，一个小组的成员沉迷网络是由家庭矛盾、家庭关系失调导致的，另一个小组的成员沉迷网络却是由社会环境、同辈群体的影响导致的。虽然问题相同但成因大不相同，社会工作者尤其要注意小组的个别化原则，不要因为以前做过类似问题的小组，就生搬硬套，这样会严重影响服务效果和质量。

(二) 调动成员主动性的原则

这条原则是青少年小组工作所特有的。鼓励和调动团体成员主动、积极参与小组生活，这

---

① 刘梦. 小组工作[M]. 2版. 北京：高等教育出版社，2013.

是青少年小组工作的重要原则，对工作的成效影响很大[①]。调动成员的主动性，促进小组成员参与到活动中，不仅能够提升青少年共同思考、相互协作的能力，还能帮助青少年获得更有利于在社会中生存的技巧，例如与人交往、沟通的技巧。因此，在开展小组工作的过程中，社会工作者要注意充分调动成员的主动性。

(三) 参与冲突的原则

小组对于成员来说是一个新环境，面对新环境，成员难免会有不适感，加之小组成员的性格差异以及小组规范的束缚，在小组工作开展的初期或者中期，成员与成员之间或成员与工作者之间会在价值观、权利控制等方面产生矛盾与冲突。在这种情况下，工作者要促使其他成员参与到冲突中来。一方面，参与冲突能够让成员产生存在感；另一方面，成员在参与冲突的过程中能够学到不同问题的解决方式。此外，解决好矛盾与冲突也能让成员增强自信心，进而提升其独立解决问题的能力。

(四) 科学实施辅导的原则

青少年作为最有生气的群体，相比于其他群体来说也最具变动性。即使在开展小组活动前，工作者已经根据小组成员的情况制定好工作目标与工作计划，但是在实际操作过程中，由于青少年群体极易变动的特性，工作者也应该不断地去调整工作计划，以更好地适应青少年服务对象。青少年社会工作者应该做到灵活开展工作，科学实施辅导，用心促进青少年的成长与发展。

三、青少年小组工作的类型

青少年小组工作的类型有很多，可以依据小组工作的目标、小组的组成、小组工作结构以及成员的参与程度等划分为不同的类型。在这里，以小组工作的目标来划分，重点介绍以下四种小组工作的类型。

(一) 教育小组

教育小组的目的在于帮助小组成员学习新知识、新方法，或为其补充相关知识的不足，促使小组成员正确认识自己存在的问题，以及发现自己解决问题方法的不足，使其更好地成长与发展。教育小组广泛应用于学校、医院、社区等场所。

在工作过程中，首先，要帮助小组成员认识到自己存在的问题并有解决问题的需要；其次，帮助小组成员树立新观念，发现与之不同的看问题的角度；最后，开展干预服务，促使其行为转变。

(二) 成长小组

成长小组的宗旨是帮助小组成员充分地了解、认识和探索自己，进而最大限度地激发、运用自己的内在资源和外在资源，充分发挥自己的潜能，解决其面临的问题并更好地成长与发展，焦点在于个人成长和正向改变，如“自然童趣”正面成长小组。近年来，手机、电脑等电子产品的兴起使当今社会的孩子缺少与大自然亲近的机会，沉迷网络世界。“自然童趣”正面成长小组可帮助孩子建立起与自然的联系，缓解内心孤独的情绪，让小组成员看到人与环境的

---

① 陆士桢，王玥. 青少年社会工作[M]. 3版. 北京：社会科学文献出版社，2017.

和谐状态，促使其更好地在社会中成长。

(三) 支持小组

支持小组是由具有共同性问题的青少年小组成员组成的，小组成员通过相互交流、相互支持获得情感慰藉，达到解决问题和改变成员的效果。在支持小组中，最重要的就是小组成员间的沟通与交流，通过各种互动促进小组成员成为互相理解的共同体，达到相互支持的目的。例如，单亲家庭青少年支持小组，在小组中青少年可以意识到自己并非个例，通过成员的相互交流获得情感支持并逐步理解家人，接受自己的现实处境。

(四) 治疗小组

治疗小组主要是由具有严重个人问题的青少年成员组成的，社会工作者通过开展小组活动帮助小组中的青少年了解自己的问题及其背后的成因，充分交流和分享小组中的经验，并帮助成员整合内在与外在资源，达到对小组成员心理与行为问题的治疗，不断地激发其潜能，促使青少年成为健康、健全的社会人。在生活中，比较常见的治疗小组包括社会技能训练小组、压力管理小组、自我指导行为改变小组。

四、 青少年小组工作的介入模式

社会目标模式、治疗模式、互动模式作为小组工作的三大模式，一直以来被广泛应用。青少年小组工作因其服务群体的特殊性，结合青少年的阶段性特征，还可以应用发展模式。

(一) 社会目标模式

1. 理论基础

社会目标模式以系统论和社会学的观点为基础，强调社会系统与人和群体间是相互作用和相互影响的。个人和群体出现功能失常或问题，与社会系统的功能是否正常有关，而人和群体的行为又会影响社会系统的正常运转，因此个人问题的解决必须通过社会变迁来实现①。

2. 模式特点

青少年社会目标模式强调个人与个人、个人与群体之间的相互作用和相互影响，强调青少年参与意识的提升及参与任务的完成，并以此促进小组中青少年行为模式的改变。此外，社会目标模式注重培养和提升小组成员的社会责任与社会意识，同时也致力于发展小组成员的社会行动与社会参与的能力。

(二) 治疗模式

1. 理论基础

治疗模式以行为修正理论和社会化理论为基础，其假设前提在于个人的社会关系与社会适应方面的问题可以通过小组工作获得改善，转变其有问题的行为，帮助其学习适应社会生活的经验，促进其自身发展，通过提高小组成员的适应能力和恢复自身的社会功能，使其更好地在

① 王思斌. 社会工作概论[M]. 3版. 北京：高等教育出版社，2019.

社会中生存。

2. 模式特点

治疗模式关注的是个人的心理和行为问题的矫正，通过治疗帮助青少年在心理和社会适应等方面获得发展，同时预防不利于小组成员成长的因素出现。此外，治疗模式介入的重点在于为小组成员提供一个合适的治疗环境，在小组中为成员提供心理康复和行为指导，促使小组成员在自身能力的基础上最大限度地去适应社会生活。

(三) 互动模式

1. 理论基础

互动模式的理论基础是系统理论和场域论，其理论假设为：个人与个人之间、个人与社会之间存在相互依赖的关系；小组是恢复和发展社会功能的有效场所；社会工作者可以通过小组活动和小组之间的互动，发掘小组成员的潜能，增强他们开展社会交往与社会生活的信心，提升知识水平和能力①。

2. 模式特点

互动模式强调的互动是组员之间、组员与小组之间、组员与社会系统之间开放、良性的互动，且小组中的互动是平等的互动、具有个人独立性的互动。社会工作者应通过小组的互动挖掘小组的正向动力，整合社会资源，实现组员个人与小组的发展。

(四) 发展模式

1. 理论基础

发展模式的理论基础主要包括发展心理学、社会发展理论、社会结构理论以及小组动力学。发展模式的假设前提是：人有潜力做到自我意识、自我评价和自我实现；能够意识到他人的价值，评价他人，并与他人形成互动；能够意识到小组的情境、评估小组的情境并在小组中采取行动②。

2. 模式特点

发展模式适用于有困难的人群、面对危机的人群、寻求更好自我发展的人群。发展模式在青少年小组工作中尤其强调青少年自身的发展，重视青少年个人潜能的挖掘与发挥。此外，发展模式也强调青少年在小组中的积极参与，鼓励青少年小组成员之间相互关心与相互支持。

五、青少年小组工作的过程

(一) 小组准备期

小组准备期是青少年小组工作的开始阶段，在这一时期，工作者是初级角色，处于中心位

① 全国社会工作者职业水平考试教材编写组. 社会工作综合能力(中级)[M]. 北京：中国社会出版社，2017.

② 全国社会工作者职业水平考试教材编写组. 社会工作综合能力(中级)[M]. 北京：中国社会出版社，2017.

置，处理各种大小事务。具体来说，准备期需要完成的工作包括以下几个方面。

1. 需求评估

需求评估就是评估潜在的小组成员，这一时期工作者需要判断哪些成员适合组成一个小组。因此，评估内容包括潜在成员的需求、兴趣、问题，希望达成的目标等。

2. 确定小组目标

小组目标的确定十分重要，它关系着小组计划的制订。在确定小组目标时要综合考虑潜在小组成员的能力和机构的资源等多方面因素。此外，小组目标的设定应该是具体的、明确的，但也不宜过于僵化。

3. 招募组员

小组组员的招募可以通过家访、张贴海报、广播等形式广泛开展。招募的组员要具有同质性，即具有相似的问题与需求、社会背景、年龄等，这样更有利于小组成员之间的互动与分享。

4. 整体方案的设计

在小组工作正式开展前，就要完成整体方案的设计，也就是要完成小组计划。小组计划包括小组理念、小组工作安排、小组活动场地等内容。制订完整的工作计划，更有利于小组工作的顺利进行。

(二) 小组初期

小组初期通常被认为是最困难、最具有挑战性的时期。在这一时期，成员还未熟悉，在小组中通常是沉默而被动的，小组动力也尚未形成，小组成员更多依赖工作者。因此，需要工作者投入更多精力。

在这一时期，小组工作者的任务包括：协助组员彼此认识并建立关系；澄清组员的需求与目标，以及小组的目标；讨论保密原则，拟定小组契约，建立小组规范；开展一些浅层次的小组活动，促进组员之间的互动。其中，小组规范包括小组工作开展的频率、小组工作中的纪律、小组成员在小组中需要遵循的原则、小组成员以及工作人员的责任等内容。

工作者需要通过完成以上任务，帮助小组成员彼此建立信任关系，使其更快、更好地适应小组环境，以便开展后续的小组活动。因此，在这一阶段小组工作者应承担领导者、鼓励者、组织者的角色。

(三) 小组中期

小组中期是小组工作的主体阶段，在这一时期，成员对小组已经形成认同感，成员开始关注自己的角色与权利，在互动中出现抗拒与防卫心理，还会因为价值观、权利位置等方面产生矛盾与冲突。

中期小组活动的重点包括：激发小组动力，促使小组动力发挥作用；设计活动，处理问题组员，比如对于具有攻击性的成员，工作者需要让其意识到自己行为的不当，并促使其改变；审视小组，探讨人际关系的互动，引导成员进行更加有利的互动；经常开展增进小组动力的活动。

工作者在此阶段的主要任务有：处理抗拒行为，协调和处理冲突，保持组员对整体目标的意识，协助组员重新建构小组，适当控制小组进程①。其中，协调和处理冲突十分重要，小组的冲突期是一个缺乏理智的时期，如果处理得好，就会促使小组走向成熟；如果处理不当，可能会使小组提前终结。

社会工作者在面临小组冲突时需要理性、从容地去面对，不仅要承担工作者、辅导者的角色，还要充当调解人和支持人。此外，在这一时期，社会工作者还是小组的协调者和引导者。

(四) 小组后期

小组后期即小组的结束阶段，但这并不是指小组的最后一次聚会，小组的结束也是一个渐进的过程。小组成员由于前面几个阶段的学习与磨合，在小组后期凝聚力与亲密程度已经大大提高，对于小组也满怀情感，因此，在告知小组成员小组即将结束时，他们会出现浓重的离别情绪，小组的关系结构也会弱化。

在本阶段，小组工作者需要完成和处理的任务有：规划好小组结束的活动，安排好每一个步骤；处理小组结束组员的离别情绪，以包容和理解的态度去安抚小组成员；回顾小组工作过程，帮助小组成员梳理已经获得的知识与经验；支持与鼓励小组成员独自面对小组外的环境。需要注意的是，处理好组员的离别情绪是十分重要的，因为这些复杂且矛盾的情绪会导致许多复杂的行为。

小组工作者在小组后期主要承担引导者、领导者和使能者的角色。

(五) 小组评估

小组活动的结束并不意味着小组的真正结束，完成小组活动后还有非常关键的一步就是小组评估。小组评估是指通过科学系统的评估方法，运用相关的资料与技术，对小组工作的需求、目标、理论、过程与结果等各个方面进行单一或综合评价，从而发现问题、提供信息，作为决策和改进的依据②。

小组评估的内容一般包括三个方面：小组工作者自评，组员自评，督导或观察人员的评估。小组工作者自评指对自己的工作表现、工作技巧的运用、工作目标的达成等方面的评估；组员自评指组员对自己在小组中的收获以及参与小组的目标达成情况的评估；督导或观察人员的评估指对小组成果和过程的评估。

小组评估不仅可以帮助工作者总结经验，提升服务水平，还可以帮助小组成员回顾自己参与的过程，以及自身的改变情况。此外，对机构而言，小组评估也可以为机构积累资料与经验，在提高机构服务质量上发挥了很大的作用。

六、青少年小组工作案例分析③

(一) 背景介绍

“YES，I CAN！”是社会工作机构基于对过去参与活动的单亲家庭孩子的观察和分析而

---

① 全国社会工作者职业水平考试教材编写组. 社会工作综合能力(中级)[M]. 北京：中国社会出版社，2017.

② 万江红. 小组工作[M]. 北京：中国人民大学出版社，2016.

③ 魏爽. 青少年社会工作案例评析[M]. 北京：中国社会出版社，2017.

量身定制的一个小组活动，服务对象由两部分组成：一部分是以往活动中自信心欠缺的单亲家庭孩子；另一部分是一些单亲妈妈觉得自己的孩子存在这方面的需求而主动报名的。该小组主要运用社会工作的专业理念与手法开展一系列活动，帮助服务对象创造成功的机会，体验成功的感受，从而使其增强自我认知，学会肯定自己，以实现提升自信心的目标。

(二) 服务计划

1. 小组基本情况

(1) 小组名称："YES，I CAN! "青少年自信心提升小组。

(2) 小组性质：成长小组。

(3) 服务对象：自信心欠缺的单亲家庭子女(12人)。

(4) 小组工作节数：6节。

(5) 活动时间：2013年7—8月。

(6) 活动地点：阳光家庭社工事务所。

(7) 社会工作者：董金娣、张云英、李晨、徐雪美。

(8) 督导：陈蓓丽、郑伻、舒启燕。

2. 服务目标

总目标：

帮助服务对象增强自我认识，挖掘自身潜能，从而实现自信心的提升，学会积极乐观地面对生活。

具体目标：

(1) 帮助服务对象认识到自信的重要性，发展其自信面对生活的良好心态。

(2) 通过自我认识以及他人的评价，帮助服务对象了解自己的优势，学会悦纳自己。

(3) 协助服务对象学习相应的提升自信心的技能和方法并应用于生活，学会积极应对生活困境的方法。

3. 小组理念

"YES，I CAN! "的小组成员是自信心欠缺的单亲孩子。小组的目的是帮助组员增强自我认识，学会肯定自己，以实现自信心提升为目标。小组在助人自助理念的指导下，以认知行为理论、库利的"镜中我"理论为基础开展活动。

(1) 认知行为理论。认知行为理论认为，要改变人的行为，首先是要改变人的认知，将认知用于行为修正上，强调认知在解决问题过程中的重要性，能认识到外在的行为改变与内在的认知改变都会最终影响个人行为的改变。在本小组中，试图协助组员认识到自信心的重要性，同时帮助服务对象获得改变，增强自我认识，了解自己的优势，从而学会悦纳自己，达到自信心提升的目的，并通过积极正面的思考、信念、自我告知和评估形成正常的理性情绪，最终改变个人行为，学会正确地应对生活困境的方式。

(2) 库利的"镜中我"理论。库利的"镜中我"理论强调个体在与他人的互动过程中，通过感知他人对自己的反应和评价，从而建立自我意识、自我形象和自我评价，即通过他人这面镜子看到自己的认知和行为，并判断是否合适和有无修正的必要。在本小组中，借助组员之间的互动和反馈，组员在小组中感知他人对自己的反应和评价，从而形成正确的自我概念，学习建立正确的自我意识、自我形象和自我评价。同时在接受反馈的过程中，帮助组员认识到他人的反馈对自己的重要性，由此学会如何给予他人积极真诚的反馈，学会体谅他人，从而更好地促进小组的发展，最终实现组员自身的成长。

(三) 活动程序

小组活动程序如表7-1所示。

表7-1　小组活动程序

单元主题	活动目标	活动过程
相见欢	组员相互认识，初步了解，明确小组期望，制定小组规范	1. 社工介绍自己以及小组情况 2. 游戏“串名字”：相互认识 3. 游戏“心手相连”：加深认识，减少陌生感 4. 共同制定小组规范 5. 分享讨论，总结结束 6. 家庭作业“我要成功完成 ______”
果冻DIY	提升团队的归属感，通过动手实践，帮助组员获得存在感和成就感，从而实现自信心的提升	1. 社工回顾、预告 2. 热身游戏“大风吹” 3. 制作果冻：考验团队能力，提高成就感和自信心 4. 发展小组的领袖人物 5. 分享经验与感受 6. 总结结束
阳光下的我	进一步强化团队凝聚力，通过自我认识以及他人评价，帮助组员正视自己的缺点，了解自己的优势，学会悦纳自己	1. 社工回顾、预告 2. 暖身游戏“你猜我猜大家猜”：进一步提升凝聚力 3. 活动“这是我的花生”：认识到自我的独特性 4. 活动“我爱我自己”：正视缺点，接纳自己 5. 活动“水中倒影”：了解自己的优势，提升自信 6. 作业初期检验，鼓励组员完成“冒险活动” 7. 分享讨论，总结结束
上课铃声	通过专家老师的分享与互动，帮助组员认识到自信心的重要性，并学习提升自信心的方法	1. 社工回顾、预告，介绍老师 2. 热身游戏“轻舞飞扬”：消除组员与老师之间的距离感 3. 老师、组员分享和互动 4. 分享讨论，总结结束
技能大拼盘	巩固学习成果并应用于生活，学会应对生活中的各种挑战	1. 社工回顾、预告 2. 游戏“价值商店”：强化组员对自信的重视，思考提升自信的方法 3. 游戏“目光炯炯”：学习增强自信的方法 4. 活动“我眼中的你”：悦纳自己，学会肯定别人 5. 分享讨论，总结结束
微笑转身	处理离别情绪，总结回忆整个小组工作，巩固前期成果，鼓励组员将所学应用于日常生活	1. 社工回顾、预告 2. 热身游戏“小动作”：考察默契度 3. 活动“小小冒险家”：作业终检并学习增强自信的新方法 4. 活动“一路走来”：回顾小组活动，巩固已有成绩 5. 活动“爱的祝福”：升华组员情感，相互给予祝福 6. 填写评估表，结束小组活动

(四) 总结评估

纵观整个小组活动，组员的参与度变化是一个渐变的过程。在“相见欢”环节，组员之间基本没有主动交流接触；随着小组活动的开展，组员之间熟悉度增强，团队凝聚力形成，相互之间的互动交流增多。在“果冻DIY”这一环节中，组员之间学会了相互合作，学会了共享成果。在“上课铃声”这一环节，组员开始主动发言，互动不仅存在于组员之间，组员也开始尝试与老师交流，这是小组发展的一大进步。随着小组活动的继续，组员变得更加主动积极，也更愿意展示自己。在后期的跟进活动中，组员保持了小组活动中的所得，在交流沟通、展示自我方面均有了不小的转变，而这样的进步恰是在一个自信心提升的小组中为人所乐见的。更重要的是，通过活动，组员之间建立了友谊，感情得到了升华，团队气氛融洽，特别是一些很内向、容易害羞的组员，在一次次活动中，渐渐地尝试去表现自己，尝试与人接触交流，这是一个很大的转变。虽然这只是小群体内的转变，但是至少组员有了自信面对生活，愿意去尝试，这对他们的学习、生活是有一定帮助的。

第三节　青少年社区工作

一、青少年社区工作概述

(一) 社区工作

社区工作是社会工作三大方法之一，相比于个案工作与小组工作，它的发展较晚。1962年，美国的社会工作教育课程委员会才正式认可社区工作成为社会工作的基本方法。社区工作指社会工作者运用专业的技巧与方法解决社区问题，促进社区发展。主要是以全体社区居民为服务对象，在社会工作者进行社区调查后确定社区的问题与需求，帮助社区居民挖掘社区资源，动员社区居民主动参与到社区生活中，并积极解决社区中的问题，提高社区居民的生活质量。

(二) 青少年社区工作

青少年社区工作主要以社区中的青少年为服务对象，目的在于促进青少年的健康成长与发展，具体指在专业价值观的指导下，根据青少年的身心特点、动机需求、兴趣爱好，充分运用社区的理论、方法、技巧，以帮助青少年解决问题、克服困难、恢复功能、获得全面发展的一种服务活动和服务过程[①]。

(三) 青少年社区工作的目标和特点

青少年社区工作的目标主要有两个：一个是促进青少年参与社区活动，另一个是促进青少年的成长与发展。这两个目标是相互联系、互为补充的。促进青少年参与社区活动，主要是通过动员青少年参与社区事务，培养青少年对社区的归属感，增强其对社区的认同感，并促进其在参与社区活动和事务中增强自己的社会能力，使其能够在促进社区改变的同时也提升自我。

---

① 于晶利，刘世颖. 青少年社会工作理论与实践[M]. 2版. 上海：格致出版社，2019.

而促进青少年的成长与发展，不仅注重青少年能力的提升，也注重青少年的心理健康问题，在保证青少年心理健康的前提下，再开展一系列促使其适应环境的活动。促进青少年的成长与发展不仅是青少年社区工作的目标，也是青少年社会工作的最终目的。

青少年社区工作的特点主要有更易建立关系、社区资源丰富多样、影响广泛。首先，在建立关系上，由于社区工作者经常在社区活动，日常工作中也需要处理大量和青少年相关的社区事务，因此社会工作者更容易在社区中和青少年建立关系。其次，社区资源丰富，主要包括文化娱乐设施、活动空间和场地、非正式支持网络、志愿服务人员等资源[①]。有了这些资源，社会工作者在社区为青少年提供服务将更加便利。最后，青少年社区工作影响广泛，在社区内为青少年提供服务也会提升其他居民对青少年的关注程度，从而为青少年在社区营造良好的成长环境。

二、青少年社区工作的类型

(一) 预防性青少年社区工作

预防性青少年社区工作主要指通过社会工作者在社区开展活动，及时发现阻碍青少年正常成长和发展的情况并及时预防和控制，主要包括：改善青少年家庭生活环境，为青少年家庭提供服务，为青少年父母提供亲子教育的机会，以增进父母教导青少年的技巧；改善青少年社区生活环境，加强社区各组织在青少年社会工作中的合作，整合各类社区资源，为青少年发展提供良好的社会支持；探索建立学校、家庭、社区良性互动的青少年社会工作服务模式[②]；为青少年开展各类预防犯罪的讲座，普及药物滥用的危害、毒品的种类、性教育与性伤害等方面的知识。

(二) 治疗性青少年社区工作

治疗性青少年社区工作主要指针对存在“问题”的青少年开展的服务活动，旨在帮助青少年恢复正常的社会功能，主要包括：安置服务，为遭受忽视和虐待的青少年提供收容、安置场所；生活帮助，对于生活困难或因生活困难而导致失学等问题的青少年提供照料并给予经济支持；治疗服务，针对不良青少年开展工作，为犯罪及过失青少年提供矫正服务。例如，为吸毒成瘾的青少年开展的社区矫正服务，社会工作者要秉承真诚、接纳的态度帮助青少年改变不良的生活方式和行为习惯，并不断给予鼓励与支持，促使其恢复文明健康的生活。

(三) 发展性青少年社区工作

发展性青少年社区工作主要指利用社区资源，在社会工作者为青少年开展活动的过程中，激发与挖掘青少年的潜能，促使青少年更好地成长与发展，主要包括：思想观念的引导，帮助青少年正确认识我国的社会主义核心价值体系，促使其树立与社会环境相符的世界观、人生观、价值观；职业技能的培训，为青少年提供就业辅导与技能训练；社交能力的指导，提高青少年的合作意识，促使其学会与人正常沟通交往的技巧，帮助其更好地融入社

---

① 于晶利，刘世颖. 青少年社会工作理论与实践[M]. 2版. 上海：格致出版社，2019.

② 陈世海. 青少年社会工作[M]. 北京：中国社会出版社，2011.

会。例如，由于疫情的影响很多大学生都失业在家，社会工作者可以为社区内这部分青少年提供相应的就业服务，提供一些就业信息，帮助其正确认识自我价值，形成职业规划，尽快就业。

三、青少年社区工作的介入模式

地区发展模式、社会策划模式、社会行动模式是罗斯曼提出的社区工作三大模式。除此之外，社区工作的模式还包括社区教育模式和社区照顾模式。考虑到青少年的身心发展情况和适用性的问题，本书只简要介绍地区发展模式和社区照顾模式。

(一) 地区发展模式

地区发展模式是鼓励青少年在社区范围内通过自助或互助的方式解决社区问题，主要目标是培养和提升青少年主动参与社区生活的意识，并在参与社区生活的过程中，挖掘和培养青少年人才。地区发展模式主要强调的是一种以地区为基础的经济、文化等实质性内容的发展，并且此发展是需求和资源相协调的一种可持续性发展。

地区发展模式的实施特点包括：更多关注社区的共同性问题；过程目标的重要性超过任务目标；特别重视居民的参与，并且这种参与是一种自下而上的参与；通过提升社区自助和互助的能力促进社区的发展。

青少年地区发展模式具体实施策略主要包括以下内容：首先，增加青少年相互之间的沟通与交流，形成社区内青少年互帮互助的良好氛围；其次，通过社区教育等活动提升青少年参与社区生活的意识；最后，在社区内开展以青少年需求为目标的服务，提升青少年解决问题的能力，加强青少年对社区的归属感。

(二) 社区照顾模式

社区照顾模式是指社区中各方成员所组成的非正式网络和各种正式社会服务计划系统相配合，在社区内为需要照顾的人士提供支持与帮助，促使其正常生活，加强其在社区生活的能力，促进社区融合，并建立一个具有关怀性的社区的过程①。青少年社区照顾模式主要是以社区中患有身体残疾、精神失常等残障青少年为服务对象，同时也为残障青少年的照顾者提供一些支持服务。

社区照顾模式的实施特点包括：协助服务对象在社区中正常生活；强调社区具有照料的责任；重视社区内非正规照顾的作用；提倡建立相互关怀的社区。

青少年社区照顾的实施策略主要有三种：在社区照顾，即由专业人士在社区内的小型服务机构为社区的残障青少年提供照料服务；由社区照顾，即由家庭、亲友、邻里、志愿者等为残障青少年提供照顾与服务；对社区照顾，即在社区内为残障青少年提供正规照顾和非正规照顾这两种模式相结合的照顾方式。

① 全国社会工作者职业水平考试教材编写组. 社会工作综合能力(中级)[M]. 北京：中国社会出版社，2017.

四、青少年社区工作的过程

(一) 社区研究

1. 了解社区的基本情况

社区的基本情况主要包括社区的地理环境、社区内的人口状况、社区历史、社区类型等方面的内容，只有充分了解社区，才能更加准确地把握社区情况，进而开展社区工作。

2. 分析社区中青少年的需求与问题

青少年的问题是复杂多样的，有贫困户子女、病残青少年、孤儿等基本生存问题；有青少年面临家庭暴力摧残、权利受到侵害的问题；有社区文化环境对青少年发展的不良影响问题；有社区内文化、学习、娱乐需求得不到满足的问题等[①]。针对青少年所面临的不同问题，应具体分析青少年在社区中的需求。

3. 探索社区中存在的资源

社区中的资源主要包括：人力资源，即社区内的志愿者、自发组织、居委会以及社区中青少年个人的人际关系网络等；物力资源，即社区内的活动场地，设备等；文化资源，即社区内集体的共同记忆和民俗习惯等。社区工作者应努力探索社区内存在的资源，并积极为青少年提供合适的资源，使服务对象和资源之间建立连接。

(二) 建立关系

专业关系的建立是开展社区工作的基础。社区工作者所要建立关系的对象不只包括服务对象即青少年自身，还应包括社区内的重要人物、社区组织、团体以及和青少年相关的社区成员，目的是在社区内获得广泛支持，以便后续工作的开展。

(三) 制订计划

工作计划是社区工作的主体部分，计划的好坏决定着实施的成败。因此，工作计划的制订不仅要符合青少年的需要，解决青少年面临的问题，还应致力于促进青少年的成长与发展。工作计划具体包括：社区青少年问题与需求分析、服务的宗旨与目标、理念与理论支撑、服务阶段、各阶段开展的活动、社区宣传方法、评估方法等[②]。在制订计划的过程中，应主要考虑青少年的意见，同时需要青少年的家庭及其他相关人员的共同参与。

(四) 组织实施

根据工作计划的安排，社区工作者带领青少年在社区内开展活动。需要注意的是，计划的安排可以依据实际情况做出调整。在开展活动的过程中，最重要的就是对开展社区活动所需要的多种资源进行合理有效的配置，以及鼓励服务对象积极参与社区事务，解决社区问题。

---

① 陆士桢，王玥. 青少年社会工作[M]. 3版. 北京：社会科学文献出版社，2017.

② 陈世海. 青少年社会工作[M]. 北京：中国社会出版社，2011.

(五) 成效评估

成效评估指社区服务结束后，对服务成果的评估。主要评估内容有：服务目标的达成情况，青少年服务对象的改变情况，社区整体青少年发展状况的变化，以及社区内其他方面的改善等。评估对于促进社区工作的发展起着非常大的作用，它不仅能够帮助社会工作者总结经验，还能提升社会工作者的服务水平。

五、青少年社区工作案例分析①

(一) 背景介绍

随着社会的发展，如今农村和农民所面临的问题由过去的经济和收入问题，转变为生活方式的改善与生存意义的提高。社会发展使得人们的生活节奏变得更快，尤其是在当前，生活压力、学习和就业压力、情感挫折等都直接影响着一个人的生活质量。当社会工作者将工作视角聚焦于社区青少年这一特殊的服务对象群体时，在与之建立良好沟通和联系的基础上，社会工作者在他们身上发现了紧张、烦躁、焦虑、自卑等负面心理问题，并感受到他们急于改变现状的动机和力量。基于上述原因，2008年1月，上海市金山区廊下镇现代化农业园区作为上海新农村建设示范点，率先建立了农舍人家项目团队。作为农舍人家项目2008年度的工作重点，乡村体育节以缓解现代青年人易紧张、烦躁等心理问题为主要目标，基于以人为本的社会工作价值理念，主要使用优势视角、体育疗法来开展一系列活动。

(二) 案例分析

作为市级现代化农业园区、新农村建设示范点，上海市金山区廊下镇极具乡村特色和文化气息。近年来在镇区开展的一系列文化活动，深受老百姓，特别是青少年的喜爱。青少年对活动的参与热情较高，如果能举办更多、更好的大众文化活动，将更加有助于活跃廊下镇文化体育的良好氛围。

随着新农村建设的深入，廊下镇也发生了翻天覆地的变化，除了农民的经济收入增加了，农民文化意识也发生了转变，与父母那辈人不同的是，当前的农村青少年很少会守着祖辈留下的一亩三分地生存。他们多数人会选择另一种生存方式，用来证明自己的不同、自己人生的意义。

基于上述背景，社会工作者在廊下镇农村青少年群体中开展了一次调查，以了解16～25岁这一年龄层次青少年的内在需求。通过调查发现，廊下镇社区青少年存在如下需求。

(1) 农村社区青少年需要精神文化生活。

(2) 农村社区青少年需要文化引导。

(3) 农村社区青少年渴望改变。

(4) 农村社区青少年的负面情绪需要得到缓解。

基于农村青少年群体的上述需求，结合廊下镇镇区特色，社会工作者将“体育疗法”运用到社会工作实务中，整合社会资源，开展“乡村体育节”系列活动，并以此作为“农舍人家”项目工作的探索和实践。

---

① 魏爽. 青少年社会工作案例评析[M]. 北京：中国社会出版社，2017.

(三) 服务计划

1. 服务目标

总目标：通过“乡村体育节”来丰富农村社区青少年的业余文化生活，为他们提供一个公共的、有品位的、适合的交流场所，选择有助于他们表达人生意义的合适方式，将大众型体育文化活动融入青少年的成长之中，改善青少年因环境不适、成长不适等原因而产生的负面问题，增进其社会功能。

具体目标：

(1) 发现社区青少年的长处，从而找出青年领袖，鼓励他们自主管理，参与前期的项目准备工作、中期的组织策划及各个单元的活动、人员招募、后期的回顾与分享。

(2) 帮助青少年去除或缓解因为受所处环境的排挤和压迫而产生的无力感，改善其紧张、烦躁、焦虑、自卑等负面心理。

(3) 发掘和发挥青少年优势或特长，在活动中赋予他们成长能量，增进其自我认同，培养他们的自信心。

(4) 明确青少年负面心理产生的频率和受影响的程度。

(5) 帮助青少年学会与人协作和沟通，在人际交往中获得归属感和稳定感，以此进一步缓解他们的负面心理问题，促使其形成积极向上的生活态度并保证其心理健康。

(四) 服务策略

1. 优势视角

优势视角重视服务对象内部或本身具有的能力和资源。该理论认为，社会工作者应该关心服务对象本身的优势，协助服务对象认识自己的长处和发挥自己的长处，按照自己的意愿成长和发展。社会工作者应该清楚地看到，任何介入模式的成功都与服务对象自身的作用分不开，探索服务对象的长处或优势有助于发现服务对象的潜能，利用服务对象自身的力量来解决问题。

2. 体育疗法

在活动中，我们采用的体育疗法特指纠正心理缺陷的治疗方法。各项体育活动都需要较高的自我控制能力、坚定的信心、勇敢果断和坚韧刚毅的意志及性格等。体育疗法特别适合具有以下特征的人群：急躁、易怒的人群，遇事紧张的人群，孤独、怪癖的人群，腼腆、胆怯的人群。

(五) 服务程序

1. 准备工作

(1) 与镇团委书记协商沟通，确定方案。

(2) 镇团委牵头，各村居民委员会团支部协作，了解社区青少年的特长、需求。

(3) 制作一些图文并茂的活动简介，包括“乡村体育节”的时间、地点、活动内容等信息。

2. 活动前期

(1) 宣传。镇团委牵头，各村居民委员会团支部参与，做好前期宣传工作。

(2) 招募。各村居民委员会团支部在自己所在村居民委员会招募社区青少年，社会工作者根据自己所了解的服务对象配合招募。

(3) 整合资源。确定负责人及活动地点。

3. 活动实施

活动由开幕式、个人单元赛事、团体单元赛事三部分组成。

4. 活动结束

社会工作者及时总结每个阶段的工作并作出适当的回应。

(六) 服务计划实施情况

1. 农舍人家之乡村体育节第一阶段——开幕式

单元目标：帮助青少年去除或缓解因为受所处环境的排挤和压迫而产生的无力感，改善紧张、烦躁、焦虑、自卑等负面心理。

分目标：

(1) 青少年之间相互认识，营造融洽、活跃的团体氛围。本次活动的时间为2008年4月13日12:00—16:00，社会工作者徐茜在活动开始前进行一次演讲，将自己及主要工作人员介绍给所有参与比赛的青少年朋友，然后请参与比赛的人员进行一分钟自我介绍，内容包括姓名、兴趣爱好、报名参加的比赛内容等。通过这样一个简单形式，让青少年之间有初步的认识。

(2) 青少年群体能自觉遵守活动规则，积极参与活动，发挥主观能动性。社会工作者徐茜作为这个单元的主持人，重申了活动的目的、性质，制定团体规范。每一位选手在团体规范上签字，表示将遵守比赛规则，积极参与活动，发挥主观能动性。

(3) 宣传“乡村体育节”，使更多的社区青少年了解活动，扩展参与面。本次活动共设丢拾球比赛、足球比赛、篮球比赛。需要的道具有篮球、足球、乒乓球、碗、秒表、矿泉水。三项团体赛的第一轮共有四支足球队、两支篮球队、两支丢拾球队参加。运动员合计40人，裁判3人。

活动分享与总结：

本单元运动项目主要涉及的体育项目有篮球、足球和丢拾球。开展这些比赛主要是因为体育节刚启动，一方面需要一种相对比较热闹的形式来活跃气氛，而篮球、足球报名的人数比较多，能为下一阶段的活动热场；另一方面球场上形式多变，只有冷静沉着对付，才能取得优势。青少年若能经常在这种激烈的场合中接受考验，遇事就不会过分紧张，更不会惊慌失措，从而给学习、工作带来益处。

2. 农舍人家之乡村体育节第二阶段——个人单元赛事

单元目标：发掘和发挥青少年优势或特长，在活动中赋予他们成长的能量，增进其自我认同，培养他们的自信心。

分目标：

(1) 通过活动帮助青年人认识自我，树立自信心。

优势视角理论提到，个人的无力感是由环境的排挤和压迫而产生的。农村青年群体，尤其是社区青少年群体，他们在社会化中很容易缺失稳定感、归属感，而趣味插秧、手编麻绳都取材于农村，是本土化的文化活动，也是他们熟悉的活动。

社区青年小张过去很不自信，他总是给自己贴上"不正常"的标签。他自己给出的理由是："我身体不好，初中学历，没有技能，更没有朋友。"在个案工作初期，社会工作者收集到的信息与他了解的自己有些差异。比如，小张天生体弱多病，但他正在参与适合他的锻炼方式——走路，他每天都要来回步行半小时，从不间断。小张初中毕业，很想继续学习，于是报名了"阳光下展翅班"。他没有技能，但热爱音乐，想学一门乐器。虽然没有朋友，可是他正在努力尝试与人交流。这些信息告诉社会工作者，小张身上有许多长处，只不过他自己没有发现而已。这次社会工作者鼓励他报名参加"乡村体育节"，就是希望通过活动，让他认识自我。小张是农民的子女，对于插秧并不陌生，比赛成绩很优异。社会工作者帮助他看到了自己的优势，初步建立了他的自信心。

(2) 通过活动鼓励青少年，使其增进自我认同。

第二阶段由于设置在华中村，吸引了周边的群众来观赛，无论是过去相熟的还是陌生的青少年，村民都会为其鼓劲呐喊，而青少年们也会特别兴奋，小刚就是其中的一个代表。在参加比赛之前，社会工作者动员过小刚参加各类小组活动、社区活动，但都没成功。这次社会工作者鼓励小刚走出家门，也许是因为活动内容比较适合他，他先后报名参加篮球和趣味插秧，并且履行了承诺，两个阶段的活动都能积极参加。

分享与总结：

第一阶段的开幕式就像一个"大火锅"，把大家汇集在一起，宣传活动，吸引青少年群体的参与。到了第二阶段，更注重细节方面的设计，社会工作者希望通过这些服务对象擅长的项目进一步增进他们对自我的认同和肯定，赋予他们更多的成长能量，使他们有能力、有信心去做自己喜欢做的事。

3. 农舍人家之乡村体育节第三阶段——团体单元赛事

单元目标：

减少青少年负面心理产生的频度，降低其受之影响的程度。

分目标：

(1) 建立团体成员互助精神。根据体育疗法的理念，社会工作者针对青少年出现的自负、逞强的心理问题，通过一些难度较大、动作较复杂的运动，如定点投篮和"两人三足"障碍跑，帮助他们在团队合作项目中体验与人协作的精神，增进他们与人沟通、共同完成任务的能力。"两人三足"远比想象中具有挑战性，在活动过程中，应不断提醒他们不能自负，要学会与人沟通、合作，只有步调一致、相互配合，才能取得胜利。

(2) 引导组员承担社会责任感。在第三阶段的活动中，服务对象小吕、小陈和小峰已经成了活动中的主要工作人员，从优势视角的模式，社会工作者看到了他们对自己的行动负责并有兴趣改变自己。小吕曾就读的中专学校经常有人打架斗殴，家长很不放心，便给他办了退学手续。退学后的日子里，小吕被规定只能待在家中，父母宁可他待在家里也不愿让他出去，怕他染上恶习。社会工作者接案后了解到小吕的情绪问题，他觉得自己有能力对自己的行为负责，他希望自己能够成熟些，赢得家长的信任。针对这一情况，社会工作者让他参加了活动，并且很快发现了小吕的潜能，身高180厘米的他打篮球特别棒，有固定的朋友圈子，于是有关篮球方面的组织策划都交给他负责。小吕没有让社会工作者失望，他先是动员身边的朋友参与篮球比赛，在比赛过程中积极配合裁判的工作。活动过程中，小吕的母亲也前来观看，对于儿子的表现感到很满意，这令小吕很满足。小吕告诉社会工作者，他下半年打算组织一支篮球队，为明年的体育节做准备。

4. 农舍人家之乡村体育节第四阶段——回访总结

单元目标：

增进青少年社会交往，使其学会与人协作和沟通，在人际交往中获得归属感和稳定感，以此进一步缓解他们的负面心理问题，形成积极向上的生活态度，完善健康心理。

分目标：

(1) 讨论总结小组活动的得与失。最后一个单元结束后，社会工作者就本次“乡村体育节”的成效进行了回访。在对22名青少年同伴自助团体成员的问卷调查中发现，有90%的被访者认为在团体活动中寻找到志同道合、有共同语言的朋友，相互间能为了同一个梦想和目标而努力。

有86%的被访者认为，在有规律的团体活动和社会工作者的带领下，自己学会了如何与他人沟通。在不断交流和分享中懂得表达自己，也尝试着了解别人，给予其他同伴更多的关怀和帮助。

调查中发现，有7%的被访者认为，目前社会工作者组织策划的活动内容比较符合当下年轻人的兴趣，在比赛中自己有一定的改变，紧张、压抑、孤独的情绪也得到了缓解。

(2) 鼓励组员积极参与精神。活动有开始必然有结束。在篮球、足球比赛全部结束后，社会工作者给获胜队颁发了奖品。由于有些运动员因有事无法参与，篮球决赛中的部分运动员是后期招募来的。

(3) 项目的延续。在活动结束后，小吕、小陈、小峰三人又主动来到了社会工作者的办公室，他们三人希望明年可以在“乡村体育节”活动的基础上举办篮球争霸赛，目前他们正在积极筹备。由小吕、小峰负责组织篮球运动员，小陈负责制定比赛规则。他们希望获得社会工作者的支持，理由如下。

第一，社会工作者可以整合资源，解决场地和经费等问题。

第二，社会工作者能帮助解决活动过程中的一些突发问题和困难。

第三，社会工作者在团队中有一定的指导作用，能让人感到温暖。

(七) 项目评估

农舍人家之乡村体育节作为金山区青少年工作品牌项目的探索，受到众多青少年的喜爱，广大青少年热情参与，取得了比较好的效果和社会反响，原定活动目标基本达成。

1. 满足了农村青少年的需求

乡村体育节是为满足农村青少年自身不可忽视的真实需求而开展的，对青少年正面成长、改善负面心理等问题都有诸多积极的影响和作用。

2. 增进了农村青少年的社会交往和人际关系

乡村体育节活动的开展丰富了农村青少年的业余文化生活，在青少年收获快乐的同时也帮助他们形成了自我认同和肯定，增进了他们的社会交往和人际关系。

3. 有力宣传新农村建设

在活动后的回访过程中，90%的青少年表示其认同此类活动对于新农村文化建设的价值。此外，他们也表示自己愿意参与和新农村建设有关的活动，为新农村建设贡献自己的力量。

4. 农村社区青少年自主管理初见成效

此次乡村体育节，社会工作者鼓励青少年自主策划、自行组织活动，而社会工作者主要起协助作用。这样一来，既锻炼了他们的组织能力，也体现了对社区青少年服务的针对性。

5. 志愿者发展辟新径，发展青少年作为志愿者

本次乡村体育节，社会工作者招募的志愿者主要来自“农舍人家”项目组成员，发展青少年作为活动志愿者，鼓励他们在活动中发挥所长、各司其职，负责活动的策划、准备、组织。

6. 理论与实践相结合

本次乡村体育节运用的是优势视角、体育疗法。通过学习理论，社会工作者可以提高自己的专业水平。

第八章　青少年社会工作项目开发与设计

项目开发阶段也是一个好点子逐步成形的阶段，此阶段需要回答一系列问题：如何开发一个“好”项目？“好”项目如何规划与设计？如何讲好“好”项目的故事？基于前七章的基础论述，为了能够让专业社会工作者更清楚地了解青少年社会工作的项目开发与设计，本章以青少年社会工作项目的开发过程为时间轴，将设计理念、方法贯穿其中。本章将从了解区域概况、建立工作关系、开展需求调研、策划服务方案、提供具体服务、评估服务成效六个方面介绍青少年社会工作项目的开发与设计，每个阶段有不同的工作内容，青少年社会工作者需要注意与调整。

第一节　了解区域概况

社会工作一直强调“人在情境中”的理念，青少年的成长、发展与所处的环境息息相关，这就需要社会工作者关注青少年的生活经验，关注与青少年相关的社会因素。青少年所在的社区对其成长发展有着不可估量的影响，因此青少年社工初到区域中，要了解青少年居住的社区概况，了解社区环境、社区资源等。学校作为青少年的主要社会化场所，对青少年的作用与影响不言而喻，因此，青少年社工也要关注学校的性质、状况、地理位置等。

一、了解社区概况

(一) 社区的区位结构与类型

1. 了解地理位置

青少年社工了解社区情况时，最直观的就是社区的地理位置，如这个社区所处的城市级别，社区位于市区、近郊还是远郊区。举例来说，远郊青少年的生活经验与繁华市区、新兴近郊区的青少年是完全不同的。

2. 判断社区类型

判断青少年所处的社区是商业社区、工业社区、回迁房社区、经济作物社区、城乡接合部社区、农村社区还是民族社区。通过了解青少年所处的社区类型，青少年社工可以判断出青少年家庭的经济情况。此外，不同社区的青少年面临的问题也不同。例如，城乡接合部社区、农村地区聚集很大一部分外来租房人口，这些人口的子女面临的是适应问题；回迁房社区的青少年经历拆迁这一事件后，其人生观、价值观、世界观等方面可能发生变化，这部分青少年需要适应与农村相比截然不同的新生活。

(二) 社区的资源与发展规划

了解社区的资源与发展规划，不仅能够让社工了解青少年所处的场域，也能为之后构建青少年社会支持系统奠定基础。

1. 空间分布

社区内的商圈、图书馆、公园、体育活动场地、公交车站、地铁站等，这些资源对青少年的学习、生活、出行有着重要的影响。

2. 社区人口结构

人口结构包括社区的年龄结构、职业结构、文化结构、阶层结构等。

3. 社区文化资源

社区居民长期生活积淀而成的生活方式、思考方式、价值观念、文化认同。

4. 社区组织

社区内是否有社会组织，社会组织的性质、数量、服务内容，都会影响青少年的生活与发展。

每个社区的发展规划不同，社区可根据自身情况建设图书室、修建文化休闲场地等。政策对不同社区的规划也不同，例如由于城市的扩张，邻近城市的农村社区的规划也会有所改变，青少年社工应结合社区和政府政策，做青少年与社区、政府之间的桥梁。

(三) 社区的行政组织架构

青少年社工要了解社区行政部门的职能，社区所处街道(乡镇)的行政组织架构，主管该辖区、社区青少年事务的部门和具体负责人，这样能够为青少年开拓资源，做好青少年服务工作。青少年社工要将街道办、地区教育局、公检法、居委会等不同政府部门紧密联系在一起，把所有力量拧成一股绳，为青少年的更好发展贡献力量。

(四) 社区青少年的基本情况与主要问题

青少年社会工作的项目开发与设计的本质是以青少年为服务对象开展服务，除了关注青少年所处社区的情况，更要聚焦青少年自身的情况。青少年社工进入社区后，需要了解青少年的学习状态处于在学、休学、辍学、停学、退学、工作哪种状态。社区青少年面临的问题是复杂多样的，社工需要识别不同青少年群体的问题，例如经济、身体、学业、心理、就业等不同方面的问题。社工需要判断哪个群体的哪些问题急需解决，以便及时妥善处理。

二、了解学校概况

(一) 学校的区位结构

青少年社工首先要了解青少年所在学校的区位结构，这包括：了解学校的地理位置，明晰学校是处在繁华地区、乡镇地区、城乡接合部地区还是山区等，以便明确交通是否便利；了解学校周围的环境，学校周边是否有政府部门、事业单位、商圈、娱乐场所等，判断其对青少年产生的影响。

(二) 学校的性质与办学理念

从性质来讲，了解青少年就读的学校是公立学校还是私立学校，抑或民办公助校；从办学理念来讲，该校是开拓创新型的学校，还是传统保守型的学校。一个学校的办学理念深深地影响着学校文化、师生关系和人才培养模式。

(三) 学校的办学条件

社会工作者了解某校的办学条件，要从硬件设施、师资队伍、课程安排入手。一所学校的硬件条件包括：学校的占地面积，教学楼的数量与面积；教室、实验室是否配备多媒体设备；图书馆是否宽敞明亮、藏书量的多少；是否配备操场、篮球馆、游泳馆等课外活动场地；是否具备多功能礼堂，可以满足不同规模的教学活动需要；也要了解寄宿学校、打工子弟学校、山区学校的宿舍情况和食堂条件。社工了解学校硬件条件，可为开展青少年社会工作奠定基础。此外，社工需要了解该学校的师资队伍和人事管理机制；了解学校的教职工人数；了解学校是否有全国劳模、市区先进、优秀教师、学科骨干、学科带头人等；认识学校不同部门的负责人，了解不同部门的主要工作内容和老师之间的关系，以便日后利用这些人力资源促进项目的开展与实施。社工还需了解学校的课程设置与安排，根据课程设置的时间安排项目活动；利用学校的特色课程活动，如科技活动、学科竞赛、生活技能比赛、心理健康讲座等，结合学生的兴趣特点和特长来开展服务。

(四) 学校开展社会工作服务情况

社工应了解学校有无和社工合作的历史，合作的方式是驻校社工还是非驻校社工，合作内容的重点和侧重点在哪。有的学校社工只负责学生的心理健康和道德教育，有的学校社工负责开展活动、激发学生潜能。对于这些基本情况都要有所了解，总结合作的经验与不足。

(五) 学校在校生基本情况

社工应了解生源的基本情况，具体包括在校生总数、男女生比例、本地生源与外地生源比例、寄宿生与非寄宿生比例、学生特点与优势、学生问题与不足等。社工应了解学生的状态，包括学生的心理状态、情绪状态、兴趣爱好等。社工应了解课余活动的开展情况，包括课余时间的活动内容、活动形式。此外，还应了解一些特殊情况，包括服务的学生是否遭受暴力事件、校园欺凌等。

第二节　建立工作关系

社会工作的专业关系是指社会工作者基于专业服务的需要同受助者建立的关系。按照社会学的角色理论，它是社会工作者与服务对象两个角色之间的规范化的互动模式①。在社会工作实务中，与服务对象建立良好的工作关系是实现助人目标的基石与灵魂。青少年社会工作关系通常比青少年与其他成年人的关系更为松散，在建立信任、有活力、友好的工作关系的同时，

---

① 王思斌. 社会工作概论[M]. 3版. 北京：高等教育出版社，2014.

青少年社会工作者需要小心谨慎地在亲和性和专业性之间找到平衡[①]。

一、专业关系的特点

专业关系是社会工作者与服务对象为了解决问题而进行的一种联结，专业关系的特点如下：有一个双方共识的目标，有时间限制，以服务对象的利益为中心，社会工作者掌握专门的知识，具有专业伦理、专业技巧的权威[②]。

二、建立专业关系的五要素

社会工作者要与服务对象建立良好的专业关系，应做到以下五点：社会工作者需要与服务对象准确沟通想法和感受；与服务对象沟通相互之间的资料；沟通充满关怀和亲切感；与服务对象角色互补；与服务对象建立信任关系[③]。

三、建立专业关系的技巧

(一) 同感

同感泛指心理换位，即设身处地对他人的情绪和情感的认知、把握与理解。同理心主要体现在情绪自控、换位思考、倾听能力以及表达尊重等方面[④]。社会工作者未与服务对象接触前，可阅读他们的资料，设身处地去思考他们的想法，初步认识服务对象，设想与服务对象面对相同情况时自己的想法会如何，以此增加对服务对象的同感。

(二) 诚恳

在专业关系中，社会工作者需从始至终保持真诚、诚恳的态度，应向服务对象实事求是、不加任何修饰地介绍社会工作机构和自己，以服务对象的需求和利益作为工作出发点。

(三) 温暖与尊重

社会工作者要关注服务对象的全部情况，具备向服务对象传达这种情感的能力，应对服务对象产生责任感，愿意为了服务对象实现目标提供协助，使服务对象感受到温暖与关怀，从而促进服务对象解决困难、改善生活。

(四) 积极主动

与服务对象建立信任关系，需要社会工作者有积极主动的态度，尤其是与青少年服务对象建立关系时，积极主动的态度表明社会工作者对服务对象充满兴趣，对专业关系充满热情，这能促进社工与青少年的顺畅沟通，减少服务对象的抗拒情绪。

---

① Kate Sapin. 青少年社会工作基本技巧[M]. 赵凌云，陈元元，译. 上海：华东理工大学出版社，2015.

② 全国社会工作者职业水平考试教材编写组. 社会工作实务(中级)[M]. 北京：中国社会出版社，2019.

③ 全国社会工作者职业水平考试教材编写组. 社会工作实务(中级)[M]. 北京：中国社会出版社，2019.

④ 肖赣贞. 同理心被低估的天赋[J]. 检查风云，2020(11).

四、与青少年建立专业关系的技巧

(一) 初次接触的技巧

青少年与社会工作者在第一次接触时，由于对社会工作者并不熟悉，通常会有较强的戒备心理，对于青少年社会工作者的主动沟通不会给予过多的回应。因此，青少年社会工作者应采用合适的方法与技巧与青少年接触，使青少年熟悉社会工作者，消除戒备心理。社会工作者与青少年初次接触的技巧包括以下几方面。

(1) 社会工作者将自己定位为“朋友关系的同龄人”，而非说教的权威角色。

(2) 以青少年的兴趣和爱好为切入点，围绕兴趣和爱好展开相关话题，拉近与青少年的关系。

(3) 转变传统的交流方式，面对青少年初期的沉默，可以巧妙地采用纸笔交流等多种方式，使沟通畅通。

(4) 根据青少年不同的性格特点，灵活采用适合的表达欢迎方式。

(5) 初次接触，减少有关青少年隐私部分的交流。

(二) 熟络之后的面谈技巧

与青少年熟悉之后，一些青少年出于信任会向青少年社会工作者吐露自己的困难、困惑，通常情况下，社会工作者会与青少年进行一次单独的非正式面谈。如果青少年现阶段的状况已经造成了很严重的后果，青少年社会工作者需要鼓励青少年成为个案的案主，进行正式的面谈。面谈的目的在于了解青少年的基本情况，因此对青少年的有效倾听、接纳、理解尤为重要。社会工作者与青少年熟络之后的面谈技巧包括以下几方面。

(1) 对青少年的处境和心情有同理心，充分理解青少年。

(2) 充分尊重青少年，支持青少年表达自己的意见。

(3) 无条件接纳服务对象，不作评价和判断。

(4) 在面谈交流时，对于青少年诉说的事情，做到有效倾听，鼓励对方更加开放，认真理解青少年倾诉的内容。

(5) 积极关注青少年在面谈过程中的情绪、状态。

(6) 在充分肯定青少年的基础上提问，避免给青少年造成被否定、被侵犯的感觉。

(7) 对于青少年提出的问题，积极给予回应和反馈，但要尊重案主自决原则。

(三) 争取多次接触的技巧

在与青少年建立一定的关系后，青少年社会工作者需要加深与青少年的专业关系。在实践中，没有一种关系是一次面谈、一次联系就可以建立起来的，需要不断地见面、交流、接触才能保持并加深工作关系。社会工作者争取多次接触的技巧包括以下几方面。

(1) 依据青少年的兴趣爱好，在课余时间组织相关主题的活动，吸引青少年参与。

(2) 邀请青少年来学校或者社区的社工站点。

(3) 每次接触结束时，询问青少年之后是否会再参加社工站的活动。

(四) 保持专业边界的技巧

青少年社会工作实务的界限是以青少年社会工作的原则为基础的，为了保持专业界限，应该注意权利和自制力，以确保关心、支持甚至关爱不会转变成为亲密的个人关系。这就要求青少年社工意识到他们是工作者，他们是“运动场上的裁判员”，而不是“运动员”，不应该卷入青少年的生活。为了与青少年服务对象维持适当的边界，青少年社会工作者要学会一些技巧，包括以下几方面。

(1) 申明自己的社会工作者的身份。

(2) 遵守社会工作者伦理守则。

(3) 避免对个别服务对象实施特别的照顾。

(4) 避免与青少年走得过近，避免任何的性接触和性暗示。

(5) 控制青少年讨论个人或私人问题的时间。

(6) 对于交换私人联系方式持慎重的心态，避免用私人账号联系。

每个青少年社会工作者的实务风格都是不同的，因此与青少年建立工作关系的标准并不统一，青少年社会工作者在选择运用方法与技巧时有较大的灵活性。但无论如何，在建立关系的过程中，青少年社会工作者都要做到尊重、温暖、接纳、同理、倾听、非评判。

第三节　开展需求调研

一、青少年需求的定义

在青少年社会工作过程中，对青少年的需求进行评估与调研是重要一环。准确把握青少年的需求有利于为服务的开展提供正向的指导，设计出切合青少年需求的服务。

青少年的需求，是指其社会化过程的基本条件是否得到满足，在社会化过程中是否实现了他(她)的自我同一性。依据青少年社会化以及实现自我同一性的任务要求，从发展的角度，可以把青少年个体发展性需求概括为如下几方面①。

(1) 接纳自己的身体与容貌，表现出符合社会规范的性别角色需求。

(2) 个体与同伴发展适当的人际关系。

(3) 追求个体的精神独立，少依附父母及其他人。

(4) 自食其力，寻求经济独立。

(5) 对未来的生涯做准备。

(6) 发展符合社会期望的认知技能和概念。

(7) 努力表现负责任的行为，追求理想和抱负。

(8) 为未来的婚姻和家庭做准备。

(9) 建立个体价值体系，符合现实世界的需求。

---

① 全国社会工作者职业水平考试教材编写组. 社会工作实务(中级)[M]. 北京：中国社会出版社，2019.

二、青少年需求的类型

社会工作者对服务对象的需求进行调研，是为了准确把握服务对象的需求，以便日后满足其需求。社工在对服务对象进行需求分析时，较为常用的一种分析框架是布拉德肖的四种需求理论，如表8-1所示①。

表8-1　布拉德肖的四种需求理论

需求类型	定义	方法
规范性需求	通过惯例、权威或普遍共识建立标准，一旦低于这个标准，则被认为具有相应需求(如通过“贫困线标准”判断本区域内需要服务的青少年)	文献分析法
感受性需求	服务对象能够感受到的或说出来的需求	深度访谈、问卷调查、观察法、机构服务经验整理
表达性需求	服务对象主动寻求帮助的需求，通过目前使用服务的资料反映的需求状况	分析机构现有服务记录
相对性需求	比较两个相似或相近情景的服务差距，来说明需求的存在	文献分析法、比较研究法

三、青少年需求调研设计

我国的法律法规虽然对未成年人有明确的界定，但对青少年没有统一明确的界定。在我国学术界，不同学科领域根据不同的划分依据对青少年的年龄阶段作了不同的界定。在社会舆论中，对青少年年龄的界定更为宽泛。可以说，青少年不同的年龄阶段界定，导致青少年群体需求复杂且多样，因此，对青少年的需求进行调研不能一概而论，需要根据不同的青少年群体的差异，进行个性化设计。

(一) 依群体进行调研

除了为一般青少年提供服务，还需要关注特殊群体青少年的需求。这部分群体比起一般青少年，问题更加明显，相应的需求也有较大的差距。特殊青少年群体包括不良行为青少年、严重不良行为青少年、两需青少年、流动青少年、困境未成年人、留守儿童、服刑人员未成年子女以及工读学校学生。对这类特殊群体开展精准调研，可以更好地为其提供服务。

(二) 依年龄进行调研

我国对青少年年龄的界定是13～19岁，联合国对青少年年龄的界定为15～24岁，无论参照何种年龄分类，都可以说明青少年群体的年龄跨度之大，不同年龄阶段的青少年的价值观、人生观、世界观、成熟程度、思考能力都是不同的，因此应分不同年龄有针对性地开展调研。对青少年的分类标准涵盖初中、高中/中专、大学/大专不同的学习阶段，如想调研不同学习阶段的需求，可以采用问卷调查、深度访谈、实地观察等方法，也可以针对一个学校内的不同年级进行需求调研。

① 郑怡世. 成效导向的方案规划与评估[M]. 台北：巨流图书股份有限公司，2015.

(三) 依身份状态进行调研

不同状态的青少年，遇到的问题也是不同的，因此需求存在差异。社工要判断青少年的身份状态，青少年的身份状态包括在学、休学、辍学、停学、退学、工作等。因身份状态不同，他们生活的场域也不同，因此在调研中要做好区分，才能得到精准的结果。

(四) 依生活场域进行调研

住在城市的青少年、住在城乡接合部的青少年、住在农村社区的青少年和住在回迁房社区的青少年，他们所处的生活场域不同，遇到的问题也不同。例如，就经济条件而言，住在城市的青少年多数处于衣食无忧的状态，生活条件远远好于居住在城中村、农村社区的青少年，所以他们的需求也会有差异，在进行需求调研时需要注意这一点。

(五) 综合调研

在年龄、地域、状态、群体这四个因素中，每一个因素都不是孤立存在的。在实际操作中，为了实现需求调研的准确性，可以将四种方式巧妙地结合起来。例如，15～18岁青少年，有的在读高中，有的在读中专，有的处于无所事事的闲散状态，可将年龄与状态结合起来开展调研。

四、需求调研报告的撰写

完成青少年需求调研后，可以着手撰写需求调研报告。需求调研报告要准确地表达青少年社工对于青少年需求的认识，为社会工作者、社会工作机构提供有关服务对象需求的详尽信息，以作为下一步策划服务方案的依据。

(一) 撰写需求调研报告应注意的事项

(1) 确定需求调研报告的读者和目的。
(2) 确定需求调研报告使用的资料。
(3) 将资料组织成有意义的不同部分。
(4) 准确地将客观事实与个人判断进行区分。
(5) 语言简洁明了。

(二) 调研报告的结构

1. 资料和事实的呈现

这部分内容要求社会工作者呈现调研中的成果，包括青少年服务对象的基本特点、遇到的问题(问题发生的时间、涉及的系统、问题产生的背景)。

2. 社会工作者的专业判断

这部分内容要求社会工作者根据资料和事实做出专业的判断，包括对资料的理解、对服务对象问题的判断、分析服务对象需求、对服务假设的验证、形成需求、服务策略的回应。

第四节　策划服务方案

在对青少年的需求进行准确调研后，青少年社工需要开展服务来回应青少年的需求，这就需要社工策划贴合青少年需求、内容具体的服务方案。

服务方案策划包括明确需求、制定目标、选择策略、明确行动、风险预估与管理、检验逻辑关系、检查项目方案设计这七个环节。本节将通过一个案例来解读策划服务方案的每个步骤。

小A，男，22岁，独生子，湖南某大专毕业，未婚，属于新时代劳务工。2010年1月，小A与其他30名同学一起，被分配到F公司。小A的岗位是流水线上的技工，已工作三个多月。社工见到小A时，恰逢他感冒，工作状态不佳，并遭遇“线长”(即流水线管理人员)的辱骂和扣工资处罚。当时，小A的工作台与宿舍十分凌乱，他的精神状态接近崩溃，多次诉说想自杀，其郁闷焦虑的心情溢于言表。小A在流水线上工作已有三个多月，每天的工作内容就是安插一个零件到另一个部件上去，这样一个非常简单的动作每天要重复几千上万次，通常要工作十几个小时，一天下来大脑里一片空白，然后回宿舍睡觉，第二天再重复同样的过程。循环往复，非常枯燥乏味。流水线的工作节奏非常快，以秒为单位，几乎是人所能承受的极限，人进入工厂就像进入巨大的压力锅，全身都有透不过气的感觉。因此，小A的神经一直处于紧绷的状态，稍有松懈，他面前的零件就会堆积起来，就会听到线长的怒吼声。除了工作，小A渐渐地融入了F公司的节奏中，工作、吃饭、睡觉三点一线。在这样的生活中，他感到业余生活十分单调刻板，逐步变成流水线中的一个零部件。因公司管理人员担忧小A与大专同学联合窃取公司的技术，他们被分配在不同的宿舍，熟人之间相距甚远。小A是异乡人，在这里人生地不熟，下班后想找一个聊天的人都没有，宿舍里的人都不爱讲话，人际关系十分冷漠。小A告诉社工，流水线上的许多同事已经工作两三年了，不仅工资较低，并且加薪和升职的机会也很少，他在流水线的岗位上看不到任何发展的希望。小A出生在一个礼教严格、理性有秩序的农村知识分子家庭，从小父母对他要求非常严格并寄予很高的期望，致使他对自己也有很高的期待，但目前这种生活、工作状态让他感到十分痛心、自责和迷茫。几天前，小A因身体不适，在工作中动作有些迟钝，影响了流水线的进度，被线长辱骂和扣工资。同时，这家公司近日有员工跳楼死亡，致使公司处于混乱中。面对目前的状态，小A感到更加郁闷，更觉得这样活着没意思，并试图跳楼自杀。在社工介入之前，临床心理学家已初步判定小A为“有自杀倾向的抑郁症患者”，建议将他转入精神病医院治疗，但医院没有空余床位安置他，又将他转介给社工。最初，社工与小A接触时，他总是气愤地说，自己没有精神病，不想被关进精神病院，更不想见什么心理治疗师和社工。不过，他也知道，如果他不与社工面谈，他将被立即送往其他精神病医院。他一直强调不想见社工，也不需要任何帮助①。

一、明确需求

青少年社会工作者策划服务方案首先应明确服务对象的需求，常用的分析问题的工具是问

① 王思斌. 社会工作硕士专业学位研究生(MSW)教学案例集[M]. 北京：北京大学出版社，2016.

题树。问题树又称逻辑树、演绎树，是一种以树状图形系统地分析存在的问题及其相互关系的一种方法，其原理是将问题的所有子问题分层罗列，从最高层开始，并逐步向下扩展，见图8-1。

青少年社会工作者在绘制问题树时，将青少年的问题表象填写到树枝处，将青少年的核心问题填写到树干处，然后开始考虑这个问题以及相关问题产生的根源。树根第一层填写造成问题的直接原因，树根第二层填写造成问题的第二层原因，树根第三层填写造成问题的深层次原因。社会工作者遵循这样的步骤，形成服务对象的问题树，有益于理清思路，避免重复和无关的思考。

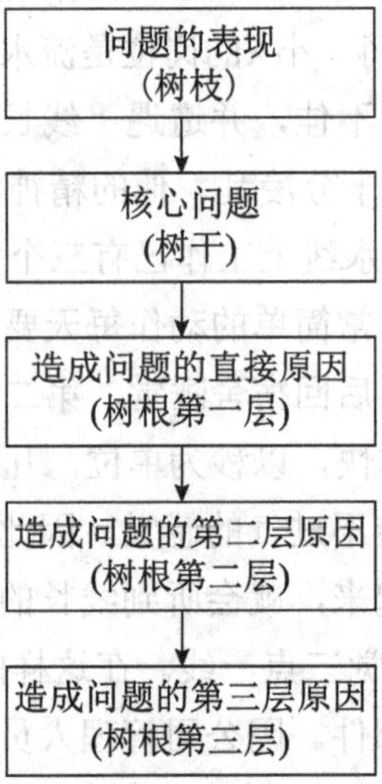

图8-1　问题树分析法

在小A这个案例中，树枝(问题的表象)是小A欲自杀，工厂里已经发生过员工自杀事件，因此可以归纳出树干(核心问题)是工厂员工存在人身安全风险。通过分析案例中的资料，可以推导出树根第一层(造成问题的直接原因)是小A焦虑抑郁的情绪无法排解；无目标，看不到希望；工作单调，生活枯燥；工厂管理方式简单粗暴。进一步细分树根第一层后推导出树根第二层(造成问题的第二层原因)：自身抗压能力差，身边没有聊得来的朋友，父母和自己对未来期望较高，导致焦虑抑郁情绪；个人没有规划，厂里无培训和升职机会，导致小A无目标，看不到希望；流水线岗位单调，生活乏味，导致工作单调、生活枯燥；管理制度缺乏人性化，管理者能力不足，职工合法权益无法保障，导致管理方式简单粗暴。再进一步细分树根第二层的每个原因，可以推导出树根第三层(造成问题的第三层原因)：自我减压和情绪调节知识欠佳，导致自身抗压能力差；与同学宿舍距离远，几乎无联系，同舍友不熟悉、形同陌路，导致身边没有聊得来的朋友；学历较高，对未来有较高期望，父母是知识分子，望子成龙，导致自己和父母对未来期望较高；小A不具备规划意识与能力，导致个人没有规划；工厂无助力员工发展计划，导致工厂无培训和升职机会；岗位固定且操作简单，导致流水线岗位单调；工作时间长，休息时间无娱乐活动，导致生活单调乏味；工厂制度死板单一、缺乏弹性，导致管理制度缺乏人性化；无针对底层管理者的能力培训，导致管理能力不足；工厂无维护职工权益的意识和措施，导致职工合法权益无法保障。综上，小A问题树框架见图8-2。

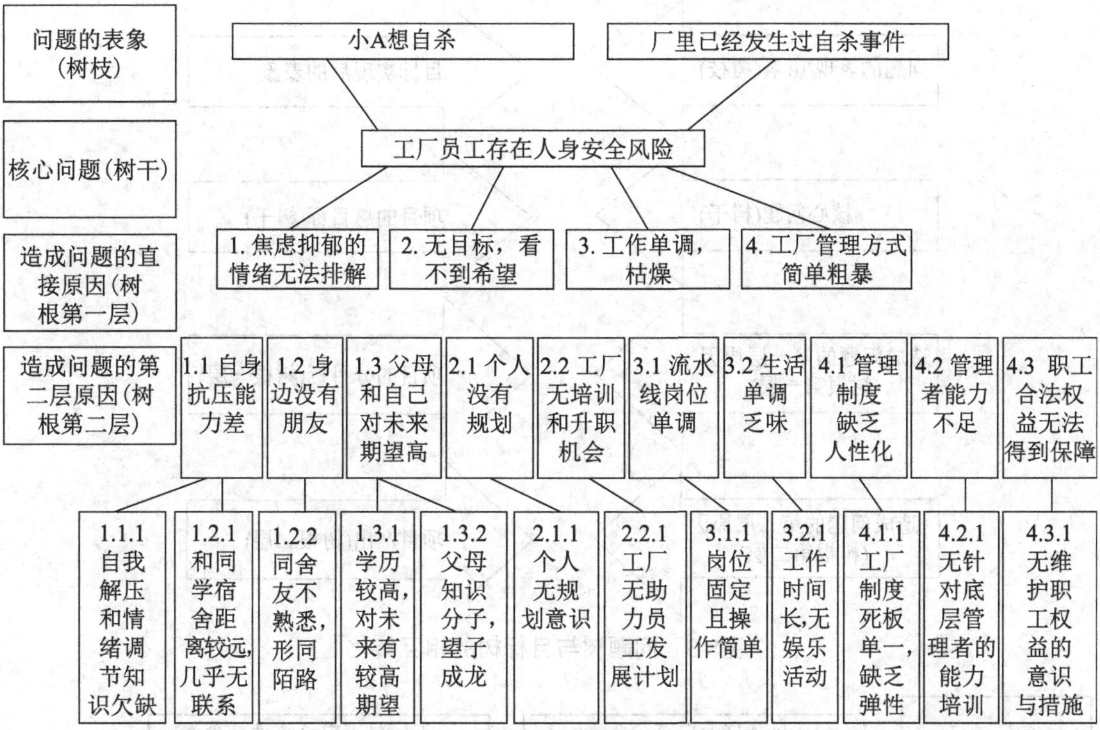

图8-2　案例中小A的“问题树”(示例)

基于小A的问题表象，归纳核心问题，层层分析原因，可以明确小A的需求：及时处理郁闷、焦虑情绪，以抑制其自杀行为；应对职业环境中的工作压力；调整系统功能失调；适应流水线工作环境，明确角色定位，获得自我实现的满足感；维护劳动权益与建构和谐劳动关系。

二、制定目标

(一) 目标树的使用

明确服务对象的需求，青少年社工要将问题树与目标树相互转换，更生动、形象地确定服务方案的目的和目标。青少年社工将“问题树”中呈现的问题作为撰写方案目标的依据，可以推导出目标实现后的表象；依据核心问题，推导出项目的总目标；依据造成问题的第一层原因推导出项目的分目标；依据造成问题的第二层原因，形成项目的产出。图8-3是将问题树转换为目标树的过程。

根据问题树与目标树相互转化的方法，明确案例中小A服务方案的目标，小A的目标树框架见图8-4。

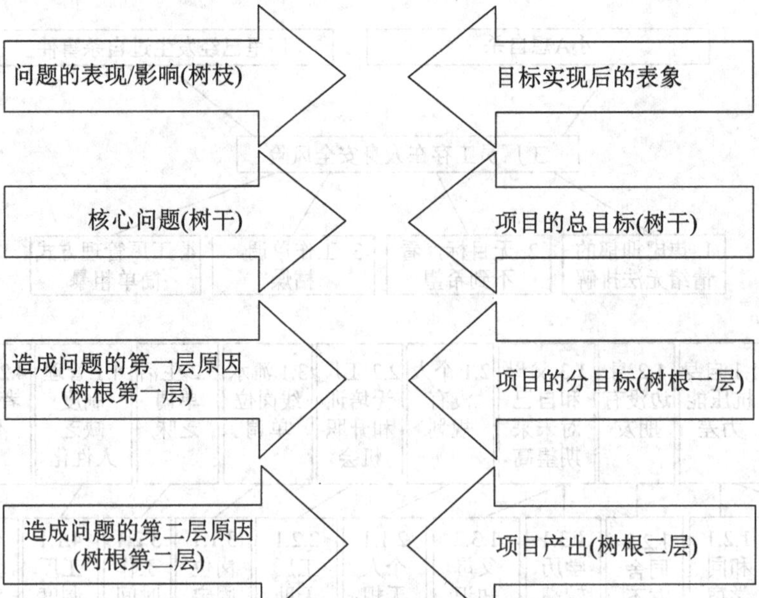

图8-3　问题树与目标树的相互转化

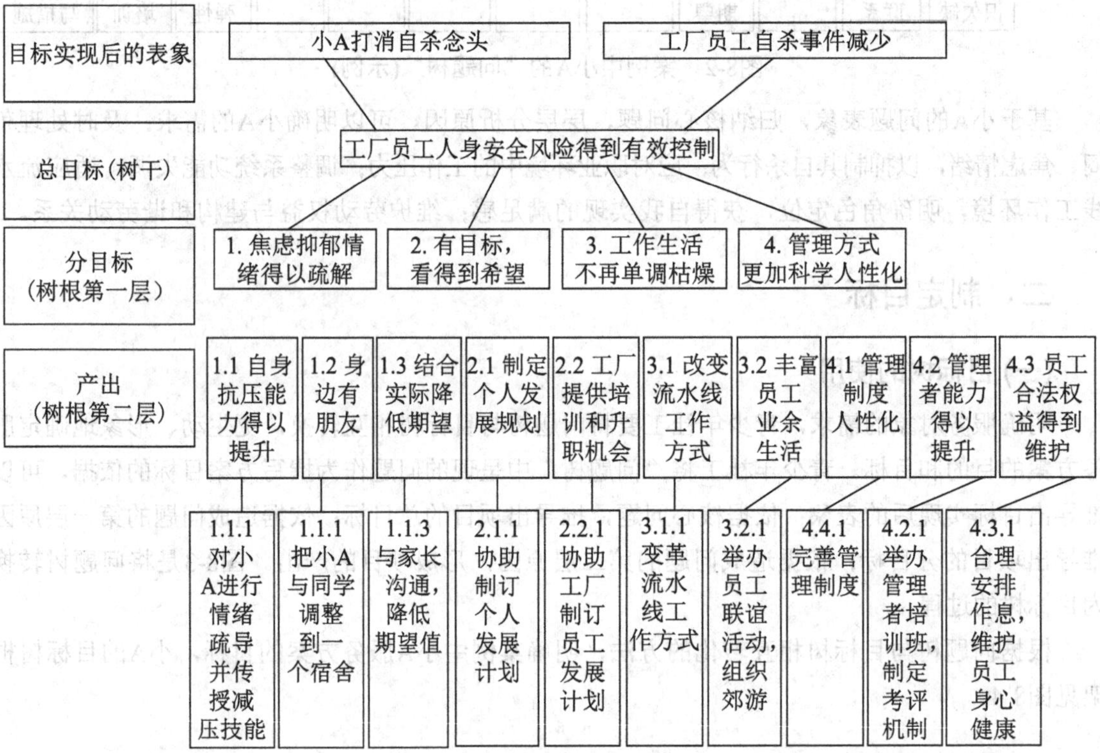

图8-4　目标树框架(示例)

(1) 将问题的表现/影响转化为目标实现后的表象。由“小A欲自杀和工厂已发生过自杀事件”转化为“小A打消自杀念头和工厂员工自杀事件减少”。

(2) 将核心问题转化为项目的总目标。由“员工人身安全存在风险”转化为“工厂员工人身安全风险得到有效控制”，由此确定了小A服务方案的总目标。

(3) 将造成问题的第一层原因转化为项目的分目标。由“小A焦虑抑郁情绪无法排解；无目标，看不到希望；工作单调，生活枯燥；工厂管理方式简单粗暴”转化为“小A焦虑抑郁情绪得以疏解；有目标，看得到希望；工作生活不再单调枯燥；管理方式更加科学人性化”。

(4) 将造成问题的第二层原因转化为项目的产出。可以转化为：自身抗压能力得以提升；身边有朋友；结合实际降低期望；制定个人发展规划；工厂提供培训和升职机会；改变流水线工作方式；丰富员工业余生活；管理制度人性化；管理者能力得以提升；员工合法权益得到维护。

(二) 设置目标衡量指标

青少年社会工作者需设置目标衡量指标，具体包括目标群体(为谁)、数量(覆盖面)、质量(好的程度)、时间(什么时候实现)、地点(在什么地方实现)。

案例分析

在小A这个案例中，依据基数或前测数据(服务对象的人数；介入前事故发生率)、可以运用的资源(社工人数；资金数额；服务对象方可以提供的人、财、物、制度等资源)这些要素来设置小A的目标衡量指标。

(三) 遵循SMART原则

一个合格的项目方案目标必须符合SMART原则，五项原则缺一不可。

1. Specific：目标必须是清晰、明确、具体的

目标陈述要足够具体、细致，不能使用含糊不清、含义不明的表述，减少形容词或感情色彩词的使用。

2. Measurable：目标必须是可测量的

目标应该是明确、可测量的，可以用一组准确的数据作为衡量是否达到目标的依据。如果制定的目标无法测量，那么也无法判断这个目标是否实现，因此要有可测量的标准与方法。

3. Attainable：目标必须是可达成的

从知识、理论、方法、技术来说，目标是可以实现的，而不是好高骛远的。

4. Relevant：目标必须是相互关联的

服务目标的设定要与机构的定位、架构、服务对象的问题和需求相互关联。

5. Time-bound：目标必须是有时间性的

明确指出服务的起止时间，制定短期、中期、长期目标，即到某年某月某日之前达到什么样的效果。

案例分析

小A服务方案的目标设置符合SMART原则，SMART原则在案例中的应用见图8-5。

(1) 目标设定是明确、清晰、具体的。总目标是未来一年，工厂员工自杀事件发生率降低50%，目标陈述明确的数字；为小A提供情绪调节服务；运用霍兰德职业性向理论，协助小A规划职业生涯；协助工厂变革流水线工作模式，丰富员工业余活动，具体到活动次数和受益人

次；协助工厂完善工作管理制度，具体到培训次数。

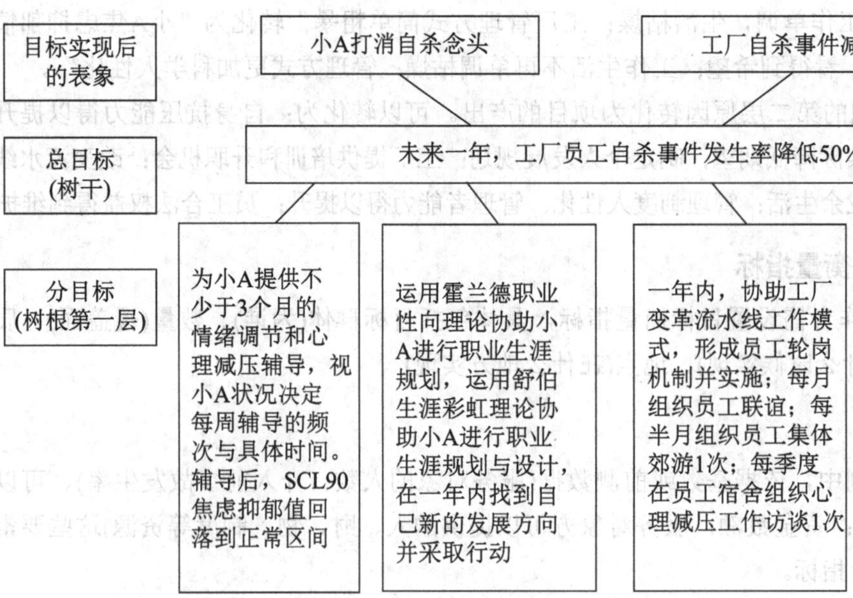

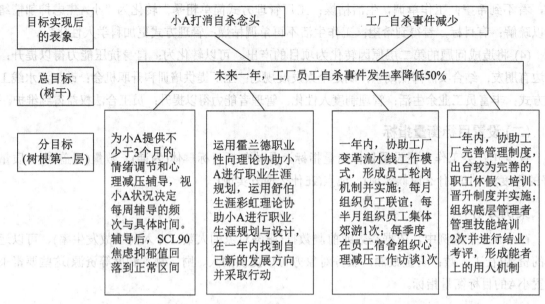

图8-5　案例目标SMART原则的应用(示例)

(2) 目标表述均是可量化、可测量的。未来一年，工厂员工自杀事件发生率降低50%；组织员工业余活动，集体郊游1次、心理减压活动1次；组织管理者管理培训2次。

(3) 从使用的理论和方法技术来说，小A的目标不是好高骛远的。为小A提供心理情绪调节和减压服务后，SCL90焦虑抑郁值回落到正常区间；运用霍兰德职业性向理论和舒伯生涯彩虹理论协助小A进行职业生涯规划。

(4) 每个环节的目标设置得丝丝入扣，关联性极强。为了使小A打消自杀念头和减少工厂员工自杀事件，设置总目标：未来一年，工厂员工自杀事件发生率降低50%；为了实现总目标，设置分目标内容：调节情绪、提供心理减压辅导；职业生涯规划；变革流水线工作模式；完善管理制度。无论是总目标设置还是分目标设置，均有明确的时间期限，有短、中、长期的时间规划。在未来一年的时间里，降低工厂员工自杀率；在一年内为小A提供不少于3个月的调节情绪服务、心理减压辅导；在一年内每月组织联谊活动1次、每半年组织员工集体郊游1次；每季度在员工宿舍组织心理减压工作访谈1次；一年内协助工厂完善管理制度。

三、选择策略

在明确青少年服务对象需求、明确项目方案目标后，社工需要选择最贴合的服务方案策略。选择策略包括罗列策略和分析策略。

(一) 罗列策略——头脑风暴法

在罗列策略时一般采用头脑风暴法。青少年社工团队应集思广益、积极讨论、自由畅想、求异创新，形成一系列的方案策略。

(二) 分析策略——多标准决策分析技术

在头脑风暴的基础上，青少年社工从众多策略中筛选出最佳策略。在这个过程中，可以采用多标准决策分析技术表，依据成本、可行性、效益、时间投入、风险来筛选最好的方案策略。

为了使小A在生活中拥有朋友，缓解小A的抑郁情绪，根据小A自身情况和所处的环境，有三种策略可以实现这个目标，这三种策略分别是：调整宿舍，让小A和同学住到一起；社工做小A现在舍友的工作，让他们和小A主动交往；组织工厂内员工联谊活动，让小A结识新朋友。

依据多标准决策分析技术表，依据成本、可行性、效益、时间投入、风险来挑选最佳策略。由表8-2可知，比起策略2和策略3，策略1的成本低、可行性高、效益高、时间投入少、风险低。因此可以得出结论，“策略1：调整宿舍，让小A和同学住到一起”是最佳策略。

表8-2　案例中多标准决策分析技术表(示例)

项目	策略1：调整宿舍，让小A和同学住到一起	策略2：社工做现在舍友的工作，让他们主动和小A交往	策略3：通过组织厂内员工联谊活动，让小A结识新朋友
成本	低	中	高
可行性	高	不确定	不确定
效益	高	中	中
时间投入	少	多	不确定
风险	低	中	不确定

四、明确行动

选择最佳策略之后，青少年社工需要明确一系列达成目标的行动，明确行动一般包括两个步骤：步骤1是细化策略，将最佳策略细化分解为具体行动；步骤2是将具体行动按时间排序。

(一) 细化策略

细化策略是指将最佳策略细化分解为具体行动。在上一个阶段，我们已经从众多策略中选择出一个最佳策略，现在社工需要将这个最佳策略划分为一个个具体可操作的行动。

案例分析

案例中上一阶段挑选出的最佳策略是“调整宿舍，让小A和同学住到一起”。根据这个最佳策略，可将行动分解成以下6步。

行动1：与小A会谈，倾听小A关于调整宿舍的想法。

行动2：与小A的同学会谈，倾听小A同学的意见。

行动3：与工厂负责员工住宿的后勤部门负责人会谈，取得厂方的同意。

行动4：办理相关调整宿舍的手续。

行动5：搬宿舍。

行动6：社工对小A调整宿舍后的人际状况进行评估。

(二) 将具体行动按时间排序

将具体行动按时间排序，较为常用的方法是甘特表。甘特表可显示项目进度和其他与时间相关的系统进展的内在关系随时间变化的情况。

案例分析

表8-3是最佳策略“调整宿舍，让小A和同学住到一起”的进展情况。

表8-3 最佳策略甘特表(示例)

关键行动		第1周	第2周	第3周	第4周
行动1	与小A同学会谈，倾听小A关于调整宿舍的想法	√			
行动2	与小A同学会谈，倾听小A同学的意见	√			
行动3	与工厂负责员工住宿的后勤部门负责人会谈，取得厂方的同意		√		
行动4	办理相关调整宿舍的手续			√	
行动5	搬宿舍			√	
行动6	社工对小A调整宿舍后的人际状况进行评估				√

五、风险预估与管理

(一) 对风险和风险管理的认识

风险是指潜在的影响组织目标的事件及其发生的可能性与严重程度。风险管理是指为了有效管理可能发生的影响事件并将其不利影响极小化而执行的步骤及过程。项目风险应从服务计划启动时开始，并贯穿服务设计和实施阶段[①]。

(二) 项目风险的类型及定义

在对风险进行预测时，一般需要判断风险类型，判断方案存在的项目风险、技术风险、可预见风险、不可预见风险等。与社会工作服务相关的项目风险类型及定义如表8-4所示。

表8-4 与社会工作服务相关的项目风险类型及定义

风险类型	定义
项目风险	威胁到项目计划(如团队成员变动)，可能会导致项目滞后于进度计划以致成本增加
技术风险	威胁到服务质量和时间性，项目实施可能变得困难，甚至失败(如户外活动视频直播，但是当地没有信号)
可预见风险	依据经验判断，参考那些在类似项目中发生的风险，经验非常重要。具体包括：组织的影响；客户特征；开发环境(资源的可用性)；员工经验
不可预见风险	那些可能发生也可能不会发生的风险，这些风险事先难以确定，能否出现取决于经验

(三) 项目风险的管理

在对项目风险进行管理时，一般采用风险管理表，具体应判断某种风险的可能性、影响力并准备风险预案，如表8-5所示。

表8-5 风险管理表(示例)

风险	可能性	影响力	风险预案
风险1	高	高	1. 2.
风险2	中	中	1. 2.
风险3	低	高	1. 2.

① 许莉娅.《青少年社会工作服务指南》解读 [M]. 北京：中国社会出版社，2019.

六、检验逻辑关系

设计项目方案时，最后一个步骤也是较重要的步骤就是检验逻辑关系，这也是为了使服务方案更完善、服务效果更好。检验逻辑关系一般采用反向倒推法，反向倒推法是指由行动到策略到分目标再到总目标的逻辑关系检查，如图8-6所示。

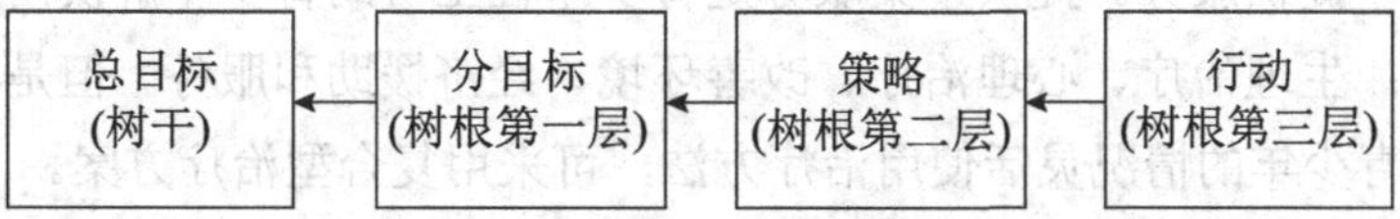

图8-6　反向倒推法

七、检查项目方案设计

一个好的项目方案设计应达到服务对象明确、服务需求明确合理、服务目标合理有效、服务计划设计合理、具有逻辑性和可操作性、对服务进行了风险管理的要求，如表8-6所示。

表8-6　项目方案设计应达到的要求及明细标准

服务要求	明细标准	自检反馈
服务对象明确	服务对象基数明确(清晰了解服务对象是谁、基数是多少)	
	服务对象信息清晰(明确了解服务对象所在的区域、基础信息等内容)	
	服务对象的数据和信息来源可信	
服务需求明确合理	服务对象需求分析过程清晰，使用恰当的分析方法	
	服务对象需求分析结果合理，有合理的依据	
服务目标合理有效	项目目标直接回应服务对象的需求	
	项目目标清晰、明确，只有1个变量，符合SMART原则	
服务计划设计合理，具有逻辑性和可操作性	服务计划，尤其是实施方案能够与项目目标对应	
	服务计划的设计有助于实现项目目标，能够使用逻辑关系验证句式、进行检验	
	服务计划经过评估，是相对最优选项	
	目标指标的设计能够反映和证明目标的达成	
	活动指标的设计符合活动的需求	
	有足够的投入以确保项目所设计的内容落实执行	
	每项设计均有证明材料证实	
对服务进行了风险管理	具备风险管理手册，充分评估活动中可能出现的风险	

第五节　提供具体服务

青少年社会工作者针对青少年的问题与需求，设计了涵盖不同需求的服务方案。在提供具体服务时，青少年社工需要执行服务方案中的内容、活动，并根据开展服务的实际情况不断调整服务方案。青少年社工针对一般需求可运用个案工作、小组工作、社区工作等基本的工作方法，针对特殊需求可运用危机介入、家庭治疗、外展服务、历奇辅导、朋辈辅导、向导服务的方法。青少年社会工作者需要根据需求评估的结果和资源选择合适的介入方法。

一、针对一般需求的基本方法

(一) 青少年个案工作

青少年社工根据青少年自身情况判定个案工作适宜解决该青少年问题后，可采用个案工作的一套方法为青少年提供服务。提供个案服务是青少年社工协助青少年解决问题的过程，一般采用四种治疗方法：生理治疗、心理治疗、改善环境、经济援助和服务。但是在具体提供服务的过程中，要根据青少年的情况灵活使用治疗方法，可采用复合型治疗方案。

(二) 青少年小组工作

青少年社工无论是在学校场域还是在社区场域，对于有共性问题的青少年，可将其聚集起来组成小组，为其提供具体的服务。小组工作的优势是青少年在参加小组活动时，可以获得正向的经验与改变，帮助青少年打造同龄人社会支持网络，促使组内青少年相互帮助、共同成长。小组工作一般采用的模式是互动模式、治疗模式、社会目标模式、团体中心模式等。根据项目中青少年的情况，可选择建立教育小组、治疗小组、成长小组、社会化小组等。

(三) 青少年社区工作

青少年社工在为青少年提供社区服务时，活动场域不局限于青少年生活的社区，还包括学校。青少年社区工作的过程包括调查研究、建立关系、制订计划、组织社区活动、社区工作成效评估。在社区或学校为青少年提供服务时，社工可以通过宣传教育讲座、志愿服务活动、各类型小组活动来实现。

二、针对特殊需求的介入方法

(一) 危机介入

危机介入是一种短期方法，是一种针对有可能危及青少年生命以及他人生命安全时实施的迅速、紧急的干预策略。例如，青少年自杀、打架斗殴、性侵等，社工需要为这类服务对象提供危机介入服务。

(二) 家庭治疗

家庭治疗是以青少年所在的原生家庭为介入单位，探讨青少年问题背后的家庭结构和互动关系，从而改善青少年所在家庭的内在系统，优化青少年成长的原生家庭环境。家庭治疗着眼于服务对象和家庭成员的关系，目的在于实现家庭成员之间的良性互动。

(三) 外展服务

外展服务是指青少年社工到青少年经常活动的场所，与青少年主动接触后了解他的问题和需求，然后联系与青少年相关的部门，为处在风险中的青少年提供安置、保护等服务。外展服务主要针对孤僻、封闭的青少年，即很少参与社会活动的青少年与受到负面影响的青少年。

(四) 历奇辅导

历奇辅导是指将青少年放在一个新奇、陌生的环境中，将青少年带离舒适区，通过体验新奇的活动，促进合作、解决问题、总结经验，让青少年获得满足感，并能将成功的经验转化为未来生活的参照。历奇辅导包括历奇活动、野外生存、个人及小组辅导、经验学习。这种方法适用于缺乏自信的青少年，可帮助青少年提高自信、提升自尊、培养团队合作精神。

(五) 朋辈辅导

通过发现、培训和搭建平台，组织年龄相仿，生活环境、经历、文化相似，或具有共同语言的青少年交流互动、分享经验、唤起共鸣，以持续支持和互助成长。这种方法主要适用于帮助青少年改善朋辈关系，建立朋辈支持①。

(六) 向导服务

向导服务是指由受过训练的成年志愿者或同龄志愿者，在社会工作者的督导下，向青少年提供“一对一”的长期陪伴，通过积极的人际关系来促进青少年的健康成长与发展，主要用于引导青少年树立正确的价值观和养成健康积极的行为习惯②。

第六节　评估服务成效

共青团组织负责青少年社会工作服务成效评估制度建设和业务指导，在成效评估过程中，应完成的主要工作包括但不限于：自我评估和接受第三方评估，第三方评估由具备条件的专业机构在共青团组织指导下开展；测量目标达成情况；评估服务满意度；评估服务对象及环境系统的改变。

评估作为青少年社会工作项目设计的最后一环，目的在于检验青少年社工的介入服务是否有效、是否达到预期的效果和目标。这有益于总结社会工作服务经验，提炼社会工作服务技巧，提升社会工作服务水平，同时可作为社会工作服务项目结项的依据，以及为项目购买方确定项目执行方继续承担相关社会工作服务项目的资质提供依据③。

服务成效评估的操作流程包括设计评估方案、收集评估资料、形成评估报告。

一、设计评估方案

设计评估服务成效的方案时，应由服务实施者在项目服务方案实施前确定评估的内容、工具、资料收集方法，具体应从服务产出和服务成效两方面来展开，如表8-7所示。

表8-7　服务成效评估的主要方法

方法	服务产出	服务成效
评估内容	聚焦量的评估 结合服务的指标	聚焦质的评估 结合服务的目标与目的

① GB/T 36967—2018，青少年社会工作服务指南[S].

② GB/T 36967—2018，青少年社会工作服务指南[S].

③ MZ/T 059—2014，社会工作服务项目绩效评估指南[S].

(续表)

方法	服务产出	服务成效
评估工具	每次服务活动记录	基线测量法、服务对象满意度测量、服务对象自评、工作者自评
资料收集方法	计划任务表、推进表、周工作记录表、月度工作记录表等	问卷调查法、访谈法

从评估内容来看，服务产出和服务成效的聚焦点有所区别，前者聚焦量的评估，后者聚焦质的评估。但要注意一点，无论是聚焦量的评估还是聚焦质的评估，在设计方案活动时，应结合服务项目的目的和目标并考虑实现效果。

从评估工具来看，服务产出依靠活动记录来实现，服务成效依靠基线测量法、服务对象满意度测量、服务对象自评、工作者自评等实现。基线测量法是指在服务开始时对青少年状态进行测量，构建一条基线作为衡量介入行动效果的基线，以评估服务前后的变化，通过基线判断介入服务后目标达到的程度以及服务成效。服务对象满意度测量是指青少年用口头或书面形式来表达对服务的看法。服务对象自评和工作者自评是指青少年和社工通过填写质量表来评估服务成效。

从资料收集方法来看，评估服务产出通过计划任务表、推进表、周工作记录表、月度工作记录表等方式来实现，而评估服务成效通过问卷调查法、访谈法来收集资料。

二、收集评估资料

在设计成效评估方案后，社工需要按照评估方案执行，在提供服务活动的过程中，要做一个有心人，一点一滴地收集和积累评估资料。

(一) 问卷、量表的资料收集

在对青少年社会工作项目进行成效评估时，一个重要的方法就是基线测量法，基线测量法的表现形式是问卷和量表。在服务项目开展前和项目结束后，应邀请青少年填写，但要做到“知情同意”，确保青少年明晰填写问卷和量表的用途。

(二) 青少年成长日志的收集

青少年社工在每次开展服务之后应邀请青少年在成长日志上填写活动感受及自己的变化，这有助于青少年社工从青少年视角了解服务过程和成果。

(三) 对家长、老师的访谈

家长、老师是青少年较为亲近的主体，青少年的任何变化都能被老师、家长清楚捕捉到。因此，在服务过程中，应定期对青少年服务对象的家长、老师进行访谈；在服务结束后，可通过访谈了解青少年的改变情况，跟进服务成果。

三、形成评估报告

服务结束后，青少年社会工作项目进入最后的评估阶段。青少年社会工作者需要对所提供的服务进行评估，并撰写评估报告。

在撰写青少年服务项目评估报告时，应使评估报告涵盖两份权威报告的内容：一是2014年民政部发布的《社会工作服务项目绩效评估指南》(以下简称《指南》)，《指南》中项目成效评估报告的内容包括目标实现程度、各方主体的满意度评估、社会效益评估[①]；二是《青少年社会工作服务指南》，该指南中青少年项目成效评估内容包括目标实现情况、服务对象满意度、社会效益。[②]

(一) 目标实现情况

在撰写评估报告时，第一项内容应是目标实现情况。目标实现情况是指在青少年社会工作服务项目的评估和改进过程中，依据计划阶段目标，评估服务对象是否达到预设目标以及达到的程度。在评估报告中总结目标实现情况是具有重要意义的。它不仅是服务对象共同确认服务成效的要求，也是社会服务机构回应团中央对此项工作问责的要求，更是社会工作者开展总结反思工作的基础[③]。

目标实现情况的评估内容包括：合同规定的服务目标达成情况；合同规定的服务数量完成情况；合同规定的服务对象改善情况；合同规定的服务组织及其专业团队在项目实施中成长发展的情况。

(二) 服务对象满意度

满意度评估是指以服务对象对所获得的服务是否符合或满足自己愿望以及心意的反应为途径，对服务项目的成效加以评价的评估方法。评估服务对象满意度是衡量服务成效最直接的标准，它强调青少年服务对象的参与，进而保证社会服务项目能更好地服务于青少年群体的需要[④]。

服务对象满意度评估的内容包括：评估服务对象的满意程度；有关购买方、项目执行方对社会工作服务过程与成效的满意度。

(三) 社会效益

社会效益评估是对青少年社会工作项目的影响力、可持续性、可推广性进行评估[⑤]。社会效益评估的内容包括：服务对象的改变情况；环境系统的改变情况；社会反响；决策影响；资源整合。

服务对象的改变情况是指青少年接受服务后发生的积极、正向的改变，一般包括青少年生理、心理状态的变化和青少年能力的提升。环境系统的改变情况是指对青少年有着重要影响的环境系统的改变，一般是指家庭、朋友、学校、社区等系统的改变情况。社会反响是指大众传媒对于该项目服务情况的宣传报道。决策影响是指在项目结束后，青少年群体的想法与建议被有关部门采纳的情况。资源整合是指社会组织的参与情况、志愿者的参与情况、社会捐赠的情况。

---

① GB/T 36967—2018，青少年社会工作服务指南[S].

② MZ/T 059—2014，社会工作服务项目绩效评估指南[S].

③ 许莉娅.《青少年社会工作服务指南》解读[M]. 北京：中国社会出版社，2019.

④ 许莉娅.《青少年社会工作服务指南》解读[M]. 北京：中国社会出版社，2019.

⑤ MZ/T 059—2014，社会工作服务项目绩效评估指南[S].

(四) 项目评估结论与建议

在对项目的开展情况和执行情况进行总结后，青少年社会工作者应在项目评估的基础上得出结论，并从专业角度提出建议。

此外，完成评估报告后，社会工作者需将评估报告初稿交予被评估方，征询被评估方的意见，由评估执行方出具最终的评估报告交给评估委托方。

第九章 青少年社会工作项目运营与管理

项目管理主要指的是运用科学的方法，对项目进行系统管理，在目标、时间、人力、资源等特定约束下，高效和系统地完成项目实施，达成项目目标的专业行为。美国项目管理学会对项目管理的定义是“在项目过程中运用专门的知识、技能、工具、方法，使项目能够实现或超过项目利益相关者的需要和期望”①。

作为一种高效而且系统的运作管理方法，项目管理已经逐渐被引入社会工作领域，一方面体现了现代社会工作专业化发展的基本要求，另一方面也是现代社会工作专业深入发展的必然结果。②

中华人民共和国民政部在2014年发布的《社会工作服务项目绩效评估指南》中将项目管理评估划分为项目行政管理、规范性管理、进度管理、服务质量体系与督导、风险管理与应急预案、资金管理③。

基于上述理论、政策，本章将依次从青少年社会工作项目时间管理、规范性管理、质量管理、沟通管理、宣传管理、风险管理、人力资源管理、经费管理来介绍青少年社会工作项目管理的具体内容。

第一节 项目时间管理

青少年社会工作项目有明确的时间期限，项目时间管理体现了项目团队是否根据服务方案制订总体工作计划和安排阶段性工作；体现了项目团队是否制定了服务进度管理制度，并能够合理安排工作进度。因此，项目时间管理是项目运营与管理的一项重要内容。

项目时间管理又称项目进度管理，是指为了确保项目按时完成所需的时间过程而从事的项目计划制订分析和控制的过程。项目时间管理内容涵盖项目活动的定义、项目活动排序、项目活动时间估计、制订进度计划、进度控制五个方面④。

一、项目活动的定义

项目活动是指将一个完整的项目分解为更小、更有利于管理的活动的过程，分解的一个个小活动能够覆盖每一个细节。青少年社会工作项目大多是复杂的，因此为了有效完成项目，需

① Project Management Institute standards committee. A guide to the Project Management Body of Knowledge. Pennsylvania：Project Management Institute，2000.

② 王瑞鸿. 社会工作项目案例精选[M]. 上海：华东理工大学出版社，2010.

③ MZ/T 059—2014，社会工作服务项目绩效评估指南[S].

④ 沈志渔. 项目管理——理论、实务、案例[M]. 北京：经济管理出版社，2007.

要将项目活动分解为一个个具体、可操作的小任务。在项目实施中，将所有项目活动和分解的小任务列成一份清晰的以文档形式呈现的清单。

分解项目活动可利用WBS工作分解结构法，见图9-1。WBS的构成：工作(Work)——产生有形的工作任务；分解(Breakdown)——逐步细分和分类的层级结构；结构(Structure)——按照一定的模式组织各部分①。

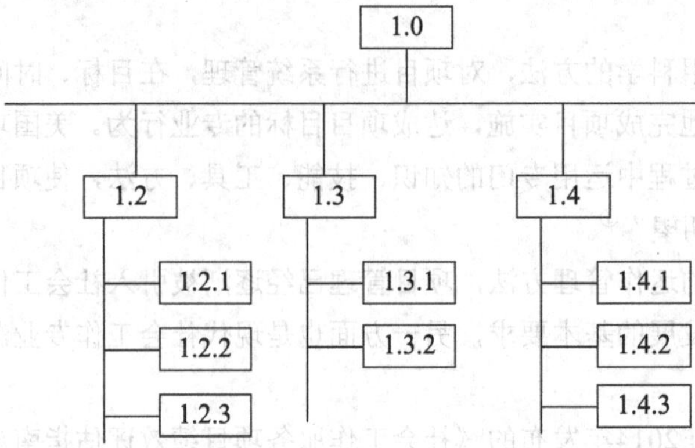

图9-1　WBS 工作结构分解(示例)

二、项目活动排序

项目活动排序是指对相互联系和依赖的项目依先后顺序进行排序，以便让青少年社工对项目活动的轻重缓急有清晰的认识，有利于制订进度计划。

青少年社会工作项目活动排序的依据包括上一步已列好的活动清单、项目产品的描述、项目活动之间的强制依赖关系、项目活动之间的人为依存关系、项目购买方的需求、受益方的需求、服务组织的需求、节假日的情况等。青少年社工可以依据节点法、箭线法、条件箭线图等对上述排序依据进行科学有效的安排，同时根据项目活动的不断开展灵活调整，兼顾各方的需求与价值。

三、项目活动时间估计

项目活动时间估计是项目时间管理中的一项重要内容，它是指估算青少年社工项目已经确定的活动可能的时间长度，并估计项目活动从开始到完成的时间。估计项目活动时间主要依据项目的工作量、投入资源的数量、项目活动清单、项目团队成员的经验等，还要考虑青少年社工的能力、各方的合作状态、资源情况。青少年社工常用的项目活动时间估算方法包括类比法、经验估算法、模拟法。

(一) 类比法

类比法是指青少年社工将本次项目与机构之前开展的类似项目活动存续时间做类比。

(二) 经验估算法

经验估算法是指以青少年社工机构的经验为基础对项目活动时间进行估算。

① 罗峰. WBS在社会工作项目管理中的应用研究[J]. 社会工作(学术版)，2011(3).

(三) 模拟法

模拟法是指青少年社工先估算单个任务的时长，再由此估算整个项目的时间进度。

四、制订进度计划

制订进度计划的依据是项目范围、项目活动顺序、各项活动进度和所需资源。制订进度计划要明确项目的起止时间和具体措施①。

青少年社工在制订计划时，可以利用甘特图、模拟法、关键路径分析法等，清晰、明了地展现青少年社工项目的进度安排，每个时间段的任务、主要负责人、预计效果也应呈现出来。

青少年社会工作项目进度安排常用的方法是甘特图，具体见图9-2。

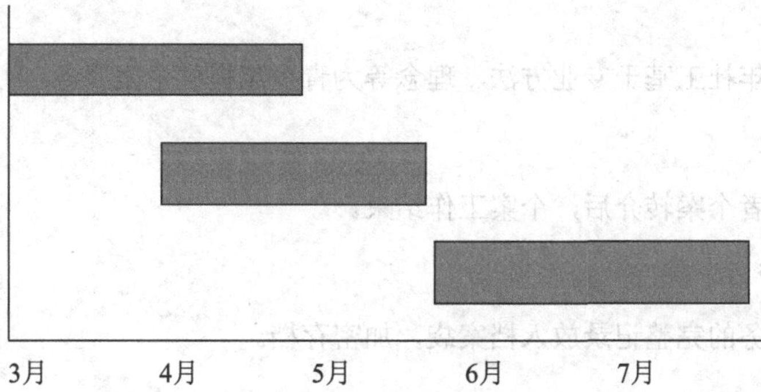

图9-2　甘特图(示例)

五、进度控制

进度控制是为了监督进度的执行状况，以便及时发现和纠正偏差和错误。在控制中应考虑影响项目进度变化的因素、项目进度变更对其他部分的影响、进度变更时应采取的相应措施②。青少年社工对项目时间管理虽然有周密的规划，但实际开展项目时会存在不确定因素，这个时候做好进度控制是必要的。进度控制内容包括：监控工作进度，定时定期进行阶段性工作汇报，将实际工作开展情况与工作计划进行对比，团队对实施过程中的变化情况进行商讨，根据现实情况不断调整工作计划。

第二节　项目规范性管理

在青少年社会工作项目中，规范性管理是项目管理必不可少的环节。具体包括社会工作者是否制定和执行了完善的社会工作专业服务规范和程序；是否全面、真实地保存原始项目服务档案；是否制定了服务对象权益保障制度。

① 沈志渔. 项目管理——理论、实务、案例[M]. 北京：经济管理出版社，2007.
② 沈志渔. 项目管理——理论、实务、案例[M]. 北京：经济管理出版社，2007.

一、服务程序规范

服务程序规范管理包括个案工作规范管理、小组工作规范管理、社区工作规范管理。

(一) 个案工作规范管理

1. 个案的评估与界定

对不符合接案要求的青少年，尽可能提供帮助和转介服务；对于符合接案要求的青少年，应初步了解情况，并填写表格。

2. 个案工作的审批

社工初步了解青少年情况后，填写表格发给机构督导审批，经督导同意后，才可开展服务。

3. 个案工作的开展

个案审批后，青少年社工基于专业方法、理念等为青少年提供个案服务。

4. 个案工作的结束

服务目的达到后或者个案转介后，个案工作结束。

5. 个案工作的存档

将已结案的个案服务的完整记录放入档案袋，加密存档。

(二) 小组工作规范管理

1. 小组工作的需求评估与计划

青少年社工在实际工作中发现青少年群体的共性问题，可以依此撰写小组工作计划书。

2. 小组工作的审批

小组工作审批包括小组计划书审批、小组经费审批，社工需要按照规定时间提交给相关负责人进行审批。没有得到审批前，不能开展相关服务。

3. 小组工作的开始

在每次活动结束后，青少年社工组织服务对象填写意见表，社工自己也要填写小组集会记录表，并及时提交给督导。

4. 小组工作的结束

在小组工作结束后，青少年社工按时撰写小组报告提交给负责人。

5. 小组工作的归档

在小组工作结束后，社工应整理一切有关资料装入档案袋，加密存档。

(三) 社区工作规范管理

1. 需求评估与计划

对需要服务的青少年群体及其需求进行深入调研、收集资料、整理分析，形成针对这一群体的计划书。

2. 活动审批

将拟好的社区活动计划书提交给需求方负责人和机构督导，经同意后，才可开展服务。

3. 活动开展

活动开展包括联系活动场地、物资准备、活动宣传、在现场开展活动、结束服务、活动总结、活动资料归档。

二、档案管理规范

青少年社会工作服务机构应加强服务档案管理，主要工作包括但不限于：建立基本服务档案，包括青少年的基本信息、服务提供者、服务场所、服务过程及服务成效等；建立服务质量监督与评估档案，包括是否符合基本服务要求、目标完成情况、服务评价情况等；根据青少年实际情况分类、分级管理档案，做好信息的保密工作。

三、服务对象权益保障规范

除了服务程序规范和档案管理规范外，青少年社工还需建立一套完整的权益保障规范，维护青少年服务对象的各种权利。

(一) 安全权

青少年社工在开展服务中一定要确保青少年的安全，尤其是开展小组工作和社区工作时，青少年社工需要确保游戏的安全性、场地的开阔平坦、活动道具的安全性等，也要建立意外伤害处理机制。

(二) 隐私权

青少年是一个追求隐私安全的敏感群体，除了普通青少年，还有特殊青少年群体，例如服刑人员的子女、受到校园欺凌的群体等的信息都是需要保护的。因此，青少年社工在开展服务时一定要维护青少年服务对象的隐私权。

(三) 知情权

知情权是青少年服务对象权益保护规范的一项重要内容，青少年社工需要撰写服务项目资料，包括资质、历史等情况；也要在具体的项目服务中，让青少年知晓服务的具体情况，确保青少年服务对象知情同意。

(四) 参与权

青少年服务对象的参与权是青少年服务对象权益保护规范的一项重要内容，青少年社工应建立有效的服务对象参与机制。例如，在青少年个案工作中，在制订服务计划、明确服务计划的具体内容时都需要青少年亲自参与。值得注意的是，青少年服务对象拥有自我决定权，是否接受社工的服务计划、是否参与项目都要由青少年自己决定。

(五) 申诉权

青少年如对社工开展的项目服务感到不满意，可行使申诉权。青少年社会工作需要建立完善的服务对象申诉制度，并提前告知服务对象。

第三节　项目质量管理

项目质量管理是指在项目中确定质量方针、目标和职责，并在质量体系中通过质量计划、质量控制、质量保障和质量改进使质量得以实现的全部管理活动[①]。作为青少年社会工作机构最重要的管理目标，项目质量管理有着独特的意义。实施质量管理，能保证服务对象接受到好的服务，从而促进机构的发展。青少年社工机构的项目质量管理包括建立社会工作服务质量管理体系；建立外部监督和内部监督相结合的服务质量监督与评估机制；根据服务质量评估情况、改进服务，从而完善制度。

一、建立社会工作服务质量体系

建立社会工作服务质量体系的目标是把社工机构服务质量管理与监督过程制度化、程序化，其核心要素是服务质量标准化、服务方式规范化、服务过程程序化[②]。

作为最早接受政府采购社工服务的专业社工机构之一，深圳市东西方社工服务社敏锐地察觉，要想真正发挥社工的能力，提高社工的专业性是根本，而保持社工质量的稳定和水准，离不开一套标准。过去10年，东西方社工服务社先后在内部质量管理上建立行政管理1+*N*体系，建立社区党群服务中心的服务质量标准、机构管理E-GPRS模式、服务管理PDCA模式、品牌发展POSO模式以及人力资源管理6H模式，由内而外全链条保障服务质量。在一些机构面临社工人员流失的困境时，东西方社工服务社的中高层队伍十分稳定，而且一线社工流失率始终在10%以下。为了保持项目质量，东西方社工服务社创新引进合伙人制研发项目。一旦研发的项目成功孵化，无论研发人在何岗位都将获得奖励。这一广开智路的措施不仅大大增强了项目活力，还激发了社工的创新意识，让项目在实施过程中不断更新和完善[③]。

二、建立内部和外部相结合的服务质量监督与评估机制

青少年社会工作机构为了保证项目质量，需要建立内部和外部相结合的服务质量监督与评估机制。服务质量内部监督包括专业督导体系和阶段性服务质量测评。专业督导体系是指督导者采用小组或者个人督导的方式对一线初级社工开展的实务进行监督与指导，使青少年社工识别自己在实务工作中的问题，学会如何处理与完善，从而形成经验，这样有助于机构青少年项目服务质量的提升。阶段性服务质量测评是指每个月份定期定时召开月服务质量反思会，对当月展开服务的情况进行总结和记录，对此青少年社会工作机构还要整理每季度的会议记录，形

---

① 沈志渔. 项目管理——理论、实务、案例[M]. 北京：经济管理出版社，2007.

② 许莉娅.《青少年社会工作服务指南》解读[M]. 北京：中国社会出版社，2019.

③ 深圳市东西方社工服务社.

成季度服务质量反思报告，总结青少年服务的优势与不足之处，设计对应的改动策略。

服务质量外部监督一般通过意见反馈和投诉处理体系来实现。在青少年这个独特群体的项目服务中，意见反馈和投诉处理体系对服务质量管理发挥着特殊的作用，这一体系是衡量青少年项目服务质量的尺子。青少年社工在每一次结束服务之时，需要收集青少年对本次服务的满意度评价，对青少年反馈的意见，社工团队需要快速回应和处理。除了收集青少年的意见反馈，还需要收集用人方、社区、专家等外部重要监督主体的意见。社工应该设置处理投诉的专员，并公开投诉电话和投诉邮箱等联系方式。

三、根据服务质量评估情况改进服务，完善制度

为了实现对青少年社工机构服务质量的管理，青少年社工机构需要建立社会工作服务质量体系内部和外部相结合的服务质量监督与评估机制。在提供服务过程中，青少年社工需要根据服务质量评估情况来持续改进服务和完善制度。

第四节 项目沟通管理

在青少年社会工作项目的运营与管理中，沟通贯穿始终。项目沟通就是提出问题与要求并回应、交换信息与想法，以达到各个主体之间相互理解的过程。可以说，项目沟通是否顺畅、是否有效直接影响到项目开展与运营效果的好坏。因此，应制订沟通计划，灵活运用各种沟通形式，保证沟通渠道畅通。

一、制订沟通计划

项目沟通计划是项目整体计划中的一部分，对项目管理有着不可言喻的作用，很多服务项目由于缺少项目沟通计划，导致沟通混乱，造成了服务效率低下的结果。因此，社工应在撰写项目整体计划时主动制订项目沟通计划。

(一) 了解沟通内容

制订沟通计划前，首先要清楚青少年社会工作项目沟通的内容。青少年社会工作项目沟通包括机构内部的沟通、与服务对象的沟通、与购买方和合作方的沟通。

(二) 沟通计划的注意事项

制订青少年社会工作项目沟通计划应该注意以下几点：信息收集渠道的结构，信息分发渠道的结构，沟通计划更新和细化方法，沟通日程表，信息发布的格式。因此，青少年社工应做到：在沟通计划中描述不同的信息收集渠道的架构如何，收集信息后分发信息的不同渠道架构如何；明确实施过程中遇到突发情况应如何处理，沟通计划更新和细化的具体内容有哪些；对于团队沟通的不同情况应有明确的日程安排；对沟通信息的发布有统一的格式要求。

二、灵活运用各种沟通形式

在青少年社工项目运营与管理的过程中，青少年社工团队要与政府、社区、青少年、机构

内部等不同主体进行沟通交流。面对不同主体，沟通的形式有所区别。例如，与政府沟通时，应采用正式的沟通形式。沟通形式主要有口头沟通形式、书面沟通形式、非语言沟通形式。

(一) 口头沟通形式

正式口头沟通形式有演讲、会议、评审等；非正式口头沟通形式有交谈、个人联络、自由讨论等。口头沟通形式的优势在于快捷有效，但也存在不能留下书面记录，容易因民族差异、文化背景、语言表达等造成理解差异的弊端。

(二) 书面沟通形式

正式书面沟通形式有管理计划、年度报告、项目计划等；非正式书面沟通形式有个人笔记、备忘录、留言条等。对于购买服务方——政府来说，项目团队应使用正式的项目报告；对于机构团队成员来说，可以采用非正式的书面形式。书面沟通大多用于通知、确认、提出要求，因此社工在描述项目的时候用语应简洁，避免流于形式、徒增负担。

(三) 非语言沟通形式

非语言沟通形式是指在进行感情交流、需要收集真实情感信息时可采用的一种沟通形式，如手势、表情、眼神、沉默等。

选择项目沟通手段时，可以线上与线下相结合，应根据情况灵活运用。例如，与社区负责人和青少年沟通，既可以用微信、QQ、短信等方式，也可以见面商谈具体事项。

三、保证沟通渠道畅通

青少年社工项目沟通有复杂的一面，这种复杂性体现在很多方面，可能导致信息不对称，这需要社工团队建立完整的应对机制，最大限度地保证与各方主体的顺畅沟通。项目团队应该与各方主体明确双方都认可的沟通渠道，例如与项目团队沟通通过微信进行；建立沟通反馈机制，定时检查项目沟通情况，例如在给社区负责人发送邮件后，利用短信、微信等形式提醒负责人查收，确保沟通顺畅无阻。

第五节　项目宣传管理

在青少年社会工作项目开展与实施的过程中，项目宣传管理是提升青少年社工项目影响力及服务知名度的重要举措。做好宣传工作，才能在项目开展过程中让机构和购买方都看到工作进展和取得的效果，树立机构青少年社会工作服务项目良好的品牌形象。因此，青少年社工团队建立有效的宣传管理机制尤其重要。项目宣传管理机制包括项目宣传计划的制订和项目宣传计划的开展与监测。

一、项目宣传计划的制订

青少年社会工作者团队需要在项目正式开展之前，依据项目的基本情况与青少年服务对象的特点制订具有独特性、个性化、有吸引力的宣传计划。宣传计划应该涵盖项目宣传要点和宣传手段。

(一) 项目宣传要点

项目宣传要点就是项目的服务内容，项目的服务内容宣传可以分解为一系列宣传活动方案策划和整体服务内容的宣传策划。宣传活动策划应该涵盖项目的服务目标、宗旨、理念、运用的方法等。

撰写项目宣传活动的内容，文字形式宜生动活泼，应采用青少年喜闻乐见的形式来呈现。比如可采用明星、表情包等青少年喜欢的元素，与当下青少年流行的文化契合，激发服务对象参与项目的兴趣，为项目实施预热。

(二) 宣传手段

当前网络文化十分发达，微信、微博、抖音、快手等自媒体都是青少年活跃的平台。青少年社会工作者团队可以借助这些平台和宣传载体，通过视频、推送等更好地宣传青少年社会工作项目。

二、项目宣传计划的开展与监测

在拟定项目宣传方案后，青少年社会工作者要将方案落实并监测实施过程，对于过程中偏离主题的细节进行修正，对不足之处进行完善。青少年社工可以将传统宣传方式和网络宣传方式相结合，以达到更好的宣传效果。

在学校和社区醒目处、青少年容易观察到的地方张贴宣传海报。

在学校和社区的工作站点“摆摊”宣传，可以采用社工宣讲和发放传单相结合的方式来吸引青少年。

拜托学校的老师、社团在班级群转发微信推送和视频；拜托社区的负责人、楼长等在社区微信群中转发微信推送和视频，以扩大影响力。

在每次宣传活动结束后，及时撰写宣传活动新闻稿，在微信公众号、微博等自媒体平台展示成果，达到进一步的宣传效果。

第六节　项目风险管理

青少年社会工作机构在对项目进行管理和运营时会面临很多不确定因素，这些不确定因素一旦发展为突发事件，就可能对项目运行带来一些风险，因此项目管理人和项目管理团队必须有较强的风险管理能力[①]。假如在社工项目服务活动中经常发生安全问题和风险，那么很难想象这项社工服务能够被社会所认可并持续运营下去。因此，服务安全和风险问题会严重影响和制约服务质量，可以说高品质的社工服务必然是建立在高品质的安全管理之上的，没有高品质的安全管理保驾护航，也就难以打造出高品质的、被社会所认可的社工服务。青少年社工机构项目的风险管理包括对其项目实施过程中存在的风险进行识别、评估、处理。

① 白思俊. 现代项目管理概述[M]. 北京：机械工业出版社，2006.

一、项目风险识别

(一) 项目风险的类型

项目风险主要有来自机构自身的风险、服务环境的风险、服务对象的风险、合作伙伴的风险。

1. 机构自身的风险

机构及其从业人员在社工服务活动中产生和面临的风险，如内部安全风险、财务混乱风险、从业人员违规违法风险等。

2. 服务环境的风险

服务活动所处的社区环境、办公场地、服务场地、服务设施等方面带来的潜在安全问题和风险，如用电、摔伤、火灾、雷电等风险。

3. 服务对象的风险

服务对象及其家人在接受服务过程中，给社工机构及其从业人员带来的风险，如服务对象有不合道德、法律规范的行为和要求，由此可能导致社工及其服务机构面临自身权益受损的风险。

4. 合作伙伴的风险

在社工服务活动中，与社工机构合作的单位或个人带给社工机构的风险，如社工机构在整合、利用社会资源过程中，容易被商业机构利用，由此产生的服务对象信息泄露、商业欺诈等风险。

(二) 识别案例中的项目风险

位于云南省昆明市的F社区是一个典型的城中村，占地1.82平方公里，有12个居民小组、2180栋房屋、3800多位居民，流动人口达5万余人，被称为昆明市第二大城中村。此外还有7家网吧，13万流动人口聚集此地，流动儿童长期处于网吧、光碟店密布的环境中。由于F社区社会工作服务站的负责人是当地派出所的领导人，缺乏公益社会服务项目机构的运作经验和专业知识，在他眼中社会工作只是一套形式固定的工作流程，加上其大量时间被派出所的行政事务所占用，根本没有多少精力对项目进行组织管理。项目负责人某种程度上的不作为导致社工站管理制度的缺失与混乱。在人员选择上他录用的大多是一些爱心人士以及曾经多次来社区参与志愿服务活动的大学生①。

依据这个案例的基本情况，识别该项目的风险是合作伙伴的风险，这表现在招聘不合理和管理制度混乱。F社区社会工作服务站的负责人并不认可社会工作的理念、方法，人员选择也不合理，很难为辖区内的儿童提供高质量服务，加之项目负责人精力有限，没有分配时间进行组织管理，导致社工站管理制度的缺失与混乱。

---

① 高万红. 预防流动青少年犯罪的社会工作行动研究——以昆明F社区为例[J]. 浙江工商大学学报，2015(4).

二、项目风险评估

识别项目风险后，青少年社工管理团队需要对项目风险进行评级，明确不确定性因素及其产生的概率，从而预估风险发生的时间和所产生的影响，由此形成项目管理计划。在评估项目风险时，青少年社工需要评估风险的可能性和影响力，判定哪种风险的结果对项目服务的影响是不可挽回的，哪种风险是可以调控的，哪种风险是可以规避的。确定项目风险管理中的优先次序，可以通过风险管理表来实现。

三、项目风险处理

(一) 项目风险处理原则

项目风险处理原则包括适度处理原则、适时处理原则、适当处理原则。

适度处理原则是指在项目管理中需要严格把握每一个有可能带来损失不确定性的风险征兆，但也要注意弹性，避免为此花费巨大的人力、物力、财力等风险控制成本，得不偿失。

适时处理原则是指对于伴随青少年服务项目的开展而不断变化的风险，应做到实时监管，将风险控制贯穿整个项目服务过程。

适当处理原则是指对于项目不同周期存在的等级程度不同的风险因素，需要依据风险发生的概率、时间、影响程度等制定适当的处理标准与原则。

(二) 项目风险处理方法

青少年社工通过风险管理表判定项目风险危机的优先次序，并针对这一优先次序来处理项目风险。首先，判断青少年社会工作机构对某种项目风险的承受力如何，如果项目风险超过机构可以承受的水平，那么可以选择停止项目或者挽救项目。如果项目风险是机构可以承受的，可进行下一步。其次，在确定机构有能力承担所面对的项目风险时，再选取合适的措施。

风险处理的措施包括风险规避、风险遏制、风险转移。风险规避措施是指主动放弃使用有风险的项目资源、技术、工作方案，从而彻底地避开项目风险的处置技术。风险遏制措施是指通过编写损失控制计划、执行减少损失手段来降低损失发生的严重性，这是从遏制项目风险引发原因的角度应对项目风险的一种措施。项目风险转移是指对于发生概率小但是超出社工机构承受能力的风险，可让更多主体来分担以减少单个主体所承受的风险，但这并不意味着项目风险减少了。

第七节　项目人力资源管理

项目人力资源是指项目内部的人力资源，通俗来说就是项目团队。青少年社工项目人力资源管理需要对该项目的内部人力资源进行外部和内部因素的管理。良好的人力资源管理是为青少年服务对象提供服务的前提与基础，这点与服务成效有很强的关联，从某种程度来说，青少年项目人力资源决定服务的成效。另外，优良的人力资源管理可以凝聚项目团队的向心力，能够为青少年服务对象提供更好的服务，推动青少年项目的良性运营。青少年项目的人力资源管理主要包括人员规划、组织与建设团队、团队考核与激励三个方面。

一、人员规划

青少年项目人力资源管理的核心是建立人力资源管理制度和惯例，从宏观上使内部团队对各自的职责有清晰的了解。一份完整的人员规划应该包括角色和职责的分配、人员配备情况、组织结构图等。

(一) 角色和职责的分配

角色和职责的分配是依据项目的目标、社工资质确定青少年团队中每位成员的工作任务和工作角色。每一个青少年项目成员都在适合自己的岗位各司其职，承担自己的责任。在进行职责和角色分配时，可以采用职责分配矩形表，如表9-1所示。

表9-1　职责分配矩形表(示例)

序号	所需开展的活动	P(责任人)	S(支持者)	R(审核者)
1	小A个案辅导	社工A	社工B	社工C
2	宿舍区减压工作坊	社工D	社工E	社工C
3	领导力培训	社工F	社工G	社工C
4	郊游活动	社工A	社工B	社工C
5	职工大型联谊活动	社工D	社工A、B、E、F、G，志愿者	社工C

(二) 人员配备情况

青少年项目人员配备情况是指在完成每个小任务时项目团队人员的调配。人员配备要具有一定的灵活性，这种灵活性体现在各个项目团队之间的人员可以共享。这种人员配备不仅能提高效率、降低项目运营成本，还能够有效增强团队凝聚力。

(三) 组织结构图

项目团队的组织结构图是项目人员规划的具体体现，将团队成员的角色、职业、配备情况绘制成图，能够彰显团队中每个环节的联系，让成员清楚地知道自己的定位、向谁负责等情况。图9-3是京师社会工作中心组织结构图。

二、组织与建设团队

项目团队完成了人员规划，紧随其后的就是依据人员规划组织与建设团队。

(一) 组织团队

项目团队的成员可以从内部和外部人员中选择，既可以是机构内部的专业社工，也可以是外部招聘的志愿者。人岗匹配的依据主要是工作经验、擅长领域、性格特质等方面。

(二) 建设团队

组建团队后，需要对其进行建设与管理。团队组建初期，要经历一个熟悉、适应、磨合的过程。在彼此熟悉、适应工作节奏后，建立督导制度是团队建设的主要内容。为保障督导制度的落实，督导制度应公开告知，以方便查询，确保督导工作的开展。

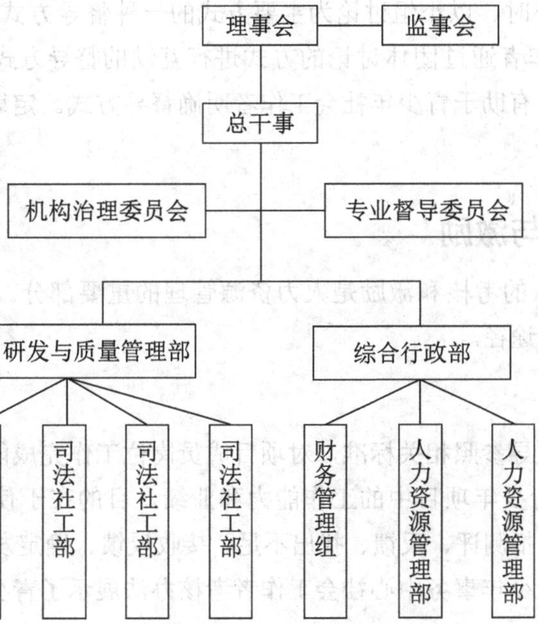

图9-3　京师社会工作中心组织结构图

督导是由机构内年长的社会工作者对机构内新进的社工、一线初级社工、实习生、志愿者，通过一种定期持续的监督与指导，传授专业知识和技术，以提升其专业技巧，进而促进他们成长，并确保服务质量的活动①。

1. 明确督导类型与关系

社会工作督导的类型包括师生式督导、训练式督导、管理式督导、咨询式督导。

(1) 师生式督导。督导者扮演老师的角色，为被督导者提供专业的教育训练。这一督导方式聚焦于学习过程与一般议题，被督导者自己承担更多的责任。

(2) 训练式督导。被督导者扮演学生的角色，督导者负责一部分实务工作。这一督导方式与师生式督导相同的是均强调学习过程与一般议题，而不同的是督导者承担更多的责任。

(3) 管理式督导。督导者与被督导者是上下级关系，管理式督导聚焦于工作的完成情况与服务质量，聚焦于特殊议题，督导者承担更多的责任。

(4) 咨询式督导。督导者与被督导者之间只是纯粹的咨询关系。这一督导方式强调工作的完成情况、服务质量、特殊议题，但是被督导者自身承担更多的责任。

作为青少年社会工作者，需要灵活理解督导的类型，社工从直属上司处得到管理式督导，从培训过程中得到师生式督导，项目中遇到困难主动寻求帮助获得咨询式督导，通过训练式督导学习专业知识和技术。

2. 明确督导的方式，定期为督导对象提供服务

社会工作督导的方式包括个别督导、团体督导、同事督导。

个别督导是指由一位督导者对一位被督导者实施的面对面、每周或每两周一次、每次30分钟到60分钟的一种督导方式。团体督导是指一位督导者和多名被督导者进行的半个月或一个月

① 全国社会工作者职业水平考试教材编写组. 社会工作综合能力(中级)[M]. 北京：中国社会出版社，2019.

一次、每次1小时至2小时、以小组讨论为主要方式的一种督导方式。同事督导是指有共同的需求、观点的社会工作者通过团体讨论的方式进行互动的督导方式。

督导制度规范化，有助于青少年社会工作者明确督导方式。定期为督导对象提供服务是社会工作机构的责任。

三、团队考核与激励

对青少年项目团队的考核和激励是人力资源管理的重要部分。这个环节是调动团队积极性、激发创造力的有效途径。

(一) 团队考核

团队考核是机构领导参照相关标准，对项目成员岗位工作完成能力和成果的核查与评定，反映的是团队成员在青少年项目中的工作能力和业绩，目的在于使团队成员发挥出更多的潜能。团队考核的流程包括测评、反馈、找出不足、接收反馈、确定发展目标。

上海市阳光社区青少年事务中心社会工作者考核办法展示了青少年社工机构的考核内容与考核步骤。

对员工的考核内容包括专业伦理与自身建设、工作量、工作成效三个方面。专业伦理标准与自身建设贯穿整个专业社会工作服务的过程，其中包括尊重服务对象的自决权、隐私权、知情权，保护服务对象的利益，接纳服务对象，尊重其他工作人员，与同工合作，提升社会责任感和敬业精神，参加专业学习培训和讲座等内容。社工工作量标准由服务对象接触率、建档率、资料更新情况、计划总结、个案分析、个案工作情况、小组工作情况、社区工作情况、志愿者使用情况、出勤情况等组成。工作成效是指该中心应当就社工的专业工作成效进行考核，包括专业工作质量评估、服务成果满意度评估、服务对象违法犯罪状况评估等内容，并将实务创新及理论发展作为加分项，以鼓励社工进行开创性探索。

社工的考核由中心领导统一实施，工作站在考核中发挥主要作用，组织社工进行考核准备，对社工工作进行评估，对考核成绩进行整理总结并将相关成绩上报中心。考核流程包括社工自评、工作站汇总、中心抽查、考核结果处理、申诉与复核、委托评估等[①]。

(二) 团队激励

项目的团队激励是指采用科学的方式，对团队成员的需要进行满足或者限制，从而激励团队成员的行为动机和潜能，达到更好的效果。有效的激励机制是项目团队发展的助力器。

1. 激励方式的选择

青少年社会工作机构在选择激励方式时，既要考虑青少年社工个体的利益，也要考虑项目团队的利益。马斯洛认为，人的需求可以分为五个层次，从低到高依次是生理、安全、社交、自尊、自我实现的需求。因此，想要调动社工的积极性，应满足其多样的需求，兼顾整个项目团队的需求。

2. 激励手段的选择

项目团队的激励手段包括物质激励、精神激励、外在激励、内在激励、正式激励、非正式

① 上海市阳光社区青少年事务中心

激励等。

(1) 物质激励是指运用物质的手段使青少年社工得到物质上的满足，从而进一步调动其积极性、主动性和创造性。物质激励有资金、奖品等。

(2) 精神激励是与物质激励相对应的一种激励手段。它是指精神方面的无形激励，向团队成员授权、表达对成员工作绩效的认可、建立公平的晋升制度、提供学习和提升自我的机会等。

(3) 外在激励是指除了项目工作本身以外的奖励，包括薪酬的提升、职务的升迁等。

(4) 内在激励是与外在激励相对的一种激励手段，是指社会工作本身带给社会工作者的激励，做青少年社会工作，让其拥有满足感、成就感等，使人产生一种发自内心的力量。

(5) 正式激励是指由社工机构制定具体的奖励计划与奖励方案，是对有成就的大多数机构员工都适用的奖励办法。

(6) 非正式激励是为团队中的少数优秀人才"量身定做"的，因此对于受到奖励的社工来说，这种激励对他们的鼓舞是非常大的。受到奖励者也为其他员工树立了典范，其他员工能从他们身上获得很好的启示。

第八节　项目经费管理

在我国，多数社会工作机构项目经费来源于政府购买服务。政府购买服务是政府利用财政资金，采取市场化、契约化方式，面向具有专业资质的社会工作机构购买服务的一项重要制度安排。社会工作机构参与政府招标，政府依据机构的资质、完成项目的能力、受益人次、资金预算等方面判断是否将项目交付给机构，中标后机构获得专项委托资金。

一、项目费用估算

费用估算是指预测完成项目活动所需的费用，通常用货币表示。青少年社会工作者在进行项目费用估算时需要考虑工作分解结构、资源文件、资源消耗率、进度规划、历史信息、学习曲线、费用估算文件等。在做项目费用估算时，为了防止未能预见的事件和变化，应预留应急费用。

二、项目经费预算

1. 项目经费预算的定义

项目经费预算是指社会工作机构以服务项目为对象，按服务项目及分配于各项目的总成本编制的预算。项目经费预算可将真正的成本显示出来，便于成本控制，有利于对各项目活动成果进行评价、考核。

2. 项目经费预算的要求

按照《中华人民共和国预算法》(2018年修正)的规定，经费预算遵循统筹兼顾、勤俭节约、量力而行、讲求绩效和收支平衡的原则。此外，项目总投入和项目总支出下设收入、支出科目，参照财政部印发的《民间非营利组织会计制度》填列相关核算内容。

3. 项目经费预算的内容

项目经费预算的内容包括劳务费、活动费、专家咨询费、差旅费、资料费、器材设备费用。

(1) 劳务费。这是指在实施社会工作服务项目过程中支出的劳务费用。

(2) 活动费。这是指开展服务活动所需要的费用，包括会议费、伙食补助费、设计制作费、交通通信费、宣传费和培训费。

(3) 专家咨询费。这是指在项目实施过程中支付给临时聘请的咨询专家的费用。专家咨询费不得支付给参与项目管理的工作人员。

(4) 差旅费。这是指因项目需要去外省市出差的差旅费用。

(5) 资料费。这是指完成项目所发生的信息费用，包括购书费、复印费、印制费等。

(6) 器材设备费。这是指因在项目实施过程中必需的器材、设备所发生的费用。

青少年社工结合项目经费实际使用情况，填写项目经费收支决算表，如表9-2所示。

表9-2　项目经费收支决算表

一、项目总投入：		二、项目总支出：	
科目	金额	科目	金额
1. 捐赠收入		1. 业务活动成本	
2. 会费收入		2. 管理费用	
3. 提供服务收入		3. 筹资费用	
4. 商品销售收入		4. 其他费用	
5. 政府补助收入			
6. 投资收益			
7. 其他收入			
合计		合计	

三、政府购买服务资金支出：	
科目	金额
1. 劳务费	
2. 活动费	
3. 专家咨询费	
4. 差旅费	
5. 资料费	
6. 活动必需器材设备费	
合计	

4. 项目经费预算的注意事项

青少年社会工作项目大多属于政府购买服务项目，政府购买服务资金不可用于以下方面。

(1) 设备购置费，包括购买计算机、打印机、照相机、投影仪等办公设备所发生的费用。

(2) 办公费，包括租赁办公场所以及支付水、电、气的费用。

(3) 工资和福利费，包括发放工作人员的工资以及奖励费和各种福利费。

三、项目经费控制

项目经费控制的目的主要在于将项目运营费用控制在预算范围内或可接受范围内，这是项目完成良好的重要指标之一。项目经费控制过程主要包括：监控费用执行情况，查明与预算的偏差；确保所有适宜的更改已经在费用基线中准确地记录下来；更改申请；实施经费控制。

下篇：实务篇

第十章　药物滥用青少年群体

如今，药物滥用已成为全球性公共卫生问题和社会问题。根据国家食品药品监督管理总局的统计数据，我国药物滥用人群中，35岁及以下者占51.7%，其中25岁及以下的青少年占15.5%①。可见，我国药物滥用低龄化问题颇为严重。青少年个体尚处于价值观建立阶段，易受环境因素影响。若此时青少年接触到毒品，则会对其身心造成严重损害。本章将介绍有关药物滥用的概念及分类，分析导致青少年药物滥用的因素，并提出该领域的社会工作介入和干预对策。

第一节　药物滥用概述

目前，全球各领域对“药物滥用”一词尚无统一定义。一些学者认为“药物”一词范围过窄，因此以“物质”或“精神活性物质”代之。世界卫生组织将“药物滥用”定义为对健康引起损害的一种精神活性物质的使用类型。第四版《精神疾患诊断及统计手册》(DSM-IV)将精神活性物质的滥用定义为适应不良的使用模式，其表现是明知在危害身体的情况下使用(或经常使用)会造成或加剧持续性或经常性的社会、职业、心理或生理问题，但仍继续使用。美国成瘾医学协会(The American Society of Addiction Medicine，ASAM)将药物滥用定义为关于大脑奖励系统、动机、记忆和相关回路的早期慢性疾病。

在我国，国家食品药品监督管理总局将药物滥用(物质滥用)定义为：非医疗目的反复、大量地使用具有依赖特性的药物 (或物质)，使用者对此类药物产生依赖 (瘾癖)，强迫和无止境地追求药物的特殊精神效应，由此带来严重的个人健康、公共卫生和社会问题。本章将使用我国对“药物滥用”一词的定义，并视“物质滥用”为同义词。

根据国际公约(《1961年麻醉品单一公约》和《1971年精神药物公约》)，具有依赖性的药物(或物质)如表10-1所示。

表10-1　具有依赖性的药物

类型	药品名称
麻醉类药品	阿片类、可卡因类(可卡因、古柯碱等)、大麻类(包括各种大麻制剂，其有效成分为THC)、合成麻醉药类等
精神类药物	如各种致幻剂和四氢大麻酚、中枢兴奋剂、巴比妥类药物、苯二氮卓类药物等
其他	烟草、酒精、挥发性有机溶剂等

① 国家食品药品监督管理局. 国家药物滥用检测年度报告(2016年)[EB/OL]. [2017-08-11]. https://www.nmpa.gov.cn/yaopin/ypjgdt/20170811110401567.html.

第二节　青少年药物滥用的原因

我国《国家药物滥用检测年度报告》(2016年)的数据显示，新发生药物滥用人群(初次吸毒人群)中，超过半数(64.5%)的初次吸毒者为青少年；在欧洲，18%的15～16岁青少年有过至少一次非法使用药物的经历；在美国，青少年初次使用毒品的平均年龄为7～11岁。因此，为了有效防治青少年滥用药物，社会工作者应首先了解导致其滥用的原因。

目前，已有诸多学者从心理学、社会学、法学等领域解释青少年药物滥用的原因。通过梳理纷繁复杂的研究成果可知，造成此社会问题的成因复杂，各种因素互相影响。根据国内外相关文献，可通过社会生态理论的框架梳理出一套系统性影响因素。

案主何某，男，1994年生，家中独子，初中学历，未婚。何某2004年从老家来到某一线城市，2010年因打架斗殴被学校劝退，从此辍学，一直没有稳定工作，靠父母的工资生活，与父母同住在某一线城市城中村。

何某的父亲长期酗酒，且醉酒后常对何某及其母亲实施暴力行为。据何某母亲描述，案主做事冲动，脾气暴躁。因为是家中独子，所以父亲对他的要求格外严格，而他不接受父亲的管教方式，因此经常与父亲发生激烈冲突，以至夜不归宿。何某与社会上的朋友关系密切，经常共同威胁当地学生并强拿其财物或收取保护费。2011年3月，何某因寻衅滋事罪被判处有期徒刑8个月。2012年2月，何某与朋友在一娱乐场所接触到冰毒，朋友描述冰毒依赖性小，不会上瘾，还能暂时减轻压力，让人保持兴奋，激发了何某的好奇心，有了初次尝试。2012年6月，何某因吸食毒品被强制戒毒4个月。

一、个人层面

青少年时期的情绪和行为极不稳定，且易受同伴群体影响。因此，当周围有人接触到毒品时，青少年更易被好奇心所控制而进行尝试。这也是药物滥用青少年普遍的心理状态。另外，一部分青少年自我控制力较弱，对自己的能力有错误认知，对戒掉毒品有盲目的自信，认为自己不会上瘾或很容易戒掉。带着这样的侥幸心理尝试毒品是青少年药物滥用的第二大心理因素。此外，个体在青少年期有更多不稳定和混乱的心理状态和行为。对自我身份的含混，对自身能力和未来道路的迷惑，父母老师的期望和自己的要求的矛盾冲突使得一些青少年压力较大，找不到情绪宣泄的出口，因此倾向于在短暂享乐中寻求心灵慰藉。少部分青少年在初次滥用药物时对毒品了解不足，认为合成毒品不是毒品或依赖性小。一些学者还指出，吸毒青少年在人格上与其他青少年有所不同，如喜欢刺激、做事冲动等。但由于吸毒行为本身会影响甚至改变吸食者的心理和性格，从目前的相关研究来看，只能说明滥用药物与一些人格特质有关，无法确定两者的因果关系。

本案例中，驱使案主尝试毒品的因素众多。从个人层面，案主首先出于好奇心，其次抱着对毒品的认识偏差和侥幸心理，认为自己不会上瘾，加之刚刚出狱的他要重新适应生活，心理压力较大，而且没有恰当的排解方式，这些因素的叠加使得案主自控力下降。

二、家庭层面

(一) 家庭结构

家庭结构作为家庭成员关系的宏观体现，其功能失调是青少年吸毒的重要影响因素。

吸毒青少年大多还未成家，和家中长辈一起生活，但家庭结构多不健全，以单亲家庭为主。一些监护人责任心不强，并未履行监护人义务，放任其子女混迹于社会。还有一些父母因为挣扎于生存问题，没有时间管教子女。此外，单亲父母再婚会激发吸毒青少年与家庭成员的紧张关系。孩子尚未在心理上处理好亲生父母离异的情绪时，父母的再婚会使家庭成员关系变得更加复杂，孩子也会因此加深与父母的隔阂。在重组家庭中，成员间易出现紧张、错位或混乱的关系，导致家庭丧失正常的沟通渠道，进而造成青少年的抑郁悲观、冷漠疏离。部分青少年为了补偿在家庭中感受不到的归属感，更容易依赖社交圈，受同伴的影响也因此更大。

一项针对南京市的实证研究表明，未成年吸毒者中，近30%为单亲家庭(父母离异或父母一方去世)；一项针对欧洲3887名15岁青少年的研究显示，和父母同住且与母亲关系良好的青少年出现药物滥用的比例为16.6%，而单亲家庭且和母亲关系较差的青少年出现该行为的比例超过40%[①]。

案例中，案主何某的家庭结构属于核心家庭，即由父母二人抚养长大。父母虽未离异，但父亲的长期家暴不仅恶化了家庭关系，也影响了何某的身心健康。父亲的暴力行为成为何某产生怨恨情绪的源头，而父亲不当的教养方式更加剧了父子间的紧张关系。此时父亲对他的要求不仅没有起到规训作用，反而成为案主偏差行为的助推器。此外，何某父亲长期依赖酒精，而这一行为也为何某滥用药物埋下隐患。

何某的案例绝非偶然，目前国内外都已有研究表明，吸毒者的家庭情况是其走上此路的导火索。

(二) 家庭关系

家庭结构失衡是家庭关系出现问题的结果，因此探究家庭结构对偏差青少年的影响前，观察其家庭关系更为重要。

家庭作为青少年社会化的第一个场所，其内部氛围和成员间的互动方式影响着他们对外部世界的认识和态度。父亲作为外部世界的象征，若父子关系不和睦，孩子则不易对外界产生信任感和安全感；而母亲作为传统家庭中给予爱的主要人物，若子女没能从母亲那里得到很好的照顾，并建立安全的依恋关系，则易形成不稳定情绪，如焦虑、愤怒等。另外，根据班杜拉的社会学习理论，青少年若经常目睹父母家暴或常被打骂，他们则不仅容易模仿父母处理问题的方式，并产生“暴力可以有效地解决问题”这一错误认知，而且这种家庭关系容易让青少年产生精神压力，加剧他们不稳定的心理状态，进而增加药物滥用风险，以逃避混乱的家庭状况。更进一步，紧张的家庭关系易使青少年得不到应有的照顾，难以感觉到家人对他的爱和家庭给予的安全感，因此更倾向于从同伴那里获取温暖和支持。若此时交友不慎，则会增加药物滥用的可能。

案例中，由何某父亲的家暴引发的夫妻关系不和、亲子关系失调均对案主产生了消极影

---

① 韩丹. 未成年人吸毒成因与对策研究——基于南京市的实证调查[J]. 唯实，2011(2)：91-94.

响。案主未能从家庭中习得良好的沟通方式，父亲长期家暴增加了父子嫌隙，案主一直怀有对父亲的怨恨，加之不当的交流方式使得父子之间经常争吵，无法正常沟通，导致案主厌恶家庭氛围，经常夜不归宿。此时，朋友的接纳和包容让他体会到归属感，但也让他更容易受到朋友的影响，误入歧途。可见，此案例中，家庭关系出现问题是案主接触毒品的重要诱因。

(三) 父母教养方式

研究表明，吸毒者的家庭教养方式主要分为三类：第一种是权威式教养，主要表现为父母任意一方或双方对子女行为严格限制，鼓励服从，协商交流少，沟通方式以命令为主；第二种是宽大纵容，即父母很投入孩子的生活，但很少对孩子的行为有要求，甚至溺爱孩子；第三种是宽大疏忽，即很少投入孩子的生活，甚至对其漠不关心。在实务中，父母二人的教养方式常为混合型教养，如父亲是权威式教养，而母亲对孩子宽大纵容。这些不恰当的教养方式极易导致青少年行为或人格的偏差，出现诸如易怒、应对压力能力不佳、低自我控制、易冲动、攻击性强、社交和认知能力弱等特点，进而导致此类青少年更容易受到毒品诱惑。

(四) 物质滥用家庭史

家庭中有物质滥用历史可能增加青少年吸食毒品的风险。对孩子而言，父母的药物滥用史是对滥用药物这一行为的默许，因此当青少年有机会接触毒品或酒精等物质时，更不容易拒绝。此外，学界对物质滥用这一行为问题的代际传递有另一种理论化的解释，即父母一方的药物滥用行为使得另一方疲于应对更多由此引发的生活困境，进而忽视子女的成长需求，从而导致青少年可能出现药物滥用。同时，父母一方滥用药物，另一方未对此行为进行干预或制止，这种无意识强化会导致偏差行为的代际传递。

除父母以外，家庭其他成员的药物滥用行为也会对青少年产生影响。有研究表明，吸毒青少年的家庭成员有药物滥用史的比率是普通青少年的18倍[①]。

三、同伴及学校层面

(一) 同伴群体

一项针对云南省青少年吸毒人员的研究显示，在吸毒青少年群体中，朋友有吸毒行为的占85.8%[②]，由此可见，药物滥用行为极易在同辈间扩散。一方面，对于那些家庭功能失调，未能得到安全感和归属感的青少年而言，同伴是他们主要的依赖对象，因此他们的言行、爱好、观念等易形成社交圈内的潮流与共识；同时，相较于家长和老师，他们更容易相信伙伴。所以，对此类青少年而言，朋友中若有吸毒者，那么其尝试毒品的风险也自然增加。另一方面，一些希望被同辈群体接纳、融入新的社交圈的青少年，若伙伴有毒品接触史，则他们更有可能尝试毒品。

(二) 学校教育

学校也会影响青少年药物滥用行为。国家食药监局发布的2016年药物滥用检测报告显示，

---

① 秦琴，张进辅. 影响青少年药物滥用的家庭因素述评[J]. 中国药物滥用防治杂志，2009(1)：5-7.

② 莫关耀，杜敏菊. 云南35岁以下青少年滥用合成毒品的现状及原因分析[J]. 中国药物滥用防治杂志，2016(22)：4-9.

在药物滥用人群中，初中及以下文化占81.5%，无业人员占61.6%。从人口学特征来看，大部分吸毒者是被应试环境落下的低学历青年。他们中的绝大部分从未接受过学校的禁毒教育，职业学校的德育教育也鲜少涉及禁毒主题。由于这些处于主流群体之外的青少年过早进入社会，进入不良场所的可能性更大，被群体接纳和认同的压力就成为药物滥用的导火索。

四、社会层面

(一) 社会偏见

目前，公众对有药物滥用史的青少年存有一定的社会偏见，如就业歧视、污名化等。因此有过此行为的青少年在戒毒后难以融入社会，难以脱离原来的社交圈，复吸的概率极大。

(二) 社会宣传

我国对于预防药物滥用的宣传和教育侧重于提高青少年对毒品的认识，但实际上，该做法反而会引起部分青少年的好奇，因此学校和传媒应从根源探讨青少年吸毒的有关因素，而非仅仅停留在毒品知识的普及上。此外，调查显示，72%的吸毒青少年认为媒体对他们吸毒并没有影响[①]，这让我们不得不反思：媒体在禁毒教育上的作用究竟是什么？是媒介选择不合适，还是广告时间点投放出现问题，抑或宣传内容不符合目标受众的心理诉求？这些都是值得进一步探讨的问题。

第三节　药物滥用青少年群体的社会工作干预和介入

目前，我国禁毒工作以“司法介入为主，社工参与为辅”的工作模式展开。由于社会工作介入禁毒工作的时间较短，还有很多亟待探索的空间。针对吸毒者的需求和青少年的特点，可整合出一套以生态系统理论为介入策略的体系。

一、个体层面的介入

首先，药物滥用者的身体健康会因毒品而受到极大影响。除长期使用毒品会导致精神和生理依赖，进而导致神经系统病变之外，研究表明，毒品摄入会导致其他副作用，如心脏病变、消化系统障碍、免疫系统被破坏、增加感染传染病的风险等，因此吸毒者的健康需求在戒毒期间不容忽视。然而大部分吸毒者没有稳定生存来源，这一特点在吸毒青少年群体中尤为明显。尽管一些青少年很早进入社会，但因为学历较低，承担的工作以临时工为主，经济来源极不稳定，紧张的经济条件使得他们因吸毒出现健康问题时无法支付医疗费用。此时，社会工作者可发挥链接资源的作用，帮助其恢复健康。

除身体状况外，青少年的心理需求也是社工介入的要素之一，尤其是刚刚从戒毒所转到社区戒毒的人员，在社会关系网络的重建、戒毒成果的巩固、未来职业规划等问题上存在疑惑，也可能面临亲友疏远、社会排斥、心理矛盾和就业困境等诸多社会问题，这些困难易成为加大青少年心理压力的导火索。社工可运用系统性介入方法，与案主一同将面临的困难逐一击破。

---

① 吴先超，张垚，刘华山，张春梅. 青少年吸食新型毒品成因个案研究[J]. 中国青年研究，2015(2)：79-83.

二、家庭层面的介入

吸毒青少年因家庭问题造成的生存状况也令人堪忧。如前文案例中的案主何某一样，一些青少年为逃避家庭问题而离家出走，但经济状况无法支撑他们长期在外生存，因此露宿街头或寄人篱下是这些青少年常见的生存状态。根据马斯洛需求理论，个体对安全的需求是继生理需求之外第二重要的诉求。当个体明确地意识到自己处于安全、稳定、被保护的环境中时，恐惧、不安和焦虑的情绪才会逐渐减轻。若涉毒青少年再融入社会时，依然无法摆脱原先的生存状况，不仅难以融入社会，复吸的概率还会明显增加。而家庭作为爱的起点，是青少年获得安全感最重要的场所，所以改善家庭氛围、促进家庭关系和谐是社会工作者介入药物滥用青少年的重要一环。

社会工作者可以首先通过家访了解案主的家庭情况和成员间的互动方式，通过访谈案主家人探寻案主的成长环境和造成药物滥用的原因。在取得案主信任后，社工可适时安排家庭会议，促进家人之间坦诚交流，了解对方的真实想法，有助于进一步沟通。

三、社会层面的介入

对于涉毒青少年而言，帮助其融入社会、重新找到人生意义、防止复吸是社会工作者的目标。由于大部分此类青少年接触毒品都是通过朋友，因此重构其社交网络能有效防止复吸。此外，还可以充分利用社区资源，开展社区矫治工作，并在案主所在社区开展邻里互助小组，有助于减少污名化，增强青少年的社区归属感。

四、案例分析

在青少年回归社会的过程中，小组工作是较为普遍的介入方式。在小组中，共同参与的同伴可以互相激励，这些有着相似经历的青少年能在组里找到归属感，组内成员的进步和改变也能为其他人树立榜样。下面这个案例为社会工作者提供了介入涉毒青少年的思路①。

(一) 案情介绍

1. 小组名称

涅槃重生同伴教育小组。

2. 小组背景

组织开展此次小组活动的社工小叶(化名)曾是一名药物滥用者，但如今她已蜕变成市级十大社工杰出人才。在社工机构开展的戒毒康复领域同伴教育实践中，她了解到，对一些已成功戒毒康复的服务对象来说，与就业、福利等相比，他们更渴望寻找到重构生命意义的途径，自我价值实现的平台，被社会接纳与认同的感受。因此小叶表示要在自我康复的同时，帮助更多同伴共同康复，用积极参与社会公益、承担部分社会责任的正面形象，改变社会大众对药物滥用群体的看法。与此同时，他们也需要建立健康的交友圈，需要榜样的鼓励，需要加深社会化

① 叶雄. 从“海星”变成“拾星者”的奇迹[C]. 北京：中国社会出版社，2016：79-104.

的程度。社工认为，通过小组社会工作可以满足服务对象的这部分需求，帮助他们实现心中的愿景。

因此，此次小组工作的目标是提升服务对象的社会意识与责任，通过赋权、社会行动，进行生命意义重构；传递同伴教育理念，培养同伴辅导员；用服务对象自身的改变，提升社会对吸毒群体的接纳度。

该目标的实现主要分为三个阶段：首先是自我探索阶段，该阶段可以帮助服务对象客观地看待自身的经历，降低负面情绪出现的频率，发现自己的潜能和资源(两个以上)。其次是能力建设阶段，该阶段以提升服务对象自我效能感和综合能力，使其掌握至少一种同伴辅导技能为目标。再次是意义建构阶段，该阶段也是小组活动的升华阶段，此时社工更注重服务对象价值观的培植，强化服务对象的助人动机，每个服务对象要完成一件有意义的事，帮助至少两个同伴。最后是体现价值阶段，社工会带领小组成员在活动过程中参加3～4次公益活动，用积极参与公益的正面形象改善康复环境。

3. 小组性质

该小组为自愿、封闭式小组。服务对象的戒毒康复时间均为三年以上，且正在寻找实现自身价值与意义重构的途径。

(二) 理论依据

1. 意义建构理论

该理论由维克多·弗兰克尔提出。弗兰克尔认为，生命意义建构有三种途径：第一，通过创造和工作，使人的价值在对社会的贡献中体现出来，使人的创造性价值得以实现；第二，通过体验真、善、美，感受爱与被爱；第三，通过对不可避免的苦难所采取的态度，实现对其意义世界的建构作用，实现最深意义与最高价值——态度的价值。具体来说，介入路径有以下三种。

(1) 自我探索。引导服务对象开展对生命意义的探讨，接受生命过程的苦难，发现自身的潜能和资源；通过常规活动进行自我探索、能力建设、价值培植。

(2) 情感体验。通过专题活动，如感恩、庆生类活动，体验真、善、美，感受爱与被爱。

(3) 意义建构。通过榜样示范，预防“行为复发”，通过关爱同伴，参加社会公益活动，让服务对象获得心理奖赏；强化“自助、互助、助社会”的同伴教育理念，帮助服务对象实现最深和最高意义的态度价值。

2. RTSH——康复治疗小组模式概念

此模式的主要概念包括“康复奖赏”“自我效能”“模范”等。RTSH 治疗模式的主要思路是，若要抗衡对药物的渴求欲，建议药物滥用者学习回避引发“行为复发”的危机，通过参加同伴小组及社区活动，建立支持网络，预防“行为复发”，强化康复信心。通过参与关爱他人的活动，带来满足感和心理奖赏，这类“奖赏”有助于强化药物滥用人员的康复行为，加速正常化过程和提高融入社会的能力。

(三) 介入方法

开展小组工作之初，服务对象开始尝试熟悉小组的物质、社会环境和了解其他成员，但彼此缺少信任。社会工作者的实务操作是：精心选择，布置活动场景，采用柔和的音乐、积极亲切的语气和态度营造温馨、安全的小组氛围；运用破冰游戏自我暴露，通过肢体语言，消除服务对象的陌生感；鼓励和促进服务对象探索小组物质和心理环境，表达对小组和他人的期望；通过共同制定“我们的约定”，激发服务对象的归属感。

随着小组的发展，服务对象开始在小组中介定关系和出现地位等级，社会工作者及时地帮助服务对象探索如何确立有利于小组开展的关系。做到关注每一个服务对象，特别是在分享时间的安排上，要照顾服务对象的感觉需要。运用打断、引导、聚焦等技巧，引导服务对象思考，为什么来到小组，如何建立相互之间的关系。在此阶段，同伴教育理念的植入和情绪管理等内容可帮助小组成员达成自我探索的小组目标。

当服务对象关系接近亲密时，开始相互沟通，承认小组活动经历对个人成长的重要性，投入感增强，并开始注重小组目标。社会工作者通过小组阅读、同伴示范、小组练习、同伴分享等环节，鼓励服务对象相互回应。根据小组目标和服务对象需求，充分运用典范力量，努力寻找与服务对象间的共鸣，营造支持和信任的氛围，更多地担当使能者和资源提供者的角色。让服务对象了解有关助人的价值意义，学习沟通技巧等，提升服务对象的自我效能感。减少服务对象负面情绪出现的频率，发现自己的潜能和资源，完成小组这一阶段的目标。社会工作者在这一阶段进行辅导技能培训时，不仅要让服务对象掌握方法，还要帮助其修正行为和思维模式，引发对重构生命意义途径的思考。社会工作者从小组形成、维持、发展、内在动力、冲突、带领方式对服务对象的影响及服务对象行为变化等方面加以关注和协调，并把这些因素设想为一个动力整体来运作。

社会工作者通过邀请优秀同伴做示范，以及帮助服务对象在小组工作过程中建立使命感和价值观，完美地解决了交叉感染和互相支持的矛盾，服务对象没有因为交往而复吸。有的服务对象还复制社会工作者的一些方法，在服务对象间传递支持和关心。此时的服务对象已开始将小组的使命和任务目标视为己任，通过培训服务对象掌握了一种以上的辅导技能，并尝试辅导同伴，服务对象间相互支持的效应不断扩大。

在小组结束阶段，面对小组分离期服务对象出现的焦虑和不舍的情绪，社会工作者一方面对服务对象进行情绪安抚，另一方面运用自我表露给予服务对象支持。最后一次活动上，社工与服务对象一起回顾一路以来的成长，对服务对象所做的努力给予充分肯定，对未完成事项进行检视，重申小组工作意义。

此外，设计并行的特色专题活动也是达成小组目标的重要途径。活动主题应依据服务对象的实际需求来设置，在每次活动中，社会工作者与服务对象共同策划、筹备，自筹经费，邀请家属、社工、老师等人员参加。社工通过设计各种专题活动，把大家聚集在一起，提升了小组的凝聚力，又作用于小组的动力形成。在并行活动中，社会工作者为服务对象搭建了助人的平台，通过“同伴信箱”“星火计划”“同伴之音”“同伴之窗”“同伴演讲”等多种形式的“同伴教育”活动，让服务对象将所学的辅导技能用于帮助其他同伴，以实现服务对象个体的价值，在帮助他人的同时得到成长，从而引发服务对象对生命意义的思考及自我改变可行性的探索。

(四) 专业反思

经过小组干预，案例中的服务对象能正确面对自己的过去，有的组建了自己的家庭，有的改善了与家庭的关系，有的找到了工作，有的作为同伴示范员，进入所内做示范，全体服务对象成了禁毒志愿者，服务对象心理状态趋向积极乐观，在小组搭建的框架下，提升了自我评价。

同时，此次小组工作形成了从亚文化认同向主流文化导入的小组干预模式。经验显示，药物滥用群体亚文化的存在成为其他帮教人员与他们之间的心理界限，导致部分服务对象拒绝接受服务，阻碍康复。所以此次社工通过小组动力及成功榜样示范作用，从亚文化的认同入手，逐渐将戒毒群体向主流文化引导，协助其建立良好的交友圈，引导服务对象将可能造成的交叉感染问题变成相互支持、彼此督促的资源，达到事半功倍的效果。

如前文所述，药物滥用者由于种种原因，在心理上渴望得到爱和归属感。而本次小组活动结束后，满意度问卷结果表明，有82%的服务对象表示小组工作过程中所提供的服务十分符合他们的需求；另18%的服务对象表示大部分符合他们的需求，尤其是平等、尊重的氛围，让他们重获久违的温暖，觉得找到了一个新“家”。全体服务对象认为小组工作设计非常好，帮助他们在助人活动中获得快乐和更好地保持操守，感知了生命的意义。

通过本案例，我们可以看到本次小组活动的设计和实施有诸多亮点。首先，本次小组工作很好地完成了理论与实践的结合。社会工作者依据小组意义建构理论，设计了意义建构的三个途径：途径一，通过“常规活动”进行自我探索、能力建设、价值培植；途径二，通过“专题活动”组织感恩、庆生类活动，体验真、善、美，感受爱与被爱；途径三，通过“公益活动”(助残、关爱同伴等)重构生命意义。社工据此对小组工作进行了立体设计：从认知改变修正态度价值，从体验真、善、美的角度体验情感，从助人活动中实现价值，达成意义建构的目标。这三个途径在实施过程中贯穿整个小组活动。其次，社会工作者在小组活动中实现了能力提升。社会工作者始终强调从服务对象的需求出发，并在小组工作开展的各个阶段，做出不同的处理。如在第四节活动中，活动时间超过计划设定，社会工作者及时修正计划。由于小组活动已经进行到第四节，产生了组员凝聚力，服务对象的合作成为可能。此时，社工观察到组内团结的氛围，根据服务对象的意愿调整了活动程序。再次，社工在带领小组时，引导服务对象做深层次的分享和互动，形成小组动力和团队凝聚力，并形成了自己的带领风格。此外，与小组工作平行开展各类“专题活动”也是小组工作的特色。在实践过程中，平行活动对社工的能力有一定要求，但在本案中，社工成功地让服务对象在各种专题活动中体会到不同的意义和价值，洗涤了心灵，使服务对象走上了建构生命意义的道路。

明晰亮点之余，本案例还有一些有待改善之处。首先是对个人目标关注不够。由于带领小组的社工更多地关注小组动力，以及小组成员是否通过小组力量完成个人的相关改变，是否达成小组目标，对个体差异化关注较少。在之后的小组活动中，可以安排负责个案的社工对活动中的个体进行观察，弥补小组带领者在此方面的缺失，更有效且全面地协助组员完成蜕变。其次，在设计小组活动时，还应考虑到游戏与活动目标的衔接，以及每一节活动之间的逻辑关系。这就要求社工不仅关注微观的游戏如何安排，还要有宏观的大局意识，这样才能将零散的小组活动组合起来为小组目标服务。最后，社工在带领类似性质的小组时，还应考虑到服务对象的情绪问题。若小组成员出现情绪波动，应及时回应和处理，同时不影响活动正常进行。在时间方面，因为每一次小组活动的安排都比较紧凑，因此合理掌握时间也是社会工作者需要提升的能力。

第十一章　抑郁症青少年群体

青春期是一个独特的成长时期，青少年的身体、心理和外界环境的多重变化使他们容易受到精神卫生问题的影响。在全球范围内，自杀是15～19岁青少年的第三大死因。流行病学调查表明，大多数精神健康问题始于青少年时期，但大多数病例并未被发现或得到治疗。妥善处理青少年的抑郁状况不仅能帮助他们茁壮成长，而且对其成年后的身心健康至关重要。

第一节　青少年抑郁症概述

一、青少年抑郁症的概念

抑郁症作为全球范围内较为普遍的心理疾病之一，其概念一直较为模糊。由于抑郁症的一些症状与其他情绪障碍相似，抑郁症患者也经常出现共病现象，因此其概念的界定就更为模糊。当前学界和临床对抑郁症较为公认的定义是：抑郁症，或称抑郁障碍(Depressive Dissorder)，是由各种原因引起的以抑郁为主要症状的一组心境障碍或情感性障碍，是一组以抑郁心境自我体验为中心的临床症状群或状态[①]。抑郁症是一种症候群，由一组潜在的生物异常症状和体征组成。因此，抑郁心境不是抑郁症，只有当抑郁心境发展到一定程度，并伴随症候群的基本特征，持续相当长的一段时间，且严重危害自身社会职业功能时，才可定义为患有抑郁症。

二、青少年抑郁症的诊断标准

(一) 理论依据

儿童和青少年期的抑郁症识别率低、诊断难度较大，一些青少年无法准确表达其症状。S. Timimi的研究显示，与成年人相比，儿童和青少年的症状以行为问题为主，如易怒、喜怒无常、离家出走、拒绝上学等，植物神经症状相对较少[②]。除此以外，情绪低落和躯体性症状也是青少年抑郁症的核心症状。由于青少年表达能力有限，自我情绪认知尚不完整，他们的面部表情(悲伤或缺乏笑容)就成为主要的诊断标准。研究表明，百分之七十的抑郁症青少年会出现躯体反应，如腹痛、头痛、眩晕、视力模糊等。但仅有上述表现还不足以做出准确的临床诊断，还需要和案主本人面谈，与案主的老师和父母会面，以全面了解青少年的情况。

尽管成年人的抑郁症状与青少年稍有不同，但尚未显著不同到需要区分诊断标准的程度，

① 李青栋，许晶. 抑郁症的概念及分类研究历史[J]. 医学与哲学(临床决策论坛版)，2009，30(11)：78-80.

② Timimi S. Rethinking childhood depression [J]. BMJ，2004，329(11)：1394-1397.

因此目前国内外均采用成年人精神病学诊断标准对青少年抑郁状态进行识别，其中多以美国《精神疾病诊断与统计手册》(DSM-Ⅳ)的诊断标准为主。按照DSM-Ⅳ的诊断标准，患者应至少符合以下九大症状中的五项，且持续时间至少两周：①几乎每天大部分时间心境抑郁，主观体验(如感到悲伤或空虚)，或他人观察到(如流泪)；②几乎每天大部分时间对所有活动的兴趣或者愉快感显著降低或消失；③体重明显下降或明显增加，或者几乎每天食欲减退或增加；④几乎每天失眠或者睡眠过多；⑤精神性激越或迟滞；⑥几乎每天都感到疲倦或者精神乏力；⑦经常性感到自己无用或有不恰当的过分内疚；⑧思维能力减退或注意力难以集中或犹豫不决；⑨反复出现自杀意念但无特定计划，或自杀未遂，或有特定自杀计划。同时，《中国精神障碍分类与诊断标准》(第三版)(CCMD-3)以及学龄期儿童情感障碍和精神分裂症评估进度表(K-SADS-PL)、雷诺兹青少年抑郁量表-2(RADS)、贝克抑郁量表-2(BDI-2)等标准化的量化评估工具也可作为参考，以提高抑郁症识别的准确度。

(二) 实用量表

在实务工作中，社会工作者根据临床经验，常使用以下六个量表对青少年的精神健康状况进行评估。

1. 科迪情绪障碍与精神分裂症量表

该量表适用于儿童、青少年和成年人，问题涉及情绪问题和精神病症状，还可评估自杀的想法和行为。访谈时，需要被访者把发病过程按照时间顺序讲述出来，还要对目前所有的症状进行详细描述。

2. 儿童访问表

该量表适用于8～17岁儿童和青少年，被访者是案主的主要抚养人。

3. 儿童评量表

该量表适用于7～16岁儿童和青少年，且只有在社工和案主建立较稳固的关系后才可运用。量表被分为数个主题，共80个问题，访问者可按主题将问题分开安插到访谈过程中。

4. 儿童诊断访问表

该量表适用于7～16岁儿童和青少年。表中的问题分为访问孩子和父母两组，问题的顺序和语言都较为固定，结构化较强。量表包含的心理状况和精神症状比较广泛，常用于初步评估和分类。

5. 儿童与青少年精神病评量表

该量表可评估的范围非常广泛，所有在DSM-Ⅳ中出现的症状都列入其评估对象。但由于此表结构较松散，使用时弹性较大，有经验的心理咨询师或精神科医生才可使用。

6. 评估儿童和青少年自杀想法的访问表

这类量表包括自杀意向问卷和自杀行为访问两种。

其次是运用案主自我报告的方式进行初步筛选和评估。自我报告即社工将评估量表发给青少年和家长自行作答，但该方式不可取代正式的访谈和评估。常用的自我报告量表包括：儿童抑郁量表；贝克抑郁量表；抑郁症病原研究中心等级量表；抑郁症自我评估等级量表；儿童抑郁等级量表。

第二节 抑郁症青少年群体的可能表现

与成年人相比，青少年的抑郁症状有时并不明显，且与前者稍有区别，但目前青少年抑郁症的诊断标准与成年人相同。因此，在临床诊断之前，若能发现青少年有特定的表现，则可提前介入，防止其抑郁状态进一步发展。一般而言，青少年抑郁症的表现是综合性的，涉及生理、心理和行为等多个层面。

一、生理层面

根据临床观察和相关研究，抑郁青少年常出现食欲和睡眠两方面的变化。

在食欲方面，可能出现两极化症状，一部分个体食欲大增，以吃消愁，依靠高热量食品进行心理补偿；另一部分个体食欲锐减，虽然体重变化较小，但可能由于食欲减退，出现发育不良或成长减慢的情况，也有一些孩子出现厌食症状或进食障碍。

在睡眠方面，部分青少年会出现失眠、入睡困难等情况。若孩子独自睡觉，父母在夜晚较难察觉，但此类青少年可能起床困难，上课打瞌睡，也有一些孩子会出现嗜睡症状。有睡眠问题的抑郁青少年会因此出现乏力、体虚、头痛、头晕、胸闷等不适症状。

二、心理层面

抑郁青少年在心理层面主要表现为持续的抑郁心境和易激惹两个特点。由抑郁心境引发的兴趣丧失较为常见，在青少年群体中，兴趣丧失最容易从对学习失去兴趣开始，若没有及时介入，随着症状的发展，可能延伸到其他兴趣丧失。此外还会出现自信心缺乏、自我评价过低、有内疚自责感的情况。此时青少年的认知方式缺乏弹性，容易吸收负面的、不利于自己的信息，一些青少年会出现易恐惧和焦虑等情况。另外，研究显示，近百分之五十的抑郁青少年伴随其他情绪障碍或心理疾病，如焦虑障碍、躁郁症等。

三、行为层面

一些青少年会因情绪问题出现进食障碍、强迫行为和成瘾行为等，习得性无助、回避社交活动、社交困难也是抑郁青少年的普遍现象。抑郁青少年在遇到失败时，不知道如何寻求帮助，容易采用逃避的策略并缺乏解决问题的经验和能力。在人际交往方面，抑郁青少年更容易遇到困难，社交问题和抑郁心境可能互为因果。此类青少年和朋友出去玩的兴趣和频率减少，可能是兴趣减退导致，或是自己的负面情绪把同伴拒之千里，也可能是朋友或同学不友善，导致他们被孤立进而引发抑郁。此外，行动迟缓、言语减少、言语中提及“自杀”或“自残”、注意力不能集中也是抑郁心境的征兆，一些青少年甚至会出现幻听等精神类症状。

第三节　青少年抑郁症的产生原因

一、个体因素

(一) 遗传因素

家族遗传史与青少年抑郁症相关性极高。从遗传学角度分析，中重度抑郁具有中度遗传性，一般开始于青少年期，即11岁以后的抑郁症有可能是由遗传所致。但开始于儿童期的抑郁症状，即11岁以前发病则更多与家庭环境而非遗传因素相关。从病因学角度分析，前瞻性孪生子研究显示，基因会增加抑郁风险，一些基因型的出现与情感性精神障碍有微弱关联。

此外，人的气质类型也与抑郁症的发生具有一定关联性。气质和性格是在先天遗传和后天影响的双重作用下形成的。根据艾森克人格模型，神经质作为此模型的重要维度，在一定程度上可以遗传。神经质程度高的人容易被激动、气愤和抑郁的情绪笼罩，而这些情绪也是青少年发生抑郁的易感因素。

(二) 生理因素

青少年期是人的一生中生理和心理发展变化最快的时期。此阶段的青少年较为敏感，情绪不稳定，这一特点在一些特殊青少年身上表现得更加明显，如长期生病或住院的青少年、残疾青少年，他们易产生悲观、绝望、失败等不良情绪，若无人及时开导，这种长期抑郁的心理状态易导致抑郁症的发生。一项针对住院青少年抑郁状况的调查显示，身体状况长期虚弱的青少年的抑郁症状发生率近百分之四十，且患儿的抑郁程度与其病情的严重程度有关。

同时，青少年期的身体发育状况也是引发抑郁的因素之一。由于该时期人的性征开始发育，一些青少年开始对身体和形象的变化较为敏感，此时若无正确引导，肥胖、瘦弱或性特征明显的青少年易形成自卑心理，导致人际交往或学业不顺，从而引发抑郁。

二、家庭因素

(一) 依恋关系

Bowlby提出，婴儿生来就有与照顾者(通常是母亲)形成情感依恋关系的需要。婴儿通过与照顾者适应和互动形成依恋感，并在内心形成一定的自我与他人的客体关系。此后，婴儿依赖此客体关系来体验情感与社交，形成人际关系。婴儿从出生到三岁是人生的重要时期，必须有一位担任母职的人出现，这是促进婴儿正常发展的先决条件；母亲在抚育初生婴儿时要附带母爱的表示，如抚摸或拥抱等，婴儿从这些行为中获得安全感和愉快的情绪，有助于健康人格的形成。此时若婴儿遭遇重大生命事件，如被虐待、丧失父母、母亲患有产后抑郁未能与婴儿形成母爱互动，或因其他原因未能满足该时期爱的需求，个体会受到极大伤害，也极易成为日后引发抑郁症的危险因素。

不同的依恋类型也是抑郁症的保护或危险因子，形成了安全型依恋关系的青少年在遇到挫折或打击后能将父母作为支持源并从中恢复，而形成了回避型依恋关系或情绪矛盾型依恋关系的青少年在发展内在和人际关系时容易遇到困难，感到抑郁。Bowlby提出，这种不安全型依恋方式与抑郁和焦虑相关，与安全依恋型青少年相比，后两者自信水平较低，回避问题，与人的关系较为疏离，有更多的功能失调行为，尤其是情绪矛盾型依恋的青少年，更容易出现内化症状和自杀行为。

(二) 教养方式

父母的教养方式对子女的身心健康起到至关重要的影响作用。研究表明，抑郁症青少年的父母在教养方式上同质性极高，具有拒绝、否认、惩罚、干涉、过度保护等特点。父母在教养过程中以要求为主，很少给予孩子表达的机会，导致父母无法知晓孩子的需求和感受，而且此类父母在言行上缺少对孩子的关心，使得孩子难以体验到情感的温暖。当孩子总是被拒绝、被否认、被惩罚时，自我价值感也较弱，进而极易形成不被接纳、自卑、绝望等情绪，这种自我贬低的意识会让他们在社交时更加怯懦，以回避的方式拒绝沟通，进而加重其孤独和抑郁感。此外，父母的过度保护会让孩子形成对父母的依赖，也阻碍孩子发展解决问题和人际交往的能力，而他们的自信心又总是通过克服困难、结交朋友而获得。因此，此类青少年易形成内向、缺乏自信、依赖性强等特征，在遭遇挫折甚至人生重大事件时，容易慌乱，产生绝望感，进而成为抑郁的导火索。

青少年长期生活在这样的教养环境中，容易形成内倾型高神经质人格。如前文所述，神经质程度高，个体倾向于做出情绪化反应，即对微小挫折就做出强烈的情绪反应，并且不容易从该情绪中抽离，所以更容易长期陷入抑郁状态。

(三) 家庭中的应激事件

Grant等人将“应激”定义为威胁特定年龄段个体的身体和(或)心理健康的环境事件或持续状态[①]。青少年期正是人生的过渡期，个体在13岁后经历的难以控制的生活负性事件明显增加，上升趋势与青少年期的抑郁症状发生频率是平行的。在我国，青少年的生活较为单一，大多处于“家—学校—补习班”这样三点一线的生活状态中，因此家庭的重大事件就成为影响青少年心理状况的重要因素，如父母离异、父母一方去世、家庭关系长期紧张、家庭暴力、被抛弃或虐待等都可能成为个体青少年期的生命事件。前瞻性研究显示，青少年在抑郁发病、复发或恶化之前的一个月内，几乎都经历过负性生命事件。因此，妥善应对生命事件能在一定程度上减少抑郁的发生概率。

三、社会环境因素

(一) 学习压力

对我国的青少年而言，学习是青少年期的首要任务。学生们面临巨大的升学压力，这也是造成其心理压力的第一因素。一项针对70例有抑郁障碍的青少年的研究显示，在生活事件评定中，造成压力最大的前五个因素有四个与学习相关，前三个依次是不喜欢上学、学习成绩不理想、学习负担重。对于单一社会生活环境的青少年而言，成就感和外界的肯定大多体现在学业方面。无论是自身的心理压力，还是教师、父母及社会的期望，都使得青少年将学习成绩作为体现自身价值的唯一途径。因此当学业受挫时，更易产生低落情绪。同时，由于中学阶段学习

① 吴艳茹，肖泽萍. 青少年抑郁症与应激相关的病因研究进展[J]. 上海精神医学，2006(05)：297-299.

负担逐年加重，高强度的学习使得青少年无法得到足够休息，因此我国青少年的抑郁程度也随着年级的升高逐渐加重。

(二) 人际关系

青少年正处于社交范围扩大的阶段，儿童期的伙伴逐渐疏远，需要建立新的社交圈。同时，青少年期的个体更加渴望独立，渴望他人的认同，但由于生理和心理均未发展成熟，还需要依赖家庭，这种矛盾感会增加他们的身心压力，而同伴关系不良、与他人亲近困难，以及难以依赖他人等人际关系问题也对抑郁情绪有着显著预测作用。另外，青少年期的性意识逐渐形成，建立亲密关系的过程受阻或受挫也是导致抑郁的主要原因。一些青少年会因此受到学校和家长的责备，从而影响其情绪，导致抑郁。

第四节　抑郁症青少年群体的社会工作干预和介入

对于抑郁症的治疗，临床上有诸多疗法，如药物治疗、心理治疗、自愈性疗法等。考虑到大多数抗抑郁药物有一定副作用，所以世界卫生组织不建议将使用此类药物作为治疗青少年抑郁症的第一手段，这就给社会工作者创造了发挥的空间。

目前，社工主要运用人际交互心理治疗、反应制约治疗(放松训练)、认知行为治疗、家庭治疗的方法进行干预和介入。

一、人际交互心理治疗

人际交互心理治疗(IPT-A)是一种聚焦的、限定时间的、注重实操的心理治疗。在介入过程中，治疗师会干预抑郁心境的形成，并在意识和潜意识水平上对症状的形成、社会适应以及人际关系进行调整。因为这种介入方式有一定的时间限制，所以格外适用于希望快速结束治疗或不愿寻求治疗的青少年。

IPT-A以每周一次、为期十二周的频率开展个案工作。介入开始前会开展前期评估，和案主及其家庭成员会面，整理目前的症状和治疗史，并据此进行完整的识别评估。介入正式开始后，分为初始、中期、结束三个阶段。

第一次到第四次会谈是初始阶段，该阶段的介入目标除了评估案主是否适合该介入手段外，社工还应识别导致案主抑郁心境的“问题领域”。它是IPT-A中的核心概念之一，指的是悲伤、人际角色冲突、人际角色转换、人际不足。悲伤指案主身边重要成员死亡带来的抑郁；人际角色冲突是指在人际关系中，案主和对方有不一致的角色期待或行为期待，进而导致冲突；人际角色转换是指由于生活出现转变，案主难以调整角色和心态适应新生活；人际不足是指在人际关系中缺乏社交和沟通技巧。

第五次到第八次会谈为中期阶段，该阶段的介入方法因人而异，总体而言是以澄清问题、制定策略和解决问题为目标。

第九次到第十二次会谈为结束阶段，该阶段的任务是回顾介入过程、确认介入成果、制定未来情景中的人际交往策略、处理因介入结束引发的情绪。

综上所述，IPT-A是一种针对非精神疾病的抑郁青少年的介入方法，可以有效地帮助案主减轻抑郁心境，增进社交能力。

二、反应制约治疗(放松训练)

青少年抑郁经常伴随应对压力的失败，因此帮助他们更好地处理压力能在一定程度上避免其抑郁的发展。

应对压力时，较快速的处理方式是通过物理放松让心情恢复平静，其中放松训练是较为有效的方法之一。社工可将此训练分成以下几步，帮助青少年缓解压力。

(1) 向案主讲解由压力引发的情绪波动和生理反应，帮助案主识别情绪变化，如呼吸急促、心跳加速、肌肉紧绷，甚至出现胃痛、头痛等不适。

(2) 教案主深呼吸，提示案主把自己的肺部当作气球，先把气全部放光，停5～10秒；再吸进一些空气，想象“气球”装入三分之一空气的状态，停5～10秒；依此类推，直到“气球”装满，然后把气分三次慢慢放光。重复此深呼吸的过程若干次，让案主感受到身体的紧张和放松。

(3) 采用肌肉放松法。与呼吸放松法相似，即放松身体紧张的肌肉。

(4) 案主在掌握呼吸放松和肌肉放松法后要每天训练，一旦运用自如，下一步就可教他们如何跳过紧张这一步，直接进入放松状态。在训练的同时，可配合舒缓平静的音乐辅助放松。

三、认知行为治疗

人格心理学家认为，不恰当的思维方式是引发情绪障碍和自残自伤行为的原因。因为个体心中隐藏着诱发抑郁的想法，所以导致抑郁心境的出现。认知行为治疗的主要目的就是帮助案主认识到不恰当的思维方式，在它出现时能识别出来，进而通过矫正行为减轻抑郁症状。研究表明，认知行为治疗能有效缓解抑郁和焦虑等情绪障碍，不仅可以减轻症状，而且个体复发率较低。认知行为治疗分为以下两个流派。

(一) 理性情绪疗法

认知行为疗法，也是广为流传的理性情绪疗法，该疗法有一定的治疗方式和程序，治疗过程较为结构化，总体可分为六步：第一步，与案主建立信任关系，确保案主后续的参与和合作，同时对案主情况进行初步评估；第二步，介绍认知行为治疗的原理，为其制订介入计划；第三步，帮助案主意识到自己的非理性信念，并观察这种信念是如何影响自己的情绪进而造成抑郁的；第四步，和案主一起分析非理性信念的不合理之处，并进行修正，使他了解“诱发因素—不合理信念—情绪结果”之间的逻辑和关联；第五步，建立新的中间观念以形成新的认知模式；第六步，对先前的介入效果进行总结和巩固，并教会案主如何在不合理信念出现时矫正他们，做到真正的助人自助。

在结构化的程序中，还可运用一些策略达到辅助介入的效果。

1. 自我监督

在认知层面，前文提到，社工介入时要训练案主观察和识别这种信念的能力，同时还应督促案主记载这种非理性信念；在行为方面，介入时也要督促案主记录自己的行为，以及做出某行为后，自己的看法和感受。通过这种记录，案主可了解“信念—情绪—行为”三者之间的关系：抑郁情绪的改变需要案主同时改变信念和行为，三者互相影响。除了记录非理性信念和负面情绪，案主还应观察和记录愉快的情绪，把注意力转移到愉快积极的事情上，打破抑郁情绪引发的一系列恶性循环。

2. 自我评估

抑郁症青少年经常有自卑、更易接收负面评价的特点，这一现象可能因为父母、周围环境或自己定了过高的目标，也可能因为案主缺乏鼓励，忽略了自己的优势，即使达到目标也一味关注自己的缺点或还没做到的地方。因此，教会案主如何恰当地评估自己，如何给自己积极的心理暗示，同时辅以行为治疗的策略，如提高社交能力、语言能力，能帮助他们建立自信，或能缩短实际表现和期望的差距。

3. 日常活动时间表

抑郁症的症状之一是对事物失去兴趣，感觉筋疲力尽或困难重重，因此日常生活会受到极大的影响。而时间表的功能就是帮助抑郁青少年把日常生活重新组织起来，这一过程需要父母的全力配合与协助。在制订计划时可以从简单的事情做起，如起床、散步、按时吃饭等。完成这些基础的日常活动以后，可以加大活动难度，帮助案主重新找回生活的意义。

(二) 班杜拉的自我效能感和社会学习理论

在班杜拉看来，个体只有在相信自己的行为会导致某结果发生时，才能改变自己的行为。简言之，“相信某事发生”和“相信你能让它发生”是不同的，后者更能使案主改变自身行为来达到目标。自我效能感主要有四个来源。

(1) 案主亲身掌握的经验，也就是过去成功达成目标的经验。

(2) 替代经验，也就是使案主看到别人的某种行为没有带来坏结果，从而使案主相信自己也能做到。

(3) 言语说服，即反复告诉案主“你能行”，但它对自我效能感的提升效果较差。如果实际情况未达到预期，期望很容易破灭。

(4) 情感唤起，即帮助案主回忆之前的积极情绪，从而建立自信。

成功建立自我效能感的关键是采用上述一种或几种方式来改变案主的效能期望。在介入时，社工可以将介入过程划分为几个小步骤，案主只需要稍加努力就可达到目标，这样有助于干预的推进。

四、家庭治疗

家庭治疗包含的介入方法众多，如家庭个案介入、家庭小组介入、家庭心理剧介入等，其介入的核心理念均为家庭是社会化的第一个场所，对个体的成长有深远影响。在家庭内部，任何成员的行为都会受其他成员的影响，这样的连锁反应可导致家庭功能失调，也可能使家庭问题集中反映在某一个家庭成员身上，从而使其出现行为问题。家庭治疗的特点是把介入重点放在家庭成员的沟通方式上，通过改善家庭内部的人际关系达到介入目的。

在介入过程中，社工要探访抑郁青少年的家庭，收集前期资料，对案主的家庭关系、结构、教育方式、沟通方式等进行初步了解。许多父母对青少年抑郁症了解甚少，因此在介入前，社工需要向家长阐明青少年抑郁症的症状，让成年人意识到其子女的行为有一定意义，偏差行为是孩子心理状况的一个外在反映。例如，一些孩子上课打瞌睡，比较疲乏，注意力难以集中，这些行为可能不是孩子“犯懒”或“不愿意学习”的象征，反而是其抑郁心境的征兆。父母意识到行为背后的意涵后，他们和孩子的沟通方式可能出现很大转变，这对未来的介入有极大帮助。如果孩子已经出现自杀、自残意愿或行为，社工应立即让父母确保孩子周围不会出现危险物品，并对孩子的行为进行监控。例如，把刀或针藏在其他房间，避免孩子单独留在封闭的环境里，保证孩子房门敞开等。

完成以上工作后，可根据前期资料展开分析，了解哪些家庭因素对青少年抑郁心境产生影响，并对这些因素进行干预。例如，社工可召集家庭成员，为他们营造一个畅所欲言的环境，让成员各抒己见，坦诚地讲述自己的想法和感受，增加成员间的互相了解。如前文所述，对青少年而言，父母的教养方式对子女的心理状态有一定影响，因此转变教养方式，帮助父母和子女建立良性的沟通方式也至关重要。在此基础上，社工可为一些成员制定任务，通过促进某一成员的改变而推动整个家庭的变化。

五、案例分析

(一) 案情介绍

小雨，女，13岁，一线城市某重点初中初一学生，2011年6月被诊断为中度抑郁。小雨的父母2009年离异，此后她和父亲分开，一直和母亲生活。据案主回忆，自己于2010年开始出现强迫行为，每天至少要洗30次手，而且一直情绪低落，学习时注意力不能集中，还出现幻听症状，总感觉父亲在敲门。被问及是否有兴趣爱好时，案主回忆：“一直没什么爱好，倒是喜欢看电视。临近小升初的时候可能因为学习太忙了，电视也不看了，不想看。”同时，案主入睡困难，经常辗转一两个小时才能睡着。

小雨自述小学时遭遇过长达三年的校园暴力。二年级时因为考试失利遭到同学的嘲笑和排挤，曾因此向母亲求助未果，从此从未和父母提及在学校遇到的事情，但被同学孤立的状况一直持续到五年级；六年级时，因小雨提前被重点学校录取，同学关系才得到改善。小学毕业后，其强迫行为消失。升入初中后由于学习压力变大，课业难度增加，为了提高成绩，小雨只能加大学习强度，减少休息时间。2011年3月，在一次考试失利后案主出现轻生念头，并再次出现强迫行为且程度加深。此后两个月中，不断向母亲表达自杀意愿，但母亲不以为意，认为是学习压力变大造成的情绪低落。2011年5月，案主出现自残行为，用刀子划伤手臂。此时母亲才意识到问题的严重性，带案主到医院精神科就诊。

通过以上描述，我们可以看出几个抑郁症的明显症状：长期处入悲伤的情绪，学习时注意力难以集中，经常性失眠，对周围事物失去兴趣，有反复的自杀念头和自残行为。因此可初步评估为患有抑郁症。此外，案主还伴随强迫行为和精神性幻听症状，不能排除共病现象。

(二) 介入理论

本案例中，社工运用认知行为理论和家庭心理治疗结合的方式进行干预。认知行为理论认为，人之所以焦虑和抑郁，是因为他心中隐藏着引发焦虑和抑郁的想法。本案例中，社工进行前期访谈时，反复听到小雨出现自暴自弃的想法，如“没有人爱我”“我就是个废物，怎么学也学不好”等。因此社工认为，认知行为治疗可以设法用更恰当的思维取代这些自暴自弃的思维方式，控制住导致心理痛苦的消极想法。家庭心理治疗理论也是介入时的主要参考依据。家庭治疗就是通过改变家庭成员围绕症状所表现出来的交往方式，从而达到治疗症状的一种治疗理论[①]。家庭心理治疗是在家庭治疗的基础上，结合系统学的观念来体会家庭系统内所发生的各种现象的理论。该理论认为，家庭作为一个系统，其内部成员的行为会受到此系统内其他成员的影响。同时，个人的行为会影响系统，而系统也会影响个体的行为。这种连锁反应可导致许多不良的家庭现象。在本案例中，小雨的抑郁症状是其家庭系统失调的外化表征，是家庭功能失调的结果。因此，社工的介入不能仅从治疗个体入手，还应同时将整个家庭系统作为介入对象。

(三) 介入过程

介入之初，全面地了解小雨的发病原因以及其生态系统的情况是非常重要的。抑郁症的发病原因较为复杂，我们仅能从案例中提供的信息推测小雨的患病因素。首先，引发案主情绪变化的原因是学校环境。在介入过程中，社工从案主母亲那里了解到，案主所在小学是重点小学，老师对待学生的态度会根据成绩的高低而变化，这一氛围也极大地影响了学生之间的相处方式，使得一些学生开始模仿老师，对成绩较差的同学恶语相加或冷嘲热讽。在这样的教育氛围中，案主九岁左右遭受了第一次校园暴力，该状况一直持续到十二岁。在此期间，老师没有采取过任何措施，案主的母亲也承认，她错误地认为孩子之间有矛盾过一天就没关系了，因此当案主向母亲求助时，自己没有给予足够支持。另外，升入初中后，学习压力变大也是重要因素。其次，家庭因素是引发案主抑郁的另一导火索。案主的母亲回忆称，她和案主父亲离婚前经常争吵，大概从这时起，案主的情绪就一直比较低落。离婚后，案主又和父亲极少见面，与父亲的联系似乎一下被切断，可能引起了应激反应并出现强迫行为。而且案主母亲承认对案主要求严厉，在她因幻听无法集中精力学习时，会被母亲误认为是在偷懒。此时，案主也没有意识到自己出现了幻听症状，受到母亲的责备就更加内疚自责，因此形成恶性循环，加剧了病情的发展。

通过前期与案主及其父母的访谈，社工已经对案主的基本信息，如心理状态、家庭情况等有了初步了解并建立了彼此信任关系。在访谈过程中，社工发现案主有一些非理性信念，这些信念有的是因为案主年龄较小，对一些事物的看法不够全面，加之情绪低落，所以产生了不恰当的想法，有的是因为家庭的教养方式和父母的错误认知导致案主陷入自我怀疑。根据这些情况，社工与案主和父母共同商议，制订了干预计划，希望从个体和家庭两方面入手推动改变的发生。制订计划后，社工开始帮助案主意识到不理性信念的存在。在访谈中，案主多次表达“我觉得这个世界上没有人爱我”“我觉得自己什么都做不好”，此时社工运用质询、澄清的咨询方法让案主意识到信念的不合理之处，如：

“我的朋友很少。我感觉自己总是不如别人，又怕大家看不起我，所以我就不跟他们交流，这样容易一些。”

---

① 张曼华，付倩. 青少年抑郁的影响因素与家庭心理治疗[J]. 医学与社会，2010，23(03)：91-93.

“你为什么觉得自己不如别人？”

“我不知道，就是一个感觉。我觉得自己学习挺努力的，但经常考不好。我看好多同学都没我努力，但每次考得都比我好，所以我觉得可能因为自己真的很笨。”

“你觉得别人没有你努力但比你成绩好，所以觉得自己不聪明？”

“对。”

“你怎么评判他们的努力程度？”

“就是上课看着没有我认真。”

“除此之外呢？你了解他们课后做过什么吗？”

“不知道，我和他们不熟。”

“你认为的那些聪明的同学，是每一门的成绩都比你高吗？”

“不是，A的数学差一点，B的英语差一点，但总分都比我高。”

“所以你的数学成绩比A好，英语成绩比B好？”

“基本是，好一点。”

“那你依然觉得自己很笨？”

“嗯……就是一种感觉。”

帮助案主识别非理性信念时，社工给案主留下家庭作业，让案主写下自己的优点和缺点，帮助她更加全面地了解自己，慢慢建立她的自信心。意识到这些不恰当的想法后，社工和案主一起分析它的不合理之处：是什么事情导致了这样的想法？两者之间的逻辑是什么？想法产生后又有了哪些情绪和行为？这之间有何关联？随后，和案主一起建立新的信念，如：成绩的高低不是定义聪明与否的唯一标准；相比于掌握适合自己的学习方法，勤奋不是成绩优秀的必然因素，等等。

此外，家庭治疗也在同步进行。考虑到案主初次发病是在和父亲分开且长期没有联系的情况下，因此社工首先联系了父亲，询问他是否愿意参与治疗。在取得父亲同意后，社工组织了一次家庭会议，鼓励成员，尤其是案主畅所欲言，把自己的想法和感受说出来。会议结束后，家庭达成协议，根据案主和其父亲的情况，灵活安排每周和父亲见面的时间；矫正父母双方对青少年抑郁症的错误认知，并让他们更多地了解抑郁症在青少年身上的表现；叮嘱母亲收好一切锋利物品，以防自残行为再次发生；让母亲了解到自己对孩子的期望会对孩子造成的影响，并改变和孩子的沟通方式。经过长期努力，案主有了初步好转，和母亲的沟通越来越顺畅，也增进了父女二人的关系，而且案主的过分自责和自卑已有改善，开始尝试和同学们交流，并已经赢得周围两位同学的好感，这也进一步增强了案主的自信心。本次介入达到目标。

(四) 专业反思

该案例中，社工更聚焦于个体的改变，对整个家庭系统的介入相对较少。但根据背景信息我们可以看出，母亲的教养方式、案主和父亲的关系都是造成案主抑郁的重要因素。因此在介入过程中，社工的关注点可以从关注个体向关注家庭系统的方向偏移。同时，在家庭治疗过程中，社工可以设置更多和沟通方式有关的作业，让母女两人充分观察和体会不同的交流方式对个体情绪的影响，这样能更加有效地促进教养方式的改变。

第十二章　恋爱青少年群体

本章将介绍恋爱青少年群体的相关内容，包括青少年恋爱的概念及特征、青少年恋爱的类型及阶段、青少年恋爱行为产生的原因、恋爱青少年群体的社会工作干预和介入以及同性恋青少年群体等内容，旨在帮助读者宏观认识和了解恋爱青少年群体的问题以及相关社会工作干预方法。

青少年恋爱是普遍存在于世界各国、各民族青少年群体中的现象，围绕这一现象的各种问题也持续被社会学、心理学、教育学以及社会工作等多领域关注。在相关问题上，社会各界的看法存在分歧：一部分传统观点认为，恋爱会影响青少年正常的学习与生活，限制青少年的人际交往范围，仍旧冲动的青少年可能会因无法妥善控制情绪而伤害自己或他人，造成负面影响；另一种观点认为，青少年各种机能尚未发展成熟，性格、认知、审美等较不稳定，因此恋爱常常会以失败告终并给双方造成伤害。与之相反的观点认为，恋爱是人必须经历的进程，青少年恋爱可以增进其对男女关系的探索和学习，为将来的婚姻做准备，因而不宜过分禁止或压抑这种现象。此外，还有诸多其他观点吸引着学者们开展研究。

我国香港某机构对部分中学及大专生的调查发现，青少年恋爱的态度并不如外界想象得那么肤浅，五成受访者认为"信任"是恋爱中最重要的元素，其次是体贴、专一、良好沟通和坦白；而满足物质需要、随传随到、常有惊喜、满足性需要在青少年眼中则是不重要和难做到的四个恋爱元素。

了解青少年恋爱的特征及原因与如何对青少年恋爱进行积极干预同样具有重要意义。本章将从青少年恋爱的概念及特征、类型及阶段、行为产生原因、社会工作干预和介入、同性恋问题这五方面展开探讨。

第一节　青少年恋爱概述

弗洛伊德认为11～20岁是人的青春期，儿童在经历长久的生理与心理发展后，性欲逐渐达到一个正常的顶点状态，青少年的性能量恢复，"客体搜寻"(Object Finding)的过程逐渐完成。在自我探索以及社会信息的引导下，恋爱意识逐渐萌芽，青少年通过寻找合适的恋爱对象缓解性紧张、进行情感宣泄，并逐渐发展出恋爱行为。

青少年的恋爱现象是青少年时期性成熟的过程中，两性之间出现的一种过度亲密的互相接近的表现。青少年时期处在个体从孩童向成人的过渡阶段，面临生理与心理的巨大发展任务。青少年在这一时期需要逐渐摆脱对父母的依赖与对家长权威的妥协，释放集中在父母身上的力比多，进行情感上的分离，这将会是一个反复并痛苦的过程。在这一过程中，异性的陪伴起到了重要作用。弗洛伊德认为，青少年与异性的接触愿望对于青少年的自我认知发展存在巨大作用，可以避免“性别角色倒置”现象。

此外，青少年时期带有不成熟、反复、冲动、敏感、矛盾的色彩，他们既渴望冲破家长、学校、社会长久以来的权威，获得被认可的身份，证明自己的能力，又希望获得他人，尤其是异性的理解、接纳与肯定。

一、青少年恋爱的概念

青少年恋爱是指处于青春期的男女建立恋爱关系或对异性感兴趣、痴情或暗恋，是青少年由于正常的生理和心理发展造成的对异性的爱慕①。进入青春期后，青少年会主动关注、靠近自己心动的异性，互相吸引的双方开始频繁交流、接触，随着时间的累积，逐渐开展恋爱关系，导致一段恋情的发生。

二、青少年恋爱的表现

根据研究以及大量观察、归类，青少年的恋爱表现可以大致归为以下几点。

(1) 多数由于性冲动和外在吸引而产生，缺乏思想情感方面的考虑。

(2) 往往由双方身上的某一方面优点产生倾慕之情，缺乏对对方的全面评价。

(3) 缺乏责任感和伦理道德观念的约束，对未来的长远发展思量较少，易发生性行为。

(4) 情绪较为冲动，缺少持久性与长远规划，应对挫折能力较弱，恋爱周期较短。

我国大部分传统家长以及教育界认为，早于大学时期(约18岁)的恋爱属于早恋，会对青少年的身心健康以及学业发展产生负面影响，应该进行遏制。一些新兴教育家、心理学家和学生认为，青少年时期，大部分青少年第二性征出现并逐渐走向性成熟，身心逐渐成人化，因此恋爱属于正常现象，是必经阶段，不应扣上“早恋”这种带有批判性色彩的帽子。

三、青少年恋爱的特征

从程度上看，大部分青少年恋爱主要停留在情感交流、玩耍、陪伴的层面，但也有部分青少年发展出较深关系，除了基础的情感交流外，还发展出性关系。近些年，这部分群体人数呈现上升趋势。根据青少年恋爱的相关研究以及观察，青少年恋爱通常具有以下5个特征。

(一) 朦胧性

青少年时期处于个体由孩童向成人过渡的时期，对于自身、世界及未来的看法尚不完善，缺少计划性，因此恋爱的结局并不明确，加之眼界及认知水平的限制，对于未来伴侣的选择标准并不清晰，对于异性的好感更多源于对恋爱关系的期待与好奇，对于正确处理学业与恋爱之间的关系、区分爱情与好奇、什么是爱情本质等问题缺乏明确的认知。

(二) 矛盾性

青少年是一个充满矛盾的群体。一方面，日益发展的自我意识以及对异性的好感在有意无意中推动青少年关注、靠近并期待着与异性的接触；另一方面，由于长久以来社会、学校、家

① 李楠，孟续铎. 青少年社会工作[M]. 北京：机械工业出版社，2013.

庭对于早恋的污名化使青少年产生了负罪感，认为“早恋”是错误的行为，因此恋爱过程中欢愉和歉疚并存，期待与回避并长，使之行为充满矛盾性。对于暗恋的青少年来说，这种矛盾性还体现在是否应该向爱慕者表白这一思想斗争中。

(三) 差异性

青少年群体的恋爱行为在对待“早恋”的态度上具有明显的差异性。一些青少年认为恋爱是人生必经阶段，也是青春期的正常现象，既然双方互有好感就应该光明正大地交往，因此在行为上倾向于顺其自然、合乎寻常的相处；有些青少年长期受“早恋有害”“早恋是不务正业的行为”等的思想影响，对自己的恋爱行为会有负罪感，在行为上会倾向于“隐藏”式处理，通过传纸条、电话、网络等方式进行“地下恋”，以避免老师和家长发现；还有部分青少年认为，恋爱是一种标新立异、有别于他人的举动，他们享受被关注与讨论，会将恋爱行为“戏剧化”地展现给自己以及他人。

(四) 变异性

囿于人生阅历尚且不足，社会交往与情绪处理技巧尚且稚嫩，青少年在面对突发状况时往往无法妥善处理情绪、理性分析事情真相。这样的情绪基础往往会给青少年的恋爱经历带来更多的不确定性。当恋爱双方缺乏交流意识与技巧时，常会造成信任危机及情感消耗，给恋爱蒙上变异的阴影，造成双方的痛苦。

(五) 脆弱性

相比于成年人恋爱，青少年的恋爱还会受到家庭、老师、学校乃至社会的否定与阻挠。家长及学校往往会采取联合的方式预防青少年早恋，当恋情被发现后，这种联合会上升一个台阶，防守也更加严密，家长会采取劝说、隔离、没收手机，甚至暴力、恐吓、惩罚等方式阻止青少年恋爱。在这种环境下，部分稚嫩的恋情被扼杀在起始阶段，加大了青少年恋爱的脆弱性。

第二节　青少年恋爱的类型及阶段

青少年时期自我意识逐渐发展，认知水平较孩童时期有了明显提升，心理层面的成长促使青少年更加渴望自我决定，期待被认可，期待被贴上成人的标签，获得身份认同。在信息化浪潮的裹挟下，青少年不可避免地投身到纷繁复杂的社会信息中，并极易受到社会文化、朋辈压力的影响，将恋爱视为自己成熟的一种表现。

一、青少年恋爱的不同类型

青少年恋爱的类型主要可以分为以下几种。

(一) 爱慕型

这类恋爱大多是基于相互之间的爱慕而产生的，根据原因不同，可以划分为因突出特质而生的恋爱、因对品性的崇拜而生的恋爱两种。其中，突出特质型的爱慕是指对对方某项自己崇拜或喜爱的专长、特点产生的爱慕，如符合自己审美的外表、优势技能、突出的能力等“外在光环”，但是基于外在光环产生的爱慕一般难以维持长久。品性型爱慕是指对方身上存在某种自己崇拜的品性，相对而言，品性型爱慕会较为持久。

(二) 相处型

随着生理的逐渐成熟，青少年的性意识不断发展，使其对异性的身体、生活、心理等产生好奇，并有意识地在异性面前展示自己的吸引力。为了满足自己的好奇心以及与异性交流的本能，青少年会有意地增加与异性交流的频率。充足的交流与信息传递会使青少年对彼此的了解更加透彻，甚至产生好感，进而发展出恋情。比较典型的例子为“同桌恋”“同班恋”。

(三) 模仿型

青少年的价值观还处于非稳定的建构期，处于模仿性极强的年龄。现代社会信息来源与传播渠道的丰富，使青少年可以方便直接地感受到恋爱的价值与浪漫，满足青少年的幻想。同时，现实世界中的恋爱也为青少年提供了“可视化”的模板，导致很多青少年的恋爱都开始于对幻想的模仿。

(四) 从众型

朋辈群体在无意识中会给予青少年压力，在无形中迫使双方增加对彼此的关注，从而促使青少年产生恋爱行为。例如，青少年间的“绯闻”可能会导致本来不存在爱慕关系的两人感受到群体压力，从而产生对另一方的爱慕之心。

(五) 补偿型

美国社会学家温奇曾经提出“择偶互补理论”。该理论认为，爱是一种表达个人需要的方式，人将会在伴侣身上寻求成长中欠缺的某些经验。男女选择伴侣的过程，实际是发现能给予自己最大心理满足对象的过程。一些青少年由于在学习、生活或是和父母交流的过程中遇到困难，自尊受到伤害，为了宣泄情感、表露内心、寻求安慰，往往会向异性倾诉，在交往中淡忘痛苦，获得肯定，寻求补偿。这类情感中掺杂了真实的感情，极易发展深化。

(六) 逆反型

由于社会意识和大众舆论的影响，青少年恋爱常会引发家长、老师的过度紧张与强硬干预。部分家长对于青少年早恋问题已经到了“谈虎色变”的程度，甚至为了预防“早恋”而疑神疑鬼，力图将一切苗头扼杀。这种行为极易诱发逆反心理，在逆反心理的推动下，本来正常的异性交往可能会发展成为恋爱。

(七) 病理型

当今青少年大多成长于国家经济发展的背景之下，物质生活以及经济生活保障充分，易造成生理上营养过剩，加之食物中含有的性激素的作用或各种特殊生理疾病、家庭遗传等客观因素，可能造成青少年心理早熟甚至性变态心理，诱发青少年产生恋爱意愿。

(八) 类己型

相似性是影响人际吸引程度的重要因素。许多学者认为，人在选择伴侣时往往倾向于选择最像自己的人。相似性的考察内容包括气质、智商、兴趣、世界观、人生观、价值观等。和自己相似性较高的人可以唤起青少年的归属感、安全感与自我认同感，产生舒适、亲切的感觉，这种感觉极易被理解为“悸动”。

二、青少年恋爱心理的演变阶段

随着年龄的增长，人的脑垂体激素分泌量增加，进入青春期后，第二性征出现，性腺逐渐发育成熟，性意识觉醒，青少年开始关注两性关系以及对待异性的态度和行为规范。一般认为，性意识的发展，大体经历了性疏远期、性亲近期和恋爱期三个阶段。

(一) 性疏远期

弗洛伊德认为，人格发展在特定时期会进入“潜伏期”。在此阶段，青少年开始逐渐意识到性别的差异，性别认同越来越明显，青少年终止对异性的兴趣，倾向多和同性来往，男女之间情感上较为疏远，团体性活动多呈男女分离趋势，界限分明。具体表现为：孩提时代的异性伙伴逐渐疏远，学习生活中，男女学生沟通较少，心理容易产生不安和羞涩，同龄人对于可能或现存的暧昧起哄等。这种界限的出现，标志着男女学生性意识的觉醒，刺激他们产生对异性之间接触的好奇感，使他们渴望了解更多关于男女自身及其相互之间的秘密。

(二) 性亲近期

处于青少年初期后半段的学生(15～16岁)，性需求逐渐转向相似年龄的异性，开始有了两性生活的理想以及婚姻家庭的意识，性疏远逐渐变为性亲近。青少年开始注意自己的异性吸引力，常以友好的态度对待异性，并期待在异性面前表现自己以博得异性的好感。在这一阶段，青少年注重自我能力的体现，注意自身外表，并对异性的关注以及态度十分敏感。在表现自己的同时，也有青少年会选择通过情书、纸条、言语等方式尝试表达或探知对方对自己的心意。但也需要明确的是，这一阶段的性亲近对象具有广泛性、不稳定性、幻想性，是性意识发展的一个重要阶段。

(三) 恋爱期

处于青少年中期的个体，其生理发育已基本完成，社会成熟和心理成熟达到较高水平，性心理的发展达到高峰期，社会角色获得认同，未来方向大体成型。因此，对于“齐家”的需求逐渐突显，恋爱、婚姻问题逐渐被正视，青少年开始进入恋爱期，其中包括初恋、热恋两个阶段。

第三节 青少年恋爱行为产生的原因

如今，儿童青少年日益趋于早熟，青少年恋爱现象普遍并成为社会以及学界关注的热点问题之一。我们认为，一种社会现象背后一定存在某种共同原因的推动，换句话说，青少年行为会受到其生理与心理的发展、家庭教养方式、社会文化等的影响。

一、青少年生理与心理的发展

(一) 生理发展

个体一生中会经历两个生长发育高峰期，第一个高峰期是从受精卵至一岁左右，第二个高峰期是青春期。在青春期，青少年的下丘脑垂体性腺系统分泌各种激素以促进个体成长，男女生理上发生明显变化，身高体重明显增长，主要性征及第二性征开始发育并分泌性激素。

随着社会经济水平的提升，人民生活环境以及生活质量有了显著改善，青少年营养水平有了明显提高以及保障，这些客观因素推动了青少年的生理发展，促进了心理发展。

(二) 心理发展

生理变化可以直接导致青少年心理的某些转变。性激素的分泌与性意识的觉醒使得青少年对异性的好奇心达到前所未有的高度，也更加期待与异性的交往，产生与异性发展有别于一般的同学关系的期待。此时，青少年会较多关注自己在异性面前的形象与吸引力，期待并愿意与异性相处，对于异性对自己的评价较为关注。值得注意的是，此时的青少年社会经验与为人处世经验较为薄弱，对人的看法较为片面且不成熟，容易混淆欣赏与爱的区别而匆忙开始一段感情。

在马斯洛需求层次理论中，“归属感与爱”这一需求被放在基本的生理需求与安全需求之上，说明个体在基本生存需求得到满足后，就会开始追求与其他人建立感情的联系或关系。人是社会性动物，个体的生存与发展离不开与他人之间的情感联系，归属感和爱不仅可以给予个体情感支持，更可以成为青少年发展的动力和目标。

青少年时期，个体的自我意识逐渐发展，社会经验较孩童时期有很大程度的进步，青少年不再满足于被家庭支配，渴望获得独立与自主，在家长面前塑造“成人”的形象，以脱离家庭的束缚。在这种心理机制的作用下，青少年在主观意识中，将自我与家长划分成“两代人”甚至对立的形象，认为家长的思维固化、传统、落伍，不适合新一代青年成长，认为自己有足够的经验选择自己发展的道路。青少年与家庭的归属感会相应削弱，而与同龄人之间的归属感会增强，并期待获得同龄人的认可以及异性的认同、好感，对于友情以及爱情极度向往，渴望团体归属感。由此看来，青少年恋爱似乎成为一个合乎其发展心理的过程。

1. 生活环境的“孤立”

目前，“90后”“00后”一般成长于独生子女家庭中，家庭中的同龄人较少，也缺少可以理解其心理活动的友伴群体。虽然与父母同处一个屋檐下生活，但是由于看问题的角度不同，家人无法给予青少年理解与支持，缺少理解的孤独感一直围绕着青少年。因此青少年渴望与同龄人接触，期待在这种接触中获得认同与理解，获得友情或爱情支持，得到来自“同命相连”的人的关心与经验上的帮助。

2. 对想象中美好情感的期待

古往今来，无数文学作品、影视作品等都在讴歌真挚情感的美好，随着大众传媒的不断发展，青少年会越来越多地接触到相关信息，产生对爱情、友情的美好幻想。怀着这种情感上的期待，青少年会对爱情产生向往并付诸行动。

3. 生活的一成不变

在应试教育环境下，大多数学生的人生规划就是“好好学习—中考—高考—好大学的好专业—好工作或读研”。大同小异的目标与一览而尽的人生道路难免在日积月累中使青少年产生枯燥、倦怠之感，增加了青少年的压力、焦虑情绪。为了专注于学习，很多青少年真正感兴趣的活动被迫给学习让路，生活比较单一。此时，同龄人尤其是异性的关心、理解、爱护就显得尤为重要，可以让青少年排解紧张情绪，获得安慰。在长期的高压环境中，青少年很容易对这种生活中“唯一”可以感受到的安慰产生依赖并发展成为恋情。

二、家庭教养方式

对于缺少家庭关爱的青少年来说，异性身上可能会存在他们对于家庭的幻想与需要。研究表明，大多数早恋发生都与家庭因素有关。对于单亲家庭、家庭关系紧张或父母角色缺失的青少年来说，他们可以从异性身上获得对于父亲或母亲的部分幻想，弥补被家庭忽视的情绪或需要，补偿父爱或母爱的缺失。家庭治疗相关理论认为，恋爱择偶是成年的自我对儿童期父母情感的“重新修正”；父母教养方式不当也会使青少年与家庭关系紧张，无法感知到家庭温暖的青少年渴望通过异性获得替代性安慰，使双方距离逐渐拉近，恋爱关系逐渐建立。

三、社会文化

虽然社会逐渐开放，但部分传统思想依旧有着强大的影响力。一方面，在中国，千百年来性压抑的传统依旧占据主流，家长谈性色变，学校以及老师对性教育有意无意的忽略导致儿童青少年必要的性教育缺失，青少年无法通过正常的渠道获得足够的性知识。另一方面，大众传媒对爱情的歌颂以及社会上丰富的信息资源在为青少年提供恋爱与性知识的同时，也强化了青少年的好奇心，促使其模仿故事化的情节来体会恋爱。同时，鱼龙混杂的信息市场也可能会导致青少年受到不良信息的熏染，产生对爱情以及性的错误认知，成为不良恋爱行为的催化剂。

引发青少年恋爱行为的原因是多方面的。正确认识这些原因及背景，才能真正地理解青少年的行为，并针对问题进行干预。

第四节　恋爱青少年群体的社会工作干预和介入

在部分家长、老师眼中，青少年恋爱属于偏差行为，甚至将其“妖魔化”，认为这是一种不务正业的行为。其实，青少年恋爱属于个体正常的生理心理发育结果，在这一过程中，家长及老师、学校应该注意使用正确的方式来进行引导，帮助青少年在恋爱过程中保护自己，树立正确的恋爱观，避免走上歧途。

一、帮助青少年树立正确认知与恋爱观

青少年处于孩童向成人过渡的阶段，在这一时期，青少年的自主意识逐渐觉醒，社会经验与生活知识相对于孩童时期有明显增加，对于获得认同有强烈期待，不再满足于被当作“小孩子”对待。当这种需求被父母、老师等忽视时，青少年会通过一些“成人化”行为来向成年人靠拢，希望引起成年人的关注并证明自己。

在这种情况下，青少年受认知水平的限制，对外界无法形成客观认识，这就为青少年建立正确的恋爱观埋下隐患，使青少年无法在恋爱的同时保持自己的人格，保护自己的身心健康。因此，帮助青少年树立正确的认知与恋爱观十分重要。

(一) 恋爱在生命中的意义

我们常说人是社会性动物，情感联结对人类来说至关重要，爱情就是其中非常美好的一个部分，但需要青少年明确的是，爱情并非生命的全部，也并非人生的“寄托”。恋爱可以看作情侣在有一定物质基础保障的前提下，因双方内心都怀有真挚的感情与倾慕，渴望与对方共同生活、互相支持，而深入发展的爱恋关系，其本质是责任、承诺和付出。这些对于生活自理与自立能力较低的青少年来说，是较难达到的。作为社会经验与人生阅历相对较浅的青少年，他们缺少稳定且成熟的人生观、价值观、世界观，对于情绪把控、情绪调节、社会认知等能力的掌握尚且稚嫩，在一段恋爱关系中无法给予伴侣足够的信任与支持。

在此之前，积极认识世界、了解世界可以给予青少年更多的人生选择与可能，在这种学习过程中，个体可以发现自己真正的乐趣与倾向，从而真正获得成长与体悟，更加正确地认识爱情、把握爱情。

(二) 恋爱与学业的关系

格塞尔曾将青少年期界定为11～21岁，在国内应试教育的背景下，大部分中国人在这一时期都会经历初等教育和高等教育。在某些程度上，这一时期的每个决定都可能影响学生未来的人生方向；同时，这也是人学习成长的关键时期，更多地汲取优秀知识可以深化青少年的人文与科学修养，拓宽其眼界。一段健康的恋爱关系可以为双方提供支持与激励，促使恋爱双方成为更优秀的人，而不健康的恋爱关系可能在为双方带来伤害的同时也对个体的学习生活、未来发展等产生负面影响。因此，当青少年面临恋爱问题时，需要进行理智的思考与判断。

(三) 恋爱与婚姻的关系

当恋爱进行到一定程度的时候，恋爱双方会开始考虑进入婚姻，组成家庭。青少年涉世未深，对于恋爱依旧懵懂，很容易混淆悸动与爱情的关系，错误地将某些情感当作爱情。对此，父母、老师等长辈应当帮助青少年正确认识内心的情感，通过和异性建立积极健康的友情来减少青少年对于异性的好奇，区分好奇、好感、悸动与爱情。更重要的是，青少年需要了解，婚姻是一种责任，婚姻是在成熟的思想、坚定的信念、可以承担责任的能力下进行的理性与感性结合的选择。青少年飞速成长的属性决定了他们对于现实看法的多变性，因此，对于婚姻这一重要决定需慎重考虑，并抱有积极乐观的心态耐心等待，而冲动、不健康的恋爱观，不负责任的婚前性行为会给青少年造成消极影响。

二、家长与老师应保有的观念与态度

很多家长与老师会将青春期的恋爱当成“早恋”，认为其是不务正业、荒废学业的错误行为。实际上，青春期的恋爱可以看作一种对异性的好感、好奇与自然的亲近，当家长对这种正常的交往产生怀疑、过分干涉时，反而会弄巧成拙、矫枉过正。因此，当青少年出现此类现象时，家长和老师应在理解与尊重的基础上进行正确引导，指引青少年正确理解与认识自己的情感，为青少年营造理解、开明、尊重、和谐、安全的环境，注重发挥榜样的力量，用积极健康的世界观影响青少年。

(一) 注重营造互相尊重的环境，引导青少年认识自己的情感世界

作为青少年面前的“权威者”，老师与家长应发挥好青少年情感世界“引导者”的作用，为青少年营造平等、安全的氛围，在获得青少年接纳的前提下，安抚青少年可能出现的情绪问题，在其有需要的时候用恰当的方式提供帮助和指引。当青少年沉溺于恋情的时候，家长与老师应尊重其情感和隐私，结合学生的性格、认知等个人特质，尝试多种方式，整合青少年身边的多种资源进行教育引导。

在引导过程中，切忌使用激烈言辞、伤害性词语刺激青少年，应动之以情、晓之以理，时刻以保护青少年身心健康为底线。同时，应加强对学生的认知教育，让其明白爱情的美好与珍贵，谨慎对待爱情，把握好青春年华，学会辨析情感，做情感的主人。

(二) 营造和谐信任的环境，重视交流的意义

和谐、温馨、包容、开明的环境可以使青少年充分体会到爱，并感到足够安全。这种环境一方面可以使青少年更容易接纳长辈给予的建议，真实地吐露心声；另一方面可以满足青少年对于“爱”与“尊重”的需求。

长辈不恰当的教养方式可能会使得青少年向反叛、对立的方向发展，甚至走向极端。对于家长来说，应充分了解青少年的心理发育与需求特点，认识到积极交流的重要意义并学会与青少年交流的技巧。

对于青少年时期的孩子，首先，长辈应对其渴望理解、认同的心理予以重视，用成年人交流的态度和他们积极沟通，使其感受到理解与尊重；其次，长辈可以与青少年分享自己类似的经历与当时的想法，让青少年认识到真正的恋爱需要面对的责任，在心理上产生认同，减少对立情绪。

对于向成年过渡的青少年，家长与老师应注重培养其独立意识与担当精神，给予其更多的自主空间，让青少年学会自主分析、选择、执行并承担行为责任，学会面对挑战，提升自己的抗逆力。

三、学校应正确引导

近些年来，虽然社会风气逐步开放，青少年恋爱已经不再是“离经叛道”的事，但是国内对于“性教育”依旧持保守态度，青少年对于恋爱、两性问题等知识的了解渠道被限制在大众传媒、网络信息等范围，良莠不齐的信息很容易给青少年带来负面影响。作为专门的教育机构，学校的责任不仅仅是教书育人、传授知识这么简单，同时还肩负着青少年人格教育、心理

辅导、生存技能等社会化任务，因此，学校在青少年成长发展中扮演着极其重要的角色①。

(一) 学校担负起性教育主阵地的责任

学校应意识到性教育的紧迫性和必要性，大胆开设相应性知识教育与普及课程，让青少年获得对自我以及异性的科学认知，学会认识并接纳自我生理、心理的变化，消减异性的神秘感，真正发挥性教育的作用，承担起学校的引导职能。

(二) 完善相应的硬件与软件建设

通过在校内建立心理咨询室等其他设施，利用专业人士的知识和技巧为青少年解决其关于恋爱、性健康方面的困扰，传播科学的知识与相关的情绪管理、自我认知等技巧，完善学校实施介入性教育所需的硬件设施，达到增强青少年自我保护能力的目的。

(三) 建立良好的校园文化环境

良好的校园文化环境拥有一种无形的力量，是一种无声的行动命令与心理契约，对校园内的青少年具有潜移默化的影响。学校管理体制在总体上引领校园环境的大趋势，可通过奖惩机制、培养思路、办学理念以及对学生问题的处理方式来营造开明、友爱、理解的氛围，创造良好的校园文化环境，帮助青少年及时发现问题，提升青少年抗逆力。

学校还可通过打造多样的校园文化活动丰富青少年的精神世界，使青少年在活动中发现自己及他人的闪光点，在鼓舞与被鼓舞中增强信心，在活动中学会同异性相处，营造友爱互助的校园文化氛围。

第五节　同性恋青少年群体

对于青少年同性恋群体来说，一方面，他们的人格尚未发展完善，认知水平仍有提升空间，有些同性恋倾向是“假性的”；另一方面，由于青少年群体仍处于“无能”阶段，其抗逆力、应对挫折的技巧、情绪调节能力等都尚未发展成熟，部分同性恋青少年可能囿于社会压力、个人情绪等原因做出极端选择。因此，了解同性恋青少年群体对于青少年社会工作有着重要意义。

一、性取向与同性恋

(一) 性取向

性取向(Sexual Orientation)，简称性向，又称性倾向、性位向、性定向等，它是指一个人在爱情和性欲上对男女两性有何种类型的吸引。性取向决定着性吸引的对象，随着性成熟逐渐显现。现代社会普遍将性少数群体划分为“LGBT”，即女同性恋者(Lesbians)、男同性恋者(Gays)、双性恋者(Bisexuals)与跨性别者(Transgender)。值得强调的一点是，不同的性取向并无优劣之分。

---

① 于晶利，刘世颖. 青少年社会工作理论与实践[M]. 上海：格致出版社，2019.

(二) 同性恋

同性恋(Homosexuality)，是指只对同性产生爱情和性欲的人，具有这种性取向的个体被称为同性恋者。在人类以外的其他动物中，也普遍存在同性性行为，但这与基于高级情感的人类同性恋不能相提并论，这也是人类多元化发展的一种具体表现。

由于文化、宗教、社会风气的影响，不同地区对于同性恋群体的态度仍有差异。在现代，部分年轻人对于同性恋群体持理解态度，认为同性恋和异性恋一样，并无差别，应对同性恋“去疾病化”。但在一些国家，认为同性恋是可耻的，是触犯宗教以及法律的，甚至对于同性恋者会强制其治疗、处罚。我国目前对于同性恋持非刑事化、非病理化的态度。在荷兰、丹麦等国家，已有法律承认同性恋婚姻合法化。

二、同性恋的产生因素

目前，学界对于同性恋的产生因素有多种看法。有学者认为，同性取向是先天决定的，后天无法改变，因此同性恋是天生的；也有人认为同性恋是一种个体的爱慕，而爱慕对象恰好是同性；还有学者认为，曾有同性恋者通过心理治疗成功转变为异性恋，遗传因素无法影响性取向等。

虽然学界对于同性恋的成因众说纷纭，但在一些相关工作者的总结中，可以发现两个显著的共同点，在同性恋群体中发挥着很大的作用。

(一) 与同性父母的关系

伊丽莎白博士认为，同性恋者会因为与同性父母关系破裂而亲近同性以弥补亲情的缺失。很多同性恋者无法与同性父母相认同，反之，他们会较多地与异性父母接触、了解、接纳，甚至出现男性或女性化举止。在进入青少年时期后，由于生理上的发育，青少年逐渐开始产生性冲动，而同性恋者由于自小与同性群体无法互相亲近，或行为、心理的男性或女性化等原因，会期待停留在与同性相近的阶段。因此，不同于异性恋者会在这一时期对异性产生兴趣，同性恋者反而会对同性产生兴趣，并可能在生理成熟的催化下“性化”，对同性产生生理冲动，并将这种对同性的生理反应持续到未来生活中。

同性恋个体由于与同性父母的情感联结薄弱，使他们无法获得来自同性父母的关爱、理解与认同，造成成长过程中的遗憾。在针对同性恋者的工作过程中，要注重尽可能重建其与同性父母的情感联结，并尽可能地发展其与同性的健康关系，在与同性的相处中学习自我控制与情感辨析，避免将与同性的关系模糊成爱情。

(二) 幼年性侵犯经历

对于个体来说，如果其受到性侵犯，尤其当性侵犯来自周边环境，如亲人、邻里或家人、朋友等，可能会对这一性别的群体产生不信任、厌恶的感觉。当个体处于幼年时期，这些生命中的“强者”应该是他们生活中的“保护者”“照顾者”，但他们辜负了这个角色，反而成为施暴者。强烈的落差会导致个体产生不安全感以及失落感。为了保护自己，个体会收回对他人的信任，将这些人排除在自己的内心世界之外，并期待向同性寻求保护与支持。当同性群体中出现类似的倾向，在压力之下的两个个体很有可能会互相靠近，发展成为同性恋。

部分同性恋者在幼年时期并未经历过性侵犯，但在生命中，可能经历了异性带来的痛苦或与同性父母关系联结淡薄乃至断裂，使其对异性产生怀疑与躲避的心理，如若此时有同性对其做出亲密行为，虽然他们可能会意识到这是错误的，但因为在这些人身上可以获得缺失的关怀及爱，就会导致他们产生“若想得到爱，就要从性方面获取”这一错误观念。

三、性取向转变

这是指人在性行为、性吸引与性幻想、身份认同(Identity)等方面由倾向同性转变到倾向异性。这种改变需要较长的时间才能见效，主要体现在以下几个方面。

(一) 性行为

我们常说“万事开头难”，又说“好的开始是成功的一半”。转变性取向是一段漫长而艰难的旅程，对于已经下定决心改变的人，第一步就是要克制自己，拒绝与同性发生性行为，拒绝观看同性相关题材的色情刊物。

(二) 性吸引与性幻想

性吸引与性幻想是基于心理层面的改变，需要正视自己内心的情感、冲动、欲望等感觉。很大一部分人认为，通过持续性压抑及否定自己的感受可以控制生理冲动，改变同性恋倾向。然而这只是一种“治标不治本”的方式，真正意义上的改变是建立在理解自己的感受，接纳自己愉快或受到伤害的过往，通过这种方式化解过往伤害留在个体体内的影响与创伤。在心理痊愈后，通过健康的途径弥补过去的缺憾，塑造全新的自己。

(三) 身份认同

同性恋者常常会遇到身份认同方面的问题。当个体逐渐接纳自己，在心理上承认自己并非同性恋者时，往往对性取向的改变有着一定的意义。需要注意的是，成功转变性取向具有一定的风险性，未受过专业训练的人在此过程中会遇到各种困难。因此，性取向的转变需要有专业人员的帮助。

第十三章　受虐青少年群体

欲言国之老少，先言人之老少。青年人肩上承担的是国家与民族的未来，其发展健康与否，不仅是个体家庭是否幸福的问题，还关系到国家以及民族的未来。

可以说，青少年的健康发展是整个社会都要关注的头等大事。然而翻看近年来的新闻，青少年受虐事件屡屡发生，施暴者大多来自青少年成长环境中的照护者、同辈群体等。

青少年人格尚未成熟，在其发展过程中，每段经历都会对青少年产生或多或少的影响。受虐青少年在之后的人生历程中常会表现出一定的情绪、心理以及行为问题，对其未来人格产生消极影响，极易导致其发生越轨行为，甚至成为新的施暴者，造成恶性循环。

本章主要介绍受虐青少年群体的概念及现状、校园暴力与家庭暴力、受虐青少年群体存在的问题、社会工作的介入和干预等内容。

第一节　受虐青少年群体概述

一、青少年受虐的概念

青少年受虐是指施暴者在未征得青少年同意或做出决断前，做出有害青少年生理、心理健康发展的行为。

对于青少年受虐现象，世界各国、各地区在概念界定上存在一定的差异。受地区文化、宗教、习俗等的影响，受虐青少年所遭受的主要事件存在差异。在现代社会中，多将青少年所遭受的暴力、冷暴力、歧视、虐待等引起的青少年生理、心理伤害归结为青少年受虐。

二、青少年受虐的类型

(一) 生理虐待

生理虐待指青少年受到实际或潜在生理伤害，或疏于对青少年进行生理伤害方面的保护，导致青少年受到生理上的损害。

(二) 心理虐待

心理虐待指在青少年成长过程中做出有意或无意的、影响青少年心理健康发展的、带有伤害性或侮辱性的言行。若青少年生活中经常出现这种言行，将会给其心理造成极大伤害，如嘲笑、歧视、侮辱、恐吓、侵犯青少年隐私或财产等。

(三) 性虐待

性虐待指青少年尚未真正了解性行为，却受到他人引诱、强迫而遭受他人对自身进行性刺激、猥亵或强迫性的性行为，使青少年沦为性受害者。具体包括言语或肢体上的调戏，猥亵青少年，对青少年性器官或肢体进行带有性刺激目的的触碰，强迫青少年进行性行为，向青少年提供或使用色情道具、出版物等。

(四) 冷暴力

冷暴力指对青少年进行长期的或持续性的忽视、排挤、疏远、漠不关心。

(五) 忽视

忽视指对于青少年成长环境的漠视，主观性忽视青少年的物质生活需求、精神生活需求，或缺少对青少年的护理以及对青少年偏差行为潜在可能的制止，导致青少年生理或心理受到损害。如忽视青少年对安全、健康的需求，未及时适当地提供成长所需教养、衣着、居所、安全照顾、医疗照顾等；缺少对青少年的营养支持，造成青少年生长发育不良；供应青少年刀具、化学药品及其他危险物品；带领或诱使青少年前往有碍其身心发展的场所等。

三、青少年受虐的现状

(一) 国外青少年受虐现状

青少年受虐是一个世界范围内普遍存在的问题。据2005年美国政府责任署的统计数据，美国33个州中共有1619起青少年受虐案件。在一项针对欧洲部分国家的调查中显示，瑞典父母对青少年施暴最少，西班牙父母施暴最多。

(二) 我国青少年受虐现状

相对于西方社会，我国的青少年性虐待案件较少，但对青少年冷暴力、忽视、讽刺以及情感虐待的情况较为普遍。

在家长具有绝对权威的古代社会，很大一部分人坚信“棍棒底下出孝子”，即使在思想解放的现代社会，仍有一部分家长会受这种思想的影响，在教育孩子的过程中使用暴力。如今国内部分家庭仍保持权威型的教养方式，父母相对于青少年来说，处于绝对的强势地位。在偏远地区，父母对孩子的打骂惩罚仍被认为是一种负责任的表现，是父母的一项“权力”。一项针对湖南农村小学生家庭教育的调查结果显示，体罚是许多农村家长常用的管教孩子的方式。当学生考试成绩不佳时，26.0%的家长对子女采取的是指责或棍棒式教育，14.8%的家长规定子女以后不许做与学习无关的事情，甚至还有4.4%的家长根本不过问子女的学习成绩①。家长眼中正常的“管教”其实已经属于对青少年虐待的范畴。

此外，我国相关法律建设尚未完善，对青少年的保护体系尚未完全渗入社会的各个层面，导致无法在法律以及法律执行层面完全保护青少年免受虐待。

需要注意的是，在传统孝道文化的影响下，部分青少年在受到家人的暴力对待后，不会向相应机构报案并寻求保护，甚至在报案后迫于家庭以及社会压力会主动撤销案件。

① 段慧兰. 农村小学生家庭教育若干问题的调查研究[J]. 益阳师专学报，2000(02).

第二节 校园暴力与家庭暴力

校园与家庭是青少年主要的生活场所，占据青少年学习与生活中的大部分时间。校园与家庭原本应是青少年成长过程中的“避风港”，给予其温暖与保护，为其健康成长保驾护航，但近年来校园暴力与家庭暴力事件频发，造成了极其恶劣的影响，严重损害青少年的身心健康。

一、校园暴力

(一) 定义

校园暴力是指较为强壮或在集体中有一定权力及号召力的学生通过暴力、威胁或其他手段对弱小的学生进行言语羞辱、敲诈勒索甚至殴打等带有暴力、伤害色彩的行为，使其在身心上感到痛苦。

校园暴力的施暴者很少会意识到自己行为中的问题，受暴者往往迫于施暴者的压力与力量而不敢反抗，不敢告发施暴者、寻求保护，长期的忍耐使得受暴者身心备受煎熬并造成恶性循环。校园暴力对于施暴者、加害者、受暴者、旁观者的未来发展与身心健康均会产生不利影响。

在场所上，校园暴力不仅发生在校园内，也发生在其延伸场所，放学后同学间的暴力行为也属于这一范畴。校园暴力分为单人实施的和多人实施，受暴者在人数上常常少于施暴者。

(二) 校园暴力的表现

(1) 对受暴者叫侮辱性绰号，指责其无用，对其人格进行侮辱。

(2) 对受暴者进行重复性的物理伤害，包括肢体冲突和使用管制刀具、棍棒等器具进行伤害。

(3) 强索受暴者金钱或物品，损坏其个人财产、教科书、衣物等。

(4) 施暴者明显比受暴者强大，而欺凌暴力是在受暴者未能保护自己的情况下发生的。

(5) 传播关于受暴者的消极谣言、绯闻、侮辱性绰号等。

(6) 恐吓、威迫受暴者做其不想做的事，威胁受暴者服从命令。

(7) 让受暴者遭遇麻烦，或令受暴者招致处分。

(8) 孤立、排挤受暴者。

(9) 网上欺凌，即在网络或论坛上发表具有人身攻击成分的言论。

(三) 校园暴力特点

(1) 校园暴力形式多样。校园暴力包括言语暴力、关系欺凌、肢体冲突、强索欺凌、网络欺凌五大类。在五大类校园暴力形式中，网络欺凌发生频率最低，也是随着网络发展产生的新兴校园暴力行为。

(2) 校园暴力具有反复性。

(3) 校园暴力通常是重复发生，而非单一的偶发事件。

(4) 校园暴力具有普遍性。调查数据显示，言语暴力、关系欺凌、肢体冲突、强索欺凌、网络欺凌的总发生率为7.34%。但并非每位校园暴力的受害者都会选择向他人寻求帮助，也并非每个暴力事件都会被发现，因此，校园暴力具有一定的隐蔽性。结合数据估算，我国大约十个孩子中就有一人会遭到校园暴力，具有普遍性。

(5) 校园暴力具有不平衡性。校园暴力在不同国家、地区、年级甚至学校中的分布不一。除言语欺凌，在初中阶段，综合欺凌行为频次高于小学和高中阶段。

(6) 校园暴力具有隐蔽性和难以判断性。囿于年龄以及认知水平的限制，部分青少年不能判断是否遇到了校园暴力，对于校园暴力的告发较少，因此校园暴力具有隐蔽性和难以判断性。

(四) 校园暴力的成因

个人、家庭、学校、社会四个层面的因素都会导致校园暴力的产生。

1. 个人因素

(1) 个体性格缺陷。特定的心理特质会引发校园暴力行为。相比而言，胆小、孤僻、敏感、不合群的青少年更容易成为校园暴力的受害者；学习成绩或家庭条件优越的青少年容易引起嫉妒而遭受校园暴力。

(2) 社交能力不足。处于成长时期的青少年身心发展尚未完善，社交能力、情绪控制能力、沟通能力、认知思维等仍处在学习期，遇到事情容易冲动，在人际交往中的摩擦、矛盾较多，如无法有效处理，久而久之容易发展成为校园暴力。

(3) 心理健康教育缺失。由于种种原因，部分青少年的共情能力较低，不会与他人建立和谐友好的关系，对于受暴者的痛苦无法理解。一般被溺爱的青少年身上会展露出冷漠、自私、自我、控制欲强的倾向，缺乏对他人的理解与包容。有的青少年也会因为遭受校园暴力而心生不忿，通过欺凌比自己更加弱小的青少年以获得平衡。

2. 家庭因素

(1) 家长素质与教育观念。孩子是父母的一面镜子，父母的教养方式与行为习惯可以直接在孩子身上体现。强势、功利心强的家长会在有意无意中提高自己对孩子的期望，给青少年造成压力，当青少年无法达到父母期望时，就会产生自卑心理，成为校园暴力的对象。当父母在家庭中经常使用暴力、威胁时，青少年经过长时间的耳濡目染，会逐渐形成用暴力解决问题的思维模式和应激行为反应，成为施暴者中的一员。

(2) 家庭贫富差距。家庭经济状况会对青少年的心理、行为产生影响。部分条件优越的青少年会在行为间体现出优越感，通过金钱等的引诱发展小团体，对弱小的同学进行欺辱；部分家庭经济状况较差的青少年对金钱、权力、地位等具有较高的期待，容易在利益的引诱下做出偏差行为，严重的会以不正当的方式获取财富和地位，甚至不惜伤害他人。

(3) 不良家庭环境。不良的家庭互动模式、破碎的家庭关系会给青少年造成不安全感和心理创伤，并可能通过校园暴力行为获得“小团体”的认同与归属感。

3. 学校因素

(1) 学校对校园暴力的重视程度不足。学校和老师对校园暴力的形式、伤害性、处理方式等认识不全面。对比较严重的肢体暴力事件较为关注，但主要是为了防止事态扩大；对于言语暴力、关系欺凌、网络欺凌的忽视，纵容了校园暴力的进一步发展。

(2) 学校内同辈群体之间的亚文化影响。朋辈群体之间存在不良的沟通互动模式，很容易被学生学习、模仿和借鉴，从而形成不良行为互动方式的“亚文化”。

(3) 师生关系不融洽。由于教师的行事风格、性格、教学方式等原因造成师生关系紧张，学生无法感受到老师的关怀与可靠，甚至产生害怕老师的心态，因而不敢向教师报告欺凌行为。

(4) 学校缺乏必要的法制教育。我国针对青少年的相关法律法规中，对于学生的健康与财产安全有着明确的保障。不知法、不懂法，无法明辨是非的青少年对于校园欺凌的严重后果缺少清晰的认知，这也导致欺凌现象不断产生，无法根除。

4. 社会因素

(1) 校园周边环境不良。随着教育事业的飞速发展，学校后勤化改革不断推进，校园与社会的界限逐渐模糊，这在一定程度上导致校园周边环境越来越复杂，使社会不良文化渗透在校园之中，诱导欺凌行为的产生。

(2) 暴力文化的影响。作为信息渠道之一，现代社会大众传媒载体为青少年提供了形形色色、种类繁多的信息资源，其中暴力书籍、暴力影片、暴力游戏、色情录像等会给青少年带来极大的负面影响。大量研究表明，施暴者强烈期待可以支配和控制受暴者，这种欲望的根源部分来自一些媒介对暴力行为的不当宣传。

(3) 不良社会风气的影响。优胜劣汰、适者生存原本是自然界中的规律，然而被一些人滥用，甚至成为不良竞争、不择手段达成目的的“保护伞”，导致恃强凌弱的现象陡增。

二、家庭暴力

(一) 定义

家庭暴力是指发生在家庭成员之间的，以殴打、侮辱、禁闭或其他方式对家庭成员的身心造成伤害的行为。家庭暴力直接作用于受害者，使其在身心上感受到痛苦，损害其健康以及尊严。

作为社会的细胞，家庭承担了经济生产、生育、性生活、初级社会化、抚养与赡养、情感交流以及休息娱乐的功能。家庭在人一生中发挥了重大作用，同时，家庭也会对人格塑造产生重要影响。青少年时期是个人成长的转型阶段，也是个体心理与行为逐渐成熟的关键时期。因此，最大限度地发挥家庭对青少年成长的积极作用，构筑适合青少年心理、行为发展需求的家庭环境尤为重要。

(二) 家庭暴力的主要类型

1. 身体暴力

部分父母仍保持权威型教养方式，认为需要对青少年严加约束，当青少年出现逆反、无法达到期望、犯错等情况时，父母倾向于通过体罚、肢体伤害等方式实施惩罚，希望青少年“引以为戒”。

2. 精神暴力

父母对于青少年偏差行为或失望行为采取侮辱、谩骂、漠视、贬低等方式进行惩罚，造成对青少年的精神折磨，使青少年产生屈辱、恐惧、缺少价值感、自卑等作为或不作为行为。

3. 经济控制

作为家庭暴力的一种，经济控制是指父母通过对家庭收支的严格控制来达到限制青少年行为，摧毁青少年自尊心、自信心和自我价值感，从而控制青少年的目的。

第三节　受虐青少年群体存在的问题

在生长与生活中受过虐待的青少年更容易在心理、能力、认知、行为等方面出现问题，各种问题互为因果、互相影响，导致受虐青少年所展现的问题具有复杂性、多样性。

一、受虐青少年的行为

(一) 高攻击性

与未受虐青少年相比，受虐青少年一般具有更高的攻击性，这也是其较为显著的行为问题之一。针对这一问题，存在两种观点。

一种观点认为，青少年的受虐经历可能会导致其情绪控制以及表达方面受到一定的损害，在表达情绪情感的时候有心无力，只能通过行动来辅助其表露情绪。当表达诸如痛苦、难过、愤怒、无助等带有负面色彩的情绪时，常常会有一定的攻击性。

还有一种观点认为，受虐经历会使青少年对周边环境产生不安全感，他们往往会通过提升自己的攻击性来进行自我保护。当受虐青少年仍处于受虐环境中时，这一倾向会更为明显。相关研究发现，与常人相比，受虐青少年往往会更加警觉，对于环境中的危险或伤害性因素更为敏感并会迅速做出反应。作为一种自我防御，较高的攻击性可以给予仍处于受虐环境中的青少年一定的保护和适应意义。此外，青少年的受虐经历也会与抑郁、焦虑、注意力缺陷、多动障碍、PTSD、受虐型人格障碍、物质滥用、性功能障碍等多种问题相关联。

(二) 人际关系紧张

前文提到，受虐青少年具有较高的攻击性，在与人交往的过程中，这种现象尤为明显，这也导致受虐青少年在与人交往的过程中对于他人释放的善意持怀疑态度，进而释放攻击性以及不友善的信号。同时，较低的同理心使他们很难做到共情，对于他人的痛苦经历无法表现出同情。

(三) 社会退缩

当受虐青少年进入一个陌生的环境或是集体中时，往往表现出社交技巧的欠缺，无法开展新的、值得信任的关系，久而久之出现社会退缩行为。个人对集体的排斥反之也会受到集体对个人的拒绝以及遗弃，并在恶性循环中造成个体被社会孤立的现象。这种现象并不会随着年龄的增长而消退，在时间的加持下，人际关系发展困难和社会孤立对青少年的影响会更加深刻，给青少年的社会适应与学习生活造成负面影响，并最终导致青少年形成较低的自我评价以及低自尊现象。

受虐青少年的人际关系紧张可能与其孩童期的依恋关系建立有关。根据依恋理论，个体在孩童时期的依恋关系建立过程中受挫，其影响可能会持续终生。

(四) 性行为问题

对于性受虐青少年来说，痛苦的经历会扭曲其对于性行为的认识，出现诸如性早熟、性杂乱或性受虐的问题。青少年性受虐经历，使得受害者较早接触到性行为并留下极其深刻的印象，较早开始进入性生活会导致青少年行为标准以及认知发生较大转变，对于“性”的定义、约束等较为混乱、随意。部分研究者认为，这就是性受虐青少年表现出性杂乱以及性早熟问题的原因。

受虐青少年(特别是生理受虐和被忽视的青少年)在行为上具有高攻击性以及社会退缩行为，除此之外，还会出现焦虑、抑郁等心理问题，成绩下降、叛逆、离家出走等行为问题。从长远来看，受虐青少年还会出现性别角色冲突、异性化行为等多种性行为问题。

青少年受虐类型可能同时并存，各种虐待行为的结果往往也是相互交织、有所重合的。而对于特定的虐待类型，也可能会有一些特定或明显的心理、认知与行为后果。例如，遭受身体虐待的青少年会有更多的行为问题，包括情绪调节能力较差、易怒、拒绝服从、高攻击性、人际紧张等。此外，遭受过身体虐待的青少年还会出现同情心差、物质滥用、偏差行为等。遭受精神虐待的青少年在个体发展与机能方面存在问题，并产生一定程度的退缩与攻击的行为。针对遭受性虐待青少年的研究显示，性早熟行为是其显著的行为表现，与此相关的还有性杂乱现象。除此之外，遭受性虐待的青少年还会出现恐惧、压力、焦虑、沮丧、抑郁等心理问题与性行为异常现象，对自我评价较低等。

二、受虐青少年的心理

(一) 精神障碍及心理问题

青少年时期的受虐经历会导致个体出现精神障碍或相应症状，如焦虑、抑郁、注意缺陷多动障碍(ADHD)、创伤后应激障碍(PTSD)、人格障碍、品行障碍、心境障碍、受虐型人格障碍、物质滥用、性功能障碍等。

除此之外，受虐经历还会对青少年认知发展产生影响并引发一系列心理社会问题，即“暴力诱发的智力伤残”。研究显示，有10%遭受虐待的青少年，其生长发育和智力发育迟缓可持续四年。受虐青少年可能发生多种神经和神经心理紊乱，经过治疗的性虐待受害青少年易患精神或意识分裂症状。

(二) 在家庭中受到虐待的青少年容易形成精神创伤

对于青少年来说，他们的生存能力与自理能力尚且不足，还需要依靠家庭来满足物质与精神需求，可以说，家庭掌握了青少年生存的“命脉”。因此，当家庭成为青少年受虐的主要场所时，青少年无力躲避，会形成精神创伤；这种精神创伤会反复发生且发生时间无法预料，还会导致情感矛盾、混乱；无法预料的精神创伤又会导致青少年无法分辨情感，出现情感矛盾。长此以往，造成个体强烈的心理压力，并在人际紧张与自我同一性混乱的催化下主动或被动受到虐待。

第四节　受虐青少年群体的社会工作介入和干预

对于受虐青少年群体的介入是一项较为艰难的工作。社会工作者在工作过程中会受到来自文化的、专业的、个体的以及家庭的压力和挑战。面对诸多挑战，社会工作者的专业技能与介入方法尤为重要。本节将通过一个核心案例帮助读者更好地了解社会工作者介入受虐青少年的整体流程。

一、介入青少年虐待遇到的难题

(一) 难以发现并界定

部分青少年受到虐待后会出现明显的生理反应，可以被直接观测到，但也有部分伤害很难被直接发现。受思想以及社会风气的影响，一些青少年对于自己遭受的虐待有一种“羞愧感”，这种现象在受到性虐待的青少年身上尤为常见。由于受虐青少年认为遭受虐待是自己的一种污点，可能会选择将案件隐瞒，不敢告发，给案件的发现增添了难度。对于受到虐待而羞于启齿的青少年来说，行为上的反常可能是唯一的线索，此时需要专业人员与受虐青少年详细、耐心地交谈，在交谈中了解事件的全貌。

近些年来，虽然科学育儿、赏识教育等教育理念在我国社会中的影响力不断增大，但是传统的体罚还普遍存在于一些家庭之中。体罚与虐待间的界限并不分明，缺少相应判定标准，在处理相应案件时缺少强有力的法律依据。对于受虐青少年的案件审理，很多时候还依靠公检法机构工作人员的主观判断与道德层面的评价。

在鉴定虐待痕迹的过程中，我国缺少完善、健全的程序与鉴定框架，材料的认证审理方面仍存在困难。

(二) 难以预防

目前，国内缺少完整的预防青少年受虐的宣传体系。从数据来看，我国农村地区的青少年遭受家庭虐待的比例较高，而相应的宣传力度远不及城市地区。因此，部分农村地区的施暴者也较难意识到这一行为的伤害性以及存在的问题。目前国内的预防机制仍以宣传为主，对于缺少清醒认知的施暴者来说，此类预防成果并不明显。

(三) 难以介入

首先，我国的社会工作仍处于起步阶段，尚未深入到社会的各个角落，社会工作者的实际作用以及社会认同有限，这就给入户工作造成了较大的难度。其次，国人出于对“坏事传千里”的排斥，对社工的工作持消极、反对的态度，认为家事不需要“外人”介入。从受害者的角度来说，受虐经历是一件对其身心造成巨大伤害的事件，案主会下意识地回避此事，在一定程度上也增加了对此类事件的介入难度。

(四) 难以控制

家庭暴力很少发生在大庭广众之下，社会工作者无法全天候对案主的生活进行介入。当社工无法与案主同在时，对于家庭虐待问题的约束力较弱；当社工与案主一起工作时，社工对家庭的干涉受到了较多伦理、规则的制约。

(五) 难以处理

我国关于受虐青少年的法律体系尚不完善，缺少必要的法律支持以及资金扶助。依照国内相关经验，大多数做法都是将受害者带入相关机构寻求专业帮助，而来自NGO组织的社工无法对青少年长期生活与发展提供有力保障，青少年后续成长面临问题。对于受到家庭虐待的青少年来说，即使暂时脱离苦海，但家庭缺位对青少年发展产生的影响以及国家缺乏后续的支持与教养机构都会导致新问题的产生，使介入干预工作陷入两难。

二、对受虐青少年的介入

(一) 社工介入受虐青少年的基本方法

个人辅导、家庭辅导、环境干预、医疗干预是较为常见的介入方式，此外还有游戏介入、艺术介入等方式。在社工与家庭、学校、医院、公检法机关、相关机构以及社会力量的通力协作下，对受虐青少年进行介入辅导，可在最高程度上保护青少年。

1. 个人辅导

介入受虐青少年的过程中，个人辅导是首选方式，社工可在辅导过程中帮助受虐青少年了解、感受、评估、接纳、重组自我。

(1) 了解。了解自己的受害者身份，减轻青少年的负罪感，逐渐了解自己的真实感受。

(2) 感受。当青少年认同自己的受害者身份时，他们会体会到受伤经历的痛苦，逐渐面对自己的真实感受。在个人辅导的过程中，他们可以反复体会这些感受。

当新的情感或思想出现时，青少年会开始思考自己积极或消极的责任，甚至产生“一切都是我活该”的想法。

在个人辅导中，青少年也会逐渐发现自己和别人童年的差异，并对自己较他人更糟糕的童年而难过。

(3) 评估。青少年通过寻求完整性及人际关系来满足其人际需求。

(4) 接纳。受虐青少年重新面对自己的情绪以及加害者。

(5) 重组自我。通过与他人接触，建立新的关系来完善自我。

2. 家庭辅导

社工可以在家庭治疗、对受虐青少年父母的个别辅导、针对父母的小组工作中完成对家庭的介入，以达成维系家庭和家庭重建的目标。

(1) 以社会为基础的服务，即协助及支持成人扮演其父母的角色。

(2) 以家庭为中心的服务，即提供诸如个案管理、实质服务、咨询、辅导或治疗、教育技巧、倡导等方法使家庭状况稳定。

(3) 以家庭为中心的密集式服务，即孩子需要被带离时所提供的服务。

家庭重建方案是指“一项密集的、在家庭内进行的家庭危机咨询以及生活技巧教育方案，这样的设计可用来预防受困扰家庭的不必要瓦解，以及减少将青少年安置于公共设立的照顾系统”。家庭重建以“自己的家庭是儿童和青少年最佳的生长环境”的信念为基础。评价家庭的优点、改变家庭环境、拟订计划目标、设定时间限制、与家庭签约等技巧可以在实施以家庭重建为导向的社会工作时发挥较大作用，社工可以在危机产生时介入，在家庭内与家庭成员一起工作，迎合家庭需要的个别化服务。

3. 环境干预

在社会工作的过程中，社工可以发动家庭的直接环境，如朋友、亲戚、邻居等参与合作。相比于社工，家庭的直接环境可以更直接、更频繁地与家庭接触。作为促进受虐青少年及其家庭正向改变的资源，自然协助者可以在助人关系结束后继续与受虐青少年家庭保持联系并及时提供帮助，这一点是专业社工和志愿者所欠缺的。

4. 医疗干预

受虐青少年常会伴有生理、心理的伤害，因此，对于受虐青少年进行医疗干预可以有效保障青少年的生理健康。医疗干预的范围包括专科诊室、儿科诊室、急诊室、急救以及对受虐青少年及其家人的心理健康测评与介入。对于较为严重的心理问题，应及时进行心理治疗，以缓解压力、消除创伤。作为社工，需要关注受虐青少年及其家庭的整体需求及困难，协助行政人员处理焦虑情绪，进行家庭管理等。此外，可以与专业的青少年保护机构合作，建立受虐青少年电子档案，一旦青少年进入急诊室，就可以提醒医疗人员以及儿童保护机构人员，该青少年有受到虐待的可能性。这样的保护与干预体系是在社工、心理咨询师、医护工作者以及其他专业人士的监督下建立并运行的。

5. 对受虐青少年的游戏介入

一方面，游戏能帮助受虐青少年在欢乐的氛围中释放压力及压抑的感情，补偿伤害及失败。青少年的受虐经历会在一定程度上对青少年心理发展与行为能力造成损害，通过开展发展导向的游戏可以对这些损害进行弥补，在互动中学习社交技巧，建立信任感与联结纽带。另一方面，游戏是意识层次的活动，无须借助语言就可以表意，在有针对性的游戏活动中，青少年可以逐渐将潜意识中不愿说或不敢面对的想法和感觉不自觉表达出来，有益于适应行为的自我发现。游戏可以借助象征性或替代物，更明显地表现冲突，让受侵害的青少年表达内在的冲突与情感，复盘并统整创伤经验，将其类化为新的知觉，重新建立与他人的互动关系，有助于社工丰富对受虐青少年的了解，适时更新介入策略。

在实践中，具体可采用沙盘、角色扮演、写日记或写一封信给加害者或重要的其他人，通过互相说故事等游戏形式来进行自我表达。

6. 对受虐青少年的艺术介入

表达性的艺术治疗通过象征的创伤及转化，经由艺术媒介材料的选择与运用，在安全、保护、平和的情绪状态下，协助青少年将创伤转化到现实世界中，进行外在、具体的表达。通过外在的艺术创作，持续修复艺术表达与个体感受并统整受害者的创伤经验，重新建立受虐青少年自我控制感及与他人的联结。艺术是一种行之有效的治疗手段，通过自我监控情感变化及梦境、记忆和回溯，使其更能觉察自我的感觉，进而借助建构的活动处理自己的情结。

7. 介入过程中的注意技巧

社工在介入过程中需要注意技巧的应用，具体包括以下几方面。

(1) 帮助受虐青少年提高自我评价，培养其自我价值感，克服对自己受虐经历的罪恶感。

(2) 社工在介入过程中避免用引导性或象征结束的问题来影响青少年的陈述，注意让青少年发挥其自主性。

(3) 运用特殊技术时，社工应提前对青少年进行评估，依其成熟度而定。

(4) 引导青少年学习说“不”及应对潜在的虐待情境。

(5) 提升青少年的认知，引导其学会分辨适当与不适当的触摸及治疗，并确定身体某些部位的隐私权和其他，提升其自我保护意识。

(6) 介入地点最好是游戏室而非办公室。

(7) 鼓励青少年受到虐待后，立即告知他人。

(8) 真诚表达关心。

(二) 案例分析[①]

1. 案情介绍

阿丰，男，15岁，某校初中二年级班长，一直以来深受老师和同学们的喜爱，不仅班级工作做得相当出色，而且成绩也非常优秀。阿丰平时学习认真、关心同学、乐于助人，人际关系融洽。某天中午，阿丰在食堂排队打饭，其同班同学小杰想“浑水摸鱼”，趁老师不注意，插队到其他同学的前面，这一情景正好被排在队伍后面的阿丰看到，阿丰立即报告了正在值勤的班主任陈老师。陈老师处置小杰后，小杰感到很丢脸，于是迁怒于阿丰。午餐结束后，小杰集结了几个“兄弟”一起到阿丰的寝室讨说法，双方各执一词，僵持不下。小杰在愤怒之下推了阿丰一掌，双方很快开始打斗。

十几分钟后，双方被闻讯而来的老师拉开并送医。经检查，阿丰右手粉碎性骨折，头部被打破，小杰等人身上均有皮外伤。在联系家长后，阿丰的父母要求学校严肃处理，并表示将不会放弃用法律武器为孩子讨回公道。而小杰等人或来自离异家庭，或父母是外出务工人员，不能及时到校处理此事，部分家长甚至消极配合，表示对孩子已经失望至极。

2. 接案

由于此次事件影响较大、牵涉主体较多，处理难度较大。不仅是此次事件本身，以后如何积极有效地预防、处理类似的校园暴力事件，寻求一种长效机制，也是摆在众人面前的问题。最后大家一致决定，请专业的社会工作人员来协助处理此事，并就以后的校园暴力事件处理进行深入的探讨。

学校把社工请过来之后，由陈老师负责接待，并且作为第一联络人。陈老师向社工介绍了事件的大致经过之后，请社工全面协调处理问题。

在初次会面后，社工与学校确立了正式的服务关系，并获得了学校领导和陈老师的信任。社工首先到医院看望了此次校园暴力的受害者阿丰，安抚阿丰并稳定他及其父母的情绪。由于

① 文军. 学校社会工作案例评析[M]. 上海：华东理工大学出版社，2010.

事态紧急，社工没有时间对首次面谈进行场景设计，更无法按照正常程序草拟面谈提纲，但是有些面谈的原则性问题还是要非常清楚的。

3. 收集资料并做出预估

此类校园暴力事件涉及的人员一般都比较多，影响也较大，所以很难确定谁是真正的案主，社工的工作并非针对个体，这也导致了在此次事件处理过程中收集资料工作会较为烦琐。

社工在慰问完阿丰后，就立刻找到小杰等几名同学了解情况。当社工赶到学校后，这几名学生正在对着墙壁罚站，不时还有老师教训他们几句。社工意识到，此时这几名施暴同学的情绪也处于低谷状态中，对于老师、家长的责问表现出不屑一顾的态度。

当面对非自愿案主时，社工会遇到许多挑战，这些案主往往带着敌对情绪而来，有种“破罐子破摔”的感觉，对于社工的介入也非常反感，认为社工是学校请来教训或是惩罚他们的。对此，为了避免以后工作中出现过多的抵触情绪，社工首要的工作就是尽快消除这种消极情绪的影响。

通过和老师交流，社工初步掌握了几名施暴同学的基本信息，对其家庭状况、学习情况、爱好特长、生活经历等有了初步了解。为了降低几名同学的抵触心理，社工在征得学校老师的同意后，单独将几名同学带到房间进行交流并向其阐明此次事件的利害关系，几名同学逐渐平复情绪，表示愿意配合社工工作。

在进行深入访谈后，小杰承认发生此次事件的很大一部分原因是自己过于冲动。在社工的追问下，小杰提到，自己和一帮“兄弟”喜欢跑到学校附近的地方吃饭，许多老板为了吸引顾客，会特意在店内放映暴力电影。根据社会学理论的观点，人不是生来就具有攻击性，而是学来的。影视作品中许多用暴力解决冲突的镜头，极易导致青少年意识的重大变化，使一些学生出现行为偏差，并在实际生活中逐渐形成模仿效应。①这段时间，他们常常光顾的餐饮店正在放《古惑仔》系列电影，小杰等人对其中的“兄弟情谊”及斗殴场景极为向往。这在一定程度上会影响青少年的行为和心理。

通过此次谈话，社工已经了解此次校园暴力的前因后果。校园暴力的发生会受到个人、家庭、学校和社会四个方面的影响②，忽视任何一个方面都不能避免这类校园暴力的发生。为了让小杰等人认识到自己的问题并杜绝类似事件的再次发生，社工认为应该让其进行深刻反思，但考虑到小杰等人的心理，又不能立即处理或是处罚过于严厉，这样不利于后续工作的开展。多方考虑后，社工要求几名同学回家之后每人写一份检讨，把事情的来龙去脉说清楚，如果不认真对待，次日上学继续写，直到写好为止。

4. 制订工作计划

经过资料收集与谈话，社工对双方都有了比较全面的认识，通过细致考量，社工认为，青少年的暴力行为是多种因素互相作用的结果。我国的青少年工作存在一些缺失，难以满足青少年成长和发展的需要，因此用社会工作中的一般系统模式来处理校园暴力事件比较合适。根据

① 朱晓玉. 校园暴力与暴力文化的社会学思考——青少年暴力犯罪的原因探究及预防[J]. 河北公安警察职业学校学报，2005(3).

② 孙凌寒，朱静. 校园暴力与学校社会工作[J]. 河北青年管理干部学院学报，2005(4).

一般系统模式的要求，社工制订了这次事件的社会工作计划。

1) 对于受害者

阿丰仍在住院治疗，伤情尚不稳定，社工的工作开展必须要把阿丰的病情放在第一位。另外，阿丰父母的情绪还不稳定，还有许多的工作需要做。针对阿丰的情况，社工制订了如下工作计划。

(1) 次日一早去医院看望阿丰，代表学校来关心阿丰，表明学校会严肃处理此次事件的决心，让阿丰能安心养病，不要闹情绪。

(2) 向医生了解阿丰的病情、出院时间、医疗费用等。

(3) 了解阿丰的想法和对此事的处理意见，对于阿丰带有情绪的话语进行过滤，考察其对于这件事情的认知程度。

(4) 和阿丰父母交谈，告知此次暴力事件的处理办法，前提是阿丰父母的情绪要比较稳定，使阿丰父母相信学校能够处理好这件事情。

(5) 商讨阿丰出院之后，落下的课程具体怎么补习、由谁来补习、对于即将来临的考试如何应对等问题。

2) 对于施暴者

对于施暴的学生，社工在处理中既不能太轻也不能太重。过轻无法令其认识到问题的严重性，也会给其他同学造成不好的影响；过重又可能会伤害其自尊心，增加其对校园的抵触心理甚至对阿丰再实施报复，这样不仅无法解决问题，反而有越闹越大的风险。经过商议后，社工制订了以下工作计划。

(1) 查看几名同学的检讨，如果敷衍了事则坚决要求重写，直到写得比较深刻，力图让其认识到自己的错误以及问题的严重性。

(2) 带领小杰等人去医院看望阿丰并真诚地道歉，应避免阿丰父母在场，以防对方情绪激动，加重事件的复杂性。

(3) 和小杰等人明确其责任与必须承担的医疗费用，在通知家长后，小杰的父母必须到场同阿丰的父母一起当面解决问题。

3) 对于学校

此次事件中，学校负有不可推卸的责任。一方面，学校作为暴力事件的发生场所，存在管理失职或是不到位的地方；另一方面，班主任陈老师对事件的处理有许多欠妥的地方。学校周边环境虽然不是学校直接管理的，但是学校也应该尽自己的努力改善环境，为此，社工制订了如下计划。

(1) 陈老师应该反思处理小杰的粗暴草率，并向小杰道歉，保证此类事情不会再发生，其他老师也要引以为戒。

(2) 学校应加强对紧急事件的处理机制，加强对学校的监控和管理，确保在发生紧急事件的时候，相关人员能在第一时间赶到现场，进行妥当处理。

(3) 改善学校周边环境，整顿校外餐饮小店，对于放映暴力电影的老板进行批评教育，并通告有关部门严肃处理；促进学校食堂改善饮食条件，确保学生都能在食堂用餐。

除了上述单方面的社会工作计划之外，社工还需考虑对事件整体的处理及对今后类似事件的处理，为此，社工制订了以下一些工作计划。

(1) 在阿丰返校后举办一次班会，小杰等同学向阿丰道歉，通报学校的处理办法，以警示其他同学，保证此类事件不再发生。

(2) 邀请有关专家共同探讨校园暴力发生的原因以及预防、治理方法，为同学们上一堂普法教育课，让同学们都能切实体会到校园暴力的后果及危害。

(3) 举办篮球赛或其他形式的活动以释放同学的能量，振奋班级气氛，让每名同学都能积极向上，以更加饱满的精神投入到日常的生活和学习中来。

5. 实施社会工作计划

按照前文的社会工作计划，社工决定一步一步实施。在探访过阿丰后，社工查阅了相关书籍和法律文件及其他老师、学校在处理校园暴力事件中的相关做法，最终决定给予小杰同学记大过一次的处分，其他同学记小过一次，并在全校进行通报。对于此次的医疗费用，由涉事四名同学共同承担，另外他们必须当面向阿丰道歉。此后，社工将几位同学的家长聚集到一起，具体商讨了医疗费用的分摊问题并做好记录。

按照社会工作一般系统模式的要求，社工在处理过程中需要将问题当作一个整体来看待，不能“头痛医头脚痛医脚”，而应系统地进行处理。因此除了帮助双方当事人达成一致以外，社工还需要处理学校及社会层面的问题。在回到学校后，社工同班主任陈老师进行了交流，在交流后，陈老师明白了自己不应该粗暴对待学生并承诺会向小杰道歉。

此后，社工与学校相关领导进行了会谈，明确了学校相关部门在此次事件中的责任与存在的问题，并制订了一系列计划，完善了学校紧急事件的处理机制。对于学校周边环境的改善，学校领导指出，已经联络公安机关和工商税务有关部门，对于在学校周边设摊开店的店主进行全面清查，对证件不全或违反有关规定的店铺坚决取缔，还学校一个安静、舒适的环境。

阿丰出院时，社工带领小杰等几名同学去医院接阿丰并给小杰等几名同学做了一张值日表，在阿丰痊愈之前，他们会按照值日表轮流照顾阿丰。当天下午，社工又邀请了处理暴力事件的有关专家组织了一场班会，会上陈老师说明了有关情况，并当着全班同学的面，向小杰和阿丰道歉。随后，社工宣读了对小杰等几名同学的处理意见，并希望其他同学能引以为戒。之后由专家给大家讲解有关暴力事件的处罚规定，对同学们进行了深刻的普法教育。班会后，为了缓解大家的压力，社工组织了一场男女混合篮球赛，加油助威声响彻整个校园。

6. 评估与结案

几天接触下来，阿丰与小杰的关系得到弥补，并成为无话不谈的朋友；经过学校与有关部门的努力，校园周边环境得到改善；校园内部建立了紧急事件处理机制，安装了报警按钮与电子监控，当恶性事件再次发生时，周边警方会在五分钟之内到达学校。

第十四章　学业倦怠青少年群体

学习、考试、升学是学生学习生涯的必经之路，各种升学考试成为大部分青少年承受巨大学习压力的重要原因。学业倦怠是由青少年学习压力过大所致，主要表现为身心耗竭、低成就感和学业疏离，是青少年学习成长过程中的一大阻碍。本章将从学业倦怠青少年群体的概念、现状及表现出发，分析青少年产生学业倦怠的原因以及学业倦怠青少年群体存在的问题，并通过案例分析来介绍针对该群体的社会工作介入和干预方法。

第一节　学业倦怠青少年群体概述

一、学业倦怠青少年的概念

学业倦怠的概念来源于职业倦怠，美国临床心理学家Freudenberger首次提出职业倦怠的概念，将其定义为：个体在面对过度工作需求时，所产生的身体和情绪极度疲劳的状态①。随着学者对“倦怠”一词的研究不断深化，倦怠的定义广泛应用于学习领域。国外一些学者认为：学业倦怠是学生不能顺利应对学业压力产生的一种应激反应，其本质是学生能力无法达到学习需求时而产生的情感、态度和行为上的衰竭状态②。国内一些学者将其定义为：学生因感到学习压力过大或者学生对学习兴趣缺乏，由此导致厌烦学习的消极情绪、状态及行为③。

二、学业倦怠青少年的现状

青少年的学业倦怠问题一直以来得到了较多学者的关注。蒋周渠等在2019年对两所中学的初中生进行调查，结果显示初中生学业倦怠为低水平，其中低成就感达到中度倦怠水平，其余项目均为低水平倦怠④。王晶在2016年对高中生进行调查研究，结果显示高中生学业倦怠为中等水平，其中生理耗竭和低效能感为中等倦怠水平，其余为低水平⑤。马雅菊在2014年对陕西地区的在校大学生进行调查，结果显示学业倦怠率高达51.4%，轻度学业倦怠占49.4%，重度学业倦怠占2.0%⑥。

---

① Freudenberger H J. Staff burnout[J]. Journal of Social Issues，1974.

② Frydenberg E，Lewis R，Bugalski K Cotta A，Mc Carthy C，Luscombe-smith N．Prevention is better than cure：Coping skills training for adolescents at school[J]. Educational Psychology in Practice，2004，20(2)，117-134.

③ 连榕，杨丽娴，吴兰花. 大学生专业承诺、学习倦怠的状况及其关系[J]. 心理科学，2006，29(1)：47-51.

④ 蒋周渠，邵光华. 初中生学习倦怠现状调查研究与启示[J]. 教育理论与实践，2019，39(20)：48-50.

⑤ 王晶. 高中学生学习倦怠现象浅析——以万荣县某一高中为例[J]. 才智，2016(33)：2.

⑥ 马雅菊．关于大学生学业倦怠状况的调查与分析[J]．教育探索，2014(3)：144-145．

三、学业倦怠青少年的表现

对于倦怠的表现，最受学界认可的是 Maslach 的三因素模型：身心衰竭、玩世不恭和低效能感。国内学者据此总结出国内适用的学业倦怠三因素模型：身心耗竭、学业疏离和低成就感[①]，并根据三个要素编制了青少年学习倦怠量表。此外，还有将倦怠项目共同负荷于一个因素之上的一因素模型，将学业疏离和低效能感合二为一的二因素模型，以及身体耗竭、心理耗竭、学业疏离、低成就感的四因素模型。

身心耗竭是将四因素中的身体和心理耗竭合二为一，指学生在学习中由于厌倦学习而导致的精神和躯体疲劳乃至衰竭的状况，表现为腰酸、背痛、犯困、眼花、难以集中注意力、记忆力减退、视觉听觉功能下降等。学业疏离是指学生对学习及相关活动缺乏兴趣，以漠不关心的消极态度面对学习，主要表现为学生产生的一些放弃学习的负面想法，如“反正我学习差，也学不懂，不如放弃”，从而导致逃课、不听讲、迟到早退等行为。低成就感是指个体在学习活动中对自己获得成就、取得成功的信念不足，主要表现为认为自己难以掌握所学知识、无法应付考试、无法有效地解决学习中遇到的问题等。

学业倦怠还有轻度和重度之分。轻度的学业倦怠主要表现为不按时完成作业、上课经常注意力不集中、无故迟到或早退。重度的学业倦怠表现为逃课、以各种理由请假、沉迷于网络等，甚至会出现病理性反应，如自闭症、抑郁症、精神分裂等[②]。

第二节　青少年产生学业倦怠的原因

一、内部因素

(一) 自我效能感

自我效能感是由美国心理学家班杜拉首次提出的概念，是指个体对自己能否运用所拥有的技能去完成某个行为的推测和判断。学业倦怠与自我效能感存在负相关，即在学习方面的自我效能感能够有效预测学业倦怠的程度。低自我效能感的青少年在学习中缺乏信心，难以获得成就感，进而导致对学习的厌烦与倦怠。

(二) 自尊

自尊是个体在自我评价的基础上产生的一种自重和自爱，同时希望受到他人、集体和社会尊重的情感需求。自尊可以体现出个体的自我接纳感和自我价值感。如果一个人高自尊，意味着他的自我和他人评价皆较高，随之而来的是自我效能感较高，表现在行动上就会呈现较高的成就动机和正向行为，故学业倦怠与自尊负相关，自尊感越强，学业倦怠的程度越低。

(三) 抗逆力

抗逆力是优势视角的核心概念之一，是指个人的自我纠正取向，是弯曲而不折断或弯曲之

---

① 吴艳，戴晓阳，温忠麟，崔汉卿. 青少年学习倦怠量表的编制[J]. 中国临床心理学杂志，2010，18(02)：152-154.

② 陆士桢. 儿童青少年社会工作[M]. 北京：高等教育出版社，2008.

时反弹的能力[①]。青少年抗逆力越强，越不容易产生学业倦怠。在遇到学习困难时，强抗逆力的青少年会想方设法解决困难，不容易因为低成就感而产生学业倦怠。同时在学习中的抗逆力还可以促使个体反思自己的学习方法、学习效率和思维模式等，进行必要的调整后还会改善学习状况，形成良好的学习习惯，提高学习成绩。

(四) 人格特征

英国人格心理学家艾森克认为内倾—外倾性、神经质和精神质是人格的三个基本维度，并据此编制了《艾森克人格问卷》。内倾—外倾性中得分高的个体可能乐于交际、性格外向，渴望刺激和冒险，易冲动；神经质中得分高的个体情绪较为不稳定，易焦虑、担忧，情绪反应强烈；精神质中得分高的个体较为孤独、不关心他人，难以适应外部环境，追求特立独行且不顾危险。学业倦怠与神经质和精神质人格正相关，即精神质程度越高，学业倦怠的可能性越高；情绪越不稳定，学业倦怠的可能性越高。同时，内倾—外倾性与学习倦怠负相关，即性格越内向，学业倦怠的可能性越高[②]。

(五) 人口学变量

在中学生中，城市学生比农村学生的学业倦怠水平高，高年级学生比低年级学生学业倦怠水平高，即初三和高三学业倦怠水平最高，非重点学校学生比重点学校学生学业倦怠水平高，身体状况差的学生比身体状况好的学生更容易产生学业倦怠。学业倦怠与性别之间的关系具有偶然性，尚未形成统一的研究结论。

在大学生中，理工科学生学业倦怠水平高于文科学生，家庭经济状况、民族等与学业倦怠无显著相关，学业倦怠与性别、年级等变量的关系尚未形成统一研究结论。

二、外部因素

(一) 家庭因素

家庭是学生最早进行社会化的场所，家人的态度与行为、家庭总体的环境和氛围对青少年的学习态度、性格、人格特征、自我效能感、抗逆力等方面都有较大影响，从而影响学生的学业倦怠水平。以下列举四种较为常见的家长类型。

1. 望子成龙式家长

这类家长十分重视孩子的教育问题，以考上好中学、好大学为目标向孩子施压，对孩子的成绩从不感到满足，看不到孩子的进步，缺少对孩子的鼓励，给孩子报各种补习班，填满孩子的课余时间，从而导致孩子身心俱疲、成就感降低，引起学业倦怠。

2. 读书无用式家长

这类家长忽略孩子接受教育的重要性，认为找到好工作才是生活的最终目标，与是否接受高等教育无关。对孩子的学习疏于管教和监督，任凭其荒废学业，使孩子形成读书无用的错误

---

① 何雪松. 社会工作理论[M]. 2版. 上海：格致出版社，2017.

② 杨丽娴，连榕，张锦坤. 中学生学习倦怠与人格关系[J]. 心理科学，2007(06)：1409-1412.

认知，导致学业疏离的产生。

3. 溺爱式家长

这类家长从小对孩子百般宠溺、娇惯纵容，对孩子保护过度，导致其抗逆力极低，在学习中遇到困难后没有解决问题和反思的能力，容易导致低成就感类型的学业倦怠。

4. 暴力式家长

这类家长对孩子的管教方式粗暴，直接影响孩子的身心健康，易导致其性格内向甚至抑郁、低自我效能感，从而导致低成就感的学业倦怠。若家长因为学习问题对孩子实施暴力教育，容易激起反叛心理，形成学业疏离型和身心耗竭的学业倦怠。

总之，家庭氛围会影响青少年的学业倦怠程度，和谐、平等、健康的家庭关系能够在一定程度上使青少年远离学习倦怠。而对于大学生来说，学习环境相对自由，远离父母使家庭管束较少，缺乏外部监督容易导致学业疏离的出现。

(二) 学校因素

“学习—考试—升学”的教育模式不断考验着各个学校的升学率。面对生源竞争、升学率以及素质教育要求等方面的压力，学校不得不在有限的时间内促进学生全方面发展。为培养学生的应试能力，学校不得不形成“上课—课后练习—考试检测”的教学模式。科目多、难度大等各种原因导致学生较重的学业负担，千篇一律的教学模式也导致学生学习兴趣的下降。

老师的教学方式、与学生的相处情况等也会影响学生学业倦怠的程度。枯燥无趣的讲课风格、陈旧单一的教学方法、距离感较强的相处模式会降低学生的学习兴趣，导致学业疏离，过于严格要求、缺乏鼓励的教育理念会降低学生的学习成就感，过多的或是惩罚式而意义有限的课后作业可能会导致学生身心耗竭。

班级的学习氛围也是学习倦怠的影响因素之一。集体效能感高、凝聚力强、师生关系和生生关系良好的班级具备较为健康的学习竞争环境，有利于降低学习倦怠的程度。同时，根据班杜拉的社会学习理论，行为是经过观察其他人和事而学习到的，学习倦怠的状态可能会在同学之间互相传递，班级内形成消极的、沉闷的学习氛围后，会导致更多的学习倦怠学生产生，进而形成恶性循环。

(三) 社会因素

良好的社会环境、社区环境能够为青少年学生创造良好的学习生活环境，减少青少年学生与不良青少年的接触和相处，减少不良诱惑和错误的社会观念对青少年学习生活的影响，防止动摇青少年学习的决心和信心。

社会支持也是学业倦怠的影响因素之一，社会支持主体越多，支持有效性越高，青少年学业倦怠的可能性越小。学业倦怠源于个体承受的学习压力过大，而社会支持对外界压力有缓冲作用，在面对学习困难时，社会支持越多，青少年越可能采取积极的应对方式来解决问题，从而获得更高的效能感。

第三节　学业倦怠青少年群体存在的问题

一、生理问题

在学业倦怠青少年群体中，表现为身体耗竭的个体存在或轻或重的生理问题，如腰酸、背痛、头痛、失眠、颈部酸痛、视觉听觉功能下降、肠胃不适、肌紧张等。长期身体耗竭会导致颈椎病、高度近视、肠胃炎、神经性头痛、神经衰弱等生理问题和疾病，同时还会引起免疫力下降，导致更多疾病的产生，影响个体正常生活和学习，不利于青少年的健康成长。

二、心理问题

在学业倦怠青少年群体中，表现为心理耗竭和低成就感的个体可能面临或轻或重的心理问题，如长期焦虑、抑郁自闭、易紧张和恐惧、自我效能感低、缺乏生活热情等。学业倦怠程度严重的个体甚至会因为不堪重负、对人生失去信心而选择轻生。

在埃里克森人格理论中，青少年时期的核心问题是自我同一性的发展，这一阶段的冲突是：同一性和角色混乱。青少年同一性发展有四种情形：它们是同一性达成、同一性拒斥、同一性分散和延期偿付。其中，延期偿付是指青少年延迟做出个人生活或职业的选择和承诺。[①]在延缓期中，青少年不知道自己的位置，并对自己未来发展非常困惑，往往会产生较高的焦虑水平并出现角色混乱的情况，可能逃避自己现阶段应承担的社会角色。

三、社会支持问题

社会支持对学业倦怠的反向预测作用在一定程度上得到了学界的认可；反观之，学业倦怠青少年在社会支持方面可能会存在或多或少的问题。

(一) 家庭

家庭支持的不足以及支持方式的错误是导致倦怠的原因。在学习方面，家庭支持的不足主要体现在父母对青少年学生的学习情况缺乏监督和管教，例如父母工作繁忙、主张学习无用、受教育水平较低、放弃学习差的孩子等。有待改进的教育方式和沟通方式是家庭支持方式错误的体现，例如高期待的强压式教育、溺爱式教育、暴力式教育等教育方式以及命令式沟通或缺乏沟通等。家庭支持方式的错误会导致家庭支持有效性的不足，同时不利于良好家庭氛围的维护，若不及时改变则会加深青少年学业倦怠的程度。

(二) 学校

教师的支持方式错误、学校同伴支持不足可导致倦怠。现阶段，学校难以改变我国“学习—考试—升学”的教育模式，也无法改变应试教育中知识本身的难度，但学习环境和班级学习氛围较差、师生关系紧张、教师讲课方式单一陈旧、生生关系疏远不和等是学校可进行优化的问题。

---

① 刘金花. 儿童发展心理学[M]. 上海：华东师范大学出版社，1996：263-264.

(三) 社区

社区支持的不足以及社区同伴支持的缺乏可导致青少年学业倦怠。社区缺乏针对青少年的文体、娱乐活动，对青少年成长关注度不足等是社区支持不足的体现。由于缺乏针对青少年的活动，也使青少年缺少与社区同伴认识和相处的机会，导致同伴支持的缺乏。同时，社区安全及人文环境的维护不到位也是社区支持不足的表现。

(四) 社会

缺乏相关社会机构的专业技术性支持可导致青少年学业倦怠。现阶段，社会对学业倦怠青少年的重视程度较低，很少有学生、家长和老师会主动寻求社会工作事务所、心理咨询机构、医院精神科等专业技术支持主体的帮助，这可能会致使学业倦怠问题的搁置和加重，不利于学业倦怠青少年的健康成长。

第四节　学业倦怠青少年群体的社会工作干预和介入

一、案情介绍①

服务对象阿亮(化名)，男，15岁，是一名初中生，身体健康状况良好。在初二下学期时不愿意去上学，并且拒绝与其他人交流，无论是老师、同学还是家人，一概不予理睬。辍学后，服务对象每天除了睡觉、三餐以及洗漱、洗澡的等一些日常活动，基本都是面对电脑，玩各种各样的游戏，或者上网看自己感兴趣的四驱车论坛并与人互动，使用QQ与他人聊天，拼装四驱车，观看F1赛车等。沉迷网络的他作息混乱，日夜颠倒，生活颓废。

服务对象生长在一个单亲家庭。其父亲在他3岁时离家出走，之后便杳无音讯。服务对象从小与母亲、外公和外婆生活在一起，并由他们带大。从前他们住的是私房，几年前征地动迁搬进了公房，也在那个时候，一直带他的外婆去世了。服务对象的母亲是一名保洁员，性格内向，不善言谈。服务对象的外公基本承担了教育服务对象成长的家长角色，无论是开家长会，还是到学校向班主任老师了解情况，都由外公负责，外公对阿亮特别关注和疼爱。

根据服务对象外公和班主任的描述，服务对象在校期间，学习成绩始终名列前茅，还经常帮助学习有困难的同学，平时也是老师们的好帮手，很多任课老师都对其赞赏有加，尤其是班主任。服务对象以往性格开朗，与老师和同学相处和睦。

社工第一次入户服务时，看到服务对象阿亮面对电脑屏幕，坐在侧对卧室门的梳妆台前，一手托腮，一手握着鼠标。阿亮的家人说，他平时这样一坐就是一天。他们完全不清楚阿亮为何突然不去学校，校方同样也无法获知其中的缘由。无论家人如何劝说，即使是生拉硬拽让他出门，他也拒绝说话、拒绝配合。阿亮的家人心急如焚，其外公找到居委会，居委会联系了本机构，希望得到专业社会工作者的协助。本案由机构家庭项目组转介而来。

① 魏爽. 青少年社会工作案例评析[M]. 北京：中国社会出版社，2016：41-55.

二、问题评估

行为上，服务对象拒绝上学、自行辍学，出现了学业倦怠中较为严重的学业疏离现象；不与身边的家人、老师、同学沟通，在现实中自我封闭；沉迷网络，日夜颠倒，作息混乱。

心理上，服务对象的自我同一性尚未形成，从而导致角色混乱，无法正确认识自己现阶段的职责和自己承担的角色并出现了逃避行为。根据埃里克森的人格发展理论，服务对象处于探索自我同一性的阶段。自我同一性是一种关于自己是谁、在社会上应占什么位置、将来准备成为什么样的人等一连串的自我认知。当社会上呈现的各种道德价值体系与服务对象现有的价值观冲突时，服务对象会无所适从，他不知道自己的位置，对自己未来的发展也相当困惑。他试图依据自己的所见所闻和经验做出种种选择，往往会呈现较高的焦虑水平，并出现逃避现象。

情感上，服务对象从小生活在单亲家庭，缺乏一个可以对其进行积极引导和长期教育的父亲；其母亲性格内向、不善言谈，导致来自母亲的情感支持也较少。现阶段，仅有外公能给予必要的家庭情感支持。

三、介入目标与过程

(一) 服务目标

1. 总目标

协助服务对象尽快结束学业倦怠，恢复辍学前的各种社会功能。

2. 具体目标

(1) 恢复并增加服务对象在现实中与外界的交流。

(2) 帮助服务对象形成自我同一性，对自己的未来进行规划。

(二) 介入过程

1. 关系建立

社会工作者接案时，距离服务对象辍学和自我封闭已经将近5个月的时间，并且是外公向社会工作者求助，服务对象起初为被动接受服务。于是，社会工作者在介入之初便做好了心理准备，预想到建立专业关系的环节可能会面临较大的挑战。在第一次入户访谈中，服务对象拒绝用言语交流，但服务对象出乎意料地回答了社工写在纸上的问题，这样一来一回，社会工作者与服务对象建立了最初的交流。社会工作者发现，与学习、重返校园、未来规划等相关的问题，服务对象都拒绝回答。因此，社会工作者对敏感问题进行了回避，并尽量把纸上的问题设计成封闭式，或是设置选项让服务对象进行选择。同时，社会工作者试图以“一个朋友关系的同龄人”身份，从服务对象的兴趣、爱好入手，与服务对象进一步建立信任关系。社会工作者根据服务对象喜欢在网上聊QQ、与论坛中的人互动等现象，推测服务对象有想要得到关注并试图与他人交流互动的期望。于是在服务过程中，社会工作者会询问服务对象赛车、游戏等相关的问题，服务对象也会分享四驱车比赛的规则，以及F1赛车比赛中的撞车事故视频等。

2. 促进社会参与

这个阶段的服务目标是让服务对象走出家门参与一些社会活动，丰富其日常生活。班主任曾多次组织班级里与服务对象关系比较好的同学来探望，但他始终不愿开口与同学沟通。由于服务对象每天在家面对电脑，作息不规律，昼夜颠倒，在现实中长期缺乏与外界的交往，为了避免服务对象与社会脱节，社会工作者向其介绍了机构即将开展的一些小组和社区活动，并邀请他作为志愿者，服务对象点头表示愿意参与。虽然第一次参与志愿者活动并不顺利(未找到活动地点，后因手机联络问题导致迟到)，但服务对象还是和他的表哥一起来到活动现场，并且向社会工作者亲口交代了迟到的原因，最后完成了志愿者任务。这是服务对象第一次开口与社会工作者说话。从此以后，服务对象每周末都会作为志愿者参与机构某项目的常规活动，并且坚持了很久。

3. 改变自我认知

认知行为理论认为，个体的行为与其认知有着密切的联系。虽然服务对象已经愿意开口与社会工作者交流，但是交流的内容十分有限，社会工作者很难从服务对象口中获悉更多信息，或者服务对象自己也无法准确地表达出来。那么，服务对象现阶段对事物、对自己的认知到底是怎样的？又是怎样的认知导致了他当时的辍学行为？为了挖掘这些未知问题的答案，社会工作者借助相关的心理测试来协助服务对象了解自己；同时，将服务对象的内在外显化，让社会工作者能够探索服务对象的内心世界，了解其人格特质。本阶段，首先，社会工作者通过房、树、人心理测试和科特尔16PF人格测试协助服务对象认识自己，帮助其从16个相对独立的人格特点，了解自己的人格，以及预测对应的未来职业方向。其次，协助服务对象回顾自己的生命历程，回忆自己生命中重要的阶段。

4. 协助进行人生规划

首先，社会工作者运用焦点解决模式试图帮助服务对象直接跳过问题，考虑人生未来的规划。社会工作者用了该疗法中的奇迹问题来向服务对象提问："倘若当初致使你辍学的事情没有发生，你觉得现在你可能在干什么？"其次，社会工作者为服务对象细致地分析了可能面临的几种选择，让服务对象了解自己未来的人生道路。后期，社会工作者发现服务对象有意愿在家自学，参加中考。社会工作者先告知服务对象，在当前的教育制度下，九年制义务教育需要在学校内完成，并秉持服务对象自决的原则，为服务对象详细地列举了现在可以选择的几条道路，服务对象最终选择了重返校园。

于是，社会工作者帮助服务对象整合社会资源，通过与多方的联系，最终服务对象回到原来的班级与之前的同学一起学习并参加中考。

5. 实现"助人自助"

从服务对象决定重返校园的那天起，社会工作者鼓励服务对象积极、主动地制订复习计划。同时，社会工作者让服务对象设想重返校园之后可能面对的各种困难和挫折。社会工作者为服务对象模拟了第一天上课可能遇到的事情，比如，适应早起；向同学们解释自己辍学的原因；调试因成绩退步导致的心理落差等。中考前，服务对象的辍学现象反复出现。社会工作者让服务对象明确了现阶段自己的角色和任务，引导服务对象自己解决问题；指导服务对象弱化环境对自己的影响，专注学习。于是，服务对象完全执行了中考前三周自己制订的复习计划，在中考时提高了几十分。

6. 实现助他

从服务对象开始参与志愿服务时，自助到助他的过程便随之开始。至今，服务对象参与了机构几乎所有项目的志愿活动。在课外，只要有足够的时间和精力，他都会去参与机构的志愿活动，每次都能按照要求完成任务，机构同工们经常夸他有责任心、做事认真。机构成为服务对象参与社会活动的平台，改善了他自我封闭的情况，同时也使其在自助的同时帮助更多的人。

四、介入反思

社会工作者在机构和同工们的共同努力下，最终达成了预先设定的所有服务目标，甚至在实现助人自助的同时，帮助服务对象完成了助他。服务对象的社会参与频次明显增多，记录在册的志愿者服务记录就已超过50次。服务对象通过志愿者服务获得了很多社会体验，有助于其自我同一性的形成。最终，服务对象考取了一所职业技术类学校，成绩低于普通高中录取分数线20分左右。服务对象通过与外公和母亲商量，自己决定复读一年并自己咨询和选择了复读的学校，他开始为了实现考上好高中的目标而不断奋斗。

服务对象解决问题的能力有明显的提升。在专业服务过程中，社会工作者注重培养服务对象解决问题的能力，为服务对象指明解决问题的途径，分析可能的选项，给予服务对象深入思考和抉择的空间。在个案后期，服务对象自己填报了中考志愿，自己择校面试，自己慎重选择复读，不再逃避问题和困难，对未来也有了自己的规划。

服务对象在社会工作者与同工的个案介入下，重新开始与他人交流，重返学校读初三，成功获得初中文凭。介入期间，社会工作者见证了服务对象的转变，从当初的辍学，拒绝与他人交流，到愿意与社会工作者通过纸笔交流，再到作为一名志愿者第一次参与社区活动时，社会工作者第一次听到服务对象说话。随后，服务对象不间断地为机构的小组和社区活动提供志愿者服务，渐渐地丰富了生活、拓宽了视野、增强了沟通能力。

结案后，服务对象及其家人都给予了社会工作者和机构很高的评价，对社会工作者专业服务的满意度较高。个案一共历时8个月，社会工作者记录在案的入户访谈和机构访谈有26次，通过网络、电话开展的非正式访谈不计其数。

社会工作者在服务过程中始终坚信服务对象的优势，无论是自身优势，还是环境优势，并重视服务对象的潜力和可塑性。在服务过程中，社会工作者发现与服务对象同年龄段的群体建立专业关系时需要花费更长的时间，因为时常主动寻求帮助的是家长，而非他们自己，作为被动接受服务的群体，前期的阻抗现象比较难以突破。同时，社会工作者体悟到不能站在家长的角度与服务对象交谈，且不能赘述"读书有用"的观点。这样做根本没有真正站在服务对象的角度去体会和感悟他的情绪。在服务过程中，社会工作者积极地调适了自己的位置，以"一个朋友关系的同龄人"的身份，协助服务对象对自己的未来进行思考和计划，尊重服务对象的选择，做到案主自决，无条件地接纳和关注服务对象。此外，专业方法的运用也在该个案中起到了至关重要的作用。焦点解决模式激发服务对象积极思考自己的现状，不过度关注辍学事件本身，将未来作为重点，以一切重新开始的眼光和态度规划和畅想自己的未来。同时，尽可能全面地列举服务对象将面临的各种选择，并引导其根据自己的需求和想法进行自我抉择。考虑到服务对象有较强的领悟和思维能力，焦点解决模式的运用可以有效地激发服务对象对未来的规划，从而促成服务对象的积极改变。

社会工作者在该个案中积累了很多的经验，明白了在针对青少年的个案中，社会工作者首先要站在他们的立场上，真诚地、充分地接纳和尊重他们，这样才能得到他们的信任，真正地建立专业关系。其次，要寻找契机，运用专业方法激发服务对象做出改变，转变服务对象的错误认知，协助和指引服务对象思考并制订对将来的计划。在协助服务对象自助的同时，也可引导和鼓励其参与社会活动，提高其社会化程度，并帮助其形成自我同一性，形成对自我角色和责任的正确认知，改善角色混乱带来的逃避行为。①

① 魏爽. 青少年社会工作案例评析[M]. 北京：中国社会出版社，2016：41-53.

第十五章　贫困青少年群体

2020年是中国脱贫攻坚的收官之年。贫困问题与个人、家庭、社会发展息息相关，影响着青少年发展。在经济全球化的发展背景下，全球经济欣欣向荣，但贫困问题不容忽视，贫富差距大、相对贫困等问题依旧存在。不论发达国家还是发展中国家，都或多或少存在贫困现象。这些贫困地区的青少年无法正常享有受教育的权利，医疗卫生条件得不到保证，甚至连温饱等基本权利都无法得到保障。本章将介绍贫困青少年群体所涉及的社会工作实务问题，包括贫困青少年群体的概念及现状、存在的问题、贫困的原因、社会工作干预和介入等，使读者能对贫困青少年群体有整体认识。

第一节　贫困青少年群体概述

一、贫困青少年的概念

贫困既是个绝对的概念，又是一个相对的概念。在绝对贫困消除后，相对贫困将会持续出现并长期存在。放眼全球，目前绝对贫困仍旧存在，相对贫困也处于愈演愈烈的状态，因此在对贫困青少年群体进行阐述之前，需要对贫困的概念有一个全面的认识。学术界对贫困现象的研究，早期主要从经济领域展开，最先提出绝对贫困的概念，贫困被视为个人或家庭收入不足以维持基本生活需要的情形，或是一个地区经济欠发达的状态。随着经济和社会的快速发展，贫困现象不仅仅表现在物质生活方面，学术界对相对贫困的研究应运而生。英国学者彼得·汤森被公认是最早研究相对贫困理论的学者。1979年，汤森撰写的著作《英国的贫困》正式出版发行，首次提出相对贫困理论，他认为贫困问题的解决不能停留在基本需要的满足上，一个社会性的人和他们的家庭没有资源，不能参加一般人觉得是很普通的社会活动即为相对贫困[①]。相对贫困理论的提出，拓展了学界对贫困问题研究的深度和广度，使学术界和政界对贫困问题的认识从关注人类生存需要层面转移到收入分配的不平等以及社会剥夺之上，极大地深化了对贫困现象的研究理解。

国内对贫困的研究历程和国外大致相似。在发展初期，国内对贫困的认识主要局限于经济贫困，学术研究也大多局限于绝对贫困。进入20世纪90年代以来，随着中国扶贫工作的深入开展，国内理论界和实务界开始关注相对贫困问题，并从不同角度展开了研究。但由于当时我国致力于提升经济水平，面临的主要问题是解决绝对贫困，消除绝对贫困的工作也取得了重大成就；而学术界对相对贫困的研究成果大多数只停留在理论探讨层面，尚未进行大规模实践。中

① 关信平. 社会政策概论[M]. 北京：高等教育出版社，2004：393.

国进入“十三五”以来，随着扶贫开发工作的扎实开展，2020年即将实现我国“十三五”脱贫攻坚目标，绝对贫困将得到全方位解决，学术界也开始对相对贫困进行进一步探讨。国内学者对相对贫困的概念有着不同的理解，最新的理论研究将相对贫困定义为在一定社会发展过程中，一部分家庭(个体)或因收入(财富)分配差距的客观存在，或因基本公共服务获得的不公平等因素，导致其所享受的福祉水平处在社会平均水准之下①。

目前，国内外对贫困青少年并没有统一的界定标准，但学术界普遍认为，由于贫困青少年对家庭的强依附性，家庭的经济、物质条件等对青少年群体影响较深，因此一般可以将贫困青少年理解为家庭贫困青少年。陆士桢在《青少年社会工作》一书中提出，心理、精神与青少年自身发展是否协调，是新时期青少年能否健康成长的重要影响因素，据此将中国贫困青年归类为农村贫困青年、农民工贫困青年、残疾人贫困青年、城镇贫困青年、流动贫困青年和贫困大学生等贫困弱势群体，此外还包括因各种原因导致的“心理贫困”“精神贫困”的青少年。不难看出，学术界对贫困青少年的界定不仅指物质生活的贫困，还包括心理、精神上的匮乏。

结合国内外对贫困青少年的划分标准，本书认为贫困青少年群体是由于家庭缺乏一定的经济基础，而在日常生活中无法有效获取正常的教育、医疗、健康卫生等资源，并且由于物质贫困导致家庭、社会等支持网络无法支撑自身发展，从而导致心理、精神世界无法得到满足而产生各种心理疾病的青少年群体。

中国贫困青少年群体主要表现出以下特征：家庭经济压力大，居住环境差，健康状况不佳，家庭交流较少，教育支出水平较低，社会交往不足，获取医疗资源较少等。

二、贫困青少年的现状

党的十八大以来，中国脱贫攻坚取得了举世瞩目的成就。贫困人口从2012年底的9899万人减少到2019年底的551万人，累计减贫9348万人，连续7年每年减贫1000万人以上，累计减贫幅度达到94.4%。贫困发生率从2012年末的10.2%下降到2019年末的0.6%，贫困县从832个减少到52个，区域性整体贫困基本得到解决。2020年是全面建成小康社会目标实现之年，是脱贫攻坚收官之年。截至2020年5月份，中国现有城市最低生活保障505.6万户，人数总计为833.7万人；农村最低生活保障1938.9万户数，人数3541.8万人②。家庭收入低是导致青少年贫困的直接原因，因此虽然并没有直观的中国贫困青少年数据，但不难看出青少年贫困现象仍大量存在，我国潜在的贫困青少年数量庞大。2020年突如其来的新冠肺炎疫情给脱贫攻坚工作带来不少挑战和困难，因此要着重关注因重大突发灾难导致贫困的青少年群体，并继续推进处在相对贫困和绝对贫困状态中的青少年资助工作。

在中国现行的城乡二元结构和贫富分化的现实中，青少年作为弱势群体，较为依赖家庭提供成长所需要的各种资源，家庭应在情感、物质等方面给予足够的支持。由于贫困青少年所获得的社会支持有限，包括基本生存条件的保障、基础教育的提供以及基本医疗卫生条件的改善等，使其在生活中更容易面临生存和发展的困境。中国青少年发展基金会发起的“希望工程”

---

① 付秋梅，何玲玲．“后扶贫时代”贫困治理体系的构建与优化——基于国家治理现代化逻辑视角的分析[J]. 湖南行政学院学报，2020(04)：112-119.

② 中华人民共和国民政部网站. 2020年5月份民政统计数据[EB/OL]. [2020-05]. http://www.mca.gov.cn/article/sj/tjyb/.

计划是在贫困青少年领域较有影响力的社会资助活动，并与时俱进，根据实际情况不断创新项目，2020年发起“希望工程关爱因疫致困青少年特别行动”，主要资助对象是因疫情致困、返贫家庭的青少年学生，优先资助本人感染疫病、家庭成员感染疫病或亡故的城乡低保家庭、农村建档立卡家庭的青少年学生，为因突发事件而致贫的青少年群体及家庭带去希望。

(一) 贫困青少年群体的生活现状

1. 贫困青少年的家庭基本情况

受贫困影响，一般在贫困青少年家庭中，父母文化程度较低，观念较为落后，且家庭人员较多，经济收入微薄。此外，传统文化观念影响较深，“重男轻女”“养儿防老”等观念在贫困家庭中盛行，致使家庭关系并不和睦。贫困家庭由于经济收入低、经济来源单一等原因，父母疲于奔命，早出晚归，忽视了孩子的家庭教育。受物质因素影响，贫困家庭的青少年接受新鲜事物的机会较少，学校成为他们接触知识的唯一途径，而这种现象在农村更为普遍。在农村，青少年群体在顾及自身学业的同时还要分担家庭的农活，占据了他们大量的时间和精力，不能像同龄人一样去学习和掌握新的技能，因此他们的综合能力远不及其他家庭的同龄人。

2. 贫困青少年的基本消费情况

首先从饮食结构来看，贫困青少年群体的饮食较为单一。对于贫困青少年来说，由于家庭经济条件窘迫，餐桌上很少有营养含量高的食物。青少年正处于身体发育期，长期以来他们对饮食和营养的摄入较低，仅仅停留在温饱的基础层面，营养不良成为他们身体机能发育的最大障碍。其次从穿着方面来看，由于子女较多，大多数家庭为他们添置新衣服的时间间隔也较长。很多贫困地区的家庭通常依靠社会和政府的希望工程捐助，衣服习惯性重复利用，陈旧的衣服留给弟弟妹妹穿，这也致使贫困青少年在穿衣打扮上自感寒酸，造成内心自尊缺失。最后从教育投入来看，贫困青少年普遍存在基本学习条件差的问题，由于贫困家庭大多居住面积小，根本无法为孩子提供单独的学习空间、安静的学习环境。目前国家提倡素质教育，但由于家庭经济条件差，父母不仅难以给孩子提供必要的学习辅助用具，如智能手机、电脑、课外辅导材料等，而且无力支持他们参加培养学习生活之外的兴趣爱好、特长等开支较大的课外辅导活动。

(二) 贫困青少年群体的心理现状

青少年正处于心理波动较大的时期，同时也是其情绪情感最复杂、最敏感的时期，因此不可避免地会出现各种心理问题。研究表明，贫困青少年群体的自信心、外显自尊心显著低于非贫困青少年群体。在日常生活、学习和工作中，贫困青少年群体常常希望获得周围环境的支持，但家庭的贫困使得他们过早地体味到生活的艰辛，经济的窘迫、学习的压力、情感的压抑使得他们对自己的能力产生一定的怀疑，内心相对脆弱。在面临问题时，他们经常把自己的内心封闭起来，很少对外人提及自己贫寒的家境和遭遇；遇到挫折和矛盾时，会更多地选择逃避。这种内在的逃避和对外在人际关系的渴望之间存在的双重矛盾使得贫困青少年群体心理极不平衡，严重影响其心理健康，进而影响他们的学习和生活。

贫困青少年群体因为其所在家庭经济水平低下以及社会地位较低，往往会陷入社会交往的困境，如果得不到外界的帮助和心理疏导，很容易造成心理抑郁，相当一部分贫困青少年存在性格孤僻、性格内向等不同程度的心理问题。

(三) 贫困青少年群体的教育医疗现状

1. 家庭教育缺失，学校资源匮乏

在青少年的成长过程中，教育给家庭带来不小的负担。在我国教育资源分配不均衡的现状下，农村贫困青少年群体的受教育情况并不乐观。九年义务教育的普及使新时代的青少年都可以步入校园接受知识的洗礼，但在现实生活中，教学质量的优劣问题不容忽视。在贫困地区，学校的教师资源短缺，硬件设施薄弱，在这样的条件下，青少年群体的教育水平也较为低下，并且在学校选择上也存在一定限制。公立学校的收费较低且没有太多额外费用，所以绝大多数的贫困青少年群体就读于公立学校；相对而言条件较好但收费也较高的私立学校鲜有贫困青少年问津。另外，良好的家庭氛围对青少年的成长会产生较大影响。贫困家庭的父母由于忙于生计，且因自身文化素养不高，并不重视家庭教育，甚至对孩子的成长教育放任自由，这就导致贫困青少年与父母的交流普遍低于普通家庭青少年，家庭教育缺失。贫困青少年的健康成长离不开良好的家庭教育氛围，但贫困家庭经常出现简单粗暴的教育方式，使青少年长期处于矛盾冲突之中，当这些矛盾得不到倾诉、找不到解决的办法时，青少年在压抑沮丧的情绪下，容易养成富有攻击性的性格，将直接导致家庭关系的不和谐和行为过激。

2. 生理心理问题频发，医疗水平低下

贫困青少年由于生活环境恶劣，日常饮食缺乏营养，身体抵抗能力普遍不及同龄孩子，并且家庭经济收入较低，防范意识薄弱，当他们面临普遍的、一般性病症时往往无法及时医治，从而导致小病积成大病，无法有效根除医治。此外，贫困青少年群体基本享受不到较好的医疗条件。在农村，基础医疗卫生条件较差，医疗资源匮乏；而在城市里，大医院看病贵、看病难的问题已成共识，贫困青少年虽有机会接触到较好的医疗资源，却无法负担。因此对于贫困家庭的青少年来说，他们不敢生病，也无力承担看病产生的费用，任病情发展成为贫困家庭无奈的选择。此外，处于学生时期的青少年，心理情绪波动较大。在这一阶段的心理问题主要源于自己缺乏正确的认知，当他们认识到自己与周围同学在物质生活条件等方面存在显著差异的时候，就会产生不及他人的强烈的自卑心理，并且会逐渐与群体疏离，陷入孤独无助、沮丧痛苦的境地，从而影响心理健康发展。

第二节　贫困青少年群体存在的问题

一、贫困影响青少年的身心健康成长

贫困青少年群体大多数由于家庭贫困，在生活中面临诸多风险，包括生存的风险以及发展的风险等。家庭贫困会给青少年的成长带来许多障碍，严重影响其生活、健康以及学习等各个方面。贫困问题不是单一的问题，它会带来一系列的社会问题。在青少年阶段，贫困限制其教育水平、医疗卫生保健以及个人的长期发展机会，进而会导致贫困向下一代转移，形成“贫困陷阱”，使暂时性贫困发展成为长期性贫困。

在生理方面，贫困青少年群体常常忍受着饥饿、营养不良和疾病的折磨，他们有的无法享受获取高等教育和医疗卫生保障的权利；有的国家和地区的青少年连基本的生存问题都得不到有效解决，甚至会因为贫困而受到生命威胁，健康发展问题就更无从谈起。贫困家庭由于受经济条件限制，物质生活处于匮乏状态，通常无法满足基本需要。如在居住环境方面，贫困家庭的住宅和生活设备通常会比较落后，从而影响青少年的身心发展；在健康方面，由于贫困家庭的居住环境不佳、缺乏卫生常识、一般病症不及时就医等诸多因素，导致贫困家庭成员的健康情况较差，青少年也较易产生生理缺陷问题。

在心理方面，贫困问题对青少年精神的危害值得关注。家庭经济贫困会给成长中的青少年带来不良影响，使其在成长过程中，常因贫困而受到社会的歧视和排斥，过早地体会到社会不公和世态炎凉，产生自卑、压抑等心理，更容易受到社会不良行为的侵蚀，不仅容易表现出更高程度的压抑、孤独或者易怒，而且更可能卷入犯罪活动之中。

二、贫困影响青少年受教育权利

由于家庭贫困，青少年通常没有良好的学习场所和充足的学习用品，家庭甚至无力负担教育费用，并且常因需要帮助家庭维持生计，影响其就业和升学。研究发现，贫困家庭青少年辍学率高于非贫困家庭。究其原因，大部分是为了改善家庭的经济条件，或照顾年幼的弟弟妹妹，这些青少年进入劳动力市场并非为了追求个人成就而是为了家庭生存，是迫不得已的。他们大部分文化程度不高，劳动报酬待遇较低，且升迁的机会相当有限。就业能力弱、经济状况不佳会导致将来择偶时极可能限于相同状况的对象，组成另一个贫困家庭，从而形成贫困代际传递的恶性循环。

在贫困地区，受师资力量和传统教育模式的影响，学校只重视书本上的固有教学内容，教师教学模式僵化，忽视青少年课外知识的拓展，不利于青少年的全面发展。此外，农村地区教师流动性大，缺乏相关的心理教育经验，不能及时有效地疏导农村青少年的心理问题，影响青少年健康成长。

三、贫困诱发青少年行为不端

农村贫困家庭的父母因为受地域、经济以及文化程度的制约，其自身行为可能会影响家庭中的青少年。在一些贫困家庭中，家长缺乏正确的教育方式，当孩子犯错误时不能正常探究问题所在，而是直接打骂，不能正常地与孩子沟通，缺乏对孩子心理的关注。孩子长期处在这种教育方式下，必定会产生心理负担，形成心理问题。此外，大多数农村家庭的父母常年在外务工，由家中老人照顾孩子，导致孩子从小就缺少父母陪伴，无法感受到父爱母爱，存在一定的情感缺陷。更有一些父母由于文化程度有限，无法认识到学习的重要性，没有对孩子的长远规划，在孩子完成九年义务教育后便勒令其退学随他们外出打工挣钱，影响了孩子的一生。

受贫困的影响，父母需要经常为工作和家庭收入担心，势必会分散他们投入在孩子身上的精力，花费更少的时间和精力去关心照顾孩子，不仅会减少父母与孩子的交流沟通，而且会造成家庭成员的矛盾与冲突，导致家庭不和谐。家长对孩子采用简单粗暴的教养方式，很难保持对孩子管教方式的一贯性，而这些处在严厉的、非参与的、缺乏一贯性的教养方式之下的孩子出现心理和行为问题的风险较高。当这些青少年经常面临矛盾冲突而得不到解决时，更容易感到压抑和沮丧，更可能变得富有攻击性，很容易模仿父母的行为，以攻击性的方式来对待兄弟姐妹以及他们未来的配偶和孩子，对他们的人生产生较大危害。

第三节　青少年贫困的原因

一、家庭因素

(一) 家庭经济负担大，生活质量低

贫困青少年的生活、学习及成长环境与普通家庭相比处于劣势，会对他们的身体健康、智力开发、心理发育等产生一定的影响。贫困家庭最主要的收入来源是贫困补助和社会救济，这部分收入只能保障基本生活。目前，大多数家庭已配备基本的家用电器，如电视、冰箱等，可以看出贫困青少年的基本生活得到了保障，也在一定程度上反映了当前中国最低生活保障制度的实施情况以及其他一系列社会保障政策是有效可行的。然而不可否认的是，与中国目前的经济发展相比，贫困青少年所能获取的物质资源和精神支持仍存在不足。换句话说，贫困青少年群体的生活质量相对较低。在贫困家庭中，贫困青少年或父母的失业比例高于普通家庭，职业稳定性明显低于普通家庭。工作收入较低，收入方式单一，大部分依靠零工、兼职等形式获得额外收入，失业的风险性很高。贫困家庭的青少年文化程度低，工作能力相对一般，导致在劳动力市场中他们的工资待遇低、晋升机会少。此外，贫困家庭中的单亲家庭的比例相对较高。从生活环境的角度来看，贫困家庭的住房条件普遍较差，与普通家庭相比存在明显差距。与其他青少年相比，贫困家庭的青少年需要过早承担起家庭的重担，其身体和心理健康状况低于普通家庭，往往会表现出内心封闭、行为孤僻以及自卑等性格缺陷和心理障碍。

(二) 家庭缺乏教育支持，医疗无法保障

从家庭内部讲，由于家庭教育以及社会教育的不到位，贫困青少年群体，尤其是一些身患残疾、丧失双亲或父母残疾的青少年，在生活和学习方面会遇到更多的困难。贫困青少年更加缺乏家庭支持，阻碍贫困青少年的心理和生理发育。贫困家庭受家庭结构、教养方式、亲子关系、社会经济地位、父母职业等因素影响，家庭功能低下，教育资源贫乏，医疗卫生安全无法保障，导致贫困青少年普遍缺乏足够的教育、医疗、日常生活等方面所需的支持。研究表明，贫困家庭青少年教育支出水平、上学质量、大专以上学历的比例、未来教育成就和职业发展等均低于平均水平，并且贫困青少年的失业率明显高于普通家庭。在医疗卫生方面，受经济因素制约，贫困家庭无法获取优质的医疗资源，小病不就医、不重视，进而导致病情更加严重，医疗支出也会更多。

二、社会因素

(一) 救助帮扶体系不完善，扶贫工作精细化程度不高

目前在我国大部分地方，对贫困青少年群体的帮扶关爱工作主要依靠各个单位和地方落实

国家及上级政府出台的相关救助政策和救助规定，在一定范围、一定时期内向社会上有爱心的个人和企业发起募捐活动。这些帮扶措施和手段大多都是临时性的，不具备一个完整全面的救助机制。大部分贫困家庭需要依靠政府补贴，但补助只能满足基本温饱需求，贫困家庭若缺少摆脱贫困的内生动力，在未来更容易陷入贫困，甚至出现贫困的代际传递。政府出台的救助政策不够完善，贫困青少年缺少系统性的抚养关爱，难以享受相应的受教育权。在贫困青少年群体的关爱帮扶工作中，不同地区、城乡之间的差异不容忽视。有些地区和单位在认真落实帮扶政策的同时，结合当地的实际情况，补充出台一些特色性的救助措施；而有些地区却将之视为一项考核业绩的工作，在帮扶工作中出现节日扎堆慰问、平常无人问津的不平衡现象，工作流于表面，没有深入贫困青少年群体的生活之中，对他们的日常生活状况、基本受教育权利和身体精神状况等关注较少，存在组织不健全、人员不落实等问题，缺乏责任意识、大局意识，也没有相应的关爱行动，帮扶工作缺乏针对性和系统性。

(二) 教育资源匮乏，社会认识不足

我国实行九年义务教育制度，基本消除“文盲”现象。但在现代化社会，仅靠初高中的知识无法在社会立足。在农村，有很多家庭因为疾病或者天灾而导致家庭贫困，贫困青少年后期的生活和学习得不到相应的保障。在国内，有很多地方仅仅在区里或者在镇上设有“贫困青少年关爱站”，这些关爱性质的组织并没有向村区延伸；还有很多地方，关爱活动流于表面，没有形成常态化机制，活动不经常举办而且内容也不够丰富、过于单调。学校配置和师资力量无法满足我国的基本国情需要，致使一些贫困青少年中的残疾和智障儿童无法到特殊学校就读，只能跟班就读或者直接辍学在家。在学校以及社会上，心理咨询和心理矫正等解决心理问题的机构并没有得到重视，即使设置相关机构，有些也只是形同虚设，只是为了应付检查、响应号召，缺乏专业资格认证的心理咨询老师，无法给孩子们带去专业的心理辅导。此外，有些贫困青少年群体由于家庭经济状况等因素过早步入社会，并没有享受应有的受教育权利，往往要承受世俗偏见的压力，背负沉重的心理负担。没有社会阅历的青少年容易被不正确的人生观、世界观、价值观以及金钱观所误导，更容易误入歧途。目前，国内媒体对贫困家庭的报道较少，有些自媒体甚至将社会新闻过度解读，为吸引流量而夸大其词，不仅不利于大众对贫困青少年的深入了解，还会使其产生误解，很难形成良好的舆论环境，这也会影响贫困青少年群体的身心健康，制约他们的健康成长。

第四节　贫困青少年群体的社会工作干预和介入

一、案情介绍[①]

社会工作者在社区随机家访时来到小敏家，当时只有妈妈叶姨在家。社会工作者询问了叶姨一些简单的家庭情况，了解到这是一个特殊的三口之家。家庭基本情况为：小敏，女，16岁，中学生；爸爸宝叔70岁，已退休；妈妈叶姨41岁，厨房洗碗工。随后社会工作者向叶姨介

① 郝素玉. 社会救助社会工作案例评析[M]. 北京：中国社会出版社，2016.

绍了社会工作服务中心的服务。叶姨认真倾听社会工作者介绍后，对青少年服务很感兴趣，询问了很多具体服务的内容，并主动询问中心能否提供学业资助。出于职业的敏感，社会工作者尝试了解更多关于小敏和其家庭的情况，初步了解这个家庭的需求，叶姨也明确期望社会工作者可以提供帮助。

在初次接触服务对象一家时，服务对象已明显表现出对资源的需求。此外，社会工作者在家访时了解到服务对象一家的亲友并不多，外部支持有限，并观察到服务对象家中的摆设陈旧，生活物资并不丰富。整体而言，服务对象一家的社会支持和资源都比较缺乏。

叶姨是广西人，41岁，之前曾有过一段婚姻，生了一个女儿，目前已成年，在广州工作。离婚后嫁给了比自己年长将近30岁的现任丈夫宝叔，并生了女儿小敏。叶姨目前在一家医院的饭堂工作。小敏16岁，刚刚升读区内一所职业中学。由于宝叔年纪大，10年前就已经不再工作了。2011年，政府有相关政策允许年长者一次性缴纳社保后享受退休待遇，考虑到宝叔年纪比较大，而女儿才16岁，养老没有保障，叶姨和宝叔商量决定向亲友借款3万多元一次性缴纳社保后办理退休，每个月可以拿到1381元退休金，但每月还要缴纳352元的医保金。2011年9月，宝叔拿到退休金后，他们一家的收入超出低保线，政府按规定取消了他们的低保救助。小敏刚刚参加完中考，2011年9月从初中升入职业中学，于2011年6月通过初中学校递交了助学申请。当时服务对象一家还属于低保家庭，符合助学资格。但职业中学9月份复审资料时发现小敏已不属于低保家庭，无法申请助学资金，小敏每学期要交纳1400元的学费。这一事件令服务对象一家觉得很不适应，宝叔为此很气愤，多次向居委会及街道反映，要求资助小敏读职业中学的费用。

实际上，办理社保后小敏的家庭收入没有增加，宝叔目前拿到的退休金与之前的低保金相当，但因此负了3万多元外债，而且还失去了政府对水电费、垃圾费以及小敏学业的补贴，生活开销反而增加了。宝叔及家人感觉生活变得更艰难。小敏成绩不错，对学习成绩很在乎，但中考前的模拟考试成绩不理想。临近中考前成绩突然下降，令小敏感觉压力很大。她暗地里用小刀割伤自己的手臂，有十多条伤痕，后被叶姨偶然间发现，经过劝导之后小敏明白不应该伤害自己。在中考填报志愿时，学校校长曾承诺报考本校高中部会优先录取，小敏听信校长的话填报了本校高中部。但现在校长说不能照顾到这么多学生，这令小敏很担忧，害怕自己不能升读高中，一直闷闷不乐。中考录取结果出来后，小敏没有被本校高中部录取，一家人为此很伤心。最后，小敏只能报读一所离家比较近的职业中学，中午可以回家吃饭，省去交通费和伙食费。叶姨说小敏入读职业中学后，感觉不是很开心。

综上所述，服务对象一家目前的收入及资源比享受低保时更少，使得服务对象一家很难适应，他们确实需要社会资源的帮助。此外，小敏因报考失误而入读职业中学，也令服务对象一家感到很失望。

二、服务计划

(一) 服务目标

(1) 结合服务对象的需求以及理论分析，针对服务对象对社会资源的需求，社会工作者可以通过收集相关资料，与服务对象一起探讨合适、有效的解决途径，在此过程中提升服务对象获取外部资源的能力，熟悉各职能部门；提升服务对象寻找社会资源的意识，增强服务对象解决问题的能力。

(2) 针对小敏面对升学失利的情绪困扰，社会工作者将通过发掘服务对象潜能，与服务对象一起寻找以后的出路，尝试对未来的学业及职业做出初步规划，让服务对象对未来有动力和信心。

(二) 服务策略

(1) 经过初次家访收集了服务对象家庭的基本资料，社会工作者已与叶姨初步建立关系，接下来要与叶姨保持电话联系和面谈，巩固和维持专业关系。

(2) 适当时候约见宝叔和小敏，整体评估服务对象一家的需求，与服务对象协商个案服务的具体目标，并发掘服务对象一家的能力，以更好地协助他们寻求资源，满足自身需求。

(3) 社会工作者需了解相关政策及寻找合适的资源，协助服务对象向相关部门及社会机构申请所需资源，培养服务对象一家寻找和利用社会资源的能力和意识。

(三) 服务计划

(1) 在接案一个月内，与服务对象建立专业关系，明确社会工作者及服务对象的目标。

(2) 在未来半年内，收集相关资料信息，协助服务对象达到服务目标。

(3) 半年后评估服务成果，结案。

(四) 介入理论

社会支持理论重视人对社会的适应性问题，强调人在社会环境中的感受，重视个人对周围环境资源的利用。服务对象一家现在面临的外部问题主要是资源不足，未能顺利帮小敏申请学费减免；失去低保救助后，家庭生活面临更多开支，令服务对象一家生活资源更加缺乏。服务对象一家曾是低保家庭，享受政府相关的福利待遇，当失去相关福利待遇后，令服务对象一家感到彷徨。除政府提供的资源外，服务对象一家很少利用社会环境中的其他资源，也缺乏寻找和利用这些资源的意识。小敏目前的情绪依然低落，升学失误对她造成了很大的打击。在中考期间小敏曾出现自虐行为，如果目前的情绪处理不好，很可能导致小敏再次发生自虐行为，需要及时帮助小敏从升学失误的打击中走出来。

社会支持理论将影响个人发展与适应性的个人因素和环境因素结合起来，认为人与环境中的各种系统(家庭、教育、商品和服务、就业、政治、宗教等)是相互作用的，认为个人通过对社会资源的广泛利用可以改善生活状况，通过制定一系列的行为模式，实施相应的干预行动，可在一定程度上缓和个人社会适应问题，为个人的成长和潜力的发挥提供一定支持。社会支持是与弱势群体的存在相伴随的社会行为，一般是指来自个人之外的各种支持的总称。社会工作者在社会支持理论的指导下，为需要帮助的弱势群体提供社会支持，包括正式的支持和非正式的支持。正式的支持主要指来自政府、社会正式组织的各种制度性支持，主要是由政府行政部门，如各级社会保障和民政部门，以及具有一定行政职能的群众团体，如工会、共青团、妇联等实施。非正式的支持主要指来自家庭、亲友、邻里和非正式组织的支持。由于社会弱势群体是一个在社会性资源分配上具有经济利益的贫困性、生活质量的低层次性和承受力的脆弱性的特殊社会群体，更容易遭受社会风险，也容易造成社会的不稳定，影响社会发展。社会支持理论表现为各种社会形态对社会弱势群体即社会生活有困难者所提供的无偿救助和服务。这种救助和服务既涉及家庭内外的供养和维系，也涉及各种正式与非正式的支持和帮助。它不仅仅是一种单向的关怀或帮助，在多数情形下更是一种社会交换，我们可借助社会支持的概念理论来认识社会弱势群体社区支援综合网络。

三、介入过程

(一) 第一阶段：建立关系，制定目标

在社会工作者初次接触服务对象家庭时，主要接触了叶姨，但由于工作繁重，休息时间非常少，社会工作者每次只能通过电话方式与叶姨沟通，未能与她的丈夫及女儿建立关系。经过多次沟通后，叶姨感受到社会工作者的真诚，同意社会工作者约见宝叔及女儿，并主动让宝叔到中心来找社会工作者面谈。

宝叔在约定时间到中心找社会工作者，虽然是第一次见面，由于有叶姨的介绍和铺垫，宝叔对社会工作者十分信任。刚坐下，宝叔就从自己花3万多元买社保开始讲述自己的经历，虽然是70岁长者，但宝叔思维非常清晰，语速也比较快。社会工作者认真倾听宝叔讲述的内容，在分析自己负债购买社保但家庭总体收入没有增加，还失去了很多福利政策时，宝叔直言自己非常后悔做了这件事。社会工作者尝试询问宝叔当初为什么决定借钱缴纳社保，宝叔说当初自己已经70岁，没有任何养老保障，只依靠妻子1000多元的工资和低保金维持生活。如果借款缴纳社保，每月能拿到1300多元退休金，领取3年就回本了，3年后的钱就可以用于养老。社会工作者重述这部分内容，宝叔表示认同。社会工作者分析目前的问题主要是由于有了宝叔这份养老金，一家人的收入超出低保线，失去低保相关的福利救助，这是宝叔未曾预料的。宝叔非常认同社会工作者的分析，这些意外的困难才是造成困扰的原因，即使再次选择，自己还是希望借钱购买社保，为了将来养老有个保障。

宝叔继而诉说家庭目前的困境。目前家庭每月总收入2500元左右，扣除约700元用于偿还债务，剩下的用于一家人的生活。以前家庭有低保待遇，家里的水电费、垃圾费、电视费等均有减免，现在要全额缴费，增加了一部分开支。重点是小敏刚刚升读职中，每学期要1400元学费，一年要2800元，这成了家里最大的一笔开销。本来期望申请政府助学可以减免小敏的学费，但失去低保资格后，无法申请资助，所以现在急需钱帮小敏交学费。社会工作者重新分析了宝叔目前面对的经济困境：一是小敏的学费；二是偿还债务；三是生活开支。社会工作者与宝叔一起分析，对主要开支如何分主次进行讨论。宝叔认为小敏的学业最重要，其次是保障一家的生活，最后是偿还债务。明确开支的主次后，社会工作者建议宝叔先满足小敏的学业需要，先交学费；然后保障一家人的基本生活。债务方面，建议宝叔这两个月暂缓还债，等一家人生活稳定后再慢慢偿还。宝叔认同社会工作者的建议，表示会先给小敏交学费。宝叔虽然还是觉得生活困难，但他相信熬过3年，一家人的生活将得到改善，并且不需要担心自己的养老问题会成为妻子和女儿的负担。

对于失去低保福利这件事，宝叔一直耿耿于怀，感觉损失了很多资源。由于宝叔一家享受了多年的低保，长期有稳定的政府资助，突然失去很不适应。而且宝叔一家确实有需求，社会工作者告知宝叔其实社会上有专门针对贫困青少年的助学项目，并开始尝试寻找资源帮助小敏

完成学业。

(二) 第二阶段：链接资源，提升能力

社会工作者通过行业内的专业网络搜集了在广州市资助职业中学的基金会，并与相关负责人联系，了解相关流程和所需材料。做好相关准备后，社会工作者约见了小敏。首先，社会工作者从小敏目前的学习生活聊起，尝试着多了解小敏的情况，同时也与小敏建立关系。小敏表示目前的学业对自己来说比较轻松，刚刚参加了第一次考试，成绩不错。社会工作者就小敏目前就读的专业以及未来的发展与小敏详谈。小敏目前读的会计专业，她认为这是一个不错的专业，但对未来的发展不是很清晰。社会工作者鼓励她多了解行业信息，也可以多向自己的老师请教，寻找一条适合自己的发展道路。社会工作者向小敏介绍了助学基金会，询问小敏是否愿意申请，并告知申请基本要求是学业成绩好，小敏表示愿意申请，并有信心自己能够保持好的学业成绩。小敏在社会工作者的指导下填写申请表，在填写过程中详读申请要求，社会工作者重点提醒小敏申请后并不保证一定能够获得资助。此外，目前很多学校都有相关的助学资助奖励，鼓励小敏了解一下自己所在学校是否有相关资源，或者可通过网络等渠道多了解助学的相关信息。

社会工作者再次约见小敏时，小敏表示自己向老师了解了会计的行业情况，老师还建议她这三年好好学习，争取通过成人高考考取大学继续深造。至此，社会工作者开始与小敏谈她对目前学习生活的感受，小敏感觉目前开始有学习的目标，希望自己通过努力可以考取大学。对于不能升读高中虽然感觉遗憾，但对目前的学习状态感觉不错，希望通过努力将来能找到一份好工作，改善家庭生活。

在等待助学申请审批期间，小敏告知社会工作者自己学校有一个优秀学生助学金项目可以申请，主要针对贫困家庭，但需要相关部门的证明。宝叔为此向居委会求助，但由于宝叔一家已不是低保家庭，居委会拒绝开证明，小敏遂向社会工作者求助。社会工作者与小敏认真研读证明要求后，建议小敏把家庭实际收入罗列出来，请居委会盖章以作证明，但不需要居委会写贫困证明，这不违反规定，最后获得居委会同意，小敏顺利凭借自己优秀的学业成绩获得助学金。

(三) 第三阶段：个案评估及结案

个案服务后期，服务对象一家的困难得到解决。小敏顺利获得助学金资助后，积极参加学校的社团，并多次到中心参加义工服务，已开始积极面对新的学业及生活。宝叔一开始对目前的生活很担忧，现在也开始按原来的计划还款，期望3年后家庭经济情况有所改善。最后，社会工作者还引导服务对象一家向红十字会申请了一些生活物资资助，减轻家庭的负担。

四、案例评估

本案服务对象是一个刚脱离低保的家庭，虽然收入水平超出低保救助线，但实际上他们的生活并没有改善，反而出现了经济危机。在与宝叔及小敏面谈时，社会工作者帮助其分析目前面对的情况，帮助他们有序处理目前的困境，建立慢慢改善生活的希望和信心，让他们更好地接受和面对生活。服务对象的惯性思维是政府会有救助，一旦失去就感到无助，社会工作者的

介入让服务对象一家有了新的看法，他们开始关注社会资源，而不是抓住政府福利不放。社会工作者主动开发并引导服务对象一家争取社会资源，最后获得成功。

在本案中，服务对象全家曾常年享受城市居民最低生活保障，家庭支出在很大程度上依靠于此，也产生了一定的心理依赖，认同贫困身份。由于服务对象领取了由政府发放的养老保险，家庭收入超出低保标准，并且依托于低保户身份的其他减免、扶助政策也随之消失，因而加重了家庭经济负担，导致服务对象全家在日常生活、子女入学等方面的困难。该家庭的女儿小敏中考成绩不理想，对考取的职业中学不满，心情抑郁，对学习、就业等丧失信心。社会工作者通过资源链接整合、能力培养等方式提供个案服务，达到了良好的服务效果。

实际的服务活动以问题解决为中心，以增强社会支持为目的，聚焦于主要问题的解决和服务对象能力培养上。家庭经济压力是服务对象一家产生问题的主要原因，因此，缓解经济压力成为服务介入的切入点，也是最主要的方面。社会工作者与服务对象分析其家庭收入来源与支出情况，并按照消费的主次、轻重顺序，重新规划支出安排。同时，分析其家庭内部、外部可用的资源和机会，与受助者小敏一起申请助学基金，解决家庭最重要的教育支出问题，并引导服务对象学习挖掘和利用资源的意识、方法。最后，在社会工作者的帮助下，小敏发现助学金资源，主动申请并成功获得，这是服务对象掌握资源筹集、获取能力的具体体现。在这个过程中，社会工作者一直充当着资源链接者、使能者、支持者的角色。资源链接、潜能激发、能力培养都是围绕服务对象的长远发展而展开的，可以提高其社会适应能力，有效发挥社会功能。服务对象长期贫困，可用资源匮乏，社区融入程度不高，与亲友的联系不多。服务对象多次去社区居委会、街道反映家庭经济状况未果等，社会工作者通过各种方式促进服务对象与其亲友、社区居民、社区管理与服务人员的关系，助其加强沟通互动，完善社会支持网络。此外，社会工作者还针对小敏对入读的职业中学不满的问题，向她说明所学专业的就业与发展情况，鼓励她向老师寻求更多信息和支持，最后小敏确定了学习目标和努力的方向。实际上，小敏本身还存在一些潜在的问题，如其母亲反映的中考前压力大、有自残行为等，若不进行疏导，类似问题还会再次发生。社会工作者需要更敏锐地发现并关注这些潜在的问题，修正服务对象对学习存有的非理性认知，消解压力，帮助其摆脱家庭贫困带来的心理阴影，树立合理认知，增强自信心，预防自残行为的发生。

在本案例中，服务目标、服务策略与行动计划还有进一步调整的空间。

首先，设定的服务目标围绕服务对象的问题解决与能力开发，关注社会支持的建立和扩展，这是案例的可取之处。但是，有些服务目标不够清晰、具体。例如，目标一中的“提升服务对象获取外部资源的能力，熟悉各职能部门，提升服务对象寻找社会资源的意识”，未明确说明是联系哪些资源的能力、熟悉哪些职能部门、寻找何种社会资源的意识等；目标二中的“发掘服务对象潜能，与服务对象一起寻找以后的出路，尝试对未来的学业及职业做出初步规划，让服务对象对未来有动力和信心”，也未解释是何种潜能、哪方面的出路、何种规划、哪方面的动力与信心等。

其次，服务策略指如何发掘服务对象和周围他人的能力、资源，是对整个案例资源运用的总体把握，是服务活动开展的基本途径。本案例中服务策略未清晰说明服务活动开展的基本途径，几乎是对服务目标一的重复，也未交代目标二的实现策略。在策略制定中，需要突出具体的解决办法，运用整体视角调动服务对象、家庭成员以及家庭成员之外的能力和资源，帮助他们发掘与调动家庭成员以及家庭成员之外的能力和资源，帮助他们总结和学习发掘与调动能力和资源的方法，引导有效改变。

再次，行动计划没有列明实施步骤与时间规划。行动计划或者实施步骤是从时间的角度考虑服务策略的实现方式，分析服务策略分几个步骤，每个步骤需要开展多少次服务活动，以及每次活动的具体时间安排等。案例中的行动计划，是按照专业关系建立、服务实施、评估与结案三个阶段制订的，这种粗略的时间安排易使计划无法切合服务对象的具体情况和要求。值得注意的是，行动计划、实施步骤也需要注意每个步骤之间的连接和整合，合理安排每次服务介入的时间。

最后，社会工作者需要发挥好政策影响者、研究者的角色。服务对象的经济困难问题反映了当前最低生活保障制度中标准过低、覆盖率低、救助不合理等问题，也说明了社会福利社会化、多元化的必要性和重要性，以及“造血式”救助的重要性。社会工作者应该进行调查，了解实际情况，提出对策建议，积极建言献策，以影响和改善政策，解决社会问题，避免类似问题的再次发生。社会工作者也应对自己的服务实践进行反思，不仅要细致地了解服务对象的问题，做出正确、科学的判断，也要对理论、介入方式等进行研究，提高专业服务水准，发展专业知识与理论，为社会政策的制定提供依据。如在案例原因分析上，社会工作者不仅要看到服务对象对低保的依赖、离开低保后的不适应，也要发现低保政策中的不合理因素；不仅要做好问题补救性的介入，还应加强预防性的服务，借助于问题解决过程，为服务参与者增能。

第十六章　残障青少年群体

残障人士普遍存在的消极心理以及青少年在青春期阶段的极端情绪特点，共同影响着残障青少年群体的心理健康。社会成员对残障人士以偏概全的刻板印象以及因不了解残障青少年群体而导致的害怕与疏远，共同阻碍着残障青少年群体正常参与社会生活。社会对残障青少年的观念排斥直接导致了教育排斥、就业排斥和交往排斥等各种社会排斥现象的产生，从而形成了对残障青少年群体尚欠友好的社会环境。

本章将从残障青少年群体的概念和现状出发，分析该群体现存的问题及其产生的原因，并通过案例来介绍社会工作对该群体的介入和干预方法。

第一节　残障青少年群体概述

一、残障青少年的概念

《中华人民共和国残疾人保障法》中将残疾人定义为："在心理、生理、人体结构上，某种组织、功能丧失或者不正常，全部或者部分丧失以正常方式从事某种活动能力的人。"由定义可看出"残疾"强调的是肢体、器官及其功能方面的缺陷，是对客观身体状况的描述；而"残障"强调的是残疾人群体在参与社会活动过程中遇到的障碍，体现了残疾人在社会环境中的生存状态。残疾可能会给社会生活带来不便，但是不一定会导致障碍。例如，在有盲文和无障碍通道的直梯中，视力、肢体残疾并不会成为行动障碍；在能够进行手语交流的家庭中，听力残疾也不会成为交流障碍。近年来，用"残障"替代"残疾"成为一种趋势，这是社会对残疾的概念从个人模式理念向社会模式理念转变，在一定程度上放下了对残疾人群体的同情与歧视，开始审视无障碍环境缺失的体现。

根据《中国残疾人实用评定标准》，残疾共分为七类：视力残疾、听力残疾、言语残疾、智力残疾、肢体残疾、精神残疾以及多重残疾。本章节中的残障青少年指的是因这七类残疾导致在社会生活中产生不同程度障碍的青少年群体。

二、残障青少年的现状

截至2018年5月，我国现有残疾人大约8500万人。国家统计局《第二次全国残疾人抽样调查主要数据公报》显示，2006年在我国8296万残疾人中，0～14岁的残疾人口占总体的4.66%，6～14岁学龄残疾青少年占全部残疾人口的2.96%。随着残疾人数量的增加，残障青少年的数量也随之增加。

在教育方面，根据中华人民共和国教育部相关数据，近年来特殊教育学校在校生总数如

表16-1所示，其中包括义务教育阶段随班就读、其他学校附设特教班和送教上门的残障学生，可见残障青少年的受教育人数逐年递增，其受教育权利在一定程度上得到了保障。

表16-1　特殊教育在校生总数[①]

年份	特殊教育在校生总数
2017	578 826人
2018	665 942人
2019	794 612人

同时，残障青少年选择在普通学校随班就读的人数已经超过特殊教育学校。2019年特殊教育学校及融合教育学校在校生情况如表16-2所示，可见我国残障青少年的融合教育事业发展势头较好。

表16-2　特教学校及融合教育学校在校生情况[②]

受教育阶段	特殊教育学校	随班就读	附设特教班
小学	212 870人	271 528人	2854人
初中	75 532人	118 997人	254人
高中	10 335人	17 879人	
总计	298 737人	411 512人	

残疾人职业学校也在持续发展中，根据中国残疾人联合会相关数据，2019年残疾人中等职业学校(班)在校生共17 319人，毕业生共4337人，毕业生中共1705人获得职业资格证书。

在就业方面，根据国家统计局数据，于2007年起施行的《残疾人就业条例》中明确规定：用人单位安排残疾人就业的比例不得低于本单位在职职工总数的1.5%，且集中使用残疾人的用人单位中，从事全日制工作的残疾人职工，应当占本单位在职职工总数的25%以上。安排残疾人就业达不到其所在省、自治区、直辖市人民政府规定比例的，应当缴纳残疾人就业保障金，这在一定程度上增加了残障青少年的就业机会。另外，众多城市每年会举办“残疾人毕业生专场招聘会”，例如北京、长沙、杭州、南京、济南、西安等。同时，每个省份会针对自身经济发展、企业发展和残疾人事业发展情况，制定专门的残疾人高校毕业生就业优惠政策，主要优惠形式以岗位专项招聘、户口和档案保留以及各项补贴等为主，其中补贴主要有培训补贴、创业补贴、见习补贴以及毕业未就业补贴等。

在康复方面，2017年7月，《残疾预防和残疾人康复条例》正式施行，为残疾人康复工作提供了进一步的法律依据，奠定了更为坚实的政策基础。2016年起，多省市先后印发了《残疾

① 中华人民共和国教育部发展规划司. 2017年全国特殊教育基本情况统计数据[EB/OL]. [2018-08-02]. www.moe.gov.cn/s78/A03/moe_560/jytjsj_2017/qg/201808/t20180808_344707.html.

中华人民共和国教育部发展规划司. 2018年全国特殊教育基本情况统计数据[EB/OL]. [2019-08-09]. www.moe.gov.cn/s78/A03/moe_560/jytjsj_2018/qg/201908/t20190812_394169.html.

中华人民共和国教育部发展规划司. 2019年全国特殊教育基本情况统计数据[EB/OL]. [2020-06-11]. www.moe.gov.cn/s78/A03/moe_560/jytjsj_2019/qg/202006/t20200611_464884.html.

② 中华人民共和国教育部发展规划司. 2019年全国特殊教育基本情况统计数据[EB/OL]. [2020-06-11]. www.moe.gov.cn/s78/A03/moe_560/jytjsj_2019/qg/202006/t20200611_464884.html.

人精准康复服务实施方案》，其中仅对0～6岁儿童的康复工作进行了单独规定。2018年7月，《国务院关于建立残疾儿童康复救助制度的意见》发表后，各省市的《残疾儿童康复救助办法》相继印发。由此可见国家对残障儿童康复工作的重视，但对残障青少年的康复工作则有所忽视。现行的康复政策中与残障青少年直接相关的，仅有北京市于2013年印发的《北京市残疾儿童少年康复服务办法》及其实施细则，其中对7～15岁的残疾儿童少年康复补助的发放规则、服务内容和形式、服务机构以及申请方式和步骤等进行了详细规定。

第二节　残障青少年群体面临的问题

一、教育问题

虽然残障青少年的受教育人数在逐年递增，随班就读的融合教育观念也逐渐被人们接受，但是融合教育对于残障青少年来说一定是最好的选择吗？这个问题有待商榷。现阶段我国的特殊教育主要存在以下几个问题。

(一) 特殊教育主体专业性不足

在特殊教育学校中，专任教师队伍中缺乏相关专业的高学历人才，研究生学历教师占比较低并且存在高中阶段以下学历的专任教师；缺乏相关专业技术高职称人才，正高级教师寥寥无几，且存在较多无专业技术职称的专任教师；接受过专业特教培训的老师占教师总数的比例仍有待提高，尤其是低学历、低技术职称教师。根据教育部相关数据，2019年特殊教育学校的专任教师中，本科学历约占69.9%，专科学历约占26.0%，研究生学历仅约占2.6%。中级专业技术职务教师约占43.9%，助理级技术职务教师约占26.1%，正高级专业技术职务教师仅占0.07%，并存在11.6%未定职级教师。同时，受过特教专业培训的教师占比76.9%，仍有近四分之一的专任教师并未受过特教培训。

在融合教育学校中，差异教学是融合教育的必经之路，是尊重学生差异、满足差别需要的重要途径，尤其是对于智力残障或其他原因导致学习障碍的学生来说，差异教学至关重要。融合学校的教师作为融合教育的主体，由于缺乏特殊教育和教学调整的培训，导致其缺乏必要的支持技能和知识来应对随班就读学生，难以树立教学主体的责任意识。专业性的不足导致任课教师在教学过程中依赖陪读教师和资源教师对残障青少年的管控与教学，使任课教师、陪读教师和资源教师责任边界不清晰。资源教师专业性的不足也是近年来融合教育比较突出的问题[①②]。邢会青认为，资源教师还存在对每个孩子的实际情况了解不足、教育评估系统不完善等问题[③]。

---

① 王和平，肖洪莉. 随班就读资源教师工作及其专业培训的思考[J]. 中国特殊教育，2017(06)：33-36.

② 冯雅静，朱楠. 随班就读资源教师专业化发展的现状与对策[J]. 中国特殊教育，2018(02)：45-51.

③ 邢会青. 融合教育下教师特殊教育专业培训[J]. 学周刊，2017(35)：188-189.

(二) 特殊教育环境有待完善

对于特殊教育学校来说，缺乏实训场地及相关实训器材，硬件设施不完备，办学条件较差等现状成为学校环境的主要问题。社会环境方面，校外职业培训机会和实践基地的缺乏成为较为普遍的问题，校际合作与企校联合的不足在一定程度上阻碍了特殊教育学校的发展。

对于融合教育学校，资源教室的缺乏及使用率低，辅助器具不全、利用率低和使用方法单一，无障碍设施的建设及维护不足是现存的主要问题。

(三) 融合教育效果不佳

“随班就坐”的现象在随班就读中较为普遍，尤其是智力障碍青少年，由于学习能力和理解能力有限，导致其难以跟上教学进度，一些随班就读的残障青少年被允许在课堂上做自己的事情，只要不影响课堂秩序即可，且入学并不等于能够顺利毕业，劝退和留级的现象也比较常见。根据中华人民共和国教育部相关数据，每年在普通学校随班就读的招生数都低于一年级的在校就读数量，即每年都有之前入学的学生重新就读一年级。例如，2019年的小学随班就读招生数为32 810人，而一年级在读人数为33 021人；初中随班就读招生数为38 085人，而一年级的在读人数为38 166人。2018年的小学随班就读一年级在读人数为28 298人，而2019年小学随班就读二年级的在读人数变成了43 163人，也能在一定程度上看出留级的情况。

同时，社会对于融合教育的对象存在误解，融合教育的对象不仅是残障学生，还有班级中的普通学生。融合教育的目标是促进普通学生与残障学生共同进步、共同成长。这就要求班级中普通学生在认识到残障学生与自己的差别时，能够在尊重差异的基础上正确对待、友好相处，而非冷漠和排斥。对象不明晰会导致教师一味强调残障青少年适应班级和学校环境，而不是与普通孩子一同改善班级和学校环境，使随班就读学生更容易适应和融入。

综上所述，在发展融合教育的同时，也要不断提高特殊教育的水平，残障青少年的家长需根据孩子的残疾类型、严重程度等，理性地在融合教育与特殊教育之间做出抉择，以达到残障青少年的教育收获最大化，为之后的就业奠定更加坚实的基础。

二、就业问题

近年来，国家十分重视残疾人就业问题，就业状况明显改善，分散按比例安置、集中就业、自主创业、灵活就业等多形式的就业格局已经形成，就业人数也较之前有了量的飞跃。但是即便有足够的法律和政策作为保障，可观的数据背后也隐藏了一些问题。

(一) “假性就业”情况普遍存在

部分用人单位宁愿交就业保障金，也不愿雇佣残疾人。原因主要是残疾员工工作效率有限、工作技能不足，而用人单位缺乏培训能力和管理能力等。部分用人单位采用残疾人“挂靠”企业的方式，按最低工资标准与残疾人签订劳动合同，同时签订私下协议，残疾人不需到岗上班。通过这种“假性就业”的方式，减少了培训、管理残疾人员工的支出，不用缴纳保障金的同时还可享受税收、社保等配套补贴。

(二) 竞争力较低

部分企业在招聘过程中会对相关工作经验做出要求，而残障青少年初入职场，工作经验匮乏、工作技能熟练度低、为人处世经验不足，导致残障青少年的竞争力会低于同为残障群体的前辈。

(三) 就业持续性低

部分抗逆力较低的残障青少年在初入职场后会因为沟通不畅、压力过大、环境欠友好等原因导致适应不良，再加上青春期的极端情绪及追求独立的个性等因素断然选择离职。

三、心理问题

由于生理上的缺陷以及在社会生活中遇到的各种阻碍，残障青少年可能会产生或长期存在一些负面情绪，对其学习生活以及人际交往产生消极影响，甚至造成自闭症等心理疾病。

(一) 自卑心理

残障青少年由于在生理上存在或轻或重的缺陷，在意识到自己与健全孩子的区别，尤其是遭到他人的特殊对待或是特殊照顾后，就可能会产生“自己不如别人”的自卑心理。这种心理会使其放大自己的缺陷，低估甚至忽略自身具有的能力、优势、资源和潜能等，在行动时往往畏首畏尾、缺乏自信，当众表现时高度紧张，使其能力水平受到限制，发挥失常。而当众表现不好又会加剧其自卑和自我否定心理，形成恶性循环。自卑心理会导致消极情绪的持续存在，凡事只往消极方面想，遇到困难立马退缩，时常产生无用感，找不到自身价值。

(二) 过度依赖心理

由于身体方面的缺陷，残障青少年在某些方面的生活自理能力会受到影响，家人对其一直以来的事事包办以及过分宠溺和保护会导致其产生过度依赖的心理，不利于其独立自主能力的培养，亦不利于其社会融入和人际交往能力的提升。同时，这种过度依赖也会增加照料者的生活压力，不利于家人身心健康，可能影响家庭和谐。

(三) 情绪化

残障青少年由于放大了自己的缺陷，在日常生活中或是与人相处的过程中会比较敏感易怒。例如，在他人提及自身缺陷时误以为是嘲笑便大发雷霆；由于自身缺陷导致某件事独立完成失败时可能会摔东西或者跺脚发泄等；无法正确对待他人的表扬，把表扬误以为是讽刺或是同情等。

(四) 过度叛逆心理

逆反心理本身是青春期的一大标志，是青少年想要强调和获取独立，通过批判的眼光看待周边事物来体现“自我特征”的心理状态。残障青少年由于自身的缺陷，追求独立却频频受到限制，会加剧其叛逆心理。

四、社会融入问题

根据2014年11月中国青少年研究中心发布的《7～15岁残疾青少年发展状况与需求研究报告》，残疾青少年的娱乐活动排前三位的分别是：看电影电视(64.9%)、一个人发呆(38.9%)和上网(20.6%)。由此可见，残障青少年大多数是在家里通过网络来看这个世界的。他们的社会交往很少，娱乐活动比较单调，娱乐场所主要是家，人际交往也主要围绕着家庭成员展开，这种相对封闭的生活不利于其社会融入。

对于语言残疾、听力残疾、智力残疾较为严重的残障青少年而言，与人沟通交流的能力有所限制，这种交流障碍是社会融入的一大阻碍。除了积极进行康复训练并正确使用辅助器具外，寻找能够使用手语等其他替代语言沟通的群体进行互动，也是促进社会融入的方法。这也在一定程度上体现出慎重选择特殊教育学校和融合教育学校的重要性。

第三节　残障青少年群体问题的成因

对于残障青少年而言，生理方面的缺陷并不是导致其生活和学习受到阻碍的唯一原因，只有挖掘产生问题的其他各方面原因，才能更有针对性地解决现存问题，提高残障青少年的生活水平和幸福感。

一、教育问题产生的原因

(一) 特殊教育专业师资有限

近年来，随着国家对残障学生教育事业重视程度的提升，不仅特殊教育学校需要有特殊教育背景的人才，融合教育学校也需要有相关专业背景的资源教师来提高融合教育水平，社会对该方面专业人才的需求急剧上升。特殊教育专业一般只有综合类院校的教育学院或者师范类高校会开设，医学院康复系也有涉及特殊儿童的教育与康复专业，但该专业人才流失量较大，最终从事特殊教育行业的毕业生非常少。2019年全国共有2192所特殊教育学校，专任教师共62 358位，而特殊教育在校生为303 545人，总体师生比达到1∶4.9，与河北、福建等多省规定的特殊教育标准化师生比1∶3仍存在较大差距。

据此，教育部印发了《第二期特殊教育提升计划(2017—2020年)》，其中提出了“建设高素质专业化特殊教育教师队伍”的发展目标，要求通过特教学校外派、政府购买服务的方法为融合学校的儿童少年配备专业教师，同时鼓励高校开设特殊教育课程，培养特殊教育人才。

(二) 特殊教育资金不足

特殊教育的生均教育经费支出基数大于普通学校，这是由特殊教育的受教育者的特殊性及特殊教育办学宗旨所决定的，该资金不仅用于学校的建设工作，还包括特教教师的福利补贴、硬件设施、学生家庭及个人补助等。但是地区间特殊教育投入失衡较为明显，东部地区由于经济发展水平和教育水平高，特殊教育投入也相对较高；西部地区虽经济水平和教育水平落后，但也因此获得了国家较多的重视，给予了较多的投入；而中部地区及一些西部偏远贫困地区的生均教育经费支出低于全国平均水平，这些地区的特殊教育财政支持较为缺乏，直接导致硬件设施及办学条件的落后问题[①]。

(三) 家校联合不足

家校联合在近年来的特殊教育领域的研究中出现较多，主要强调的是家庭与学校在特殊孩子教育方面的配合与合作。主动建立交互和沟通是配合的前提，由于老师与家长的沟通有限，

① 赵菲，王凯，等. 我国特殊教育学校费支出：现状、问题及对策建议[J]. 教育财会研究，2018(06)：58-62.

不能全方位地了解孩子的性格、敏感点、伤心时的状态等，当孩子情绪产生波动时，老师无法及时给予适当支持，增大了特殊教育及融合教育学校管理残障学生的难度。同时，由于缺乏与老师的沟通，家长也无法全面地了解孩子的在校情况，无法针对学校里发生的事情给予其相应的支持，因此降低了家庭支持的有效性。

二、就业问题产生的原因

(一) 职业技能不足

为了进一步提高残疾人职业技能水平和就业创业能力，保障和改善残疾人生活，2016年5月，人力资源和社会保障部、中国残联印发了《残疾人职业技能提升计划(2016—2020年)》，为残疾人的职业技能培训提供了制度保障。但现有的残疾人职业技能培训主要以工艺品制作、烹饪、按摩等为主，培训内容较为单一，且职业技能培训时间较短，培训效果参差不齐，时间的局限导致残疾人能够掌握的技能停留在较为初级的阶段。同时，忽略了残疾人自身的特点和优势，大规模残疾人集中培训，不利于培训效果和就业持续性的提升。

(二) 社会对残疾人的就业排斥

残疾人面临观念排斥、就业排斥、教育排斥、交往排斥和环境排斥等诸多排斥，而观念排斥是残疾人参与社会和获得平等权益的最大阻碍，是其他各种社会排斥的根源①。刻板印象是残疾人遭到的一种观念排斥，是忽略个体特殊性，简单地将个体归为某一类并以相同方式对待一类人的思想。用人单位之所以排斥雇佣残疾人，是因为他们认为：残疾人的工作效率低下，会影响公司效益；沟通困难，会增加管理成本。这种刻板印象直接导致残疾人在社会中面临种种就业排斥。

(三) 法律监管不到位

残疾人“挂靠”企业的假就业现象是由国家对用人单位的法律实施情况疏于监管所导致，是企业为了利益而逃避社会责任的做法。维护残疾人就业的相关法律有待完善，根据监管结果进一步制定相关奖惩制度迫在眉睫。

三、心理问题产生的原因

(一) 青春期情绪特征

残障青少年处于青春期，在情绪上会有两极性、冲动性的特征。两极性是指青少年的心理变化常常是从一个极端走向另一个极端，容易表现出强烈而夸张的情感，具有突发性和强烈性。冲动性是指青少年对情绪控制的能力较弱，在情绪波动较大时容易在语言、形态和行为上失去理智。这些情绪特征在残障青少年中存在共性，是残障青少年产生心理问题的重要原因。

(二) 家庭养育方式不当

家庭对残障青少年的过分包办和保护是其产生心理问题的原因之一。家人的事事包办会导

① 周林刚. 社会排斥理论与残疾人问题研究[J]. 青年研究，2003(05)：32-38.

致其生活自理能力不足，可能会形成理所当然接受别人帮助的习惯，不利于其独立参与社会活动；相反，疏于沟通和关心不足也会造成心理问题，若家长在发现其情绪状态异常时置之不理，不想办法主动询问和交流，也不寻求其他专业人士的帮助，可能会导致自我封闭、长期消极不安等心理问题的产生。另外，忽略残障青少年的家庭参与也是导致心理问题的原因之一。家人需尊重残障青少年的想法，在做出重大决定时需与其沟通，否则将剥夺其成员资格，阻碍其独立思考及解决问题的能力，降低其价值感和自我效能感。

(三) 社会对残疾人的交往排斥

社会对残疾人的交往排斥是由普遍存在的观念排斥导致的，这成为残障青少年产生心理问题的原因之一。随着社会的进步，人们对残疾人的歧视观念在慢慢减少，但是由于对其不了解而产生的担忧和害怕，也阻碍着人们与残疾人的正常交往和沟通。大多数人对待残疾人都是相安无事的状态，不会看不起或者嫌弃他们，但是也不会主动与其进行互动和交往。部分残障青少年在学校与同学互动少，没有关系较好的同学，在社区也缺少能够一起玩耍的同伴，敏感的他们会增强内心的自卑感和无用感，增加消极情绪，甚至变得更加敏感脆弱。

四、社会融入问题产生的原因

(一) 环境尚欠友好

无障碍设施的建设与完善是残障青少年融入社会的物质基础，融入社会的前提是独立进入社会。无障碍设施的缺乏和设计缺陷是现阶段急需解决的问题，无障碍通道的占用和无障碍设施的损坏等威胁残障人士出入公共场所安全的行为，应受到严厉的处罚。

(二) 观念排斥普遍存在

对残障人士缺乏了解是现阶段观念排斥产生的主要原因，以偏概全的刻板印象是社会对残障人士最大的误解。残障人士的自卑心理导致其缺乏主动与人沟通的勇气，而社会又因为对残障人士的不了解而害怕与其交往，不知不觉中形成了互相疏远的状态。越是缺乏交流就越是不敢与人沟通，继而越是不会与人相处，这种恶性循环成为残障人士融入社会的阻碍，最终导致残疾人相对封闭的生活状态，并不断加剧自卑消极心理。

第四节　残障青少年群体的社会工作干预和介入

一、相关理论

(一) 优势视角

“优势视角”是与“问题视角”相对的社会工作视角。问题视角强调社会工作的理论和实践立足于这样的假设：案主之所以成为案主，是因为他们从某种程度而言确实有瑕疵、有问题、有疾病，而优势视角强调在承认这些缺陷的基础上，关注人的内在力量，挖掘案主的优势和资源，且不回避问题[①]。社会工作者应通过"去标签化"等方式为残障青少年争取平等的权利和身份，帮助其探求和扩展资源，并使其获得相应的成员资格，寻找社会归属感和参与感，争取尊重和理解，担负相应的社会责任。

(二) 社会支持理论

对社会支持的研究最早来源于西方。20世纪70年代，社会支持被用于精神疾病和医疗康复领域。社会支持是人们从他们的网络节点中获取的资源，既涉及家庭内外的供养与维系，也涉及各种正式与非正式的支援与帮助。

对于社会支持的分类，根据社会支持发挥的功能，可将其划分为三对：第一对是各主体客观事实上提供的支持和被客体所感知到的支持；第二对是将人际关系作为达到某种目的的手段和"工具"，通过人际关系来获得心理上、情绪上的支持；第三对是日常生活中常规的支持和客体陷入危机时紧急提供的支持[②]。同时社会支持又有正式与非正式之别，正式支持主要是指来自政府、正式社会团体、社区等制度层面的支持力量，而非正式支持则指来自亲属、邻里、朋友等人际方面的支持力量[③]。

(三) 生态系统理论

生态系统理论最早源于生物学，强调的是生物与其栖息环境的调和度。在社会工作理论中，生态系统理论强调"人在情境中"，认为个体必须要通过与环境中各因素的相互作用来适应环境和发展自我，问题的产生来源于人与环境之间互动方式和契合度的不足。生态系统理论还将人周边的环境分为微观、中观和宏观环境，三个层次互相影响，共同作用于个体发展。

二、个案工作方法

个案工作强调案主的独特性，采用"一对一"的方式，对案主提供个性化且有针对性的服务。个案工作强调案主的参与，以增加案主解决问题的动力并挖掘和发挥其解决问题的潜能。采用个案工作方法时，个案咨询的对象可能是残障青少年，也可能是其家庭中有需要的成员。

在对残障青少年及其家人提供个案服务时，可采用以下几种模式[④]。

(一) 心理社会治疗模式

该模式认为个人的成长和发展是由生理、心理、社会三个方面因素互相作用、共同推动的。人所遭遇的问题是人与环境互动的结果。该模式注重案主的人际交往情况，社会工作者会从与人互动交流的场景中了解服务对象。最终的服务目标一般是增强其适应能力、改善人际交往关系、提高沟通能力、减轻服务对象系统功能的失调及内心的不良情绪。

在使用该模式对残障青少年或家人进行个案服务时，应注重服务对象及其家庭的社会支持体系，了解主要的支持主体及其支持力度，通过服务对象现有的人际交往情况，寻找问题所

---

① Dennis Saleebey．优势视角——社会工作实践的新模式[M]. 上海：华东理工大学出版社，2004.

② 李晚莲. 关于流动儿童社会支持问题的研究综述——基于社会学的视角[J]. 兰州学刊，2009(03)：131-133，130.

③ 丘海雄，陈健民，任焰. 社会支持结构的转变：从一元到多元[J]. 社会学研究，1998(4)：33-39.

④ 张泽峰. 个案工作的模式[J]. 中国社会工作，2011(10)：10.

在。在治疗技巧上主要采用反思性直接治疗技巧和间接治疗技巧并行的方法，关注服务对象的感受与想法并引导服务对象正确分析和理解自己的问题，同时分析其社会支持体系和生活学习环境的氛围等，通过与第三者的沟通和辅导，间接改善服务对象所处的环境。

(二) 行为治疗模式

该模式以经典条件反射理论、操作性条件反射理论和社会学习理论为基础，注重人的行为习得及其改变的规律，注重外部环境在行为习得中的作用。治疗焦点是通过一系列事件持续引起服务对象行为的转变，不关心心理世界的变化。主要的治疗技巧有放松训练、系统脱敏、满灌疗法、厌恶疗法和强化等。

在使用该模式对残障青少年或家人进行个案服务时，应慎重考虑其心理承受能力，需经评估后谨慎使用合适的治疗技巧。

(三) 认知行为治疗模式

该模式是在行为治疗模式的基础上结合认知疗法要素而产生的，把人的问题归结为认知、行为和情绪三者之间的互动影响，认为行为矫正的过程还需要增添信息加工过程、信仰系统、自我表述、问题解决和处理方式等认知因素，才能更有效地调整行为。

在使用该模式对残障青少年或家人进行个案服务时，根据服务对象的心理结构、问题特征及具体情况设计个别化介入计划，进行个案概念化。同时建立信任、平等、合作式的治疗关系，一起观察和剖析问题，共同设计和执行服务计划。可采用对话式提问调动服务对象的好奇心和探索能力，揭示服务对象的思维方式和行为方式。

(四) 人本治疗模式

该模式强调以服务对象为中心，感受服务对象内心的变化，认为当服务对象对自己、对自己与他人的关系以及对环境的看法和评价受到他人价值标准的影响时，会使自我概念和内心真实的感受产生冲突，导致心理适应不良或是失调。为了避免社会工作者的价值标准影响服务对象的自我概念，在该模式的治疗过程中不注重分析和治疗服务对象的问题，而是创造一种有利的环境让服务对象接近自己的真实需要，发挥自己的潜能。

在使用该模式对残障青少年或家人进行个案服务时，需要做到表里如一、不评价、同感、无条件接纳、无条件的爱，并保持自身独立性。

(五) 理性情绪治疗模式

该模式又叫ABC理论，其中A(Accident)表示诱发事件，B(Belief)表示信念和认知，C(Consequence)代表所产生的情绪，该模式认为服务对象的认知、情绪和行为反应受到自身信念系统的影响。如果服务对象用一些通过经验化、普遍化、抽象化之后，与现实情况不符的理念(非理性信念)看待事情，就会造成情绪和行为上的困扰。因此服务目标是协助服务对象发掘、质疑并转变自身的非理性信念，协助其形成一种理性的生活方式。

在使用该模式对残障青少年或家人进行个案服务时，应通过与服务对象的沟通，挖掘其对诱发事件的看法，注意防范其中绝对化、糟糕化的思想，以及把个人的行为和人品挂钩，产生以偏概全的思想等非理性信念的部分。

(六) 任务中心模式

该模式把服务对象为了解决自己的问题需要做的工作设定为服务任务，以其作为工作的核心。该模式要求在清晰界定和了解问题、明确界定服务对象等工作的基础上，与服务对象一起快速合理地设计任务，在有限的时间内达到服务对象选定的、明确的、有限的目标，以最高的效率达到最好的效果。

在使用该模式对残障青少年或家人进行个案服务时，注重与服务对象的有效沟通，强调服务对象的自主性和解决问题的潜能，并遵循案主自决的原则，由其决定对问题的界定和处理方式，并通过自身力量完成任务和目标。

(七) 家庭治疗模式

该模式以家庭为基本治疗单位，假设家庭动力和组织与个人的问题密切相关，通过家庭动力和组织方式的改变来解决个人和家庭的问题。该模式认为每个家庭都有一定的结构，病态的结构会妨碍家庭功能的正常发挥。

在使用该模式对残障青少年或家人进行个案服务时，社会工作者需进入服务对象的家庭，了解家庭的交往方式、角色和责任分工、权力运作方式等基本结构，通过改变病态的家庭结构，如纠缠与疏离、联合对抗、三角缠(两人的沟通通过第三方实现)和倒三角(孩子掌握权力)等，来协助解决服务对象的问题，可使用重演、强化优点、强调问题集中焦点、划清界限、打破平衡等技巧来改善家庭结构。

(八) 危机介入模式

该模式是在服务对象遇到意外危险事件，身心健康遭到严重破坏，甚至威胁生命的危机时期内使用的。它的服务目标主要是在有限的时间内快速、有效地帮助服务对象摆脱危机的影响，降低危害，避免不良影响扩大。通过及时提供支持并输入新的希望，有效稳定服务对象的情绪，恢复其自尊与自信，紧急协助服务对象解决当前问题。

在使用该模式对残障青少年或家人进行个案服务时，说明服务对象面临巨大危机，社会工作者需要及时求助其他方面的专业人士，获取更多资源，形成多方联动的局面，以达到危害最小化的目标。

三、小组工作方法

小组工作强调小组成员的共性，它是指通过小组成员之间有目的的互动互助，使成员个人获得行为改变、社会功能恢复和发展的工作方法。在实际服务中，较为常用的小组主要有四种类型：支持小组、成长小组、教育小组、治疗小组。采用小组工作方法时，小组成员既可以是残障青少年，也可以是其家庭中有需要的成员。

(一) 支持小组

该类型小组的组员一般具有某一共性问题，通过组员之间互相提供信息、建议、鼓励以及情感支持来解决问题。社会工作者在支持小组中主要扮演推动者和协调者的角色，引导和协助小组组员讨论其生命中的重要事件及当时的情绪感受，使组员建立互相理解的共同体关系，达到互相支持的目的。

在介入残障青少年群体时，可召集具有相似心理问题的残障青少年组成支持小组，鼓励组员通过对自我经历的表达和分析，促成组员之间的同理感受，在互相理解的基础上互相支持，最终找出解决问题的方法和对策。同时，也可针对心理压力过大、情绪持续低落的残障青少年照料者开展支持小组活动，通过家长之间的经验分享、倾诉与支持，改善照料者的心理健康情况，提高残障青少年家庭支持的有效性。

(二) 成长小组

该类型小组的目标是帮助组员了解、认识和探索自我，从而最大限度地启动和运用自己的内在及外在资源，发挥自我潜能，解决现存问题并促进个人成长和正向改变。成长小组的典型是针对不同群体的需求开展的“体验小组”。

在残障青少年升学、转学以及入职初期，均可使用成长小组来协助组员认识即将进入的新阶段和新环境及可能会遇到的困难等，在逆境中发展自我潜能并提升相关能力。

(三) 教育小组

该小组类型的目标是通过帮助组员学习新知识、新方法，或是补充知识漏洞，促使组员改变其原来对自我的不正确看法及解决问题方式，从而提高组员适应社会的能力。社会工作者需帮助组员认识到自我存在的问题并意识到问题解决的必要性，需促使组员从新的角度看待问题，有必要时应开展干预服务，降低组员的问题行为特征，最终改变自我。

在介入自我认知有偏差、陷入适应困境的残障青少年时，可使用教育小组帮助其转变看待问题的方式，学习沟通交流等新技能，以提高适应能力。同时，可运用教育小组使照料者掌握更多特殊照料方式、日常康复方式、替代沟通方式等，来提高对残障青少年的支持。

(四) 治疗小组

该小组类型的组员一般是无法适应社会环境或社会关系网络断裂破损而导致其行为不良的人群。社会工作者需具备扎实的社会工作理论和娴熟的实务技能，还需具备一定的心理学、医学等方面的学术训练和临床经验。组员需通过小组活动了解现存问题背后的社会原因，在社会工作者的协助下整合现存资源，从而解决心理及社会行为问题，重塑人格，开发潜能，最终成为健康的社会人。

在介入自我封闭、社会网络断裂的残障青少年时，可使用治疗小组协助其整合社会支持网络，改变其不良行为问题，促进心理健康发展。

四、社区工作方法

社区工作通过专业的技巧和方法对社区事务和人际关系进行有效、有序的协调，使社区保持健康的状态和良性发展。可以引导服务对象参与社区活动来建立社区归属感，改善社区成员之间的人际关系，获取相应的成员资格及权利，形成相互支持、相互帮助的良好氛围。采用社区工作方法时，服务对象既可以是残障青少年，也可以是其家庭中有需要的成员。

在对残障青少年及其家人进行社区工作介入时，可采用以下几种模式。

(一) 社区照顾模式

该模式是社会工作者调动社区资源，运用非正式支持网络，联合正式支持能够提供的服务和设施，让需要照顾的残障人士在家里或社区里得到照顾的社区工作方式。该模式的目的是协助服务对象正常融入社区，建立相互关怀的社区文化。在该模式下，社会工作者的角色主要是倡导者、资源提供和链接者。同时，社区照顾模式强调社区、政府、社会机构、家庭和个人等共同承担服务责任。

该模式可在对残障青少年父母提供喘息服务的同时，提高残障青少年与其他社区居民的互动和交流，提高其社会交往能力，改善封闭状态。“社区残疾人志愿服务”自组织可协助照料残障人士，社区日间照料中心、温馨家园康复服务、家务助理等社区服务均在该模式的服务范围内。

(二) 地区发展模式

该模式认为社区问题的主要成因是缺乏沟通和合作，通过居民参与社区事务建立社区自主能力，关注、讨论并解决社区共同性问题，提高社区生活质量，建立长久的社区制度或社区自组织。社区工作者在该模式中扮演使能者、教育者、资源链接者等。

首先，使社区中的残障青少年及其家庭建立联系，在自愿参与的前提下为同类群体组织互动，促进社区成员之间的沟通与互相支持，改善邻里关系。例如为残障青少年组织学习辅导、互动游戏、知识讲堂等活动，为残障青少年家长组织家庭教育讲座、康复知识讲座、经验交流会等活动，在提高残障青少年家庭支持有效性的同时，为家长寻找互相倾诉、互相支持的对象，维护照料者的身心健康。

其次，社区社会工作者可通过多种形式在社区内部组织残障青少年及其家庭的宣传教育活动，提高社区居民对各种残疾类型和残疾程度的认识，开展居民对残疾人的“去标签化”活动，争取社区居民对残障青少年及其家庭的接纳和理解，消除观念排斥，促进社区和谐。

五、案例分析

(一) 案情介绍

小包，女，17岁，初中时因生病未能及时治疗，导致其脑部神经受损，最终确诊为智力残疾三级，即中度智力残疾。父母认为是自己的疏忽，一直很自责，所以服务对象的一切生活都由家人全权照顾。后来母亲发现服务对象出现口吃现象，曾多次带其到各家医院进行治疗，但最终未能治愈，致使服务对象整日待在家里，不与外界接触。母亲退休前是中学教师，一直利用业余时间在家为服务对象讲授知识及课业内容，希望她可以回归课堂、回归社会，不再封闭自我，勇敢地迈出家门，勇于与他人交流。现今，母亲已经56岁了，患有类风湿和白血病，而服务对象的父亲在去年因病去世，现在家中只有母亲一人照料其生活。

服务对象在被确诊为中度智力残疾时，还会与人简单地交流，但在发现自己有口吃之后，开始焦虑，情绪起伏较大，出现脾气暴躁、自暴自弃现象，有时还会出现摔东西、砸东西等不良行为。在此之后，她不再与他人进行过多的交流，整天在家里发呆，进而产生自卑心理。每当有朋友探望服务对象时，服务对象都会拒而远之，并伴有敌意和防备的眼神，使同伴不再敢与之交流，导致其人际关系网络破裂，同时也使服务对象失去自身的社会角色。

服务对象性格内向，穿着简单、朴素，喜欢躲在角落里看书。在与人交流时，眼神比较游离，很少出现眼神交流，并且很少说话。每当社会工作者与服务对象交流时，她都会躲在母亲身后，并用带有敌意的眼神看着社会工作者，有时会与母亲小声交流。服务对象总喜欢跟在母亲身边，无论母亲去到哪里，她都会跟随其身边，直到母亲因此生气才会回到屋内，并将门关上，不让任何人打扰。

(二) 问题评估

1. 依赖性强

通过接触，社会工作者发现服务对象习惯于让母亲牵着她的手，并依偎在母亲身边，偶尔与社会工作者简单交流几句，但不会与社会工作者有眼神交流，每当眼神相交时她都会有意躲闪。当母亲不在其身边时，服务对象稍显不安，与之交流时，只会点头或摇头。这种现象说明服务对象惧怕与人交流，害怕自己张口说话时有人嘲笑她。在服务对象的心里，只有家是最安全的，只有家人会保护她。因此服务对象把母亲当作自己的“保护伞”，喜欢待在母亲的身边，这样会带给自己安全感。久而久之，服务对象对母亲的依赖性越来越强，希望一直在母亲的呵护与爱护中生活。

2. 人际关系紧张

服务对象是家中的独生女，从小父母就很宠爱她，但由于父母的疏忽，导致服务对象中度智力残疾，外加说话时有些口吃。父母一直对此耿耿于怀，每当服务对象有任何需求时，父母都会尽可能地满足，致使其形成自私、霸道的性格，再加上服务对象内心自卑，常对他人恶语相向，使很多同伴因此离开。服务对象缺乏与人沟通的技能和方法，不善于表达自己的想法，致使其人际关系紧张，人际关系网络也随之破裂。

3. 动手能力强

社会工作者在与服务对象及其母亲交谈的过程中，发现服务对象具有很强的动手能力，家中大大小小的装饰品几乎都是服务对象参照模板做出来的。根据母亲的介绍，服务对象从小就喜欢按照样品或图纸组装、拼接、缝制手工类作品，曾经还获得学校创意手工比赛第一名。在出事之后，服务对象就很少制作这类作品了，只是偶尔需要的时候才会制作作品。

4. 担忧日后的生活与照顾

随着母亲年龄的增长，服务对象的日后生活成了母亲的“心病”。母亲目前年事已高，还患有类风湿和白血病，不知道自己还能照顾服务对象几年，服务对象没有兄弟姐妹，也没有任何朋友在身边，由于母亲的宠爱，导致服务对象不会做家务，没有照顾自己的能力。因此，服务对象日后的生活成为母亲最担心的问题。

(三) 介入方法与过程

1. 介入方法

通过个案工作、家庭工作和社区工作相结合的介入方法，缓解服务对象的不良情绪及自卑心理，提升服务对象的自信心，矫正其不正确的行为，建立家庭支持网络和人际关系网络。

2. 服务目标

近期目标：

(1) 减少服务对象与母亲接触的时间，减轻服务对象对母亲的依赖性。

(2) 矫正服务对象的偏差行为，建立家庭支持系统。

(3) 加深与服务对象的沟通交流，使其减少对陌生人的敌意，学会与他人沟通的技巧。

(4) 增强服务对象的自信心，使其勇于与他人交流，逐步编织人际关系网。

(5) 发掘服务对象自身潜能，培养其独立生活的信心与能力。

远期目标：

帮助服务对象学会照顾自己，提升独立能力，同时学会一种技能，使其能够养活自己。

3. 服务过程

(1) 个案工作。社会工作者与服务对象进行会谈，主动传达给服务对象倾听和关怀的意愿，承诺保密原则，使服务对象能够向社会工作者敞开心扉，建立专业关系。

通过与服务对象会谈，了解其喜欢制作手工艺品，以此为介入点，鼓励服务对象教授他人手工制作技巧，从而恢复服务对象的自信心，提升人际沟通能力，为服务对象重回社会奠定基础。同时，增加与服务对象的互动，使之了解社会工作者的用心，从而消除对社会工作者的戒心，建立起相互信任感，为之后的个案工作奠定基础。

社会工作者在会谈中了解到，服务对象不愿意与他人沟通的缘由，是害怕别人嘲笑她口吃。因此，社会工作者以引导、鼓励的方式，让服务对象从与身边人交流开始，使之感受到大家的真心；同时社会工作者鼓励服务对象积极走出家门，并引导其试着与他人接触，减少对陌生人的敌意，尽快融入社区生活。社会工作者通过利用服务对象的兴趣点，缓解其不良情绪，有助于服务对象转移注意力，同时鼓励其勇于表达自己的想法，勇于发展自己的兴趣，提高自信心。

在社会工作者与服务对象互动一段时间之后，了解服务对象做出不恰当行为的原因，运用引导、自我披露等专业工作方法，协助服务对象认清自己不恰当的行为给身边人带来的伤害等问题，促使其下定决心改正不恰当行为。通过专业辅导，使服务对象学会控制自己的不良情绪，找到适当的发泄方式，同时建立家庭支持系统。

(2) 家庭工作。社会工作者与服务对象的母亲进行会谈，运用家庭沟通理论，了解其担忧的问题，化解家庭中不和谐因素，促进家庭功能的正常运转，建立家庭支持系统。为了使服务对象学会与人沟通的技巧，尽快融入社会，认清自己的社会角色与定位，专业社会工作者链接志愿者资源，通过深度访谈、角色扮演、情景模拟等活动形式，促进服务对象与母亲之间的有效沟通，协助服务对象回归社会。沟通方式除了语言沟通，还有肢体语言、面部表情等方式，可协助传达信息。社会工作者不仅要教授服务对象主动交流的技巧，还要使其学会理解、倾听等基本的沟通原则。

(3) 社区工作。在学会控制情绪、沟通技巧的基础上，鼓励服务对象积极参与社区活动，不仅有助于促进服务对象心情舒畅，还能够丰富其业余生活，减少对母亲的依赖。同时，通过链接社区资源，为服务对象提供社区康复服务，增强其自信心，提高其独立能力，使其更快、更好地融入社区生活。

(四) 介入反思

本案例中，服务对象母亲的自责与溺爱，导致服务对象以自我为中心，外加服务对象性格较为内向，说话伴有口吃，又被鉴定为中度智力残疾，从而产生自卑心理，影响了正常生活。因此，服务对象开始封闭自我，通过言语和行为攻击他人来保护自己，拒绝与外界接触，使得朋友都远离服务对象，不仅伤害了自己，还伤害了母亲及周围真正关心她的人。社会工作者从服务对象的自我认知、家庭情况和成长经历等方面分析自卑心理产生的原因，从而有针对性地进行辅导。

在辅导过程中，服务对象主要以防备的心理机制面对社会工作者，不愿向社会工作者袒露心声，使得辅导工作暂时停滞。社会工作者运用引导和鼓励的工作技巧，从自我认知、优势视角及自我暗示三方面，对服务对象进行系统辅导，协助服务对象重塑自信心，从而克服自卑心理，缓解其不良情绪。

在为残疾人服务时，社会工作者要着眼于残疾人的根本需求，他们不需要大家的怜悯与同情，需要的是社会的关心与实际帮助(就业机会、康复技能等)。因此，社会工作者需要呼吁全社会的关注，协调各类资源，为残疾人建立安全、舒适的社区环境，同时建立社会支持系统。通过专业社会工作者引领(即专业理论与实践相结合，开展个案、小组及社区工作)、专业社会工作者协助(即专业社会工作者以协助者的角色存在，协助残疾人发挥其主观能动性，达到助人自助的目的)及社区互动相结合，实现残疾人社区康复的过程，协助其真正地回归社会。

然而，本案例中仍有一些地方有待改善。首先，经济问题在一定程度上成为该家庭的负担。社会工作者可以通过间接社会工作方法帮助服务对象家庭获得政府层面的帮助与支持。其次，可通过搭建同质性家庭互助网络的方式，使服务对象家庭获得群体性支持，从而在心理上找到归属感与认同感。再次，社会工作者可使用基线测量法进行评估。社会工作者在收集资料的过程中已获得周围人对服务对象的印象反馈，若能在后期评估阶段再次向他们了解此时对服务对象的印象，再将前后印象进行对比，能够更加清楚地看到介入效果及服务对象介入前后的变化。最后，社会工作者应意识到服务对象作为青少年群体中的一员，也有社会化的需要。因此，社会工作者应帮助服务对象寻找特殊教育机会或职业技能培训机会，为其今后走向社会打下基础，并通过改变服务对象身边同辈群体对她的看法，鼓励他们与其交流互动，帮助服务对象“走在阳光下”①。

---

① 宋国恺. 残疾人社会工作案例评析[M]. 北京：中国社会出版社，2016：93-106.

第十七章　流动青少年群体

青少年是未来建设社会的主力军，其个体问题关乎每个家庭的幸福，社会中的每个人都有责任和义务促进青少年的身心健康发展。流动青少年是城乡二元制度带来人口流动而产生的特殊群体，他们面临的大多是历史遗留的结构性问题，涉及社会制度改革、社会文化传承、城乡发展差异等方面。流动青少年面对现实往往无力改变，他们的家庭也无法给予支持，他们总是在频繁奔波的状态中生活。

本章从流动青少年群体的概念和现状出发，介绍流动青少年群体存在的问题和成因，并介绍相关社会工作干预和介入方法。

第一节　流动青少年群体概述

一、流动青少年的概念

流动青少年主要包括两种情况：一种是到城市打工的青少年；另一种是跟随进城务工的父母或亲属迁移到城市就学的青少年①。学术界对流动青少年的定义存有差异，相似的概念包括农民工子弟、流动人口子女、随迁子女、流动儿童、打工子弟等。

以往研究从年龄、教育和户籍三个方面来对流动青少年进行定义。《流动儿童少年就学暂行办法》对流动青少年的年龄和在流入地生活年限有明确界定，认为流动儿童少年是指6～14周岁(或7～15周岁)，随父母或其他监护人在流入地暂时居住半年以上有学习能力的儿童青少年②。从户籍的角度进行定义，认为流动青少年是指跟随父母外出，但不改变户口登记地的处于义务教育阶段的适龄青少年③。

本书对流动青少年群体的定义更为宽泛，既包括跟随监护人在流入地居住的流动儿童，也包括为追求更高生活品质或完成高等教育而到非户籍所在地就业和求学的青少年群体。

二、流动青少年群体的现状

(一) 流动青少年群体数量庞大

国家统计局2020年发布的《中华人民共和国2019年国民经济和社会发展统计公报》显示，我国居住地和户口登记地不在同一个乡镇街道且离开户口登记地半年以上的人口约为2.80亿

---

① 洪佩，高云娇. 青少年流动状况与社会联结的差异性探讨[J]. 青年研究，2017(5)：27-37.

② 国家教育委员会，公安部. 流动儿童少年就学暂行办法[Z]. 1998.

③ 席小华，蔡鑫. 青少年社会工作研究论文集[C]. 北京：中国人民公安大学出版社，2019：197.

人，其中流动人口为2.36亿人。全国农民工总量29 077万人，其中外出农民工17 425万人[①]。与之相伴随的是农民工随迁子女数量的不断攀升。《2019年教育统计数据》显示，2019年中国流动人口子女9990万人，其中，流动儿童3755万人，城镇留守儿童3458万人，农村留守儿童2777万人，流动儿童数量占到流动人口子女总数的38%。

(二) 群体内部差异显著

流动青少年群体在年龄、性别、流动时间、流入城市、家庭状况等方面呈现个体差异性。不同年龄和性别的流动青少年存在的问题不同，如女性更容易产生心理问题，男性的冲突和攻击行为更为频繁。年龄较低的流动儿童需要形成健全的人格、学习各种知识技能、培养规范的行为习惯，而大龄流动青少年面临的是就业市场的激烈竞争和异地生活的压力。流动时间较长且流动频率较低、流入发达城市的流动青少年更容易顺利适应且融入新的城市，从家庭中获得更多关爱的流动青少年会有更强的归属感和较弱的孤独感。因此，对流动青少年群体的分析不能一概而论，需要根据服务对象的不同特征有针对性地制定方案。

(三) 面临多元复杂的问题

流动青少年面临的问题是多元的，正如研究指出：影响儿童发展的各种因素之间存在复杂多重的因果关系，理清并揭示各种因果关系，应是今后研究的主要方向[②]。以流动青少年的教育问题为例，入学时因教育制度的限制需要办理多重手续，入学后会因教育资源的不平衡而影响到教学环境和教学质量；在家中监护人因文化水平较低、教育方式偏激、生活压力较大，既容易忽视子女的教育问题，又无法协助子女解决学业困难。流动青少年因学校和家庭教育的不足，学业效能感降低，不仅容易产生焦虑、自卑等心理问题，还失去了凭借教育而实现阶层流动的机会。流动青少年存在的问题之间具有环环相扣的特性，无法割裂开来，需要共同分析。

第二节　流动青少年群体问题及成因

一、流动青少年群体存在的问题

生态系统理论认为，在分析青少年的问题时，不仅应关注青少年个体的问题，还应关注其所处的系统。本节尝试从个体、家庭、学校、社区四个维度归纳流动青少年群体存在的问题。

(一) 个体层面

1. 心理层面

孤独感在流动青少年心理层面问题中最为突出。流动青少年因流动频繁且身处异乡，对环境的陌生本身就容易产生孤独感，而最应该给予个体安全感的同辈和家人在此时却无法给予他

① 国家统计局官网. 中华人民共和国2019年国民经济和社会发展统计公报[EB/OL]. [2020-2-28/2020-3-6]. http://www.stats.gov.cn/tjsj/zxfb/202002/t20200228_1728913.html.

② 周皓，荣珊. 流动儿童研究综述[J]. 人口与经济，2011(3)：100-101.

们足够的关注，从而加剧其孤独感。研究表明：流动青少年中女生的孤独感水平显著高于男生，当她们感受到社会排斥时会表现出更强的疏离感和孤独感[①]。

青少年的情绪问题多与个体的学业和社交问题相关，其中情绪不平衡、学习压力大、焦虑问题较为突出[②]。当流动青少年自身的期待无法满足、对他人或自己的行为不满意时，容易出现负面情绪，当情绪外化为攻击行为时会使外界对该群体产生负面印象，而长期压抑自己的青少年则更容易患上抑郁症等心理疾病。

自我认知消极的表现包括：自我评价负面、改变现状的信心不足和缺乏对未来的规划。

城乡二元制度使流动青少年在学业、生活、就业、保障等方面处于弱势，外在条件的限制影响了他们对自身的评价，他们既认为自己技不如人，又对自身处境无能为力，部分流动青少年选择接受现实，甚至自我放弃。研究表明：初中阶段的青少年因迁居他乡，自我概念明显下降，流动越频繁，对其自我评价的消极影响越大[③]。

2. *行为层面*

偏差行为是指偏离社会期待的行为，流动青少年常出现欺凌、辱骂和暴力行为。校园欺凌行为多指同学间欺负弱小的行为，在流动青少年中较为普遍[④]。流动青少年缺乏理智，表达不满的方式十分直接，语言和肢体冲突频繁。此外，流动青少年言谈举止不文明是其不适应城市生活的表现[⑤]，冲动倾向是导致其人际问题的主要原因[⑥]。

违法犯罪行为包括吸毒、赌博、盗窃等。流动青少年进入城市后与不良少年交往，监护人疏于管教，而青少年本身又缺乏自我要求的能力且容易被外界诱惑，因此有不少流动青少年做出了违法犯罪行为。有调查表明，流动青少年的违法犯罪类型以侵犯财物为主，团伙作案较多，年龄多在14～17岁，有过多次违法犯罪记录的青少年也占有一定比例[⑦]。

(二) 家庭层面

1. *物质层面*

首先，家庭居所不固定，家庭频繁搬迁使得流动青少年需要不断适应新环境。其次，流动青少年多居住于城乡接合部，社区环境较差，社区管理不严，存在安全隐患，无法保证流动青少年的人身安全和生活质量。再次，流动青少年家庭中大多有多个子女，也有老人需要赡养，家庭日常开销较大但存款不足，具备劳动能力的家庭成员不仅数量很少而且还从事收入低且不稳定的非正式职业，由于长期进行体力劳动，健康状况较差，家庭经济压力大。最后，流动青

① 崔洪波，舒畅，陶剑飞. 广州市流动青少年情绪与行为问题分析[J]. 保健医学研究与实践，2018，15(6)：15-18.

② 赵晓敏，陈永进，白璐. 流动青少年心理健康状况调查[J]. 中小学心理健康教育，2018(19)：4.

③ 李小青，邹泓，王瑞敏，窦东徽. 北京市流动儿童自尊的发展特点及其学业行为、师生关系的相关研究[J]. 心理科学，2008，31(4)：909-913.

④ 郭一建. 社会工作介入流动青少年同伴欺凌行为的实践研究[J]. 曲靖师范学院学报，2015，34(1)：88-92.

⑤ 郭元凯. 社会转型期“文化滞后”对流动青少年社会融入的影响——基于对JH、WX两市的调查[J]. 青年探索，2014(6)：61-67.

⑥ 蓝一沁，罗宇影，梅思佳. 浙江省流动青少年心理健康状况调研报告[J]. 青少年研究与实践，2015，30(3)：6-13.

⑦ “流动青少年权益保护与犯罪预防研究”课题组，陈卫东. 我国八城市流动青少年违法犯罪状况调查[J]. 青少年犯罪问题，2009(1)：26-32.

少年家庭缺乏用于子女教育的电子设备，获取外部资源的能力较差，无法满足流动青少年除基本生活外的高层次物质需求。

2. 精神层面

良好的家庭功能和亲子关系、亲子间良好的沟通交流能有效缓解流动经历对青少年发展的不利影响①，但家庭关系不睦和监护人教育方式欠妥是流动青少年家庭的共性问题。流动青少年的监护人大多忙于生计，既需要通过工作获得收入，还需要照顾缺乏劳动能力的多个子女和老人，精力不足，缺乏与其他家庭成员的沟通，易忽视青少年成长的精神需求。另外，流动青少年与同胞之间的关系也不甚和谐，重男轻女、尊老爱幼等传统思想使父母无法平等对待多个子女，容易使得青少年产生心理问题。

(三) 学校层面

1. 学业问题

流动青少年的学业问题是导致其心理压力较大的原因之一，主要表现是学业成绩不理想、厌学逃学现象普遍，而前者又是后者的主要动因。流动青少年父母因文化水平较低，无法给予流动青少年学业指导，因此将希望寄托于学校，但大多数打工子弟学校的教学质量又无法与公立学校相提并论。当流动青少年学业表现不佳时，会受到来自家庭和学校的双重压力，却不知如何改善现状，或者缺乏行动力，最终对学业失去信心，进而产生厌学逃学行为。

2. 人际问题

流动青少年的人际交往问题也同样值得关注，其中既包括与同辈的交往，也包括与教职人员的相处。首先，流动青少年初入学校时，交往的同辈多是邻居或同乡，虽然个体能够通过地域纽带收获同伴，但也限制了其交友对象的范围。其次，流动青少年因为情绪波动较大容易冲动，可能会在行为和情感上给外界留下不好的印象，导致其与同辈交往程度不深。最后，在与教职人员的交往中，打工子弟学校教师对学生要求严格，重视学业成绩，学业表现不佳的青少年因经常受到惩罚主动疏远教师，而教师也对成绩中等偏下的学生关注很少。研究表明：同伴是个体获得工具性帮助和情感性支持的重要来源，师生关系对每个班级成员的心理和行为均有显著的促进或抑制作用②，流动青少年的人际问题会影响他们在学校的发展与适应能力。

(四) 社会层面

1. 社会融入

社会融入是双向的过程：一是个体主动融入城市；二是城市对个体的接纳与认同。流动青少年的社会融入状况并不理想，一方面是由于流动青少年确实存在一些不良心理问题和与城市规范不符的行为，另一方面是由于城市原住居民对流动人口存在排斥心理。研究认为：流动

① 王晖，熊昱可，刘霞. 亲子关系和朋友支持对流动儿童情绪和行为适应的保护作用[J]. 心理发展与教育，2018，34(5)：104-114.

② 马蓓蓓，代文杰，李彩娜. 流动青少年学校人际关系与主观幸福感：学业倦怠与学业投入的中介作用[J]. 中国特殊教育，2019(12)：63-71.

青少年融入城市主要是在经济、社会层次和心理上融入[①]，只有个体真正在心理上认为自己是“本地人”，才算真正完成融入的过程。因此，流动青少年在主动融入和适应城市生活的同时，也要转变自身行为习惯，而城市原住居民更需要改善对流动青少年的刻板印象。

2. 社会保障

流动青少年在城市中所受的歧视并不是单一的、偶然的，而是渗透到学习和生活的各个方面，是一系列结构性不公正待遇的总和[②]。在教育上，流动青少年因为没有城市户籍也不满足异地入学条件，大部分只得就读于打工子弟学校或其他私立学校，不仅学费高昂，教育质量也无法保证。在医疗上，流动青少年的监护人大多没有城市社保，家庭抗风险能力差，缺乏规划意识。

二、流动青少年问题产生的原因

流动青少年进入陌生城市，首先面临的是个体在心理上的适应问题，这固然与他们自身的调适能力有关，但更关键的是，他们缺乏向外界展示自我和获得他人接纳的机会。其次，流动青少年的家庭状况大多不理想，在家庭经济条件、父母文化水平和监护人的社会地位上均处弱势。再次，因户籍和教育制度的限制，大部分流动青少年无法享受到优质的教育资源，更有甚者一早就失去了受教育的机会。最后是社会对该群体的刻板印象和权利保障的问题。本节尝试从与外界互动、家庭资本和地域发展的角度分析流动青少年问题的产生原因。

(一) 与外界互动不佳

社会互动理论认为，个体在与外界的互动中学习知识与技能，发展人际交往能力。青少年在参与互动的过程中增强对自己的认知，在与他人的竞争中激励自我不断进步，在冲突中学会应对挫折和人际交往的合理方式。互动可分为合作性互动、竞争性互动和冲突三种[③]。流动青少年的问题在其与外界互动的过程得以展现。

1. 流动青少年参与的互动较少

流动青少年因参与的互动较少，故而没有机会认识更多同辈，也无法在与他人的交往和合作中完成个体社会化的任务。流动青少年的父母工作繁忙，为了保障子女的人身安全，不得不选择相对封闭的管理方式，例如周末将子女锁在家里，限制其外出活动的频率。流动青少年本身就对城市带有陌生感，城市对流动青少年也具有一定的排斥，导致流动青少年很难与城市中的同龄人交往，学校和社区也没有给他们提供合作和互动的机会。

2. 流动青少年在与同辈竞争中处于弱势

流动青少年因为流动而需要不断适应新的城市、社区、学校、同辈，这不但需要一定的过渡期，还容易出现适应不佳或者缺乏自信的情况。以流动青少年的学业问题为例，当其进入新的学校时需要对城市的教育环境进行适应，城市与生源地的学校在教学方式、教材版本、教学进度、学业难度等方面存在差异，流动青少年在生源地名列前茅，但到城市可能变为中等甚至后几名。当流动青少年持续感到失败和无力时，容易对学业失去兴趣，甚至自我放弃。

① 周莹．青年农民工融入城市研究[J]．当代青年研究，2008(8)：49-53.

② 夏一巍，李德，张小华，唐伟. 一般紧张理论在流动青少年越轨行为中的应用[J]. 青年研究，2019(5)：54-62.

③ 陆士帧. 青少年社会工作[M]. 北京：社会科学文献出版社，2010：95.

3. 流动青少年应对冲突的能力较差

青少年所处的年龄是个体情绪波动较大的阶段，对于流动青少年而言，他们既需要面对流动带来的问题，还需要完成少年时代向青年时代转化的任务，他们面临的问题无疑是复杂而多元的。但是流动青少年的抗压能力、人际交往能力、问题解决能力都相对薄弱，而且他们心理敏感且自卑，这使得他们更容易在应对冲突时失去理智，对困难产生畏缩心理。

(二) 家庭资本匮乏

家庭资本包括经济资本、文化资本和社会资本等。其中，经济资本主要指家庭收入，文化资本指父母文化程度，社会资本指父母职业和社会地位。流动青少年家庭的经济资本、文化资本和社会资本的匮乏，导致流动青少年在城市中处于劣势地位①。

1. 流动青少年生活质量较低

流动青少年家庭经济状况不理想，使其无法获得高质量的生活。流动青少年的日常用品都较为朴素，这使其与其他家庭状况优越的城市青少年相处时带有一种自卑感。流动青少年的家庭也没有能力给予子女除上学以外的其他教育投资，例如课外兴趣班、课业补习班等，这使得流动青少年在学业竞争上较为被动，只得完全依靠个体努力。

2. 流动青少年家庭教育方式不合理

流动青少年的父母大多文化程度较低，在对子女的教育上缺乏科学的方法。重视学业表现忽视子女其他方面的表现是流动青少年家庭在教育方式上存在的问题。流动青少年父母因自身文化程度的限制，在就业时缺乏竞争力，因而对子女的成绩抱有极高期待。只有当子女学习表现优异时才会给予肯定，否则便通过打骂、贬低的方式予以惩罚。

3. 流动青少年家庭给予的帮助有限

流动青少年的监护人多从事技术含量较低的服务业，交友范围有限，这使得流动青少年较少有机会接触到城市中的人员，并与他们建立新的人际关系，家庭也无法在子女的求学和就业问题上给予资源上的帮助。

(三) 我国地域发展不平衡

我国城乡和地区之间发展水平存在的差异是促进我国人口流动的主要原因，劳动者为追求更好的生活，或个体或举家由农村向城市流动、由贫困地区向发达地区流动，流动青少年群体也由此产生。

1. 制度与政策差异

流动青少年群体普遍存在的问题在很高程度上与其受教育权利以及相关方面得不到保障密切相关，而我国现行的户籍制度、义务教育拨款模式、流入地政府政策等因素，影响着流动青少年受教育权利的实现②。适龄青少年入学政策、流动人口社会保障政策、城市发展的规划政

---

① 李春玲. 社会政治变迁与教育机会不平等——家庭背景及制度因素对教育获得的影响(1940—2001)[J]. 中国社会科学，2003(3)：86-98.

② 席小华，蔡鑫. 青少年社会工作研究论文集[C]. 北京：中国人民公安大学出版社，2019：199-120.

策等分别影响着流动青少年的教育、医疗、居住等现实问题。

2. 教育资源差异

公立学校与打工子弟学校在学校设施、师资力量、教学质量、教学理念、课程设置等方面的差异是十分明显的。打工子弟学校以应试教育为主，关注学生的学业成绩但难以保证教学质量。流动青少年在学校发生的冲突得不到有效解决，长期积累容易转化为心理疾病，学校忽视学生心理健康状况、对行为道德教育的缺失也是流动青少年犯罪的重要原因。

3. 城乡文化差异

我国受传统文化影响较大，许多流动青少年在进入城市初期保持在农村的生活习惯，在衣着、饮食、作息等方面都与城市现代化的特征不符，因此受到歧视和排斥。农村地区建立关系的方式多为血缘或地域纽带，而城市则更多以社会地位和经济状况为依据，因此流动青少年在人际交往上也受到限制，进而影响他们融入与适应社会。

第三节　流动青少年群体的社会工作干预和介入

社会工作作为一门助人学科，帮助弱势群体解决危机，维护社会的公平正义，促进社会和谐稳定发展是它的理想与目标。针对流动青少年面临的诸多现实问题，本书引入一个典型案例，以便为读者提供更为直观的感知，并从个体、家庭、学校和社会层面提出流动青少年群体的社会工作干预和介入建议。

一、案例分析①

(一) 案情介绍

1. 辛辛

女，15岁，跟随父母及姐姐从家乡来到长春市租房居住，就读于某中学。父母靠打工维持生活，一切付出就是为了给两个女儿创造良好的学习成长环境，让女儿能如愿以偿地考取重点大学。然而，姐姐考试临场发挥失常，现在只能复读再考，而姐姐的失败带给辛辛很大的压力。辛辛是个外表柔弱、内心倔强坚强的女孩，她从小目睹父母为姐姐与自己的成长辛苦操劳，发誓一定要加倍努力学习，考上大学，让父母过上好日子。姐妹俩从小就懂事好学，成绩一直很好，姐姐也一直都是她心中的榜样。看到姐姐的失败，她经常这样问自己：是不是我们农村的孩子确实不如城市的孩子？是不是我们笨？是不是我们永远都要重复父母的生活，不会有机会上大学？辛辛心情沉重，越来越不敢相信自己，学习成绩一路下滑。

2. 微微

女，15岁，跟随父母从黑龙江农村来到长春市打工生活，就读于某中学，与家人租房居住。父母在长春市打工已经有五六个年头，把她接到这里就是为了让她接受好的教育，能在来年夏天考入重点高中。微微在来到长春市之前，一直生活在家乡封闭的圈子里，每天的活动就

① 魏爽. 青少年社会工作案例评析[M]. 北京：中国社会出版社，2017：21-37.

是学习，有空就帮助父母做家务。她成绩优秀，还是班干部，无论学习还是工作都深受老师和同学们的好评。来到城市后，微微发现一切都要重新开始：她从未接触过电脑，而城市里的同班同学都能够熟练地使用网络，通过远程教育学习；她的英语发音不标准，发言时常感到尴尬，而同学们已经能和外教自如交流，于是，她不敢发言、不敢表达。当原本引以为豪的学习成绩受到挑战的时候，她更惭愧地发现，城市里的同学们不仅成绩优异，而且多才多艺，她们有的能歌善舞，有的辩才滔滔，这一切让她惊呆了：原来自己这么渺小、卑微，激烈的竞争该如何应对？她震惊、恐慌，无法适应，昔日独立、坚强、自信、勇敢的她湮没在城市的优越与喧嚣中，随之而来的是学习成绩下降，情绪也不稳定，甚至一度厌学。

3. 招娣

女，16岁，随两个姐姐从老家河南来到长春市租房居住，就读于某中学。家中姐妹3个，她是最小的女儿，下面还有个读中专的弟弟。家里经济拮据，生活的重担过早地落在两个姐姐的肩上，她们年纪轻轻就离开家乡来到长春市打工赚钱贴补家用，错过了读书的年华。弟弟从小被父母娇惯，顽皮任性。4个子女中只有招娣学习最好。即便是这样，思想守旧的父母仍然不支持她读书，希望她早点挣钱养家。然而，没有机会继续读书的姐姐们都对她寄予了厚望。为了改善学习环境，姐姐们把招娣接到长春。然而来到城市她才发现，城市那么大，而属于自己的却很少。招娣努力适应却跟不上老师的讲课进度；她很想和大家交流沟通，可浓重的地方口音却招来同学们的嘲笑；能够吐露心事的只有姐姐们，而她们的鼓励让她更添压力。看着梦寐以求的重点高中、重点大学，她越来越觉得这一切都那么陌生而遥远。因此，招娣失去了往日的自信与活泼，陷入孤独与迷茫之中。

4. 梅子

女，15岁，随父母从双阳来到长春市租房居住，就读于某中学。城市生活的花费很高，梅子每个月几乎要用去父母打工赚来的所有收入。父母都已过不惑之年，操劳了半辈子，刚刚忙完哥哥的婚事，现在又要拼命打工给梅子攒钱读书。这一切让她很是心疼，也更有压力。能让父母健康幸福一直是梅子的心愿，她不想再让年迈体衰的父母为自己操劳。为了减轻父母的负担，梅子背着父母悄悄去饭店打工。而当她意识到自己因小失大时，成绩已经下降了很多。她不敢面对父母，也不知道怎样才能弥补失去的时间和落下的功课，终日在忧伤中度过。

(二) 介入理论

1. 首属小组理论

首属小组是指那些亲密的、面对面的交往以及有直接互动和合作的小组。首属小组是对个人的成长发展影响最深远的小组，很多积极的品质和消极的品质都是在首属小组获得并强化的，将具有相同生活经历并遇到相似困惑的人组织在一起，目的是使其在交流中获得自我认同，在互动中依靠小组的力量增强信心，走向坚定与坚强。

2. 交流分析理论

交流分析理论解释和描述了人与人之间的互动、沟通，可以在小组工作过程中分析和领悟自己的人格结构，学习顺畅地与他人沟通，帮助组员了解自我的生活态度、沟通形态以及发挥个人能力与个人心理束缚的关系。小组可以提供一个互动的情境，使成员尝试和练习新的沟通方式，增加他们的自我觉察，改变他们的生活态度，最终开始新的生活。

(三) 介入方法与过程

在对长春市农民工子女进行义务学习辅导时，社会工作者发现他们面临的真正困境不是暂时的学习成绩下降，而是更深层次的心理适应断裂。这表现为经济压力与心理压力过大带来的紧张、焦虑，社会流动带来的惶恐、担忧，缺乏社会支持造成的孤独、迷茫等。

基于对服务对象问题的界定与分析，社会工作者开展了成长小组工作，目的是在同辈群体的交流与互动中，借助团体的力量与智慧，使组员认识自我、肯定自我、树立信心。小组活动内容，如表17-1所示。

表17-1　小组活动内容

阶段	日期	主题	活动目标	活动内容
初识阶段	9月10日	认识你自己	引导组员互相熟悉，彼此感受个体面临的困境实际上是共性问题	自我介绍 在前往活动地点的路上，组员分别作自我介绍，通过兴趣爱好、性格特征、志向与理想的表达，组员彼此由陌生到熟悉
			增加组员自我认同，缓解由于社会流动不适带来的心理压力	镜中我游戏 在吉林大学调查研究与心理咨询中心工作室，组员开展镜中我游戏
			引导组员自我表露，社会工作者给予直接建议	美妙人生畅想 伴随欢快悠扬的《莫扎特随想曲》，组员展开想象，分别表达了自己的理想生活图景，同时表达对经济压力的忧虑。社会工作者鼓励组员并介绍大学入学绿色通道等国家给予贫困大学生的优惠待遇，以及做家教等自立自强的方法途径
			建立小组纽带和仪式感	我们的“魔豆” “魔豆”花瓣象征着自信、坚强、勇敢、执着
发展阶段	9月17日	肯定自我，树立信心	使组员明确自身问题，获得针对性建议	吉林大学十佳大学生交流会 通过聆听大学生讲述奋斗历程、介绍学习经验，组员们意识到自己目前学习成绩下降不是能力问题，也不是出身问题，而是信心问题
			协助组员明确问题所在，集思广益，获得解决问题的多种方案，彼此分享和交流宝贵的经验	同心圆游戏 社会工作者在大海报上画好烦恼分区图，发给组员纸笔，让组员写出自己目前生活中的烦恼及麻烦，以不记名方式将纸条投到中央。社会工作者收集烦恼后和组员讨论，选出组员共同的烦恼，用脑力激荡法找出解决策略，并讨论今后如何面对烦恼
			激发组员对理想的憧憬和主观能动性，增强组员的自我认同感	人生锦囊游戏 以贝多芬的《命运交响曲》作为背景音乐，十佳大学生对自己的成长故事进行回顾，组员在聆听的过程中感受个人对命运把握与驾驭的重要性。社会工作者为组员引述历史上“锦囊妙计”的故事，并告诉各位组员，在竞争日益激烈的当今社会，“锦囊妙计”就在自己手中，命运要靠自己来把握。社会工作者要求组员在一张纸上写下自己的理想与奋斗目标，并在另一张纸上写出自己的20个优点

（续表）

阶段	日期	主题	活动目标	活动内容
探索阶段	9月24日	通往成功之路	增强对自我能力的肯定，使组员明确实现理想需要具备的素质	读书讨论 组员共同阅读卡耐基的《人性的弱点》，互相交流读书体会，敞开心扉、各抒己见
			引导组员意识到英语听说读写能力的重要性	英语会话 组织组员用英语进行对话，使得组员心情舒畅，具有成就感
			向组员传授借助网络学习的方法，并使其明确风险和使用限度	网络畅游 社会工作者为组员介绍计算机知识与网络技术和利用网络的利弊
结束阶段	10月1日	理想与青春宣誓	对小组活动过程进行总结，激励组员信心，处理离别情绪	总结 社会工作者总结小组活动情况，给予各位组员很高的评价。小组的终结也意味着成长的开始，即使在成长路上再次遇到困惑，也有这个群体给予彼此支撑与鼓励
			使组员产生庄严感、神圣感和责任感，发挥仪式对组员的激励和教育功能	宣誓 组员伴随乐曲《与你共乘》，在中国共青团团旗下宣誓：做生活的强者，成社会的栋梁
			宣告小组活动结束	道别 社会工作者向组员赠送《平凡的人生》《青春无悔》等书籍以及中考相关用书，小组成员互相交换自己制作的卡片与礼物

(四) 介入反思

1. 效果总结

经过为期一个月的小组活动，本次成长小组基本完成了目标与任务。小组成员在认识自我、肯定自我、探索自我成长道路的过程中树立信心、明确目标、拓展交流、开阔视野、缓解心理压力，获得了社会支持并明晰了实现人生理想的途径。

在小组活动结束后的调查反馈中，微微和梅子已经考取了重点高中，辛辛和招娣的成绩也在不断提高，她们的班主任老师对她们在班级中各项活动的表现给予了很高的评价。

2. 案例点评

在开展服务的过程中，社会工作者巧妙地运用了社会生态系统理论，把组员的社会生态系统由原来的家庭、学校、社区扩展到大学校园。在参观大学校园、观摩大学实验室、体验大学生活和与优秀大学生面对面交谈的过程中，让组员对于自己梦想中的大学生活有更加直观的感受，从而以一种更加现实的态度来积极面对未来的挑战。

此案例中，社会工作者较好地运用了音乐作为协助组员成长的媒介。在带领组员进行自我探索的环节，社会工作者选取了贝多芬的《命运交响曲》，使组员领悟掌握自己命运的重要性；在规划未来的环节，社会工作者选取了欢快悠扬的《莫扎特随想曲》，使组员放松心情，任思绪驰骋；在小组结束阶段，社会工作者选取了乐曲《与你共乘》，意蕴着理想、友情将伴随成长的每一天。在小组工作中，音乐常常是最受欢迎的媒介，组员通过欣赏乐曲或者演唱歌曲，激发内在的心理能量，使小组活动效果得以增强。

难能可贵的是，此案例两次使用了仪式作为小组工作的媒介。第一场仪式出现在小组第一次聚会的尾声，全体组员在社会工作者的带领下，共同播种“魔豆”。这个环节的设计充分贴合中学女生的特点，又与小组目标协调一致。播种“魔豆”就好比播下了希望的种子，“魔豆”生长的过程寓意组员的成长。组员认真地播种“魔豆”，好比给自己许下了一个郑重的承诺。组员看着“魔豆”生长，仿佛看到一天天长大的自己。这种与成长相关的隐喻，对组员来讲具有较强的治疗效果。第二场仪式出现在小组最后一次聚会的时候，组员在中国共青团团旗下宣誓：做生活的强者，成社会的栋梁！社会工作者向每位组员赠送了《平凡的人生》《青春无悔》等书籍。此仪式意蕴深远，成为整个小组活动的点睛之笔，也为小组活动画上了圆满的句号。在以问题解决为目标的小组活动中，仪式感是组员所需要的。一场设计精巧的仪式，可以协助组员与过去的经历说“再见”，同时与新开启的人生说“你好”。小组活动中的仪式还有一个重要的功能，就是“共同见证”。这种仪式会使组员产生庄严感、神圣感和责任感，具有较强的教育功能。

当然，此案例仍有进一步提升和改进的空间。

首先，小组规模可以再扩大一些。通常情况下，支持性、成长性或者治疗性的小组规模以8～15人为宜，而教育性、任务性或者社会化小组的规模可能会更大一些。此案例中的小组人数是4人，从小组动力来看，人数少会影响小组内部的动力系统，导致小组动力不足。

其次，小组可以在现有基础上延长服务周期。小组的发展有一个由弱到强的成长周期，通常会经历小组初期、磨合期、成熟期、结束期四个阶段。该案例共进行了四次小组聚会，如果去除小组的初期和结束期，磨合期和成熟期共有两次聚会。从时间分配上来讲，两次聚会基本上无法承载小组所要达成的提高学习成绩、增强自信心、广泛交友、明确发展目标、减轻心理压力的目标。该案例若能将小组聚会时间增加至六次以上，小组的内容会更加充实饱满，组员的收获也会更大。

再次，小组内容要紧扣小组目标，彰显其内在逻辑关系。该案例中，小组第二次聚会的目标是肯定自我，树立信心。围绕这个目标，社会工作者安排了三场活动：一是与优秀大学生交流；二是同心圆游戏；三是人生锦囊游戏。第三次聚会的目标是通往成功之路(此种目标表述方式不准确)，组织的活动包括读书分享、英语会话练习和计算机应用指导。社会工作者的思路是在小组中针对组员能力方面的薄弱环节加以辅导，以增强其自信心。但是从操作层面来看，读书分享、英语会话和计算机网络应用三部分能力的提升仅集中于一次小组聚会，小组目标很难达成。此小组应有的逻辑应是：组员自我探索—发现问题—寻求解决之道。而负面情绪的逐步疏解、自信心的逐步增强、奋斗目标的渐趋清晰、支持网络的逐渐扩大等目标的实现是贯穿小组始终的渐进过程，很难以一次小组聚会来解决。

最后，“魔豆”并没有得到最充分的“关照”。前面已经提过，该案例的一个成功之处就是巧妙地运用了两场仪式。但是，在第一次小组聚会时组员郑重地播种下“魔豆”之后，就再也没有提及这颗小小“魔豆”的命运，小组在后续活动中似乎忘记了这颗神奇的“魔豆”。如果整个小组工作过程都围绕着这颗“魔豆”的成长来展开，将一个人的成长过程寓于呵护“魔豆”的成长全过程，组员们会更加直观地感受到成长的艰辛与不易。同时，一些诸如成长环境、成长条件、挫折、抗逆力等重要话题也都会伴随着“魔豆”的成长过程而自然展开。这样的话，这颗小小的“魔豆”就能真正发挥它的魔力了！

二、流动青少年群体的社会工作干预和介入建议

(一) 个体层面

社会工作以“助人自助”为核心理念，面对的是社会弱势群体，期望帮助他们摆脱现实困境，获得全人的发展。流动青少年的问题既有共性，也存在个体差异，而社会工作者需要敏感识别出流动青少年存在的根本问题和个性问题，有针对性地提供服务。一方面，流动青少年面临的现实困境需要引起足够关注并得以解决，例如学业和就业问题；另一方面，流动青少年只有在个性发展、行为养成、能力培养上有所进步，才能够有机会达到“自助”的目标。

1. 学业就业帮扶

学业是流动青少年维持和提高自尊水平的重要源泉，就业则关乎流动青少年现实生活的经济来源，流动青少年的学业和就业问题是影响他们心理健康的重要因素。因此，社会工作者在介入流动青少年问题时首先要协助流动青少年解决以上两个现实问题。

社会工作者是资源链接者，可以联络高校和企业志愿者定期为流动青少年提供课后辅导，解决流动青少年在家中无人指导学业的问题。流动青少年自身缺乏学习方法和能力，因此学习方法的分享和介绍也十分重要。此外，还可以开展特定主题的学习活动，例如写作、阅读、英语等。只有解决了流动青少年的学业困境，才能提升流动青少年的自我效能感，让他们在家庭和学校的竞争中重获自信。

待业流动青少年经常在求职的过程中遭受挫折，一方面是由于他们自身的能力素质不足以从事技术含量较高的工作；另一方面是用人单位对求职人员的户籍限制，使得流动青少年不得不选择福利待遇相对较差的公司。解决流动青少年的就业问题可以改善一个流动家庭的生活。社会工作者可以通过与高校和政府就业部门、网络求职平台合作，为流动青少年提供提升工作技能、面试讲座等服务，来增强他们的就业竞争力。

2. 组织集体活动

集体活动能够为青少年提供一个建立同辈关系的平台，不仅能够让他们在与他人互动的过程中，潜移默化地学习人际交往的技能和冲突处理方式，还能够通过活动目标的设定和社会工作专业方法，解决流动青少年的具体和共性问题。

在组织流动青少年参与集体活动时，需要注意以下五点：其一是讨论活动规范，带领青少年就活动的目标、个体的表现、与他人相处的原则等问题达成一致，通过这种方式约束和控制流动青少年的行为，防止活动被迫中断。其二是充分发挥流动青少年自身的优势，结合他们的兴趣和问题，设计利于其身心健康发展且具有吸引力的活动，让流动青少年在活动中发挥特长，展示自我，从而获得自信和认可，弥补其在学业上信心不足的缺陷。其三是支持流动青少年以团队为单位参与活动，在活动过程中鼓励其参与讨论问题的解决方案，以理智的方式化解冲突，活动结束后带领流动青少年总结和反思，潜移默化地改善流动青少年的冲动和攻击行为。其四是保证流动青少年的主体地位，坚持尊重与平等的原则，促进流动青少年的自我表达，发挥倾听者和引导者的作用，必要时给予建议，让流动青少年做活动的主人。其五是注重活动成效的评估和延续，保证流动青少年参与的稳定性，巩固其积极改变的成果。

(二) 家庭层面

社会工作者要善用综合的思维和全面的观点看待服务对象的问题，流动青少年的诸多问题反映的是一类家庭的困境，流动青少年的家人是其最坚强的后盾，家是给予流动青少年安全感、归属感、信任感的港湾。因此为流动青少年提供的社会工作服务应带有“家庭视角”，针对流动青少年在经济生活和家庭关系方面的问题，给予一些支持和引导。

1. 经济生活援助

流动青少年的家庭经济状况是流动青少年自尊心较低和融入感较弱的重要原因，也是限制流动青少年通过教育和就业实现阶层流动、摆脱流动人口身份的主要因素。有相当一部分流动人口的子女成为流动青少年，并将代际保持流动人口的身份。

流动青少年过早就业是普遍现象，因为经济困难而放弃学习机会的更不在少数。对家庭的经济生活援助，特别是对流动青少年发放生活救助金十分重要，这能够为流动青少年家庭提供基本的生活来源，并保障他们能够接受基本教育，从而获得就业所需的技能，让他们能够通过个体的力量来改善家庭状况。

2. 开展亲子活动

流动青少年的父母因经常性地外出工作，容易忽视与子女的沟通。因为自己的文化程度较低，缺乏科学的教育知识，容易采取偏激和权威的方式教育子女，很容易给流动青少年增加学业压力，打击他们的自信心①。对于子女而言，他们的认知发展尚未成熟，只能关注父母对自己的严肃态度和激烈惩罚，却无法理解父母工作的艰辛和生活的烦恼。

流动青少年与父母之间是充满亲情的，但缺乏对彼此的理解，因此社会工作者应设计一些需要亲子共同参与、以改善亲子关系和家庭教育方式为主题的家庭活动。在亲子共同参与活动的过程中，增进他们之间的感情，促进他们直接表达，营造和谐平等的家庭氛围。针对流动青少年父母的讲座也必不可少，要让父母意识到自己的行为对子女的负面影响，主动学习与子女的相处之道，并有决心在日常生活中贯彻。

(三) 学校层面

学校是流动青少年成长的重要场域，流动青少年接受的教育质量不是其个体能够决定的。教育是整个国家发展和社会进步的重要促进因素。虽然教育学作为一门学科已经发展多年，形成了较为全面的理论体系，但是社会工作者的服务还是可以弥补学校教育的不足，并在学校和学生、学校和家长之间起到“润滑剂”的作用。

1. 补充学校短板

关注学生学业成绩，忽视学生心理健康，文化课程安排密集，缺乏课外活动，采取应试教育，素质教育不足等，是大部分流动青少年就读的打工子弟学校普遍存在的问题。近几年来，学校社会工作得以发展，政策规定学校必须设立心理咨询室并注重青少年的心理健康，但对于打工子弟学校而言，要想达到以上目标还需要时间。

---

① 席小华，蔡鑫. 青少年社会工作研究论文集[C]. 北京：中国人民公安大学出版社，2019：201.

社会工作者可以在学校中发挥以下作用。首先，与学校达成合作，建立联系，班主任或学校领导可将“问题学生”对接到相应的社会工作机构或者心理咨询机构，切实解决流动青少年除学业以外的其他问题。其次，社会工作者可以链接相应的人力和财力资源。例如，寻找爱心人士为流动青少年赠送小礼物，让他们感受到社会的关怀；联系相应的企业获得资金，在学校建立图书角，以完善打工子弟学校的硬件设施；定期到打工子弟学校开设兴趣小组活动，以丰富流动青少年在学校的生活。

2. 推动家校合作

学校和家庭都是流动青少年成长的场所，但家校双方的合作并不那么顺畅。当流动青少年违反学校纪律或者出现逃学行为时，教师希望家长能够与自己配合，合理有效地督促学生。当流动青少年的成绩严重下滑或出现厌学情况时，家长寄希望于学校和教师，希望他们能够通过科学的方法教育子女。但无论是教师还是家长，都不应将教育流动青少年的愿望寄托于对方身上，而是应该定期沟通、互相配合，努力为流动青少年提供更合理的教育。

社会工作者在接触流动青少年并分析其问题产生原因的时候，无可避免地需要了解服务对象的家庭和学校状况，但如果能将服务建立在了解之上，再进一步促进家校双方的对接与配合，则会产生更为深远的积极效果。社会工作者到学校开展活动时，可以邀请流动青少年的父母参与进来；社会工作者在为家长开展讲座时，可以邀请有经验的打工子弟学校教师作为主讲人，以此来为家校合作提供契机和平台。

(四) 社会层面

社会工作者的职能不仅包括协助服务对象解决困境，从长远来看，还要维护社会的公平正义，推动社会的和谐与持续发展。流动青少年产生问题的原因，最深层次的还是在社会层面。只有社会能够从文化观念和制度变革上做出调整，才能从根本上解决该群体的问题，因此社会工作者除了要通过专业服务解决具体的问题，还要发挥政策倡导的重要作用，推动城市文化对流动青少年的认可与理解，努力营造利于新老市民互相包容的社会文化氛围，协助该群体获得平等的权利和发展的机会。

1. 注重正面宣传

城市主流人群对流动青少年的偏见和歧视需要被外界正视，他们面对现实困境的焦虑与奋斗、身处弱势之中的无奈与抗争、对城市发展的付出与贡献需要被外界感知。社会工作者在服务过程中接触的每一个流动青少年，他们的成长轨迹和现实遭遇都是最真实的故事，是最能够打动人的宣传材料。社会工作者可以筛选一些有代表性的服务对象案例，挖掘能够展示流动青少年正面形象和积极态度的素材，在流动青少年及其家庭同意的前提下，用文字、图片、视频等多种形式，依托微信、微博、短视频平台等媒介把这些故事向外界展示，并呼吁更多社会人士传播。

2. 倡导制度改革

对社会制度变革的推动过程是漫长的，也是艰难的，但建立城乡一体化的社会保障机制和社会救助体系是彻底解决流动青少年及其家庭困境的方法。近年来，社会工作学科得到了政府的大力支持，对社会组织的限制政策在逐渐简化，对社会工作机构的资金支持在不断增加，孵化培育社会组织的力度也在持续加大，社会工作即将迎来“发展的春天”，这意味着社会组织在制度建设的过程中正在获得更多的表达机会。

社会工作者如果能够出现在制度改革、政策起草组的名单之列，便可以切实地推动政策向弱势群体倾斜。尽管这十分困难，但社会工作者还是可以通过许多形式为弱势群体争取一些机会，根本方法是做好每一个政府购买服务项目，在这个过程中获得政府的信任。社会工作者也需要在服务当中不断反思和总结，如能产出一些文字成果则会带来更大的影响力。社会工作者还可在合理的范围内，带领服务对象进行一些社会行动的尝试，必要时可以协助服务对象提出申请。

第十八章　留守青少年群体

自改革开放以来，伴随着我国工业化、城镇化进程的加速推进，人口流动特别是劳动力流动日益频繁，大量的农村剩余劳动力如潮水般涌向城市，形成大规模向城市转移的局面。伴随“打工潮”而来的则是在流出地作为社会夹层中生存的特殊群体，同时也是一种特殊社会现象——留守青少年大规模出现，其身心发展等面临的困境以及如何解决困境，引发社会各界的广泛关注与研究。

留守青少年问题是我国目前关于青少年权利保障、青少年福利服务的一个重要领域，因该群体数量庞大、分布广泛，进而成为我国社会转型期众多问题中具有重大影响的社会问题。这一问题不仅与青少年的健康成长、未来人口素质及劳动力培育密切相关，亦关乎农村经济与社会的协调及可持续发展。因此，在相当长的一段时间里，留守青少年群体的问题是亟待探讨并解决的重要问题，事关代际成长与我国社会整体现代化发展。

留守青少年数量不断增加，且仍具持续上升的趋势，说明这一群体问题的长期性，且问题的解决需要社会共同努力。社会工作作为一门助人的学科及专业，在探索留守青少年问题的介入与解决方面持续发力。本章从留守青少年的研究背景和概念出发，介绍留守青少年问题的成因，以及留守青少年群体的社会工作干预和介入方法。

第一节　留守青少年群体概述

一、留守青少年的研究背景

我国留守青少年问题产生于改革开放以来社会转型背景下的城乡二元经济社会结构。区域经济发展的差异、就业政策的放松，使得农村剩余劳动力有需要也有条件进城务工，以赚取相较而言高于农村收入水平的酬劳。由于农民工在城市受经济、身份、制度等条件的限制，自身进城务工的同时无力解决一系列现实问题，诸如市民化的门槛、子女日常生活照料及借读费负担重等就学障碍、住房条件恶劣、医疗及社保等各方面的不利因素，导致大量农民工不得不将子女留在家乡，并托付给他人代为照看，最终形成了外出务工人员与子女相隔两地的局面，致使留守青少年这一特殊群体由此产生。

留守青少年群体规模庞大，其面临生活、教育、心理、情感、资源等困境，一直以来受到学界的关注，并收获大量研究成果。正如谭深所指出的，“留守儿童问题不单纯是留守所带来的问题，而是与更广泛、更深层的社会问题关联在一起，不可能通过一揽子行政措施和零散的项目解决，它是一个既紧迫又持久的问题。因此，对于政府、社会组织和每一个关注者来说，都任重而道远。”①开展留守青少年群体的研究，探讨并解决留守青少年问题的对策，需要从多维度、系统化、层次化的全局视角来把握。

二、留守青少年的概念

留守儿童是指因父母双方或一方外出务工，而被留在户籍所在地生活达半年以上，交由父母一方或其他监护人抚养、教育和管理，处于身心成长发育的关键时期，但无法与父母共同生活的未成年人。而留守青少年一般被包含在留守儿童范畴内，是在与留守儿童具有相似家庭背景的基础上，年龄界定为13～18周岁的农村户籍未成年人。

三、留守青少年群体的现状

一直以来，留守青少年所占比重大、出现问题多，迟迟未能探讨出行之有效的应对策略，因此成为备受社会各界关注且重视的重要问题之一。由于劳务输出的必要性以及我国人口、经济等分布不均衡的宏观背景，留守青少年主要集中于河南、安徽、湖南、四川、广东等中西部劳务输出大省。截止到2019年，留守青少年数量约为6683万人，其中包括城市流动青少年和农村留守青少年。在全部农村青少年中，留守青少年的比例达28.29%，平均每四个农村青少年中就有一个留守青少年②。从现实与数据中，不难发现我国留守青少年群体呈现的基本特性，即基数大、范围广、分布不均，且总体规模处于不断扩大的状态。

四、留守青少年的主要问题

众所周知，青少年时期是个体身心发展的关键时期，个体的生理、认知和社会发展等变化过程都发生在这一阶段，且其发展水平易受到生理遗传因素、后天社会环境因素等影响，其中个体家庭环境中父母对于青少年群体的影响为重中之重。而在留守青少年群体的家庭中，由于父母或其中一方外出务工，留守在家的青少年在家庭社会化的过程中，将会存在阶段性家庭结构不完整的现象，从而造成青少年群体与其家庭在成长与发展上的一种缺陷。

通过众多数据及现有调查来看，针对留守青少年在生存与发展的成长过程中面临的权利被剥夺及分配不均等困境，开展留守青少年群体研究，推行社会工作介入目标群体的专业服务，为留守青少年营造更好的成长环境，是十分必要且重要的。留守青少年问题绝不仅是一个群体的问题，而是时代发展变迁的产物。关注留守青少年群体的身心健康，探寻解决留守青少年群体存在的主要问题，有助于其在成长历程中的全面发展，亦有利于城乡一体化的稳步推进。

(一) 生存与生活

一般情况下，留守青少年群体包括农村留守青少年和城市流动青少年，因两者的家庭背景与生活环境存在差异，使得生活情况不尽相同。

① 谭深. 中国农村留守儿童研究述评[J]. 中国社会科学，2011(01)：138-150.

② 全国妇联. 全国农村留守儿童状况研究报告[J]. 中国德育，2008(04).

1. 留在家乡的农村留守青少年

这类青少年大部分是由隔代长辈抚养，一部分由邻里亲戚照顾，还有一小部分由父亲或母亲单方抚养，甚至还有在家乡独自居住并照顾幼小的弟弟妹妹。这些农村留守青少年的生活状况普遍堪忧，因其父母(或其中一方)外出务工的缘由大多是为了生计，家庭经济条件较贫困，致使部分农村留守青少年的基本生活条件得不到充分保障，有的留守青少年甚至有流浪的倾向。部分农村留守青少年由于隔代老人能力有限或相对节俭等原因，使得日常生活饮食有所欠缺，健康水平低于非留守青少年。因此，能否正常、健康地生存下去则成为农村留守青少年群体首要考虑的问题。

2. 随父母到流入地生活的城市流动青少年

这部分青少年又分为家庭条件较好和家庭条件较差两种情况。若是经济较为贫困，父母为一般务工人员，外出工作周期长、劳动强度大、收入水平相对较低的家庭，一般只能保障孩子的基本生活，虽渴望为孩子创造更好的学习和生活条件，但迫于现实又无力满足。若是家庭条件较好，孩子在生活上能够得到相对而言较高程度的满足，则无须为基本的衣食住行等生活需求而过于担忧。

此外，留守青少年在课余时间常常需要做家务，例如洗衣物、做一日三餐等，很多孩子已成为家中的重要劳动力，肩负起琐碎日常的家庭责任，以便消除外出务工父母的后顾之忧。还有许多孩子在课余时间辅助父母做工、打杂等，晚睡早起。

事实上，近年来越来越多的父母在外出务工时愿意将孩子带在身边看护照料，留守青少年群体的生活状况较之以前已有较大改善，但仍需加强关注，孩子无人监管看护、生活水平低下的情况依然存在，甚至其安全状况也不乐观，常表现为易受意外事故伤害、易被犯罪分子侵害、易被他人拐骗及易引发轻生行为等，这都会给留守青少年群体的安全成长与健康发展造成严重影响。

(二) 学业与教育

留守青少年群体面临的第二大问题即缺乏稳步推进的学校教育与家庭教育。

1. 学校教育难以保证

由于留守青少年大多生活在欠发达地区，教育水平较低，部分家长对教育的重视程度不够，学校对留守青少年群体亦缺乏有效关注，部分留守青少年对学习难以产生兴趣，易出现逃学、辍学等不良现象。近年来，随着学校整体布局的调整，偏远地区的乡村小学被大量撤销，在基层农村上学的孩子们往往需要长途跋涉，加之住宿费用较高等情况，导致农村留守青少年入学率较低，接受高等教育的人数比重相较一般青少年而言低下，难以实现阶层向上流动的局面。

2. 家庭教育相对薄弱

农村留守青少年留在家乡一般由隔代的老人、亲戚或邻居照看，而跟随父母到务工地学习和生活的城市流动青少年事实上也鲜少得到父母的悉心照料，故两者的教育问题均较为突出，势必导致学习情况堪忧。在隔代教育的背景下，彼此的生活方式与思维模式不同，老一辈家长年龄大、精力有限且学历相对较低、能力有限，对孩子过于溺爱或疏于管教等，极易导致对留守青少年群体的教育观念及价值引导相对薄弱。此外，留守青少年一般所承担的家务劳动较重，再加上课业压力繁重，很容易陷入学业困境。这些都会对留守青少年未来的职业选择及个人生涯规划发展造成深远影响。

(三) 心理与行为

留守青少年群体心理与行为层面的主要表现包括以下几个方面。

1. 性格内向与自卑意识

在人际交往过程中，大多数留守青少年较为内向，不善交际，受欺负或攻击现象突出。由于留守青少年的父母双方或单方长期外出务工，与孩子聚少离多，使其严重缺乏来自父母的关爱与呵护，致使自身安全感无法稳固建立。在其成长过程中，遭遇人际困境或引发心理障碍时，无法及时与父母沟通倾诉，缺少父母必要的亲子陪伴与情感支持，这是隔代抚养不能替代的，故留守青少年长期生活于父母缺位且无父母约束的环境下，代理监护人或对其不敢管或过于放纵，或因隔代教育的教养方式及育人观念尚有不合时宜、难以与时俱进的特殊情况，与孩子交流存在隔阂与代沟，长此以往则使得正处于心理敏感期的留守青少年的悲观情绪被触发，极易导致行为及性格上的缺陷。因缺乏关爱，留守青少年容易产生无助、自我厌弃和自我封闭等心理问题，自尊心与自信心难以建立，性格趋于内向孤僻，对自身各方面的自我评价较低，自卑心理根植于自我意识之中，不乐于与他人交往，并容易对学校及父母乃至社会产生抵触情绪，逐渐丧失对生活的激情与信心。

2. 情绪不稳与焦虑状态

在个体情绪表现上，留守青少年常常出现情绪不稳定等状况，且易引发躯体化、恐怖、敌对、偏执、强迫、人际关系敏感等问题。多数留守青少年由于隔代抚养，使其在成长过程中极度缺乏亲子交流与关心呵护，失去安全感，焦虑和抑郁状态所占比重明显高于非留守青少年群体，因此比普通青少年群体更容易产生焦虑与抑郁心理，并且存在年龄和性别差异。据相关调查研究数据，孩子与父母分离时年龄越小，焦虑水平就越高，问题则越突出，且女性比男性更为突出。

3. 亲子关系紧张

留守青少年群体因其父母长期不在身边而被托养或寄养，难以直接获得父母的关心与教育，在家庭生活方面缺乏亲代照料抚育，在情感互动方面缺少与父母之间的交流和相互了解，情感上的缺失严重影响到留守青少年群体的社会化与健康成长。此外，在心理及社会性发展上亦存在不小影响，缺乏关爱容易导致心理缺陷，也容易造成亲子关系紧张的局面。研究发现，大部分留守青少年对其父母充满怨恨，并伴有盲目反抗心理。

4. 社会适应不良

由于留守青少年在成长过程中常伴随亲代缺位的情况，缺乏父母的有效监管，易引发行为偏差。例如，在学业学习方面，常表现为学习态度不端正，学习习惯不规范，学业成绩不稳定，厌学、逃学及辍学现象较为严重；在压力防御方面，留守青少年群体倾向于对挫折事件的后果进行外部归因，并较多采用退避、合理化等非理性应对方式及防御机制；在社会活动方面，留守青少年群体存在较多违纪及违法行为，如抽烟、酗酒、不服管教，甚至偷窃、抢劫、赌博等。近年来，我国的青少年犯罪率显著提高，并呈现逐步上升的态势。早期的偏差行为若没有得到及时有效的矫治，长此以往则会产生逆反心理。留守青少年群体的逆反心理主要表现为校内违纪行为，诸如迟到、早退、逃学、作弊、损害公物、打架斗殴、不按要求完成教学安排、不服从教师及学校管理、违反校内各项规章制度等。

第二节　留守青少年问题的成因

通过对我国留守青少年群体问题的思考，不难发现，造成这些问题的原因是多方面的。下面围绕家庭、学校、政府及社会等多元主体，重点分析其对留守青少年群体主要问题的形成所施加的影响，并做出必要的成因分析。

一、家庭：亲代缺位与亲情饥渴

家庭教育是青少年成长过程中最为重要的环节，家庭是青少年从学校到社会的缓冲地带，是社会其他任何部分都无法替代的。家庭的经济状况、生活空间、家长的文化素养、家庭成员之间的关系等家庭内部环境，都对留守青少年群体有着深远影响，且易造成其心理问题。

(一) 缺乏正常家庭教育的亲情饥渴

据调查显示，由于父母双方或其中一方外出务工，留守青少年多由祖辈照顾，一方面由于祖辈的时间、精力不足及教育观念相对滞后，另一方面由于父母监护教育角色的缺失，使留守青少年在成长过程中缺乏及时有效的关注与陪伴，从而对其身心健康的全面发展造成不良影响。在此情形下，易导致留守青少年群体“亲情饥渴”，随之引发心理问题及偏差行为，个人学习情况亦会受到影响。

留守青少年由于在缺少父母陪伴与呵护的家庭环境中成长，情感需求无法得到满足。在与普通家庭青少年的相处过程中，留守青少年常表现出自卑感、自我封闭、不善交际等问题，但渴求获得心理补偿。此外，当留守青少年进入青春期后，成人化的自我同一性任务随之而来，在此过程中渴望扮演大人的角色，而由于父母长期在外无法陪伴左右，故留守青少年群体难以获得正确的引导，易造成“角色混乱”的局面并爆发各种偏差行为，若无法得到及时缓解，则很有可能引发心理冲突，并导致伤害行为。已有研究表明，很大一部分留守青少年表现出性格内向、内心封闭、情感冷漠、自卑懦弱、行为孤僻、缺乏爱心和交流的主动性、沟通能力较弱并伴有交往障碍，还有的脾气暴躁、冲动易怒，常常将无端小事升级为打架斗殴。由于人格特质发展的不同，重则引起极端事件的情形时有发生，有的留守青少年会直接攻击外出务工的父母，或因心生嫉妒而攻击非留守青少年的同伴，亦存在转向攻击其他无辜者等情况，部分性格内敛且自我封闭的留守青少年也可能选择自我攻击，如自杀或自残等。也就是说，留守青少年群体在很大程度上已将自身的状况视作一个缺陷，如此便形成恶性循环。

(二) 家庭教育观念相对滞后

留守青少年由隔代抚养的情况占较大比重，单亲抚养也较为常见，且由父母其中一方单独抚养时，青少年呈现的教育状况存在差异。调查表明，母亲外出务工会导致留守青少年学习成绩明显下降，父亲外出务工则对孩子的学习影响相对较小。

在一些偏远山区，重男轻女的传统观念仍被保留。女孩更多被看作打理家务的角色，并不需要接受过多的教育；男孩则被看作家中顶梁柱，即家庭中的主要劳动力，赚钱养家的任务实则比接受教育更为重要。在此观念的影响下，“知识改变命运”的信念荡然无存，留守青少年只得重复父辈的命运，成为代际留守中的一环。有很大一部分进城务工的父母，对子女总体期待过低。已有研究发现，部分民工潜意识里认为，农村孩子学业有成的概率不高，故对孩子学习状况的总体期望值较低，缺乏硬性约束，将留守青少年的学业定位在完成九年义务教育即可，并将其前途寄托于外出打工。不过伴随着时代的发展与变迁，此种现象呈逐步递减的趋势。如今的留守青少年家庭已愈发重视孩子的学业与教育问题，其中以城市流动青少年家庭为代表，这些家长对于青少年能够获得良好的教育，掌握丰富的知识，在未来的个人生涯中拥有更多的选择人生方向的权利而抱有希冀。

总体而言，在留守青少年群体的家庭中，易出现两种极端情况：一是因家长的教育思维较为落后，秉持“读书无用论”而对青少年的教育问题鲜少上心。在这种教育观念下，易引发留守青少年缺乏学习动力、产生厌学情绪、出现行为偏差等问题，亦存在较大逃学及辍学的概率。二是家长过度重视留守青少年的学业状况，特别是学习成绩，若青少年出现学习成绩下降的情况，家长则主观认为是其学习不努力的结果，并常通过责备打骂等教养方式，以迫使孩子知错改正。这样的行为极易给留守青少年造成严重的心理负担，并容易引发自卑懦弱、性格孤僻、反抗叛逆等心理问题。

(三) 家庭客观环境的限制

家庭环境是支撑受教育群体发展的重要因素，究其根源是由家庭的经济状况所决定。在留守青少年群体的家庭中，除家庭成员缺位，家庭内部的客观环境也或多或少地影响着留守青少年的学习与生活。

留守青少年家庭中的经济负担比较沉重，特别是大多数来自贫困地区的农村家庭，能够保证孩子有学可上、有书可读已实为不易。调查显示，部分留守青少年的学习环境颇为简陋，如在家没有自己的学习书桌，只能趴在饭桌、椅子上做功课，或在床上写作业。在这样狭小的空间范围内，倘若有客人来家中做客，留守青少年则很难找到可以学习的地方，更有甚者连休息都无法保证。

总体而言，留守青少年的学习状况还是不够理想，家长对此也无力改变，加之外界的影响难以避免，导致留守青少年群体的学习与生活质量每况愈下，而进一步的应对策略及解决方案还在摸索与探讨之中。

二、学校：数量与质量堪忧

1. 学校的数量

农村留守青少年群体大多会选择就近入学，但由于所在地多为经济欠发达且偏远落后的农村地区，目前也只是能够保证“村村有学校”。对于当地的留守青少年来说，能够满足其上学读书的需求已实为不易，现实难以为其提供更多的选择。城市流动青少年群体则面临择校的问题，子弟学校分布有限，若在务工场所附近，对于在外务工的家长而言可以节约一定的时间和精力，且由于子弟学校的文化氛围与留守青少年的生活较为相近，家长之间基本上都互相认识，也能为其添一份安心。不足之处体现为学校的正规性与教学质量得不到保障，致使学生学习成绩平均水平低于所在城市的公立学校或其余私立学校。然而由于户籍制度与家庭经济状况的制约，城市流动青少年群体能够自主择校仍占少数。不过，随着时代的不断发展，向留守青少年群体敞开大门的学校亦在逐渐增多，但学校数量的增速远不及留守青少年群体的扩展速度，学校在保证教学质量与促进教育资源及机会的均等化之间也处于两难境地。

2. 学校的质量

农村留守青少年群体就读的乡镇学校和城市流动青少年群体就读的子弟学校，虽能够在一定程度上保证留守青少年完成义务教育阶段的学习，但留守青少年群体的辍学率依旧居高不下。农村乡镇学校的教育资讯滞后，子弟学校的教育资源匮乏，公立学校与私立学校准入门槛较高，少有家庭能够负担得起，故家长也无可奈何。此外，即便我国推行教育改革，倡导素质教育，但在应试教育体系下，“唯分数论”的现象仍旧存在，分数仍然是重要的评价标准。成绩优异的学生容易引起老师关注，而成绩不出色的学生则易被忽视。故大多数情况下，成绩平平的留守青少年不易引起教师的重视与关照，往往会产生自卑厌学的情绪，若逆反心理被激发，也会出现与教师对抗的局面，导致师生关系紧张，从而给留守青少年造成一定的心理压力。

学校数量与质量的问题，究其根本是教育资源分配不均所致，随之势必会带来留守青少年群体受教育权的挑战。现如今，伴随经济的快速发展，这种情况有所改善。

三、政策：城乡二元结构体制

留守青少年群体的产生，根本原因是城乡经济发展差距导致的城乡发展不协调、资源分配不均。已有调查显示，无论是教育成本投入还是人力成本投入，普通青少年均远远高于留守青少年群体，且其中农村留守青少年处于最低水平。由于经济发展不均衡，城乡发展差异与差距仍旧普遍存在，流出地的基础设施与教育资源均等化有待进一步完善。

自中共十六届三中全会第一次明确提出要建立有利于逐步改变城乡二元结构的体制以来，时至今日，国家一直在持续推进城乡二元体制改革，但城市与农村的差异并不会伴随城乡二元体制的破除而消失。从实质来看，因政策引领、原生环境、媒体传播、社会舆论等多方面的影响，在留守青少年群体中，仍存在因城乡二元体制引发的“蝴蝶效应”，致使其在社会融入的过程中难以规避身份认同等方面的问题。据现有调查发现，城市流动青少年群体进入市内公办学校就读后，明显体会到“外地人”与“本地人”的界限，切实感受到社会排斥与社会剥夺。户口在所在学校市内的学生家长往往会认为城市流动青少年群体占用了部分城市教育资源，致使城市居民本应享有的利益被挤占，因此易对城市流动青少年群体及其家庭心生不满。此外，无论是城市流动青少年，还是农村留守青少年，一定程度上会因此遭到老师或同学的区别对待，这对他们的学习与生活会造成较大的负面影响，使其在城市化进程中更加举步维艰。

目前，国家和政府已在政策上做出了必要的调整，但如何打破在城乡二元分割的结构体制影响下，人们的刻板印象与思维定式，是解决留守青少年群体问题要面对的一大社会难题，也是一项长期而艰巨的任务，有待我们做出更多的思考与探索。

四、社会：次生伤害

首先，社会聚焦于留守青少年群体，然而硬件设施的保障与原生环境的熏陶仍发力不足，具体表现为：建设并运维的公益平台不多，且运作的时间与精力有限；留守青少年群体所处环境中，能够接触到图书馆、博物馆、少年宫、文化宫等一些常见的社会教育场所的机会甚少；留守青少年所处的原生环境中，普遍未形成一种良好的文化氛围。这些方面大大降低了学习与生活环境应具备的功效。很多调查研究表明，留守青少年群体的学习成绩较差，但目前小学阶段在校率较高，基本均能按时接受小学教育，初中以后的在校率开始下降。相关研究者在贵州等地调查时，观察到路边虽然随处可见“读完初中，外出打工”“读书不努力，打工赶回来”的标语，但当地的留守青少年依旧十分羡慕外出务工者，尤其是当外出务工者返乡时，衣着光鲜、出手阔绰，更让当地的大人小孩都认为外出打工比在家读书更有出路。因此，留守青少年群体中年龄稍大的孩子愈发不想继续上学读书，而渴望并向往外出打工。若有父母常年在外务工的背景，家中的留守青少年则更加迫不及待地想要出去打工赚钱。

其次，社会包容度及接纳能力较低，留守青少年群体易受到歧视与排斥。从社会适应性的角度出发，当城市流动青少年群体身处于崭新的社会环境之中，虽需要一定的熟悉阶段与融入过程，但整体而言，他们最终能够适应流入地的社会生活。长期以来，我们也一直在倡导呼吁留守青少年群体及其家庭需紧跟时代步伐、主动适应社会环境的变化，却忽视了社会环境对其的包容度与接纳力。何况现如今流入地主要以大中型城市为主，在经济高速发展、城市化进程快速推进的社会背景下，流动人口完全可以称为城市化建设的主力军，然而人们的刻板印象与固有思维对其造成了较为严重的负面影响。流入地自成一派的社会氛围与舆论环境将流动人口拒之门外，农村留守青少年与城市流动青少年因此沦为牺牲品，从而在相当程度上加剧其学习状况较差、心理问题严重等情形。由于所处环境中大多充斥着“标签效应”，留守青少年群体在其学习与生活的日常环境中易遭受到一定的歧视或偏见，致使被贴上“问题青少年”的标签，在这样的社会氛围影响下，爆发心理问题与偏差行为的可能性亦随之增加。

最后，社会服务机构参与方式不当与欠缺体系化服务模式。每年都会有一定数量的志愿者及社会工作者参与到留守青少年群体的救助帮扶行动中来，社会上的专业帮扶机构也越来越得到推广与普及，并开始逐步走进社区，对帮扶留守青少年群体摆脱学业与生活方面的困境起到较大的作用。不过，社会服务机构及其服务模式对于留守青少年群体的心灵陪伴与成长问题的解决方式仍有待发展并完善。例如，助学计划等一系列帮扶举措虽然可以为留守青少年群体及其家庭缓解一定程度上的经济困难，但一是容易使困境家庭对资助行为产生依赖心理，二是倘若资助方式不当，极有可能引发青少年的自卑情绪。同时，社会服务机构的参与并不是长期性的，比如帮扶志愿者的流动性大、社会工作者介入模式的专业性考量、资金来源不稳定等状况，均是机构内部无法避免的，这也是我国社会服务机构参与方式不当、欠缺体系化服务模式所引发的问题。

综合上述情况来看，留守青少年群体发展情况与家庭、学校、政府及社会等多元主体与环境是相辅相成、互为因果的。近年来，社会各界给予留守青少年群体更多的关注与发声，使其逐渐暴露于公众视野与热点话题之中。在重视这一社会现象或困境的同时，更需考虑到留守青少年群体每一个体自身，诸如因家庭教育缺失、学校适应不良、同伴关系处理焦虑、政策引领之探照灯效应、社会文化环境等重要因素都有可能诱发或加重留守青少年心理负担及行为偏差。纵观当下，在留守青少年群体中，真正心理健康、心态良好者依然占据少数，探求缓解这一现状的解决思路与服务模式仍道阻且长。

第三节 留守青少年群体的社会工作干预和介入

留守青少年群体同普通青少年群体一样，正处于身心快速发展的时期。部分留守青少年由于父母长期不在身边，反而思想成熟度更高，自理能力及独立性更强，性格也更加坚韧要强，善于直面困难与挑战并寻求合适的办法以解决问题。但由于其特殊的成长环境及个人经历，绝大部分留守青少年在生存与生活、学业与教育和心理与行为等发展过程中，很有可能面临异于普通青少年群体的困境与挑战，故针对留守青少年群体开展社会工作势在必行，且需要在充分了解这一群体中每一个体的成长历程的前提下，综合运用社会工作专业的价值理念、科学知识和技术方法，以改善或解决留守青少年群体的短板及脆弱性问题，为留守青少年的顺利成长开路，并提供专业且有效的保障。

一、面向留守青少年开展社会工作的理念宗旨

(一) 社会工作的使命与价值观引领

留守青少年与其他青少年一样，均有权获得国家、社会、家庭等各方的照料与支持。《全美社会工作者协会伦理守则》(1999年修订)指出，社会工作者追求社会变革，特别是同弱势和受压迫的个人和群体一起工作，代表他们寻求社会变革，这被称为“社会公正的价值观”。我国社会工作价值观中亦有“注重和谐、促进发展”的要求，故促进社会公正是开展留守青少年群体社会工作的内在驱动力，是有责任感与使命感的社会工作者，持续为留守青少年提供专业化服务、改善其学习与生活现状、倡导完善相关社会政策的基本出发点。正如Mc Gowan说，社会工作专业价值观的重要功能是教会从业人员做出适当决定和采取行动。①因此，开展留守青少年社会工作要求社会工作者充分了解留守青少年的问题及需求，在改善其所处环境的同时，从改革与发展的角度努力推动社会变革，积极倡导社会政策做出适应性调整。

此外，社会工作者的根本使命是服务，这要求社会工作者为有需求的民众开展专业化服务。正如Reamer所说，社会工作者要献身社会变迁和社会正义，通过开展专业服务，努力满足个体的基本需求，促进个体获得平等机会。②《全美社会工作者协会伦理守则》将“服务”置于社会工作核心价值观的首位，认为社会工作者应超越个人私利为他人服务。国内学者在探讨社会工作价值观时，也非常注重社会工作者提供服务这一基本宗旨，提出了利他主义、以人为本、回应需求等价值观。③

---

① McGowan B G.“Values and Ethics”. In C. H. Meyer & M. A. Mattaini，The Foundations of Social Work Practice[M]. (Eds.)Washington，DC：NASW Press，1995：28.

② Reamer F G. Social Work Values and Ethics[M]. 2nd Ed. New York：Columbia University Press，1999：77-80.

③ 王思斌. 社会工作导论[M]. 2版. 北京：北京大学出版社，2011：80.

(二) 激发留守青少年群体改变的潜能

优势视角中有两个基本假设：有能力生存的人必然有能力使用及发展自己的潜能，并且可以取得资源；人类行为大多数取决于个人所拥有的资源。① 应用到留守青少年社会工作中，这种视角肯定个人的内在能力及改变的潜能，其关键在于留守青少年群体所处社会生态环境中资源的获取途径及链接方式，若协助其发掘资源的可利用性，留守青少年则可以激发自己的潜能来改变困境。即使现如今有相当比例的留守青少年存在各种心理及行为方面的问题，但在国家、政府、社会、学校及家庭的关注下，在社区、邻里等大量潜在资源的支持下，加之留守青少年自身的成长与发展的动力，留守青少年群体整体趋势向好，社会工作者需协助留守青少年链接可利用的有效资源，以改变其不利境况，从而达成真正意义上的助人自助。

(三) 秉承社会工作者的诚信并发挥青少年社工的综合能力素养

诚信是指社会工作者始终意识到专业的使命、价值观、伦理原则和伦理标准，并用与之相契合的方式开展实务工作。②初步接触留守青少年群体的社会工作者可能会发现，这些青少年不太爱说话、有些害羞；开展家访时也可能会发现，他们家中可能乱糟糟的……在诸如此类的场景中，社会工作者还能秉承社会工作专业伦理规范中的尊重服务对象、案主自决、保密等要求吗？实际上，诚信及其所包含的诸多伦理标准，是开展留守青少年社会工作的社会工作者所必须具备的，不论留守青少年处于怎样的生活环境内，具有怎样的心理及行为问题，青少年社工均必须对自己的案主/服务对象负责。

除了内化社会工作伦理原则及标准，开展留守青少年群体的社会工作还需充分发挥青少年社工的综合能力素养。能力是指社会工作者不断致力于增进专业知识和技能，并将它们恰当地运用到实务工作中。这要求社会工作者能够充分把握留守青少年的需求，并有针对性地制定服务方案，熟练运用青少年社会工作介入过程中的各项实务方法与技巧，通过督导总结、评估服务效果再加以改进，最终形成具有借鉴意义的可操作的专业性、系统化服务模式。

二、面向留守青少年开展社会工作的内容

针对留守青少年群体的社会工作内容主要包括临时救助、医疗卫生、权益保护、心理疏导、教育帮扶、成长支持、能力建设、社会倡导等。

在社会工作服务方式上，旨在积极建构成长支持模式。这是因为在现实情况下，大多数留守青少年面临的主要问题并非经济问题，而是更多停留在心理及行为层面，因此，需大力推动留守青少年群体救助服务的专业化与体系化，建构留守青少年成长支持服务模式。

(一) 建立信息台账

社会工作者应与相关部门积极协作，充分发挥社会工作专业优势，对留守青少年的家庭构

---

① Miley K O' Melia M.& Dubois B. Generalist Social Work Practice：An Empowerment Approach[M]. Boston，MA：Pearson Education Inc，2004：112.

② [美]拉尔夫·戈夫，弗兰克·M. 洛温伯格，唐纳·哈林顿. 社会工作伦理实务工作指南[M]. 隋玉杰，译. 7版. 北京：中国人民大学出版社，2005：17.

成、监护情况、照料情况、就学情况、身心健康情况等进行摸排调查，建立详细的信息台账，并实行动态管理、精准实测、及时随访、重点核查。

(二) 生活及教育救助

该项主要针对因家庭贫困而无法满足基本生活需求且不能接受正常教育的留守青少年群体，提供资金或物质上的资助；针对留守青少年学习上缺乏辅导及自觉性较差等问题，可采取个案辅导的模式，通过疏导、鼓励、支持等技术方法助其成长与改变；针对因长期留守而产生道德或社会行为方面问题(如说谎、偷盗等)的青少年，可采取行为修正模式，以纠正其不良行为。

(三) 情感关怀与心理辅导

通过不同留守青少年之间以及留守青少年与他人之间的互动，让留守青少年感受到情感上的关爱与支持，促进留守青少年群体的社会化发展；针对因父母其中一方或双方，即将或已外出务工而处于生活及心理危机状态的留守青少年群体，可采取危机干预模式，以帮助留守青少年摆脱危机，并调适恢复为稳定的生活状态。

(四) 家庭干预

以留守青少年的父母、亲戚及祖辈为对象，通过家庭走访、小组工作等服务形式，一方面，开展关系调适、情绪指导、人际沟通等家庭教育服务，增强留守青少年家庭监护人履行监护义务的意识；另一方面，积极传授给监护人心理学、社会学、行为学及社会工作等必备且常用的相关知识与技能，以尽可能提升留守青少年群体监护人的监护能力，协调其更好地发挥监护作用。

(五) 素质拓展

开展以能力建设、心理支持、人际交往、安全教育等为主题的专业服务，着重培养留守青少年群体的全面发展，如组织梦想拓展、团队建设、技能培训和安全教育等方面的素质教育，以促进留守青少年群体改善生活现状、展望美好未来、获得健康成长。

(六) 社区融合

应重视留守青少年群体的社区融合工作，特别是针对城市流动青少年群体。需积极进行社会倡导，建立以留守青少年群体为中心、以家庭为基础、以社区为纽带的社区融合平台，形成政策友好、空间友好、服务友好的留守青少年群体友好社区，以营造适合外来务工人员子女健康成长的友好环境。

三、面向留守青少年开展社会工作的方法

(一) 干预性介入

1. 个案工作

针对服务对象的个性化需求开展个案工作。家庭教育的缺位，普遍对留守青少年群体的身心健康、学业与生活等方面产生一定程度的负面影响，故主要针对心理及行为方面出现困境的留守青少年群体开展社工服务介入。

首先，通过一对一的帮扶介入，初步与服务对象建立良好的信任关系，进一步让留守青少年感受到社工的陪伴与关爱；其次，充分了解留守青少年的生活现状、目标诉求、社会资源及利用情况，并梳理把握现存问题；再次，引导留守青少年自我表达，循循善诱，与其进行深度访谈，澄清并分析造成问题的原因，有针对性地给予解决；最后，对本次个案进行归纳总结，与服务对象一同回顾成长历程，逐步挖掘留守青少年群体的潜能，并适当跟进个案服务及回访工作。

在生存与生活方面，在个案工作中，社工可采用行为修正模式以修正留守青少年群体在日常生活方面的偏差行为，助其更好地适应生活、健康成长；在学业与教育方面，社会工作者可以通过链接学业辅导资源以促进留守青少年群体改善学习现状；在家庭教育方面，社工可适当安排治疗性家庭会谈，改变家庭结构，对留守青少年群体家庭定期进行支持辅导，以缓解并避免生活冲突，引导其正确指导青少年的学业与生活；在心理与行为方面，社会工作者可以通过鼓励、支持、引导等专业方法与技术对留守青少年群体开展心理情绪辅导及心理治疗服务；在情感支持方面，可通过协商确定家庭沟通频次，采取网络、电话、书信等方式，为留守青少年与其父母沟通提供便利，并针对沟通过程加以引导及跟进，助其改善亲子关系，营造良好家庭氛围。

2. 小组工作

社会工作者可以组织同质性较高的留守青少年同辈群体组成小组，并对小组成员进行相关干预和服务。通过留守青少年群体组员间的互动共同完成小组活动。在互动过程中，小组成员间易引发心理共鸣，促使留守青少年相互学习、相互扶持，最大化发挥友伴群体功效，助其进一步完善社会支持网络资源。

面向留守青少年群体开展小组工作，其小组类型有支持性小组、成长性小组等，小组主题如兴趣小组、学习小组、人际交往小组、情绪控制小组、志愿服务小组等。聚焦于留守青少年群体，小组活动亦可设计得丰富多样，如“自画像”小组活动，让留守青少年在作自画像的过程中，积极看待自己、接纳自己，面对内心真实的想法；组织“空椅子”活动，邀请小组成员说出各自独特的留守故事，在此过程中，难免出现留守青少年在情绪输出时过度宣泄或失控的局面，这时可针对该小组成员开展个案工作，助其疏解难以释怀的情绪；组织“七手八脚”“室内探险”等团队建设活动，可增强留守青少年小组的凝聚力，鼓励小组成员共同交流、相互扶持，一起面对问题并群策群力提出解决方案，提升向心力。

3. 社区工作

社区工作要以社区为依托，在社区建立以留守青少年群体为中心的社区融合活动平台，力图形成政策友好、空间友好、服务友好的留守青少年群体友好社区，营造关爱留守青少年的良好环境。

(1) 面向留守青少年群体发力。社区以居委会为单位，开展留守青少年摸排清查活动，采取入户走访、街访调查等方式初步了解情况，并建立留守青少年档案；在社区内针对服务对象进行前期需求调查、评估及活动宣传，集中社区力量扶助留守青少年群体。此外，社区为正处于叛逆期的留守青少年群体建立免费咨询点，以预防其心理问题及偏差行为的出现。

(2) 面向留守青少年家庭发力。社会工作者可以动员社区内不同团体组织及居民广泛参与面向留守青少年家庭的帮扶行动，积极调动社会各方力量，壮大社区人才队伍，充分链接有效资源；成立关爱留守青少年志愿者服务队伍，适时开展安全常识、法律知识、道德准则等讲座培训；邀请教育工作者、医务工作者、公安机关人员等长期志愿者到社区授课，并由社区优秀家长代表现身说法，以传授家庭教育经验。

(3) 面向留守青少年所在社区发力。定期开展社区教育，对社区留守青少年群体所在社区环境中的问题进行分析并归因，规避网吧等风险组织场所；成立社区互助小组以优化资源并达成有效配置，通过邻里间互帮互助，积极开展社区文化娱乐活动，优化社区文化环境，营造留守青少年所处社区的良好文化氛围；以社会工作机构为载体，充分利用社区的硬件设施，设置青少年活动室、自习室等各类兴趣及学习场所，同时开展面向留守青少年的各项社区活动，力图创建留守青少年友好型社区，为留守青少年群体提供必要的学习及活动场域。

(二) 预防性介入

1. 家庭层面

在留守青少年家庭中，父母大多外出务工，留守青少年极为缺乏与父母相处和交流的机会，对亲子关系的构建与维护造成影响，故外出务工此举需进行多方面审慎考虑。

(1) 若因家庭经济状况不得不长期外出务工，则可以让父母双方文化程度相对较高的一方留在家中监护及教育子女，据现实情况调查来看，一般以母亲为主。

(2) 若结合实际情况而言，父母双方均需外出务工，而祖辈一代因时间及精力有限，又无法保证具有监护及照料留守青少年的能力，父母则可在邻里亲戚朋友中，为青少年寻求并联系“代理妈妈”，一方面能够弥补青少年所需的安全感与情感关注，给予其积极的关爱与陪伴，在一定程度上缓解其与父母的分离焦虑；另一方面对青少年的学业及家庭教育有所帮助。

(3) 外出务工的父母有必要及时跟进并了解子女的近期情况。一是可以利用网络、电话等沟通方式，定期与青少年互动交流，及时关注并聆听他们的心声，给予其理解与信任，让留守青少年见字如面、闻声相见、隔屏相会，切实感受到父母的关爱与惦念、家庭的温暖与陪伴，努力维护并强化亲子关系；二是父母需向青少年的临时监护人及校方老师等及时了解青少年的学习及生活现况，间接参与到子女的生活圈中来，并进行积极引导，营造良好的亲子沟通环境，以促进留守青少年身心健康成长。

(4) 若父母均外出务工，如果现实条件允许，可考虑带着子女一同奔赴打工地，并在自身的支持与陪伴下，让子女在当地接受相应的义务教育。

2. 学校层面

学校普遍的传统应试教育容易导致片面注重学习成绩，而忽略对学生其他方面的培养。积极的学校教育应是以人为本，注重挖掘青少年的优势及长处，并通过有效的教育方式及路径来培养与提升留守青少年群体的积极品质，促使其在积极的学校教育中塑造出积极的人格。积极的学校环境有利于留守青少年群体身心健康地成长与发展，从而更好地适应社会环境。

(1) 引进学校社工，设立心理健康课程及幸福课程教育，对学校教师开展专业培训，引导其增强对留守青少年群体的关注。随着积极心理学的发展，已有很多国家在中小学阶段开始推广积极心理学课程，开展幸福教育，国内部分一线城市也已开办起来。该课程旨在关注学生的身心健康，培养学生的积极品质，如积极应对人际关系及挫败体验，如何体验幸福并提升幸福感。幸福课的实践形式丰富多样，社工及志愿者可以通过分组讨论、角色扮演、沉浸式教学和课外素质拓展等活动形式推行，以模仿、表演、游戏等与留守青少年群体互动。在活动过程中，社工可引导青少年谈论理想、交换心愿、畅聊家人等，鼓励支持青少年进行自我表达，并进一步引发他们的思考。志愿者则需要及时关注并随时记录每名留守青少年的表现及状态，以便于复盘、细化服务目标并完善需求评估，继而尝试探索为每名青少年量身定制成长支持计划。

(2) 开展家校联合活动及系列主题教育实践活动。为留守青少年群体的监护人或临时监护人举办讲座，并定期组织专题教育培训、座谈会等，传授青少年教育的基本常识、科学理念及方法，助其进一步了解青少年，以达成积极引导并教育的目的，提升其亲职能力；同时，可充分利用春节、国庆节等外出务工人员返乡的节假日“黄金期”，召开家长会及开展亲子活动等，把握机会，及时改善并维持家庭关系、家校互动关系。此外，学校可定期开展系列主题教育实践活动，如围绕自尊自爱、情绪调控、人际交往、自律、勇敢、诚信等主题实践活动，通过留守青少年的亲身经历与体验，加之与同辈群体的分享交流，最后在社工及志愿者的引导下达成共鸣与升华，从而形成积极的情绪体验，并达到积极教育的初衷。

(3) 面向留守青少年群体开展特长教育。针对留守青少年的个体差异，挖掘青少年的潜力，促其得到全面发展，且有利于培养留守青少年群体的自信心，并获得个体成就感。社会工作者可以与校方合作，并为留守青少年群体链接师资、开办文化艺术特长课程、举办特长比赛活动等，以充分发挥留守青少年的潜能，为其全面开展积极教育。

3. *社区层面*

一方面，积极良好的社区环境有利于留守青少年群体的身心发展。因此，社工可借助社区平台资源，举办关爱留守青少年的社区活动，积极推动社区社会工作。诸如政府与社区共同发力，积极推动建设留守青少年之家，为促进留守青少年群体的心理健康成长提供平台支持。

另一方面，在留守青少年所处社区内积极推广并开展团体心理辅导，加强对留守青少年的心理健康教育。团体辅导是一种有效改善留守青少年心理健康水平的手段与方法，通过团体心理辅导，给予留守青少年无条件的关爱与支持，可以有效缓解青少年的失望感、无助感与焦虑感，加强留守青少年的社会支持网络体系，改善留守青少年的心理健康水平。

4. *政府层面*

预防留守青少年群体问题的产生，究其根源，还需促进留守青少年相关法律法规和相关政策的制定。为了切实保护留守青少年群体的权益，我国政府现已积极制定系列政策，以改善和解决留守青少年相关问题。例如，推行学习免费政策，各级政府在义务教育阶段，对农村留守青少年的学杂费实行全免政策；在农村积极建设寄宿制学校，保障留守青少年的健康成长；加快户籍制度改革，进一步缩小城乡发展差距；在高考政策方面，国务院办公厅明文要求各地政府出台异地高考方案，解决城市外来务工人员子女的高考问题等。

由于经济社会发展的限制，政策的制定及实行过程尚待完善，仍需政府机关依据现实情形，不断加以调整和修订，以保障留守青少年群体的健康成长与发展。例如，留守青少年受教育方面，呼吁政府制定有利于留守青少年教育的社会政策，保障留守青少年的教育等权利：政府在政策制定上，可在教育拨款方面适当倾斜，加大对教育的投入，改善办学条件；通过协调各组织间关系，整合多方资源以增加教育资金投入，促进教育资源均衡分配，以妥善解决留守青少年群体在外地上学等问题。

5. 社会层面

为留守青少年群体积极营造一个充满关爱呵护和陪伴支持的社会环境。只有社会各界共同关注，多方位、多维度、体系化地采取相应措施，并建立行之有效的应对机制，才能使留守青少年获得正常且完备的教育，让其和普通青少年一样健康快乐地成长，进而促使外出务工人员能够更好地服务于我国城乡建设、现代化建设。因此，全社会应共同发力，充分发挥社会各界力量，凝聚全社会关爱留守青少年群体的共识，为促进留守青少年的身心健康成长与发展而助力。

四、案例分析①

(一) 案情介绍

案主小伟，彝族，14岁，五年级学生，独生子女。母亲患有轻度精神分裂症，父母在外打工，现跟随外公、外婆居住。小伟成绩不错，和老师、同学相处良好。但看上去很外向的小伟喜欢说谎，最近又出现偷窃的行为。三年前，父亲带着患病的母亲背井离乡，去浙江开了一家牛肉粉店。之后，小伟就住在外公、外婆家里。小伟现居住的房间简陋，只有用两块木板搭起来的床。据外公、外婆反映，小伟是周围同龄孩子中最听话、最懂事的孩子，经常帮助他们做家务、干农活，学习成绩也一直比较好。

小伟有三个好朋友，因为小伟性格很好，大家在一起玩得很开心，但是时间长了，大家发现小伟总是说谎，经常骗他们和外公、外婆。例如有时候，他明明没有做作业，却谎称自己在学校就已经做完了；还有时候，小伟会想各种办法骗走他们的零食。诸如此类的事情渐渐让朋友们感觉到小伟是一个爱撒谎的人。

此外，据小伟同学反映，小伟很爱说大话，考试的时候喜欢作弊，甚至还抄袭其他同学。最近有同学发现他偷了班上一位女同学放在书包里的10元钱，并告诉了班主任，班主任当着班里同学的面批评了他，并告知了小伟的外公、外婆。

据班主任反映，小伟在课堂上表现较为积极，经常主动回答问题，学习成绩也一直很稳定，排名虽不是前几名，但也算是中等生。小伟最不受老师欢迎的行为就是在课堂上爱接老师的话，还总是谎称自己肚子疼而要求上厕所，实则是逃课在外面玩耍，近期又发现他有偷窃的不良行为。

小伟在这三年中慢慢接受了父母离家赚钱的现实，并且习惯了独来独往的生活，遇到困难首先自己想办法解决，解决不了找老师，实在不行就给父亲打电话，鲜少与外公、外婆交流。不过小伟有着较为明确的理想和未来规划，很有自己的想法，同时也善于自我表达。

以上不难看出，小伟十分渴望受到大家的关注与重视。

(二) 主要问题及分析

1. 个人：自我同一性的迷失

小伟看上去性格活泼，与大多数留守青少年所呈现的心理问题与行为表征不同，但实际上

① 于晶利，刘世颖. 青少年社会工作理论与实践[M]. 2版. 上海：格致出版社，2019.

他喜欢说谎，对人对己构造并呈现虚假的性格，缺乏对自我的客观认识，其内核体现出自卑心理与自我同一性发展的不成熟。

2. 家庭：家庭联结中断

小伟是家中的独生子，在父母离家外出务工之前，对其十分关爱。由于父母长期在外打工，小伟来到外公、外婆身边生活，家庭中来自父母一代的关爱便中断了。此外，外公、外婆因年纪大，时间及精力有限，难以时刻体察并照顾到小伟的个人状态，故使其无法得到自己所期待的关注、照料与呵护，因此渐渐习惯了独来独往，遇到困难时首先自己想办法解决，其次会寻求父亲及老师的帮助，几乎不与外公、外婆交流。

3. 学校：同辈群体关系难以建立

小伟是三年前转学到现所在学校的，在同龄人群体中，他一直想树立一个自信骄傲的形象，但由于现实诸多限制条件，使其无法得偿所愿，难以顺理成章地达成自己的理想状态，于是他便通过谎言来维护自己塑造的个人形象。然而，当周围接触的同学逐渐了解到小伟的真实情况后，大家便不再被其单方面所构画的内容而吸引，于是小伟决定采取偷东西这一特殊方式来引起他人的注意，但他并没有意识到偷窃物品这一偏差行为所带来的严重后果与不良影响，只想借此引发他人的关注与重视。

(三) 介入理论

综合案例详情及问题分析，本案采用行为修正模式、社会支持理论、优势视角理论及结构性家庭治疗作为介入理论。

1. 行为修正模式

行为修正模式强调自我约束、自我管理，鼓励案主积极参与自身行为改变的过程，并对自身行为变化负责；案主的偏差行为亦会导致周遭环境发生变化，从而对其自身的成长与发展产生一定负面影响。在此理论模式下，结合本案，需帮助案主小伟认识到人是可以根据自身行为产生的后果调节自身后继行为的。案主小伟渴望在学校树立良好的个人形象，并得到大家的关注与重视，故需对目前身陷信任危机的小伟开展短期行为修正干预服务。在社会工作者提供服务的过程中，社工需与案主小伟共同制定行为修正方案与服务计划，协助小伟修正并改变自身尚存的不良行为，如说谎成性、偷窃物品等偏差行为问题，并进一步端正自我态度与意识，从而使周围人际环境有所变化，他人对其看法与态度有所改善，继而影响其后继行为，引导其逐渐积极融入学校等社会环境之中，如此一来便形成良性循环。

2. 社会支持理论

“人在情境中”是社会工作专业的基础理论及重要术语，而案主小伟正处于家庭、学校、社会等交叉情境中，有利于建构相应的社会支持网络。社会支持即一定的社会网络运用一定的物质和精神手段对社会弱势群体进行无偿帮助的行为之总和。社会工作者有必要依据案主小伟的社会关系网络，链接周围人际资源，联系小伟家人、老师、同学等为其问题的干预与解决提供支持与帮扶，并助其构建积极良好的社会支持网络体系。此外，由于环境的复杂性与动态变化性，社会工作者需要关注其在实际生活场域中的各种社会关系。

3. 优势视角理论

在优势视角的维度下，青少年群体与成年人一样平等地享有权利，同时尊重青少年群体的基本需求。结合本案，在社会工作者开展专业服务的过程中，需尊重青少年主体，将每一位青少年视为独立个体并加以个别化对待。本案中，以案主小伟为核心主体，注重引导案主发挥自身潜能，努力激发其发展性，从个人层次、人际层次与环境层次为服务对象赋权增能，最终达成助人自助的目的。社工还应从积极的角度理解青少年成长过程中遇到的各类问题，如小伟的性格、人际与行为问题，这就需要社工引领小伟在困境中积极理性地做出正向的自我改变，以应对现实挑战，从而提升其抗逆力水平，助其健康成长与发展。

4. 结构性家庭治疗

结构性家庭治疗者认为，问题之所以出现，是由于家庭结构存在异常。因此，可以试图通过改变案主小伟的家庭结构来助其解决问题。社会工作者可通过与全部或部分家庭成员开展治疗性会谈并辅以其他专业技术来协助案主小伟、外公、外婆及小伟父母等家庭成员改善家庭关系，建立良好的家庭互动模式，从而在根本上解决整个家庭及其个别家庭成员的问题，促进案主家庭的良性互动，促进其家庭成员的身心健康。

(四) 服务方案

1. 服务目标

总目标：

修正案主欺骗、偷窃等偏差行为，并协助案主构建积极良好的社会支持网络体系，引导其发挥自身潜能，提升抗逆力水平，助其健康成长与发展。

分目标：

(1) 通过个案会谈，修正案主小伟不良行为并纠正其错误认知，引导其充分发挥个人潜能，改善周围人际关系，并提升抗逆力水平。

(2) 链接案主小伟的人际资源，联系小伟父母、外公、外婆、老师及同学等社交成员，完善案主社会支持系统，协助案主重塑社会支持网络。

2. 服务过程

社会工作者针对案主小伟的情况，展开个人、家庭、学校及社会等多维度的综合分析，以促进小伟个人问题的解决和社会环境的改善。

(1) 建立专业关系，开展个案服务。初次个案会谈地点为案主小伟家，考虑到家庭是案主熟悉、无压力的环境氛围，便于社会工作者开展首次个案服务，与案主小伟建立相互信任的专业关系，进而为后续的个案工作做好准备。社会工作者通过前期对案主小伟背景资料与个案基本情况的了解，事先拟定个案会谈提纲，以便在与小伟初次会谈过程中进一步明确具体服务目标与个案服务方向，并与案主共同协商制定服务方案与具体工作计划。

此外，社会工作者需向案主表明社工的专业技术、职业道德标准与专业化服务内容，以消除案主的不信任与忧虑。初次个案会谈的主要目的是与案主小伟建立专业服务关系，让案主悉知具备的权利义务与服务条约，并与案主共同制订周密的服务计划，签订服务合同。

在接下来的个案服务过程中，社会工作者需对案主小伟的痛点与敏感话题予以注意，切忌对案主进行价值选择与价值判断，重在协助案主明确自身心理与行为问题，并采取行之有效的方案，以促成案主问题的解决与社会支持网络的改善。另外，针对每次个案服务，社会工作者需做好相应服务记录，以便个案工作的推进，有利于社工予以辅助引导，也可为后期结案评估工作的开展做好充分准备。

(2) 修正偏差行为，链接各方资源。首先，通过与社工多次会谈，案主小伟逐渐意识到说谎和偷窃行为不但不能获得他人的关注与喜爱，还易造成失去他人信任、丧失同辈群体关系的局面与后果。社工还跟小伟共同探讨出几种适合展现自我、树立良好的个人形象的方法与途径，引导案主小伟充分发挥其个人潜能，通过自身行为举止的改变以积极挽救并妥善处理周围人际关系的互动状况，提升自身应对社交困境的抗逆力水平。经过一段时间的尝试与体会，小伟与同辈群体之间的友伴关系得到显著改善。

其次，社工也联系到小伟的父母，并与其沟通小伟的近况，小伟父母允诺会抽出时间回家看望他，并提出要为小伟办理城市入学手续，尽可能带他到自己身边学习与生活。同时，社工也积极联系到学校的老师与同学，并向其解释说明小伟说谎与偷窃行为背后所暗含的真实原因，还望得到老师与同学的理解与体谅，并希望给予小伟更多师生间、同窗间的关注与关心。经过一段时间的观察，老师反映小伟不再有欺骗与偷窃等偏差行为，个人情况与在校互动情况明显好转。

最后，社工与小伟所在村委会取得联系，积极动员村民平时多关注并帮衬小伟一家，协助小伟的外公、外婆处理困境与难题，对于无法处理的问题可及时上报反映给村委，旨在有效借助并发挥各方力量与资源，为案主小伟及其家庭展开行之有效的帮扶，助其健康幸福地成长与发展。

(3) 巩固个案成果，做好结案准备。个案服务接近尾声时，社会工作者通过体察案主小伟心理及行为方面的变化，了解小伟周边的群体成员对小伟近期变化的反馈，发现案主小伟的欺骗与偷窃等偏差行为得到修正，人际互动关系得以恢复与巩固，社会支持系统得到全面完善，个人抗逆力水平显著提升等。案主状况明显好转并渐入佳境，在与社工督导协商沟通后，决定预备结案。

社会工作者依据专业化服务标准，带领案主小伟反思并回顾了往期个案服务过程与服务效果，肯定了这段时间以来小伟自身在心理调适与偏差行为等方面做出的积极改变与自身优势潜能，并鼓励其再接再厉，在今后的生活中积极应对未知的一切，相信小伟光明的未来将充满无限可能。最后，在社工对个案服务进行归纳总结之后，本次个案服务正式宣告结案。

(五) 评估与反思

1. 评估

本次个案工作的开展，以行为修正模式、社会支持理论、优势视角理论及结构性家庭治疗为理论依托，并借助学校社会工作与家庭社会工作场域下的工作手法与服务模式，使得社会工作者介入及干预的服务范围辐射到案主小伟及其周边的人际互动环境，从而全方位深入满足个案需求，并解决案主心理及行为问题。

在个案服务开始期间，社会工作者注重与案主小伟建立相互信任的专业服务关系，便于后续个案工作的开展与推进。在其后的几次个案会谈中，社工积极回应并修正案主小伟关于偏差行为与人际互动之间的关系问题，并与小伟共同协商促进自身积极改变的干预举措与服务方案，针对案主偏差行为进行有效修正，对症下药；在此阶段充分挖掘案主小伟自身的抗逆力优势与人际互动潜能，随之帮助案主链接有效的社会资源，寻求案主家庭及老师、同学的鼓励与帮助，使得案主的现状得到充分关心与重视，完善案主小伟的社会支持网络，重塑其社会支持系统，齐力助推案主问题的解决与身心健康成长。

在本次个案工作中，社会工作者在为案主开展服务时，完全遵循社会工作职业道德标准，并积极运用了专注、倾听、鼓励、澄清与引导等个案工作专业技巧；与服务对象及其余涉及本案的社会成员建立并维系平等互信的专业服务关系；主动联络督导，积极向其反馈个案进展情况，这有利于督导及时掌握并跟进个案服务进度，有助于个案工作的专业化推进等。综上，本次个案工作圆满结束，个案服务效果达成。

2. 反思

(1) 建立专业伙伴关系。建立、发展和维系留守青少年和社会工作者双方基于真诚、理解、信任而构建的伙伴关系乃重中之重，社会工作者和留守青少年双方应是一对结伴解决困难的伙伴。在社会工作者介入留守青少年群体的过程中，伙伴关系代替权威关系具有十分深刻的意义。对于个性抗拒排外、不愿配合的留守青少年来说，及时与其建立相互信任的伙伴关系，化解其排斥心理，是以后开展服务工作的必要前提与有利条件。针对青少年群体，可结合其年龄阶段的偏好特征，如采取游戏互动的介入技巧，与留守青少年拉近距离，有助于破冰并建立真诚而信任的专业伙伴关系。

(2) 运用同理心。同理心的培养与运用是社会工作者介入留守青少年群体问题的专业技巧与重要方法。在社会工作者介入专业服务的过程中，需感同身受地进入留守青少年的内部价值体系，体验留守青少年的感受、情绪与想法，然后将感受到的“留守青少年的心声”准确传达给他们，有助于留守青少年认识到与社会工作者之间的信任与平等关系，并用爱和理解来激发留守青少年的内在抗逆力。社会工作者也可以采取自我披露的专业方式，与其分享自身遭遇的困难经历与体验，以引导留守青少年渐渐卸下防备，畅谈自己的想法，逐渐树立自信心，相信自己能够迎难而上，有能力去克服未知的困难与挑战，以此充分提升自我的效能感。

(3) 有效链接并整合多方资源。社会工作者可与案主家庭、案主所在学校、案主所处社区等展开联动帮扶，利用社会工作专业优势与多元主体服务平台，助力留守青少年群体，加强与自身家庭的紧密联结；引领及动员政府及社会力量，适时改良相应政策措施，加大支持力度，提供有效资源，为留守青少年群体提供良好的社会成长环境。

第十九章　网络成瘾青少年群体

20世纪60年代末70年代初，互联网开始出现并迅猛发展，网络和大量电子产品迅速普及，大大提高办事效率，给人们的学习、工作、生活等带来了诸多便利。进入21世纪以来，网络已融入人们日常生活的方方面面，我们已然离不开网络，甚至对其产生依赖，随之而来的是各种网络并发症。青少年作为使用网络的主力军，合理使用互联网给他们带来了有益的成长，然而由于青少年正处于发育期，心智状态处于不成熟向成熟的过渡期，过度使用网络使他们缺乏分辨力和自控力，进而导致沉迷于虚拟世界而忽略了现实生活的美好。

本章将介绍网络成瘾青少年群体所涉及的社会工作实务问题，包括网络成瘾的内涵和类型、网络成瘾青少年群体存在的问题及成因、社会工作干预和介入等，使读者能对网络成瘾青少年群体有整体认识。

第一节　网络成瘾概述

一、网络成瘾的内涵

互联网的出现使信息传递超越了时间、地域的限制，让信息传递变得轻松便捷，大大地丰富和便利了人们的生活、学习和工作。与此同时，人们因过度沉迷于网络而引发网络成瘾的现象愈发严重，严重危害人们的日常生活，引起了学者的广泛关注。网络成瘾(Internet Addiction，IA)，也称“网络成瘾障碍”(Internet Addiction Disorder，IAD)或“病理性网络使用”(Pathological Internet Use，PIU)，最先引起美国心理学家关注，最早由美国学者格登伯格提出，匹兹堡大学的金伯利·扬博士的研究证实了这一现象的存在，发展并完善了对网络成瘾的学术研究。

格登伯格[①]将网络成瘾定义为：由于长时间不适当的网络使用而导致对网络的耐受、戒断反应、持续的上网欲望及行为失控现象，对个体的生理、心理及社会功能造成损害。金伯利·扬[②]发现，在其研究的496例网络用户中，有396例是依赖型网络用户。过度使用网络对用户的损害是多方面的，如损害身体健康、导致人际关系障碍、学业成绩下降及影响正常工作。金伯利·扬认为，“网络成瘾”是网络病态使用，更像一种冲动控制障碍。她根据DSM-IV(美国精神疾病诊断手册第四版)对上瘾的诊断标准，设置了10个问题，如果对下列问题中的5项以

① Goldberg. Internet addiction disorder. http://www.cog.brown.edu/brochure/people/duchon/humr，1996，1(3)：237-244 or/internet.addiction.html，1995.

② Yong K. Internet addiction：the emergence of a new clinical disorder. Paper presented at the 104th Annual Convention of American Psychologi cal Association，1996.

上回答是肯定的，即可确定为网络成瘾。

(1) 你是否迷恋互联网或其他网上服务，并在下线后仍然念念不忘？

(2) 你是否感到有必要花更多的时间去网上寻求满足感？

(3) 你是否能控制自己上网？

(4) 如果减少了上网时间或停止上网，你是否感到不安和愤怒？

(5) 你上网是为了逃避问题或是为了减轻无助感、犯罪感、焦虑、抑郁？

(6) 你是否欺骗家人或朋友，以隐瞒你上网的频度和时间？

(7) 你是否为了上网而不惜冒失去某个重要关系、工作、受教育机会或谋职机会的风险？

(8) 你是否愿意支付大量的上网费用？

(9) 当不使用网络时，你是否感到更加抑郁、情绪低落或易怒？

(10) 你的上网时间是否总是比预计的要长？

1996年，金伯利·扬对互联网成瘾症的报告正式公布，从此计算机成瘾症和互联网成瘾症的学术讨论便在学术领域内深入展开。

国内对网络成瘾现象的研究始于1997年，由我国台湾学者率先关注，随后大陆学者也开始进行相关研究。从全国来看，医学、心理学界分别从自己的学科特点出发，对青少年网瘾问题做了较为深入的研究和实践。然而，单纯从医学的视角将网络成瘾视为一种临床疾病而采用药物治疗，或从心理学视角对网络成瘾者进行心理治疗，都受到不同程度的批判和挑战。社会工作服务对网络成瘾的干预从个体与环境互动关系的视角出发，将服务对象视为非病态和具有资源的个体，着重与服务对象合作共同界定问题，协助服务对象利用可获得的资源，改善和提升其社会功能，从而达到恢复其因网络成瘾而损害的正常社会功能的目的。这与医学、心理学对网络成瘾者角色的界定、干预具有实质上的不同，是一种新的尝试。

2008年，北京军区总医院制定《网络成瘾临床诊断标准》，将网络成瘾定义为个体反复过度使用网络导致的一种精神行为障碍，表现为对网络的再度使用产生强烈欲望，停止或减少网络使用时出现戒断反应，同时伴有精神及躯体症状。因此不难看出，网络成瘾主要是个体对网络使用产生依赖，进而影响身心健康的现象。

根据《中国青少年健康教育核心信息及释义(2018版)》，网络成瘾指在无成瘾物质作用下对互联网使用冲动的失控行为，表现为过度使用互联网后导致明显的学业、职业和社会功能损伤。其中，持续时间是诊断网络成瘾障碍的重要标准，一般情况下，相关行为需至少持续12个月才能确诊。本文将依据此概念对网络成瘾青少年进行全面探讨。

二、网络成瘾的类型

(一) 从使用内容与目的划分

根据《中国青少年健康教育核心信息及释义(2018版)》，网络成瘾包括网络游戏成瘾、网络色情成瘾、信息收集成瘾、网络关系成瘾、网络赌博成瘾、网络购物成瘾等。其中，网络游戏成瘾最为常见。2018年6月，世界卫生组织发布新版《国际疾病分类》，游戏成瘾被列为精神疾病，会导致性格内向、自卑、与家人对抗及其他精神心理问题，出现心理障碍，如对自己的学业及工作前途感到悲观、情绪低落、做事没有兴趣等，部分患者还会导致社交恐惧症等。

网络游戏成瘾者将大量的时间和金钱花费在网络游戏等活动中，过度追求游戏所带来的刺激感，容易导致人际关系不和、财力丧失。

网络色情成瘾者把大量的情感和精力浪费在网络色情之中，探索刺激、暴力的色情领域，对身体和心理造成严重危害。

网络关系成瘾者沉溺于通过网上聊天或色情网站结识朋友，将更多精力投放到网络关系的维护上，造成现实生活中的情感障碍。

网络信息成瘾者将大量时间花费在搜索和收集与自己工作、学习无关或者不迫切需要的信息上，造成工作和学习效率的下降。

网络购物成瘾者产生于电商发展时代，由于消费主义盛行，他们禁不住诱惑购买大量无用的商品，缺乏自我控制。

网络赌博成瘾者不可自控地参加网上赌博等非法活动，存在侥幸心理，导致资金大量流失，甚至发展到借高利贷等非法行为，对生活产生严重危害。

(二) 从使用时长划分

研究发现，每星期花40～80小时在网络上会对生活产生负面影响，如睡眠障碍、持续疲劳、工作和学习绩效降低、人际关系障碍等[①]。

根据使用网络时长划分，可将网民分为无网瘾倾向、有网瘾倾向、轻度网瘾、中度网瘾、重度网瘾等类型，具体划分标准见图19-1、图19-2。

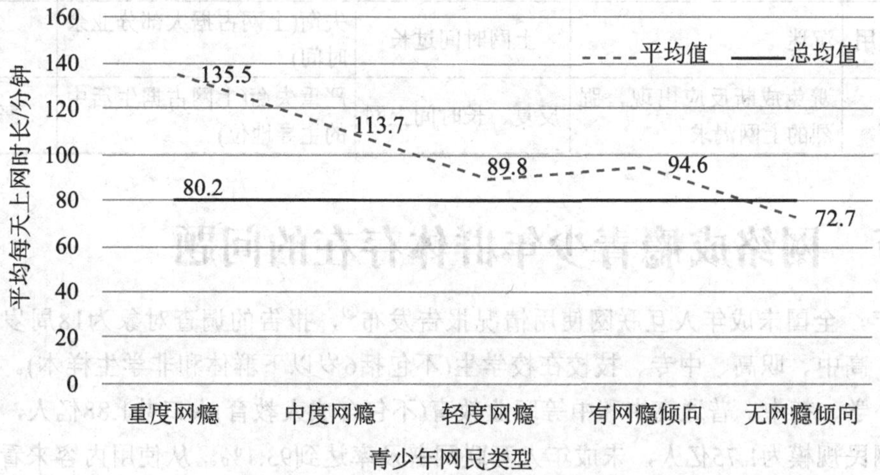

图19-1　青少年网民平均每天上网时长[②]

① Yong K. Internet addiction：the emergence of a new clinical disorder. Paper presented at the 104th Annual Convention of American Psychological Association，1996.

② 中国青少年网络协会. 中国青少年网瘾调查报告2009[R]. 北京：中国青少年网络协会，2010.

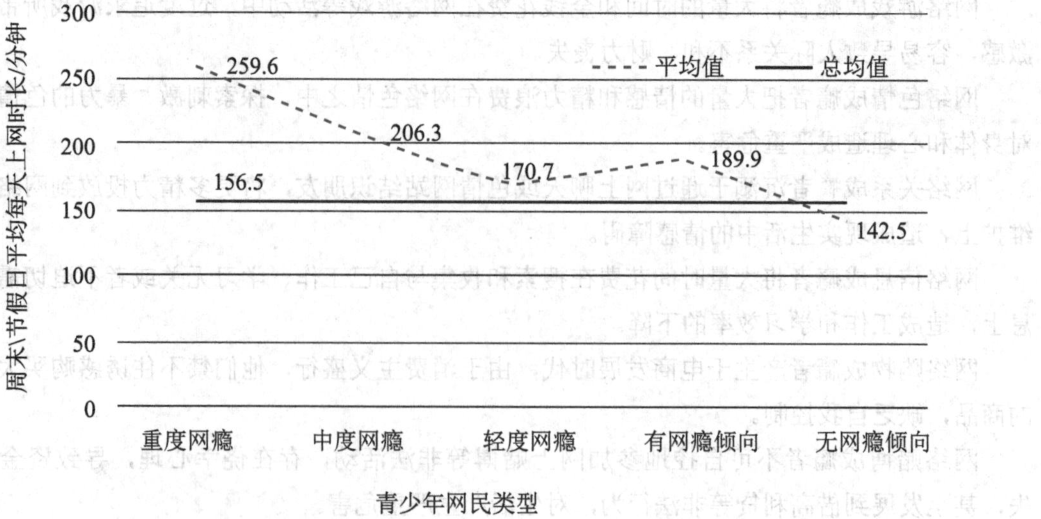

图19-2　青少年周末/节假日平均每天上网时长①

除此之外，对正常使用、过度使用和网络成瘾也应做一定区分，如表19-1所示。

表19-1　网络正常使用、过度使用和网络成瘾的区别②

网络使用情况	上网原因	上网时间及频率	网络与现实生活的关系	社会功能
网络正常使用	好奇、愉快、缓解紧张与疲劳	适当	平衡	未受影响
网络过度使用	沉迷	上网时间过长	失衡(上网占据大部分业余时间)	受损
网络成瘾	避免戒断反应出现，强烈的上网渴求	反复、长时间上网	严重失衡(上网占据生活中的主导地位)	严重受损

第二节　网络成瘾青少年群体存在的问题

2019年，全国未成年人互联网使用情况报告发布③，报告的调查对象为18周岁以下的小学、初中、高中、职高、中专、技校在校学生(不包括6岁以下群体和非学生样本)。据统计，全国普通小学、初中、普通高中和中等职业教育(不包含成人教育)人口共1.88亿人，2019年我国未成年网民规模为1.75亿人，未成年人互联网普及率达到93.1%。从使用内容来看，未成年网民中利用互联网进行学习的比例为89.6%，上网玩游戏的比例为61.0%，看短视频的比例为46.2%。可见，互联网已经成为未成年人认识世界、日常学习、休闲娱乐的重要平台，因互联网导致未成年人网络成瘾而沉迷于虚拟世界的问题也显著增多。超过六成的未成年网民认为互联网是自己认识世界的重要窗口和日常学习的得力助手，超过五成认为互联网是自己娱乐放松的有效途径和便利生活的重要工具。

① 中国青少年网络协会. 中国青少年网瘾调查报告2009[R]. 北京：中国青少年网络协会，2010.

② 北京军区总医院. 网络成瘾临床诊断标准[M]. 北京：北京军区总医院，2009.

③ 中国互联网络信息中心(CNNIC). 2019年全国未成年人互联网使用情况研究报告[EB/OL]. http://www.cnnic.net.cn/hlwfzyj/hlwxzbg/qsnbg/202005/P020200513370410784435.pdf，2020-05-13.

互联网时代下，网络极大地便利了人们的生活。在网络上，青少年可以进行学习、娱乐、交友等活动。虚拟网络缩短了人们的时空距离，借助网络进行沟通交流成为人们的共同选择。然而过度使用网络引起网络成瘾并发症会对现实生活造成严重困扰，计算机和互联网在给青少年带来好处的同时也产生了许多危害。相较于成年人，青少年更容易被新鲜刺激的事物所吸引，自制力较差。青少年沉迷于虚拟网络中，容易被网络上大量无意义的信息诱惑，花费大量的时间和精力追求网络世界带来的新鲜感、刺激感，从而造成学业荒废、人际关系紧张等不良后果，严重影响青少年发育与成长。因此，网络成瘾给青少年的学习、生活、就业、家庭等方面带来的危害不容忽视。

一、个体层面

由于长时间沉迷于网络，网络成瘾青少年会明显表现出身体、心理等方面的损害。

(一) 身体健康受损

网络成瘾影响人们的身体健康，尤其是会引起植物神经紊乱，体内激素水平失衡，使免疫功能降低，从而引发心血管疾病、胃肠神经官能症、紧张性头痛、焦虑抑郁等，甚至可能导致死亡。青少年在玩网络游戏时，需全神贯注，身体始终处于一种紧绷状态，眼睛长时间注视显示屏，会导致视力下降、暗适应能力降低、脖子酸痛、头晕眼花等。同时，长期沉迷于网络世界，会导致青少年群体日常生活不规律，精神长时间处于兴奋状态，睡眠质量得不到保障，影响身体发育，注意力和记忆力下降，长期持续下去会导致身体机能和抵抗力下降，容易患病。

(二) 心理健康受损

网络可以扩大交流，但若整天沉溺于“虚拟化世界”，人们就会感到沮丧、孤独。许多沉迷网络的青少年把自己封闭在虚拟世界里，与现实生活完全隔离，长期与虚拟环境、人群、事物打交道，不能有效地实现“客观世界”之间的角色转换，极有可能导致孤僻、不合群、冷漠等行为，并在一定程度上弱化他们在现实生活中的交往能力。青少年正处在性格、气质还未定型的时期，这种影响可能导致青少年的社会化能力滞后，网络空间充斥的庸俗信息会直接影响青少年的认知。网络成瘾导致青少年深陷于虚拟世界的沼泽之中，容易使他们缺乏人际交流，产生自闭倾向，甚至患上“电脑自闭症”。

二、家庭层面

在家庭系统内部，亲子关系的问题主要表现为亲子沟通与互动模式的不合理。网络成瘾青少年与其父母的关系大多过于疏离，缺乏沟通与互动，情感关系非常冷淡。当青少年网络成瘾程度不断加剧后，对父母常常表现出对抗的情绪与行为，发生语言甚至肢体冲突，容易激化家庭矛盾。网络成瘾青少年的父母在面对这一问题时往往不能以积极的态度和有效的措施进行回应，大多表现出焦躁、烦闷、易怒的状态，在行为上也缺乏理性，导致青少年更容易逃避在虚拟世界中，从而形成恶性循环。

三、社会系统

(一) 外部联系匮乏

与外界社会的交往是青少年成功实现社会化的必要条件之一。青少年与外界进行沟通与互动的能力是其社会交往能力的重要体现，具体表现在认知、心理与行为层面。网络成瘾青少年由于长时间沉迷于网络之中，与外界缺少联系，致使在与外界交往的过程中产生恐惧。同时，这些青少年还缺乏与人沟通的技巧和方法，有些甚至对外界产生了敌对的情绪与心理，对现实中的人和物丧失兴趣，习惯性在网络上消磨时间，造成他们在现实生活中出现人际交往障碍，甚至将网络世界尤其是网络游戏中的“暴力”行为带入现实生活情境里。

(二) 就业动机减弱

青少年沉迷于网络世界中，对现实生活会有较大的失落感，由于精力分配不均还会导致学习动力不足、学业荒芜。在大量失学、失业的青少年中，有大部分青少年存在不同程度的网络沉迷问题。网络成瘾问题发生后，这些青少年几乎就再无工作经历。

第三节　网络成瘾青少年群体问题的成因

John Suler在其研究报告《网络空间的基本心理特征》[①]中指出：虚拟的网络空间与人们内心体验世界的真实大不一样，数字化的人、关系和群体使人类相互作用的时间和方式得以延伸。这些特点对某些上网者构成了难以抗拒的吸引力，使他们沉湎于这一虚拟现实。青少年网络成瘾行为并非由单一因素造成，主要与个体、家庭、社会等因素有关。其中，社会因素中学校方面的影响尤为重要。

一、个体发展因素

(一) 心智不成熟，自制力较差

网络具有无中央控制、无地域性、信息超载、网络用户没有情境规范意识等特点，网络的虚拟性、无穷性和刺激性等特征，很容易使青少年沉迷其中。青少年产生网络依赖最主要和最直接的原因是网络本身的特点。网络成瘾主要诱因是青少年生活空虚、可交流的朋友少等，他们通过虚拟网络来模拟现实，寻求刺激和情感发泄，容易导致上瘾，继而引发其他心理病症。

在主体性意识方面，他们正处于主体意识觉醒时期，存在对父母和学校的反抗心理，希望寻求自主和独立；在思维特征方面，青少年思维倾向于形式主义，对现实世界认识不足，使其容易走极端；在自我意识方面，青少年更倾向通过构建一个无所不能的“个人形象”来处理在现实生活中得不到的满足，通过网络虚拟方式构建自己的明星崇拜或个人神话，找回自己在现实生活中得不到的东西；在个体自控能力方面，他们还缺乏足够的自我控制能力，以至于深陷其中不能自拔等。青少年未能形成系统稳定的世界观、人生观和价值观，对新鲜事物的好奇与探究欲望十分强烈。少数人经受不住网络的诱惑，在猎奇心理的驱使下，往往因为自制力薄弱

---

① John S. The psychology of Cyber space. http://www.rider.edu/users/psycyber/psycyber.html，1999，1998.

而深陷其中。

(二) 社交能力不足，与现实生活脱节

孤独感和网络游戏使用的增加呈正相关，有些青少年因为内心压抑，通过玩游戏可以得到宣泄和释放，在虚拟世界获得满足感。青少年群体存在的自卑感也容易造成孤独，难以建立良好的人际关系。很多学生由于学习受到挫折或学不进去产生逃避心理，进入游戏世界里释放压力，进而在游戏中获得成就感。网瘾青少年一般在现实生活中得不到内心的满足，在长期积累的负面情绪下，容易产生逃避心理；反之，在网络世界里，网瘾青少年容易得到幸福感，渐渐地使青少年对网络世界产生美好的印象，进而一步步沉迷于网络世界。

青少年时期是个体身心发展的重要时期，好奇心强，喜欢接触新鲜事物，同时自控能力以及辨别是非的能力相对较弱，也缺乏自我保护的意识，往往情绪、情感方面比较脆弱。一部分青少年在得不到自我需求的满足、得不到他人的肯定和理解时，就会慢慢倾向于自我逃避。青少年在接触网络的时候如发现网络世界能满足自我所需，便会逐渐依赖于网络世界。

二、家庭因素

(一) 家庭教育方式不当，亲子互动方式不良

形成网络依赖的青少年大多与家庭存在病理性关系，父母对网络的非理性态度使青少年产生逆反心理，家庭内部缺乏积极的情感连接促使青少年在网络上寻求精神慰藉，家庭教养方式不当、家庭结构的残缺等都是青少年对网络形成依赖的直接心理基础。

1. 父母树立的错误“榜样”

青少年正处于心理动荡期，喜欢模仿周围人的行为，家长对于互联网的态度对青少年的网络认知有着很大的影响。有些家长不许孩子接触手机、电脑等；有些家长只是口头上让孩子缩短使用网络的时间，但具体操作时该怎样做却不知道；还有些家长自己手机不离手，对孩子上网行为不管不问，甚至认为多上网可以开阔眼界，对学习有好处。这在一定程度上使沉迷网络的青少年形成一种理所当然的心态，进而产生网瘾。

2. 父母简单粗暴的教育方式

很多家长不懂得家庭教育，经常打骂孩子，导致孩子性格内向，易情绪化，容易抑郁，不愿意跟他人接触。有些青少年群体长时间缺乏父母的关爱，情感需求得不到满足，心智也有所缺失，在生活中逐渐不愿意跟人接触，渐渐变得自卑，同时在日常生活中要面临别人异样的眼光和话语，这就使得他们缺乏安全感。这些孩子在网络中得到一定的心灵慰藉和寄托，就会慢慢依赖于网络，逃避现实。

(二) 成长环境不同，代际差异明显

这种代际差异不仅体现在对互联网的认知上，也体现在对互联网使用的技术差异上，在家庭中出现了家庭教育的“反哺”现象，即孩子是父母的老师，教导父母如何使用互联网。这也使得父母很难在互联网领域给予孩子实质性的帮助，弱化了家庭教育功能，让青少年选择在网络世界中持续这种过程，进而渐渐形成网瘾。很多父母基于个人的经历和对生活的理解、感

受，望子成龙，望女成凤，使青少年不堪重负，特别是那些学业本来就较差的学生，他们的内心产生了强烈的自卑情绪。有研究表明，由于受到社会比较、他人消极评价和自我概念等因素的影响，这部分学生的外显自尊常常受到压抑和伤害，但其内隐自尊不仅没有受到扼制，反而表现出更强烈的趋向。自尊是个体的一种本能需要，具有较强的动机和适应功能，不管个体处于何种心理状态，其内隐自尊一般不会改变。因此，他们急于通过其他途径来达到消除家庭给自己带来的压迫感，满足个人自尊的目的。家庭中良好的亲子关系会给子女带来极大的安全感，但事实上，由于社会对青少年学业过分单一的要求标准，使很多父母不得不接受这一现实，对子女在学业上要求较高，当子女达不到父母要求的学习状态时，父母往往采取简单粗暴的方式，导致子女在学习失助时，得不到来自家庭的心理支持。

三、学校因素

(一) 学业压力大，教育评价体系单一

学校在学生成长过程中的作用不可替代，但对于不同年龄阶段的学生来说，学校发挥的教育作用是不同的。对于青春期学生而言，这一时期由于思维逻辑性和批判性发展较快，他们常常不满足于书本和老师课堂上的教育，对课本以外的新事物充满了猎奇和探究心理，如学校忽视个体的休闲娱乐需求，抑制学生的想象力，就会使不少学生产生厌学情绪，老师在学生学业表现上给予负面评价，认为其升学无望，导致学生失去信心，更容易放弃学业。在如今的教育环境中，学生在学业上会有很多负担、压力，导致青少年在现实学习生活中往往感到枯燥乏味，在网络世界中则可以缓解他们的负担和压力，这使得一些本来在学业上不突出的青少年得到慰藉，进而逐渐沉迷于网络中。

(二) 心理负担大，朋辈关系出现问题

如今的青少年多为独生子女，自我中心主义强烈，又缺乏人际交往的技能、技巧，他们渴望的亲密同伴关系难以建立。同时，由于朋辈群体中会出现一定程度的攀比行为，导致其在学习过程中与老师和同学的关系处理发生问题，使他们的学习兴趣下降，进而对应试教育和考试以及学校教育产生厌恶情绪等。目前，大部分学校并没有设立青少年心理咨询室，青少年出现心理问题后很难得到有效解决，这就致使他们一旦在现实中遇到挫折，会选择通过想象来解决问题，难免禁不起网络世界诱惑而沉迷其中。

四、社会因素

(一) 法律法规滞后，社会监管不力

由于网络的便捷性，青少年可以迅速获取相关信息，但往往在搜索过程中发现大量诱导性网页等内容，易导致青少年注意力分散，被无关信息吸引，进而深陷于网络。此外，网络游戏设置符合青少年心理需要，比如及时表扬、给予鼓励、设置一个小目标、激发成就感、建立自信，这样的设置可以吸引他们广泛参与。虽然目前我国有《互联网上网服务营业场所管理办法》等相关法律法规，但由于颁布时间较短、执行较为缓慢，有关部门对网吧和网络的严查、处罚力度不到位等，危害着青少年身心健康。随着手机游戏市场的进一步发展，游戏形式、内

容等不断更新变化，现行法规已无法约束所有违法行为，无法可依现象广泛存在。

(二) 主流文化影响，不实舆论导向

现阶段中国的主流文化仍然提倡或尊崇“学而优则仕”，在向素质教育转变的过程中，虽然很多方面倡导多元化的价值评价标准，但真正落实执行仍然需要时间。这一方面容易使青少年产生矛盾困惑的心理，既要素质，又要应试，既要遵守规范，又要张扬个性，孰轻孰重，顾此失彼；另一方面，一些媒体和机构对国外教育的不实报导也误导了不少青少年，使他们中不少人产生了国外教育民主、宽松，只有中国教育才让青少年苦不堪言的错误印象。社会对青少年提出了更多、更高的要求，升学、就业、家长期望、榜样等都给他们带来很大压力，危机意识、生存意识明显增强，但社会、家长和学校都不能帮助他们调整心态，有效缓解和释放种种压力，他们就会通过网络逃避问题、转移压力。

(三) 网络文化盛行，主流价值观受损

网络信息的海量性、碎片性等特征满足了当下人们对信息的渴望，更符合青少年群体的个性心理需求。“网红”是随网络而生的一种新的社会现象，通常指在生活中通过网络途径走红的人，他们通过独特的想法和内容吸引粉丝，并活跃在各大社交网站，利用网络直播、短视频、弹幕等网络媒介展现自我，与粉丝互动。青少年处于世界观、人生观、价值观的养成期和闭合期，由于受到周围环境、心理特征和生理特征的影响，他们也是最难拒绝诱惑的群体。优秀的网络文化可以激发正能量事件在生活中的广泛传播，有利于塑造良好的社会风气。但青少年过度追求网络带来的新鲜刺激，不良的网络文化也会在主观层面助长青少年的功利主义价值观，激发其拜金主义消费观，衍生庸俗主义审美观，从而将大量的时间、精力分配在网络世界之中，与现实脱节。

第四节 网络成瘾青少年群体的社会工作干预和介入

青少年小组工作是以青少年团体或小组为对象，社会工作者充分运用小组动力与相应的技巧，增强小组成员的互动，从而达到小组成员认知行为的良性发展、社会功能的恢复与提高等目的[①]。社会工作者在开展青少年小组工作时，可以在小组互动的过程中增进青少年的自我认知，实现其行为的转变。抗逆力理论是伴随积极心理学发展起来的新理论，指一个人应对困难、压力、挫折等逆境时的心理协调和积极应对能力。

本节案例以抗逆力为介入理论，通过开展网络成瘾青少年社会工作小组活动，协助网络成瘾青少年群体分清现实与虚拟世界，合理使用网络。

一、网络成瘾与抗逆力

(一) 网络成瘾是成瘾者的一种变态自律行为

网络为成瘾者展现了一个新世界，他们借助网络逃避现实生活的压力，减缓现实生活的焦虑感，减轻现实生活中的挫败感，期待在网络世界中获得安全感。他们变得迷恋网络，现实生

① 王玉香. 青少年社会工作[M]. 济南：山东人民出版社，2012：186.

活的一切对他们不再有任何意义，他们甚至因为上网而忽略现实生活中基本的生理需要，他们可以不吃不喝不睡、足不出户。福柯认为“所有的瘾都是变态的自律”。网络成瘾被归结为成瘾者的一种变态自律行为，是成瘾者对个人日常生活进行控制的新方式，成瘾者借助这种变态自律行为获得满足感。1986年，Emmy Wermer识别了那些具有抗逆力的年轻人的很多特性表现，其中自律是抗逆力最重要的特征表现之一。根据抗逆力的常规和非常规两种表现方式，可以把成瘾者的这种变态自律看成成瘾者非常规抗逆力的一种表现。

(二) 成瘾者通过网络成瘾挑战逆境、表达需要

Higgins[①]的研究表明，如果现实生活不能满足个体的需要，具有抗逆力的个体就会寻找一种替代方式来取代这种缺失，抗逆力在替代过程中发挥了非常积极的作用。现实生活中，青少年面临诸多困境和挑战，但是他们并没有就此表现出意志消沉、自甘堕落的抑郁状态，也没有退缩到幼年的行为表现，而是内心依然充满力量和希望，积极创造条件和机会，找寻到网络这样一种新的替代方式来挑战现实逆境，表达自己的需要。尽管这种新方式与常规方式不同，并不被成人社会所接受，但这种非常规方式传达了他们展现生命力量的努力，是抗逆力的一种体现。

二、对网络成瘾青少年的小组工作介入

小组工作作为社会工作三大方法之一，由知识、了解、原则、技巧所组成。社区机构中的各类小组的辅导者，可引导小组成员在小组活动中互动，促使组员彼此建立关系，并以个人能力与需求为基础，获得成长的经验，旨在达成个人、小组、社区共同发展的目标[②]。小组活动本身是一种过程与手段的结合，组员在小组中完全自主，借此让组员形成互动。在这种互动中，小组形成内在动力，建立彼此支持的机制。

(一) 小组成员的甄选与组成

在北京市×中学心理咨询老师的帮助下，通过对初二年级各班学生的问卷调查，筛选出10多名喜欢上网的中学生。在此基础上，综合多方面的因素，在征得所选学生的同意之后，组建了一个由9名同学组成的小组，其中男生5人，女生4人。小组活动于9—11月进行并顺利完成，具体时间是每周1次，每次1小时，共12次。活动地点在该校心理咨询室的团体辅导教室。

(二) 小组工作目标的形成

小组通过外在支持因素主要是朋辈支持系统的重建，帮助组员获得情感支持，提升组员的抗逆力，鼓励他们自发地参与网络以外的现实生活，把在小组中学到的经验运用到日常生活中。该小组的活动目标是“相信自己、共同努力、健康上网、快乐生活”。

(三) 小组活动的常规模式

暖身活动—主题故事—心理游戏—小组讨论—社会工作者总结(根据每次活动的主题和情况，活动模式会有所变化)。

---

① 安东尼·吉登斯. 亲密关系的变革[M]. 陈永国，王明安，译. 北京：社会科学文献出版社，2001：98.

② 刘梦. 小组工作[M]. 北京：高等教育出版社，2003：3.

(四) 小组活动的评估方法

(1) 每次小组活动后，小组成员分享心得。

(2) 工作人员在小组活动中观察、分析和总结。

(3) 小组活动结束后采取开放问卷的形式，请小组成员概括收获与体会。

三、介入网络成瘾青少年的抗逆力方法的实施

(一) 接触阶段：进入案主的情境

在此阶段，社会工作者要以案主为中心，放下自己的预设，对案主积极关注、仔细倾听，进入案主的情境，从案主的叙述中了解他(她)的生活故事，努力从案主的角度去理解案主所建构的独特的生活现实。只有倾听案主的故事，才能充分了解案主的生态系统和生活经历中的风险因素，如贫穷、生理疾病、家庭矛盾、学业失败、特殊经历等。

在第一次小组活动中，为了达到组建小组、相互认识的目的，笔者要求组员用彩笔描绘一样东西代表自己，并且向其他组员展示图画，介绍自己。组员小宇画了一台电脑。他说之所以用电脑来代表自己，是因为自从告别以前的学校转到现在的学校之后，很多人都不认识，也不是特别适应新的校园环境，所以自己特别喜欢上网和以前的同学聊天，偶尔也会登录现在学校的贴吧了解新学校的一些情况。组员小岩用黑色的笔画了一把枪。他说自己学习成绩不好，家长、老师、同学都看不起他。他喜欢玩游戏，尤其是CS和魔兽，是游戏高手，总能赢，很有成就感。组员小陈画了一个篮球和一个鼠标。他以前喜欢打篮球，经常偷偷把篮球带到学校玩，可是父母觉得打篮球浪费时间，把他的篮球藏起来，只允许他周末玩一个下午。为了表达对父母的反抗，他开始疯狂上网，周末也不再去打篮球。

分析：通过上述案例可以看到，每一个网络成瘾的组员之所以选择上网，都是因为他们目前的生态系统中存在一些危机因素，这些危机将他们置于特殊的生活境遇中。如小宇面临环境改变导致的不适应感，小岩学业失败、缺少情感支持且自我形象感低，小陈则是家庭教育过于僵化。这些危机因素使得他们的效能感暂时不能正常发挥，但是他们并没有因此而放弃，转而借助其他的行为方式如上网来应对危机，满足自己的需要。

阶段评估：第一阶段的小组活动，给小组成员创造了一个充满关怀与信任的环境，小组成员通过一系列热身活动如破冰游戏、滚雪球等相互认识，参与投入到网络世界之外的现实生活中来。在小组成员共同达成小组期待、签署小组契约的过程中，组员感受到强烈的责任感和集体约束力，同伴之间既有支持又有监督，使得他们对摆脱网络成瘾信心大增，观念的改变具有很好的干预作用。活动结束时组员发表感言："当我发现这里有一群和我拥有相同困惑的人聚在一起，我的心不再孤单，我的问题并不独特，没有人对我们另眼相看，也没有人指责我们。"可见，他们在网络之外的现实世界中开始被认同、被关注，体会到归属感和力量感。

(二) 澄清阶段：解构案主的"问题"

什么是"问题"？建构主义心理学认为，问题存在于语言当中，并非源于个体本身。一个青少年身上的"问题"是被他周边的关系，通过社会互动逐步内化认同构建而成的结果。一个中学生之所以被认为有问题，源于他上网成瘾，因为在其父母、老师、周围的成年人眼里，网

络成瘾就是一种问题。对网络成瘾中学生实施干预，一个重要环节就是同他们一起澄清“问题”，将问题外化，即把案主的问题与案主本身区分开来，不再把问题视为案主的原发特征。

组员小岩在小组活动初期，一直很沉默，只是听别人说，不愿意说自己的事。随着小组活动的进行、社会工作者的鼓励，他才慢慢开放自己。他说，小时候父母工作忙，经常把他一个人锁在家里，长大以后也不让他出去跟同学玩，怕他跟别的孩子学坏。他慢慢习惯了一个人待着，跟别人在一起就紧张，不敢大声说话，所以一直没有什么朋友。上课听不懂也不敢问老师和同学，成绩越来越差。自己的压力特别大，就开始上网玩游戏。玩游戏的时候可以什么都不想，游戏玩得越来越好，谁都玩不过他，他就玩得更加上瘾。由于他的话很少，在外人面前总是唯唯诺诺，父母和老师都认为他有“病”，他自己也慢慢地认同了他们的说法，就变得更加内向。只有上网玩游戏的时候他才能感觉到自己的价值，因为在网络游戏中他是唯一的高手，网络上一起玩游戏的人都很崇拜他。父亲为了不让他上网，把他的鼠标藏起来。尽管如此，他学习的时候还是经常走神，想着玩游戏的事情。其实他内心也很渴望交朋友，渴望跟同学在一起玩，但是不知道怎么做。

在将小岩的问题外化的过程中，社会工作者对他进行解构式提问，比如：谁觉得你有病？他们为什么觉得你有病？他们在什么情况下开始这样认为的？你自己也认同上网和很少说话就是有病的表现吗？上网对你的生活有积极影响吗？通过上网获得的成就感还能在别的方面获得吗？

在对小岩进行提问的过程中，小组成员之间相互讨论，揭示了是主流叙述造成小岩的“问题认同”。小岩通过这个环节逐渐看清自己的生活，了解自己的故事是怎样被建构起来的，问题又是如何突显的。问题外化帮助小岩去掉了“标签”和压力，不再把“网络成瘾”看作自己“有病”的标志。

阶段评估：在第二阶段的小组活动中，小组组员在安全信任的氛围中回忆并讲述自己“问题”背后的故事，寻找问题背后的推手，了解自己对问题产生认同的过程。通过社会工作者的引导和组员之间的互动，大家意识到他们本身并没有问题，所谓问题都源自给他们贴上“问题”标签的成人世界，因为后者无法理解也无法接受这种反常规、反传统、反主流的态度、语言和行为。在了解到这一点后，“去除标签”的活动让组员普遍有种如释重负的轻松。因此，问题解构阶段是提升案主抗逆力过程的起点。

(三) 领悟阶段：建构案主的意义

在领悟阶段，社会工作者从优势视角出发，转换角度、转换态度、转换词汇，通过小组活动了解案主为什么采用非常规的行为方式，此行为方式对于他们的意义是什么、是否有效果，目的是挖掘案主“问题”背后的意义，观察案主如何通过这些不良表现方式抵抗权威，表达需要；激活案主的抗逆力，让案主重新建构自己的问题，并在建构过程中消除自己的困扰。小组工作的重点不是消除案主的问题，而是理解案主意义建构的独特方式和具体过程，帮助案主以自己喜欢的方式建构自己的生活。

在第十次小组活动中，有一个环节叫“我网我乐”，请每一个组员讲述自己为什么选择上网，上网可以带给自己怎样的快乐。有人说上网可以隐藏自己的真实身份，弥补现实中自己不够高、不够苗条的事实；有人说上网很容易在一个自己感兴趣的论坛里找到志同道合的朋友，有融入集体的感觉；有人说在网上可以自由发表意见，不用在意别人的看法；有人说网上有很多好玩的东西，聊天、游戏、写博客、发照片……可以暂时忘记学习的烦恼；还有人说在网上玩游戏通过公平公正的方式不停闯关升级，成为游戏高手，别人都很羡慕，自己很有成就感。

网络可以满足青少年的多种需要，如自我认同的需要、归属感的需要、表达的需要、乐趣的需要、成就感的需要以及人际交往的需要。而他们之所以通过网络来实现这些需要，正源于现实生活中的缺失，缺少关怀和支持的环境，缺少参与表达的机会，缺少信任和期待。

阶段评估：在第三阶段的小组活动中，组员发现在家人、老师、其他人眼里，那个“沉迷游戏”“表达能力有问题”“没有上进心”“性格怪异”的“问题大王”不见了，取而代之的是面对困难和逆境敢于挑战、具有抗逆力的自己。他们开始明白自己所采取的行为方式并不是满足需要的最佳方式，只是目前还没有找到更好的方式，如果有更好的表达方式，他们也愿意尝试。

(四) 行动阶段：重构案主的生活

网络成瘾作为成瘾者的一种非常规的抗逆力表现方式，虽然给青少年的生活带来了重大的意义，但是如果不引起关注，任其发展，也会给他们的生活带来严重的负面影响。因此，干预工作的最后一个环节就是通过小组工作实践，帮助组员以常规行为替代非常规行为，主要包括以下两个方面：第一，以尊重接纳的小组活动替代虚拟的网络世界。创造现实的生活情境，以不同主题的游戏和活动，使每个组员都有机会在团体中充分表达自己，展现自己的聪明才智，体验成功的喜悦。第二，以发掘组员多种兴趣爱好替代强行阻止其戒除网瘾。在小组活动中介绍各种不同的兴趣活动以及参与途径，帮助组员发现并建立健康积极的爱好。通过平衡他们的多元生活，让他们的注意力从网络中转移。

喜欢动漫的小齐，在学校组建了校内动漫社，认识了很多喜欢动漫的朋友。他们周末一起出去参观外校的动漫展，目前正在积极为本校的动漫展做准备。网络由她从前的生活主题转变成与别人联系、了解动漫信息和交流学习经验的工具。

游戏高手小岩的创造力在小组游戏中得到了充分的展示和认可。他说通过这次小组活动，自己交了很多朋友，在网络游戏之外尝试去表达自己，并且参加了学校组织的模型制作大赛，正在积极投入准备。

转学过来的小宇在小组活动中慢慢适应了新学校的情况，结识了很多新朋友，也决定加入小齐的动漫社。

喜欢玩篮球的小陈觉得通过上网报复父母的方式并不明智。他好久没玩球了，非常想念打篮球的感觉。他采纳组员的建议，主动跟父母沟通，说出自己的想法，现在每天开心地奔跑在篮球场上。

阶段评估：在第四阶段的小组活动中，组员除了要积极参与小组活动的每个环节，如收集资料、设计方案、答疑解惑、汇报总结，还要按照小组的要求，体验小组活动之外的课外活动和任务。每一天都有进步，变化可能细微，但都在向积极的方向转化。

后续说明：为了使活动效果不因活动结束而弱化，在小组活动结束后，笔者对组员保持后续跟踪，通过建立微信群和组员定期保持联系，了解他们的动态，倾听他们的故事，给予必要的情感支持。

第二十章　灾后青少年群体

我国自然灾害种类繁多，灾害频繁发生，灾害所造成的损失严重。汶川大地震、青海玉树地震、新疆暴风雪、甘肃舟曲特大泥石流等不同类型的灾害，不仅造成严重人员伤亡和财产损失，更对人的心理造成强烈冲击。青少年的心理、认知与行为水平都处在发展阶段，其心理和生理方面的应对能力在遭遇重大突发性灾害后都会受到重大影响。青少年时期出现的心理阴影或心理创伤，如果没有及时得到疏解，那么将会对未来的身心健康发展造成严重影响，甚至导致人格和行为异常，因此促进灾后青少年心理重建，了解灾后青少年的心理行为问题并进行多方位的干预是目前降低青少年伤害的重要工作。

本章从灾害的基本知识入手，介绍了灾害青少年的定义和创伤后应激障碍以及灾后青少年心理重建的相关内容。

第一节　灾害

一、灾害概述

(一) 灾害的定义

根据《现代汉语词典》给出的释义，灾害是指“旱、涝、虫、雹、战争、瘟疫等造成的祸害、自然灾害”。《韦伯斯特词典》中关于灾害的释义为“灾害是一种突然发生的并带来极大的物质损坏、财产损失和精神痛苦的灾难性事件”。灾害与自然或者人为的破坏、损害、祸害有关。根据资料，我们可以进一步给出灾害的定义：灾害，通常来说是指能够对人类以及人类赖以生存的环境造成破坏性影响的事物总称，一切对自然生态环境、人类社会的物质和精神文明建设，尤其是人们的生命财产等造成危害的天然事件和社会事件都可称为灾害。

(二) 灾害的分类

灾害多种多样，有地震、洪水、干旱、战争、泥石流、恐怖袭击等。面对各种各样的灾害，若要对其进行研究，就必须要对其进行分类。分类之后，我们可以进行灾害历史研究、灾情评估、灾害后果定量化研究以及防灾减灾工作等。

按照不同的依据，可以把灾害分为不同的类型。按照灾害的成因，可以将灾害分为气象灾害、地质灾害、水文灾害、生物灾害、环境灾害和天文灾害等。按照灾害的地域范围，可以将灾害分为山地灾害、平原灾害、海洋灾害、河流灾害、城市灾害和农村灾害等。按照灾害的空间范围，可以将灾害分为局部灾害、区域性灾害、全球性灾害。按照灾害的持续时间，可以将灾害分为突发性灾害、短期性灾害、长期性灾害等。

我们这里主要介绍灾害社会学的分类，根据灾害成因以及灾害后果的表现，将灾害划分为自然型灾害、人为型灾害、自然人为型灾害、人为自然型灾害。

1. 自然型灾害

自然型灾害是指以自然原因为主引起的呈现自然形态的灾害。其中，自然形态是指在自然法则下形成的各种可视或可触摸的形态，它不随人的意志改变而存在，如高山、树木、瀑布、溪流、石头等自然形态。地震、泥石流、洪水、火山喷发等都是自然型灾害。

2. 人为型灾害

人为型灾害主要指以人为原因为主引起的呈现人为形态的灾害。恐怖袭击、战乱、交通事故、核泄漏等都是人为型灾害。

3. 自然人为型灾害

自然人为型灾害是指以自然原因为主引起的呈现人为形态的灾害。地震后传染病以及干旱后的瘟疫等都是自然人为型灾害。

4. 人为自然型灾害

人为自然型灾害是指以人为原因为主引起的自然形态的灾害。水土流失、水体污染、温室效应等都属于人为自然型灾害。

(三) 灾害的特点

1. 时空广布性和区域性

灾害在任何时间、任何空间都有可能发生，且发生在一定的区域之中。

2. 突发性、群发性、关联性

突发性指灾害的发生大多是在短时间内极速爆发，让大部分人没有反应时间。

群发性指灾害爆发后，往往出现一种或多种灾害在相同区域连续、集中爆发的现象。如“5・12汶川地震”发生后，5月20日发生了7000多次余震。

关联性指灾害的影响表现在不同的区域，跨地区的影响称为灾害的关联性。

3. 损失巨大性

灾害来临时，会造成巨大的损失。不仅会造成受灾人民生命财产等物质上的巨大损失，也会对受灾人民的心理造成巨大伤害。

4. 不可避免性、可减轻性

灾害的发生是不可避免的，但是可以通过科学有效的方法降低灾害的程度和减少灾害造成的损害。

二、灾害的周期

任何灾害都有生命周期，灾害的生命周期是指灾害发生、发展和结束的过程。例如，极端的自然现象或自然危险如地震、火山爆发等通常都会经历从酝酿、爆发、发展、减弱到最终消亡的生命周期。

(一) 灾前阶段

在灾前阶段，人们制订计划并采取一些必要的灾害防范措施。在这一阶段，可以通过科学的研究，提前明确受灾区域和人群，为该地区居民提供充分的防范灾害的时间和条件。有些灾害是可以预测的，例如飓风，人们往往有比较充裕的时间去做准备，因为风暴的发展相对于其他灾害来说是比较缓慢的。不过，并非所有的灾害发生地区都能够在灾前阶段做好充分的准备。有些是因为没有明确预测灾害的来临，有些是因为过于轻视灾害，最终导致无可挽回的损失。

(二) 灾害影响阶段

一些灾害的影响虽然是短暂的，但也充满危险性。例如，龙卷风、飓风都是来去匆匆，飞机坠毁也是在一瞬之间发生和结束。绝大多数灾害从灾前预警到灾情爆发，时间短暂，猝不及防。在这个阶段，应当抢救受害人员、挽救财产，及时搜寻抢救幸存者。

灾害刚发生时，人们会出于本能想尽办法求生，如紧紧抓住某些物体或他人、躲避飞行的物体、躲在安全的位置等，具体的求生方法根据不同的环境与情况而定。在灾害刚发生时，人们的意识会出现短暂的麻木与混乱，但很快就会冷静下来，并试图营救家人或身边的人。

灾害刚结束时，人们会对自身状况以及灾害状况有一个判断。这时候人们的情绪会出现两个极端：一些人会感觉很兴奋，认为这是有生以来“最令人感动的时刻”；另一些人则会感到痛苦不堪或悲观绝望。无论是什么样的情绪，对幸存者的救助都应立即展开。

(三) 恢复与重建阶段

在恢复与重建阶段，灾害所导致的破坏会被清理，物品供应体系将恢复原有的功能，基础设施重建计划正在制订并开始实施，正常生活状态将重现社区，社会秩序恢复正常。这一阶段的时间长短与灾害影响的程度和社会应对能力的大小有关。

在恢复与重建阶段，人们会产生悲痛、愤怒等情绪。家庭成员的心理压力增大，主要表现在儿童与青少年的行为上。在这个阶段，儿童与青少年可能会较早出现失眠、消化不良、神经质等心理和体质反应，而成年人会因为灾后忙于营救他人或从事抗灾工作而较晚产生负面情绪。

第二节　灾后青少年

一、灾后青少年概述

(一) 灾后青少年的定义

灾后青少年主要指那些经历过灾害，身心方面受到冲击和影响的处于14～25岁的人群。灾后青少年不仅包括灾区亲身经历灾害的青少年，也包括那些虽然不在灾区但受到灾害影响的青少年；既包括灾后肢体残疾的青少年，也包括灾后丧亲的青少年。

(二) 灾后青少年的心理变化

根据相关研究，灾后青少年的心理变化会经历四个阶段。[①]

1. 英雄期(Heroic)

英雄期即灾后青少年在灾害发生的第一时间，会表现出英雄主义气概，并且积极参加灾害紧急救援工作，通过互助来保护生命与财产安全。

2. 蜜月期(Honeymoon)

灾害发生后的一周到三个月的时间中，随着政府以及社会各种组织将大量社会资源投入到灾区与灾区人民身上，灾后青少年得到支持和照顾，会与周围环境建立亲密关系。

3. 失望期(Disillusionment)

灾后一段时间之后，随着各种社会支持的弱化或者退出，灾后青少年得到的支持逐渐降低甚至消失，由此对周围环境产生失望的感觉，并且会对救灾延误表达愤怒，对未来的生活感到迷茫。

4. 重建期(Recovery)

灾后青少年对灾害和灾后环境进行重新认识，调整自身的心理和社会状态，用更加积极的心态和行动来开展灾后恢复重建工作。

二、灾后青少年创伤后应激障碍

(一) 创伤后应激障碍的定义

创伤后应激障碍(Post-Traumatic Stress Disorder，PTSD)是指个体经历、遭遇或目睹一个或多个涉及自身或涉及他人的实际死亡事件，或受到死亡的威胁，或严重受伤，或躯体完整性受到威胁后，所导致的个体延迟出现和持续存在的精神障碍。

灾害这种创伤事件会给受灾者带来一系列心理、生理和行为的改变，从多方面影响其身心健康，并可能导致心理痛苦和精神障碍长期存在。创伤后应激障碍是创伤性事件导致的严重后果之一。PTSD的主要特征是暴露于极端压力事件后所发展出来的特殊症状，其核心症状包括持续经验创伤、持续逃避与创伤相关的事物或麻木反应，以及持续性的过度警觉。PTSD症状在创伤后立即出现。若在三个月内逐渐消失，则称为急性PTSD；若超过三个月以上仍未消失，则为慢性PTSD。慢性PTSD若处理不当，有可能持续数年或数十年，甚至影响受创者一生。此外，部分患者的症状在受创半年或更长的时间后才开始出现。

(二) 创伤后应激障碍的表现

在几百年的战争背景下，人们发现创伤性事件会导致人们产生心理障碍。《荷马史诗》中有记载，参加过特洛伊战争的奥德修斯体验到了闪回现象和幸存者内疚感。人们也从美国南北战争中识别和记录了和战争有关的应激和创伤。在第一次世界大战、第二次世界大战、朝鲜战争和越南战争中也曾出现相似的报告，其中像“炮弹休克”“战争神经症”这样的术语也成为

---

① 刘斌志. 灾后青少年心理重建的社会工作研究[M]. 北京：人民出版社，2017：9.

对灾难性事件幸存者常见反应的描述。创伤后应激障碍的诊断分类于1980年第一次出现在《精神疾病诊断与统计手册》(Diagnostic and Statistical Manual of Mental Disorders，DSM)第三版(DSM-Ⅲ)中，把相关症状纳入诊断的核心标准，并且作为创伤后应激障碍定义的基础出现在所有DSM版本中，保留至今。

1. 核心症状

(1) 创伤性再体验症状。主要表现为患者的思维、记忆或梦中反复、不自主地涌现与创伤有关的内容或情境，也可能会出现严重的触景生情反应，甚至会感觉创伤性事件好像又发生了一次。

(2) 回避和麻木类症状。主要表现为患者持续性地或长期极力回避与创伤经历有关的事件或情境，回避创伤的地点或者与创伤有关的人或事，拒绝参加有关活动，有些患者甚至出现选择性遗忘，不能回忆起与创伤有关的事件细节。

(3) 警觉性增高症状。主要表现为过度警觉、惊跳反应增强，可伴有注意力不集中、激惹性增高及焦虑情绪。

2. 灾后青少年PTSD症状

青少年的PTSD表现常常不完整，因而可能不完全符合诊断标准。有些病例中，全部症候群出现较晚。青少年PTSD表现出长期性、慢性、不同于成年人、因地而异等特点。

(1) 长期性、慢性。灾害后，看起来状况很好的青少年有可能在灾害发生数周后逐渐表现出PTSD症状。青少年的PTSD常呈现慢性发展的过程，如果没有及时干预或者处理不当，有可能持续数年或者数十年，甚至会影响受害者的一生。

(2) 不同于成年人。青少年的心理发育不成熟，心理应对机制发育不完善，对于灾害事件的认识与成人不同等，导致灾后青少年的创伤性应激反应不同于成年人。所有年龄段青少年的共同反应大致有害怕将来的灾害、行为退化、睡眠失调、畏惧夜晚和害怕有关的自然现象等。

(3) 因地而异。灾后创伤事件发生后，各地青少年PTSD的发生率不相同，而且差异很大。这可能与文化背景差异、创伤事件性质不同、研究时间不同、取样不同以及所使用的诊断工具不同有关，其中一个主要原因是创伤事件性质。

灾害对青少年极易造成重大的精神创伤，除了形成PTSD，也可能产生其他并发心理疾病，如抑郁症、强迫症、人格障碍等；还可能会引起青少年的性格缺陷，比如性格孤僻、人际关系紧张等。这些心理问题将严重影响青少年的成长、生活和学习。

第三节　灾后青少年心理重建

一、心理重建概述

(一) 心理重建的定义

灾后心理重建应以安全支持的专业关系为基础，一方面给予灾后青少年心理和情绪上的支持，激发其对于未来的期望；另一方面通过青少年再次经历的创伤事件，协助其探索个人情感及认知状态，最终再次将创伤经验整合，用其原有的或者是新建立的认知基模来统整自我，达成继续成长的目的。在我国台湾地区9·21地震后，金树人认为，灾后心理重建就是以与案主建立关系和重视案主差异性为基础，开展安身和安心的陪伴服务，让受难者吸取灾害经验，自己长出力量，将灾变经验转化为生活能量。金树人进一步强调要以学校为基础，开展灾后心理复原工作，运用学校多元的渠道，结合校内外各种资源，为学生提供情绪支持、心理辅导、相关信息与实质帮助，以此来保障灾后心理重建的成效①。

在5·12汶川地震之后，也陆续开展了心理重建工作。中国科学院心理所首次提出灾后心理重建的“心理—社会—文化”模式，即以北川中学小规模心理辅导起步，逐渐发展到包括北川境内和绵阳地区的大范围心理援助服务。在这一过程中，主要沿袭社区心理援助和学校心理援助模式，在心理层面，开展心理教育、心理支持、心理辅导和心理治疗；在社会层面，采用个案社会工作、家庭社会工作、社区社会工作方法，链接社会资源，发展社区能力，促进灾区群众融入社区；在文化层面，依循节日文化、地域文化、民族文化、灾区文化、灾难文化，创造性地开展灾后心理援助工作②。

根据上述资料，我们认为心理重建是指在人与环境的框架下，以助人自助为基本原则，在心理学、精神医学、教育学以及社会工作等不同专业团队的合作之下，通过物质帮扶、信息咨询、情绪支持、心理辅导、危机介入以及资源链接等多种方法，对内促进青少年心理复原和自我整合，对外提升青少年社会交往和社会支持，最终实现其心理、生理、社会以及生命的重整与发展。

(二) 心理重建的阶段

灾后心理重建不仅是一个融合心理、物质和生命教育的过程，也是一个长期的持续过程，还是一个以青少年为中心开展多元服务的过程。灾后心理重建结合灾害进程也可以分为四个阶段。

一是灾后救援阶段的危机干预与处理，主要是在灾后两周时间之内，为灾后青少年提供紧急安顿、物资救助、情绪支持、危机干预、哀伤辅导以及心理咨询，协助其渡过灾后心理危机。

二是灾后安置阶段的心理辅导与治疗，主要是在灾后两周至半年的时间之内，通过深入调查灾后青少年的生理、心理、家庭状况及其需求，为其提供安置服务、心理咨询、学业辅导、生活救助以及各种转介服务。

三是灾后恢复重建阶段的心理重建，主要是指灾后半年至一年的时间之内，为灾后青少年提供创伤后压力疾患的治疗、高危险群体的追踪、社会群体心理治疗以及社会功能的重建。

四是灾后长期重建阶段的心灵重建，主要是指灾后一年到三年乃至更久的时间中，通过提升灾后青少年的心理复原力、社会支持力以及生命抗逆力，重建健康的心灵家园和支持性的社会关系，最终实现全人健康的目标。

其中，第一、二阶段的工作主要是“危机干预”与“心理救助”，而第三、四阶段的工作主要是强调“心理重建”与“心理卫生服务”等。

---

① 金树人. 九二一灾后的心理复健工作[J]. 理论与政策，2000(14).

② 史占彪. 北川心理重建：痛并快乐着[J]. 中国减灾，2011(6).

二、灾后青少年心理重建的服务技巧

对于灾后青少年心理重建，除了运用传统的心理干预方法之外，还应该结合青少年认知发展以及学业成长的需求和特征，发挥心理干预技巧的作用。下面着重介绍三种心理重建的服务技巧，即阅读治疗技巧、艺术治疗技巧、叙事治疗技巧。

(一) 阅读治疗技巧

1. 阅读治疗技巧及其相关研究

阅读治疗的英文译名为Bibliotherapy，是“书(Biblio)”与“治疗(Therapy)”的合成词，也可以称为阅读疗法、读书疗法或书目疗法。阅读治疗的核心就是阅读。通过阅读可以达到三个治疗目标：第一，让阅读者通过阅读或辅助性阅读来实现心理治疗以及精神康复，这体现了阅读在于辅助疾病治疗；第二，阅读的目的在于协助阅读者阅读相关素材、集体讨论阅读心得，通过净化、平衡和领悟等作用机理，促进阅读者的认知完整、情绪调整、能力发展和社会适应，这体现了阅读治疗的发展特性；第三，阅读的目的在于协助阅读者更好地认识自我内在的环境和外在的环境，通过共鸣、暗示、升华等作用机理，促进个体认知、行为、态度的转变，发掘阅读者的潜能，提升抗逆力，这体现了阅读治疗的预防性特征。

总体而言，阅读治疗是基于阅读者与各种形式的阅读之间的交互作用，通过阅读，产生反思，与阅读者的心理作用机制相互作用，最终产生治疗、发展、预防的辅导效果，实现阅读者自身和社会之间的相互适应。对于灾后青少年的心理重建，阅读治疗侧重于协助灾后青少年在阅读过程中认识自己、接纳自己、完善自己，并最终实现自我与外在社会之间的平衡与发展。

我国关于阅读治疗的研究主要集中于图书馆专业和医疗护理专业。2000年，宫梅玲在泰山医学院图书馆阅览室开展阅读治疗，通过成立阅读治疗研究小组、开办“书疗小屋”博客、创建“大学生阅读治疗研究协会”等形式，采用阅读治疗、朋辈辅助疗法、心理咨询、音乐疗法等方法，针对大学生的抑郁症、网络成瘾、性苦恼和恋爱等问题开展辅导，取得了很好的效果①。该项研究实现了我国阅读治疗实践领域零的突破，为大学生心理健康教育开辟了新的道路。南京师范大学文学院的万宇博士，围绕“阅读育心”的目标在南京钓鱼台小学开展探索性实践研究，就阅读治疗在小学生群体中如何构建团体、如何选择适宜的阅读材料以及具体的互动环节等主题进行了深入研究，成为阅读治疗实践的一个新亮点。我国台湾大学的陈书梅教授积极关注阅读治疗在自然灾害后青少年心理重建中的运用，并就此发表了一系列研究论文，包括《受虐儿童与绘本书目疗法》《图书馆与书目疗法服务》《书目疗法、公共图书馆与青少年之疗愈阅读》《阅读与情绪疗愈——从书目疗法的观点探讨》《后SARS时代与书目疗法》等。汶川地震发生后，陈书梅教授参与灾后青少年心理重建的实践，呼吁发起“送儿童情绪疗愈绘本到四川”的公益活动，并亲自挑选50种绘本送给灾区青少年。陈书梅教授汇编的《儿童情绪疗愈绘本解题书目》强调通过认同、净化和共鸣三项心理机制，集中辅助青少年处理“情绪”“儿童形象”“人际关系”“生命历程”和“家园重建”这五大主题，并对地震灾后青少

---

① 王学云. 宫梅玲及其团队对阅读治疗的研究与实践[J]. 图书馆论坛，2012(1).

年的心理创伤、肢体残疾、关系变迁、死亡认知、文化适应等问题进行了专门论述[①]。

2. 灾后青少年心理重建中阅读治疗的意义

(1) 阅读治疗运用于灾后青少年心理重建具有可行性。第一，青少年认知发展阶段的特征和需要为阅读治疗提供了心理动力支持。第二，灾后青少年的健康状况和充裕的时间为阅读治疗提供了身体素质基础。第三，灾后大量的专业人员以及志愿者为阅读治疗的开展提供了人员条件。第四，灾后心理重建的阅读治疗形式以及阅读治疗研究成果更容易被当地政府、学校及家长接纳和支持，从而为阅读治疗的开展提供了社会支持。

(2) 阅读治疗运用于灾后青少年心理重建更有优势。第一，相对于传统心理治疗以及药物治疗而言，阅读治疗的介入性是比较弱的，以书籍、绘本、图画等内容取代了心理访谈和药物，更有利于青少年的自主选择。第二，阅读治疗强调从全人健康的层面，以阅读的手段来提升灾后青少年对灾害及其后果的认知、行为、态度，体现了阅读治疗在治疗目标和要求方面的优势。第三，阅读治疗的宽泛性、灵活性以及其提倡的综合性服务内容更适合灾后青少年的心理重建。第四，阅读治疗方法和形式上的多元性，可以有效地满足青少年群体性阅读和活动的需要，更有利于面向有特殊需要的个体的心理重建。第五，阅读治疗为灾后青少年提供了一个认识自我、挖掘潜能、启迪思维的阅读平台，也为他们提供了一个轻松随意的休闲娱乐空间。

3. 灾后青少年心理重建中阅读治疗的心路历程

(1) 涉入阶段。通过书中故事情节的构思，以及相关文字图片的设计，吸引阅读者关心故事内容，并且选择适合自己的主人公与事件，进而与故事产生关联。

(2) 认同阶段。阅读者对故事的背景、事件、人物和情节发展有进一步的了解和认知，并且结合自己的知识、情感经历、经验对故事的关键要素进行理解和阐述，集中注意力于那些与自身有类似经历和情感体验的事件和角色，进而产生喜怒哀乐等情绪感受。

(3) 投射阶段。阅读者在理解和认同故事中不同人物角色的性格和情感后，将会进一步试图结合自身的情感体验和经历，重新理解故事中人物角色的行为和遭遇，并主动积极地投入其中，将自我的智慧和情感投入到故事人物的身上，从而形成自我参与故事中的问题解决和困境克服的过程。

(4) 净化阶段。在阅读者认同故事中的角色，并且以同感的心理参与故事情节发展的时候，阅读者就会对故事产生一定的移情作用，暂时忘记自己现实的角色和身份，全身心进入故事所设计的虚拟世界中。

(5) 洞察阶段。阅读者在故事主人公的奋斗历程中体验到灾害之后的重生，再次回到现实世界，将故事主人公的处境与自身处境进行比较，就会对自身的问题和困难有新的认识，并按照故事主人公的角色来探索和调试自身的动机、感受、需求，最后构建故事中所预示的观念和行为模式。

(6) 应用阶段。在阅读之后，阅读者形成了对困境、人生以及世界的新观念、新态度、新方法，将之变成自身行为的一部分，付诸现实之中。

---

① 周燕妮. 阅读之光映童心[J]. 图书情报研究，2011(1).

(二) 艺术治疗技巧

1. 艺术治疗及其相关研究

美国艺术治疗协会认为："艺术治疗就是利用艺术媒介、艺术创造过程以及当事人对所创作的艺术作品的反应，来实现对个人的发展、个性、能力、兴趣以及内心关注点与冲突点的反思的服务。"①

整体来看，艺术治疗是指在心理辅导与治疗的过程中，通过整合多种艺术形式的表达与创作要素来促成当事人知情意的表达和探索，借此实现个体情感宣泄、关系协调、行为改变与潜能开发，最终使个人问题得到解决、人格得到成长的过程。艺术治疗已经发展出多种形态。从艺术形式来分，包括阅读疗法、游戏疗法、剪纸贴画疗法、箱庭疗法、绘画疗法、音乐疗法、舞蹈疗法、心理剧疗法、风景构成疗法以及诗歌疗法等；从理论取向来分，包括发展取向、精神分析取向、认知取向、调适取向、行为导向艺术取向、认知调适取向等。综合而言，可将艺术治疗分为以下几种模式。

(1) 心理动力取向艺术治疗。该模式受到弗洛伊德等心理学家的影响，强调潜意识和象征化的作用。

(2) 行为取向艺术治疗。该模式结合艺术治疗的理念和行为治疗的艺术，通过结构化的艺术媒介表达与系统化的行为来改变活动策略，从而达到治疗的目标。

(3) 人文取向艺术治疗。该模式秉持人文主义哲学理念，让当事人以喜乐的心态表达源自生活的真实情感，促进当事人追求生理和心理的福祉或生活的意义，取代寻求逃避的心理。

(4) 发展取向艺术治疗。该模式主要奠基于心理发展阶段论与美术发展阶段论，特别受到皮亚杰的认知发展论及艺术教育治疗理念的影响，以儿童的艺术与心理发展知识为基础，作为了解障碍儿童的发展与问题的参照。

2. 灾后青少年心理重建中艺术治疗的优势

(1) 艺术治疗非语言的技巧特征，更容易突破语言固有的限制而被青少年所接受。

(2) 艺术治疗过程中所特有的安全和自由氛围，有利于冲破青少年的心理防御机制。

(3) 艺术治疗丰富多样的表达形式为灾后青少年宣泄悲伤情绪提供了一个良好的出口。

(4) 艺术治疗具体化和多样化的艺术呈现形式，对于青少年唤醒新的自我想象空间和创造活力十分有利，为青少年心理重塑做好了准备。

(5) 通过艺术治疗的形式可以促进灾后青少年之间及其与外界的交流与沟通，从而促进整个治疗小组的进步。

(6) 艺术治疗所具有的建构复演和重构的过程特色，有利于灾后青少年心理的重构与诠释，最终实现心理重建的目标。

(7) 艺术治疗具有形式多样、沟通直接、方式灵活、超越时空等特点，被治疗者可以采取一切可能的方式进行自我表达，具有全息沟通的特点。

3. 灾后青少年心理重建中艺术治疗的过程

(1) 治疗关系的建立与介入阶段。艺术治疗的初期，灾后青少年往往会表现戒备与试探的

---

① 范琼芳. 艺术治疗：家庭动力绘画概论[M]. 台北：五南出版社，1996.

态度，并且希望能够找到适当、安全、自在的沟通方式与治疗师接触。在这时，治疗师的主要任务就是引导灾后青少年用适当的方式进入治疗过程，同时建立适当的专业关系，通过艺术过程了解青少年的基本情况，做好初期的评量工作。

(2) 创伤经验的回顾与再现阶段。在与灾后青少年建立了真诚互信的专业关系之后，治疗师能够协助灾后青少年在进行艺术创作时处在一种自由自在的氛围中。在这个时候，艺术治疗进入了创伤经验的回顾与再现阶段，治疗师的主要任务是逐渐增加灾后青少年对自身心理和情绪的表述，引导其通过艺术创作行为来探索自身的感觉、想法及行为。

(3) 创伤经验的同理与回应阶段。在引导灾后青少年进入适当的艺术创作过程后，治疗师需要对艺术作品中所体现的创伤经验及心理进行必要的同理与回应，并对艺术作品有适度而非过度的解释。此时，治疗师既可以直接对青少年的心理进行同感，也可以透过作品的解释来表达同感，更可以对作品的创作过程进行回应，以促进青少年自由发挥。通过不同层面的同感与回应，治疗师接纳灾后青少年内在的创伤经验及情绪，帮助青少年找到他们创伤经验中的意外事件和成功时刻，引导他们更多注意自身内在的正能量及资源，并通过艺术创作的方式表现出来。

(4) 创伤经验的统整与超越阶段。灾后青少年在安全、包容、接纳的氛围之中，逐渐解除潜意识里的抗拒与防卫后，则可以顺利进入心理创伤的统整与重构阶段。在这个过程中，艺术治疗帮助灾后青少年在回忆创伤的过程中，先勾勒出创伤事件的轮廓，接着从不同的角度重新检视与述说创伤故事。当这些原来固着的情绪片段拼凑在一起时，创伤事件的记忆变得逐渐清晰，过去的创伤事件与现在的生命产生连结，创伤经验重新进入灾后青少年的生命脉络之中，松动固着的记忆，让生命经验得以整合而重新流动，因此发生疗效。

(5) 生命意义的重建与扩展阶段。针对灾后青少年的心理重建，此阶段艺术治疗的主要任务是将青少年新的生命故事从个体拓展到小组、家庭、社区乃至社会，通过重建灾后青少年的社会联系，增强其自我概念、自我认同、小组互动以及社会关系网络。

(三) 叙事治疗技巧

1. 叙事治疗概念

基于后现代主义的社会建构理论的叙事治疗，摆脱了传统意义上将人看作问题的治疗理念，强调通过“故事叙说”“问题外化”“由薄到厚”等多种方法，使问题从个体自身脱离出来，从而实现人的解放和发展，使其变得更加自主和有动力。透过协助个体对其生命故事的重新叙述，以故事叙说的方式从当事人的故事中发现新的意义；摆脱过去将人视为“问题”的偏误，而去看问题对人的影响，以及人可以知道如何去影响困扰已久的问题，从而协助个体找到对自己的新认同以及对问题的新观点。在叙事过程中，个体不断地叙说自己的生命历程，会将过去零散的记忆和经验进行统整，借此理解自己的生命意义，并重新对自我的生命产生新的体验和领悟。通过叙事治疗来开展灾后青少年的心理重建，不仅可以让青少年从地震及其所造成的心理创伤中走出来，更可以激发青少年战胜困难、抗震救灾的勇气和斗志，从而以更为积极的心态实现持续的心理重建。

2. 灾后青少年心理重建中叙事治疗的优势

(1) 以“叙事”为隐喻极富创造性。“叙事”又称“叙述”，简而言之即“讲故事”，其本质就是将人生经验的本质与意义通过讲故事的方式传示给他人。叙事治疗以“叙事”为隐喻，将人们的生活经验以故事的形式讲述出来，通过有意义的方式，在故事中体验人生。

(2) 叙事治疗过程简短、方便实用。叙事治疗的重点是将个人的思想意念和创伤心理分开，让他们认识到自己在灾害中除了受害者的身份还有应对者的身份。运用讲故事的方法开展治疗，过程简短，减少了治疗成本。

3. 灾后青少年心理重建中叙事治疗的阶段

(1) 建立共同合作、书写和分享故事的关系域。在开展叙事治疗之前，要营造一个良好的治疗关系。治疗师在治疗过程中应该保持一种价值无涉的态度，协助灾后青少年去体验选择的感觉和历程。

(2) 通过故事的外化而实现个人与问题的分离。在叙事治疗刚开始时，灾后青少年往往处于一种病理叙说、充满心理创伤的灾害故事情境中。此时，治疗师要找出灾后青少年主流叙事中的问题故事，并且通过结构和外化的方式，实现人与问题分离的阶段性目标。

(3) 通过发现、浓化与连结独特结果并重构叙事。治疗师需要通过适当的引导发现青少年历程中的独特结果。一旦发掘出青少年自身喜欢的闪光事件，并且通过一定的仪式将之变为有趣和鼓舞人心的故事，青少年就可以融入其中，由新的故事来引导其积极思维和行动。只有让治疗师在叙事过程中引导灾后青少年形成新的、正面的体验，让他们在意识层面和行动层面都有新的感触，才能改写灾后青少年的人生故事。

(4) 通过文件形式记录和强化新的叙事和实践。善用文件记录，有效表达治疗师的反馈，可以让灾后青少年思考灾害，思考自己的言行，看到自己的进步和心理成长，获得更多心理重建的力量。久而久之，青少年会看到一个全新的自我。

(5) 通过邀请他人见证和分享成功叙事的意义。人们总是通过叙述自己喜欢的故事来塑造喜欢的自我。只要有了听众，就会形成相互影响的场域和文化，由此构建新的知识，通过互动将新观念、新事物传递给听众，听众又反过来强化叙事者的故事和其中的价值。通过适当的方式将灾后青少年所形成的克服灾难的英勇故事传播开来，有助于强化灾后青少年对于新叙事的认同、实践，也可以帮助那些处境相同的灾后青少年，在这种良性互动中真正实现灾后青少年的心理重建。

三、案例分析①

(一) 案情介绍

1. 背景资料

简某，男，12岁，原本活泼开朗、积极上进、尊敬师长、团结同学，很受大家欢迎。然而，假期中，简某家遭到地震的摧毁，简某在地震中失去了最疼爱他的爸爸，家里房屋也遭到了严重的破坏，现家里只剩下妈妈、妹妹与他。由于大家都沉浸在失去亲人和房屋倒塌的痛苦中，家里人只关注简某身体有没有受伤，忽略了简某心理受到的影响，这期间很少有人与简某

① 安丽琳. 震灾后学生学习状态调整的社会工作介入[D]. 大庆：东北石油大学，2018.

交谈。由于学校损毁，简某现转学到J学校寄宿。没有家人陪在身边，简某感到很失落。经历一次又一次的变故、打击，简某陷入悲痛、压抑中，导致简某表现出在学习中走神、上课时睡觉、与老师唱反调、与同学打架等一系列反常行为。

2. 主要问题

(1) 性格问题。案主在遭遇地震后，没有及时得到家人的关爱，失去亲人的痛苦让案主由原来的活泼开朗变得沉默寡言、郁郁寡欢。在亲眼看见灾害给他们家带来的损失之后，案主心理受到了创伤，亲人没有及时关注处理他的问题，让问题一直压抑在案主心中。学校的转换，被迫离开亲人，让他感到失落；同学的陌生，让他不愿言谈；老师的教导，让他觉得啰嗦。

(2) 行为问题。由于转学，案主来到新的环境，面对新的教室，会想到曾经的那些伙伴，因此没有心思上课，甚至在课上睡觉。同学的议论引起他的不满，让他大打出手；课堂上，他与老师唱反调。以上行为导致同学疏远他，也让老师认为这个学生无可救药。

3. 问题分析

在社工看来，案主是因为家里突遭变故才会出现这一系列问题。由于心理的痛苦没有地方排解，也没有人关心他，长期以来，问题没有得到解决，所以才产生了不良后果。经过调查访谈，社工得知案主在遭遇变故后，没有及时得到社会支持，没有人可以与案主分担他心里的痛苦。妈妈的心思主要集中在照顾妹妹上，没有多余的交流。同时这里也没有心理咨询师等专业人士来对他们进行指导。各方面的原因，让案主的心理问题集聚到一处，长期无法释放才导致案主的不良心理问题和行为问题等。

(二) 介入理论

本案采用危机介入理论、社会支持理论、抗逆力理论作为介入理论。

社会支持是指一定的社会网络运用一定的物质和精神手段对社会弱势群体进行无偿帮助的行为总和。案主作为一个只有12岁的青少年，在遭遇重大困难时，需要周围的社会网络提供支持，帮助其渡过难关。本案中，社工为案主建立社会支持系统，链接资源，联系家人、同学、老师帮助案主解决心理问题，改变不良行为。通过帮助其修正遭遇灾难后出现的性格问题和行为问题，缓解案主的负面情绪，使生理与心理重新回归平衡状态。与此同时，引领案主在面对逆境时理性地做出建设性、正向的选择和处理方法，提升其抗逆力水平，帮助其正常成长。

(三) 介入方法

1. 总目标

为案主建立良好的社会支持系统，对案主的危机进行介入处理，让案主自我发挥抗逆力的作用，三者结合，让案主的问题得以解决，不良行为及心理得以改正，使案主回归到正常的学习和生活中来。

2. 分目标

(1) 与案主建立良好的信任关系，让案主在服务中配合社工的工作，让案主明白服务过程全程保密。

(2) 帮助案主发挥抗逆力的效用，学习在困境中怎样处理问题，对案主的过激行为及时进行危机介入，让案主脱离危机，学会释放心理压抑情绪，意识到自己的优势，能够理性地处理自身问题，以积极的、正面的心态回归到学习中。

(3) 挖掘案主身边可利用的资源，为案主链接资源、整合资源，让案主有效利用社会支持网络平台。

3. 服务过程

(1) 专业关系的建立。第一次个案服务中，社工把地点选在案主的亲戚家，因为这是案主相对熟悉的环境，容易消除对社工及志愿者的陌生感，便于建立关系，赢得案主的信任，为后续的工作奠定坚实的基础。接着社工了解案主的基本情况，以及需要社工解决的主要问题，进而做好服务活动的准备工作，便于工作的开展。社工在明确基本情况后，确定初次会谈的目标，并按照实际情况初步确定会谈提纲。在会谈中，社工以一种愉悦、轻松、幽默的语气，向案主获取相关的基本信息，了解家庭情况和此次的困境。另外，社工让案主了解社会工作者的职业技能、职业道德标准和服务内容，以消除疑心和忧虑。本次面谈的主要目的是与案主确立专业关系，让案主明白应有的权利义务和服务条约，共同协商制订周密的治疗计划，并签订服务合同。

(2) 缓解案主的紧张忧虑。社工根据案主平时的喜好，采用音乐疗解法。首先让案主听舒缓的音乐，放松心情，缓解案主在服务中的紧张情绪。在社工介入过程中，社工发现案主的问题主要由外界环境所导致，因此社工在面谈中，引导案主向家人、同学或朋辈倾诉心理问题，以排解情绪。社工在与案主交谈中，从关心、理解的角度去帮助案主，拉近了案主与社工之间的距离，进而建立了良好的合作关系。社工将案主在地震中受到的伤害和家人关爱的缺失综合起来，引导他意识到其中的问题，并从正面的角度对其进行理性分析。在会谈过程中，社工注意绕开案主极易反感的话题，不对其进行价值评判，帮助案主明确心理问题，并有效地解决问题。社工提醒志愿者随时做好记录，便于工作的开展。

(3) 帮助案主进行心理重建。个案服务的主要目标是对案主进行危机介入，防止一些过激行为的产生，同时挖掘并增强案主的抗逆力。社工与案主家人交谈，获知案主的优点及优势，让志愿者做好记录。向案主家长了解案主在平常有没有过激行为，了解案主在遇到困难时是怎样渡过难关的。利用危机理论控制案主过激行为的产生，预防案主做出危险的行为。在个案实施计划中对案主运用抗逆力理论，增强案主在震后面对困难的韧性。社工对案主的优势进行赞扬，鼓励案主勇敢面对困难，敢于运用自己的能力去解决困难。

(4) 为案主链接社会资源，解决案主问题。社工在本次个案服务中担当链接者和中介，为了矫正案主的不良心理和行为，社工进入案主所在的社区，为他链接身边的社会资源。由于学校与家有一定的距离，母亲还要照顾小妹，所以社工为案主提供与母亲相处的机会，小妹由志愿者照顾。这样案主能得到母亲的呵护与关爱，也能敞开心扉向母亲倾诉他的心理问题。接下来社工还为案主链接班上同学，让同学理解他，多给他一些关怀和照顾，让同学看到案主在慢慢地改变不好的行为问题，从而与同学建立良好的关系。社工提醒老师在课堂中少提及敏感话题，同时给予案主关爱，帮助案主敞开心扉、改变行为，回到他原有的状态中。社工计划定期请专业的心理咨询师为案主进行心理治疗，解决案主的不良问题，帮助案主化解危机，回归到正常的学习生活中。

(5) 追踪案主的情况，提前告知结案时间。在最后一次服务中，社工通过观察案主的变化、了解身边的人对案主的反馈，判断案主紧张、忧虑不安的情绪得以缓解，情况明显变好，因此进行结案准备。社工根据之前的计划及社会工作的专业标准，以鼓励的口吻告诉案主在接受服务之后取得的进步。最后，社工对个案服务进行归纳汇总，宣告本次个案服务结案。

(四) 评估反思

1. 过程评估

本次个案服务的开展以社会支持理论、危机介入理论和抗逆力理论为基础，综合小组社会工作和个案社会工作来满足案主的需求。在服务开始阶段，社工先引导案主排解不安、焦虑、压抑的情绪，进而对案主进行危机介入，挖掘案主自身的抗逆力优势。随后社工帮助案主链接社会资源，建立社会支持网络，解决案主问题，帮助其回归到正常的生活中，完成服务目标，取得良好的效果。在本次服务中，社工完全遵循社会工作的职业道德标准来为案主服务，社工主要运用倾听、专注、鼓励和引导等个案社会工作技巧，与案主及其相关人员建立了互信、平等的关系，促进了本次个案服务的圆满结束。

2. 反思

(1) 社工要多运用个案社会工作方法中的鼓励、专注、倾听、同理心，来引导案主配合个案服务。

(2) 运用理论作为指导，有利于帮助案主解决问题。在个案服务中，以社会支持理论、危机介入理论和抗逆力理论为基础，为案主开展服务，同时要为案主链接更多社会资源，挖掘案主的抗逆力，对案主进行危机干预，以化解危机，帮助案主渡过难关。

(3) 在会谈过程中，要多注意案主的反应，针对其特点采用适当的方式提供帮助。例如，社工谈及“爸爸”“地震”这些敏感词时，案主表现出明显的抵触，心情突然低落，社工通过案主的母亲及老师了解到案主问题的成因，对症下药，最后帮助案主解决了问题。

第二十一章　犯罪青少年群体

青少年处于生理、心理快速发展阶段，这个阶段辨别是非能力差、模仿能力强，在多种因素的影响下容易走上违法犯罪的道路。如果社会工作能够及时介入，可帮助其建构正确的价值体系，有效预防和矫正青少年犯罪。

本章从犯罪青少年的概念和特点出发，介绍了犯罪青少年问题的成因，以及犯罪青少年群体的社会工作干预和介入，旨在帮助犯罪青少年融入社会，也有助于社会的稳定发展。

第一节　犯罪青少年概述

一、犯罪青少年的概念

当今，青少年犯罪问题已经成为一个世界性问题。曾有学者指出，青少年犯罪已经成为排在吸毒贩毒和环境污染之后的世界第三大公害。在我国，青少年犯罪被认定为“未成年人和较年轻的成年人的犯罪”，从年龄上划分，“是指12岁以上25岁以下的人的犯罪”。这是以犯罪学的角度对青少年犯罪的界定，我们这里主要是从社会工作的角度探讨如何对犯罪青少年的问题进行介入。所以，以社会工作的角度来看，将青少年犯罪界定为12岁以上25岁以下的人的犯罪，犯罪青少年社会工作就是指以犯罪青少年为对象，以预防和矫治青少年犯罪为目的而开展的社会工作服务活动。

二、青少年犯罪的特点

(一) 动机简单，犯罪行为呈突发性

青少年年龄较小，社会经验较少，考虑问题大多比较简单，且这一时期性情容易急躁，无法控制自己的感情。他们的犯罪动机十分简单，往往是由感情冲动所致。如 2016 年发生的八宝镇学生杀人案的犯罪嫌疑人杨某，其实施犯罪行为的起因竟是杨某看被害人邓某不爽而殴打邓某，继而发生互殴，最后演化为血案。

(二) 趋向团体作案

由于青少年年龄偏小，自主性不强，抱团行动会让他们更加有安全感。有部分作案团伙是由无所事事的辍学学生组成的，他们往往三五成群，作案时能够形成作案氛围。青少年团伙犯罪往往会模仿电影中的黑社会作案，有分工、有合作。

(三) 暴力性犯罪和财产性犯罪较多

从青少年犯罪整体情况来看，以寻衅滋事、故意伤害、强奸等暴力性犯罪居多，抢劫、偷盗等财产性犯罪所占比例也比较大。

(四) 犯罪手段残忍，犯罪后果严重

青少年更容易受到不良文化的影响，更容易接触暴力文化并进行模仿。青少年处于成长期，社会经验不足，做事不考虑行为后果，容易冲动行事，走向歧途。因此，青少年实施的犯罪往往作案手段残忍，严重程度较高。

三、青少年犯罪的现状

(一) 相关数据

青少年犯罪已经发展为世界第三大公害，这一问题在我国同样十分严重。《中国统计年鉴(2019)》相关数据显示，2016年至2018年，我国14～25岁青少年罪犯占刑事罪犯的比重分别为16.8%、14.5%和17.0%。从表面上看，我国青少年罪犯占刑事罪犯的比重并不高，相比1997—2015年(20%～40%)下降了不少，看起来似乎是一个不错的现象。但是，同一时期我国刑事犯罪的总数从2016年的12.1万人上升到2017年的12.6万人，又在2018年上升到14.2万人，我国14～25岁青少年罪犯的绝对数量从2016年的20.4万人下降到2017年的18.3万人，而在2018年又上升到24.3万人[①]。我国青少年罪犯占刑事罪犯的比例虽然较之前有所下降，但绝对数量有增加的迹象，这说明我国青少年犯罪问题依然严重，不容忽视。

(二) 相关政策法规

针对青少年犯罪问题，我国许多法律法规都对青少年犯罪的预防和惩罚做出了相关规定。

1999年6月28日，第九届全国人民代表大会常务委员会第十次会议通过了《中华人民共和国预防未成年人犯罪法》，于2020年12月26日完成最新修订。该法律包括总则、预防犯罪的教育、对不良行为的预防、对严重不良行为的矫治、对重新犯罪的预防、法律责任、附则七章内容，旨在保障未成年人身心健康，培养未成年人良好品行，有效预防未成年人违法犯罪。

1991年9月4日，第七届全国人民代表大会常务委员会第二十一次会议通过了《中华人民共和国未成年人保护法》，于2020年10月17日完成最新修订。该法律包括总则、家庭保护、学校保护、社会保护、网络保护、政府保护、司法保护、法律责任、附则九章内容，旨在保护未成年人身心健康，保障未成年人合法权益，促进未成年人德智体美劳全面发展，培养有理想、有道德、有文化、有纪律的社会主义建设者和接班人，培养担当民族复兴大任的时代新人。

2021年3月1日实施的《中华人民共和国刑法修正案(十一)》第一条规定："已满十六周岁的人犯罪，应当负刑事责任。已满十四周岁不满十六周岁的人，犯故意杀人、故意伤害致人重伤或者死亡、强奸、抢劫、贩卖毒品、放火、爆炸、投放危险物质罪的，应当负刑事责任。已满十二周岁不满十四周岁的人，犯故意杀人、故意伤害罪，致人死亡或者以特别残忍手段致人重伤造成严重残疾，情节恶劣，经最高人民检察院核准追诉的，应当负刑事责任。对依照前三

① 国家统计局. 中国统计年鉴(2019)[M]. 北京：中国统计出版社，2019.

款规定追究刑事责任的不满十八周岁的人，应当从轻或者减轻处罚。因不满十六周岁不予刑事处罚的，责令其父母或者其他监护人加以管教；在必要的时候，依法进行专门矫治教育。”

除了这些正式的法律文件之外，1995年公安部颁的《公安机关办理未成年人违法犯罪案件的规定》、2001年4月颁布的《最高人民法院关于审理未成年人刑事案件的若干规定》、2006年施行的《最高人民法院关于审理未成年人刑事案件具体应用法律若干问题的解释》和同年施行的《人民检察院办理未成年人刑事案件的规定》等法规文件也都针对未成年犯罪作出了相关规定。

第二节　犯罪青少年问题的成因

青少年犯罪是主观因素与客观因素共同作用造成的，即主客观要素的交互作用产生青少年犯罪问题。因此，分析青少年犯罪的原因，要从青少年心理、情感等主观因素和社会、家庭、学校等客观因素两方面进行讨论。

一、主观因素

(一) 心理因素

1. 以自我为中心，社会责任感薄弱

大部分犯罪青少年存在“以自我为中心”的价值观念，过分看重自身价值，认为个人利益高于一切，要求别人以“我”为中心，为“我”服务，一意孤行，争强好胜，最终导致迷失自我跌入泥潭。同时，犯罪青少年一般家庭情感和社会情感发育不良，缺乏正确的价值观以及相应的责任感，在犯罪时没有顾及亲人和他人的感受，社会责任感非常薄弱。

2. 犯罪呈现突发性和情绪化

青少年在心理和生理上都处于过渡时期，处于从本能的生物人发展为理智的社会人的阶段。一部分青少年在社会化过程中没有完全形成健全的人格，也没有形成正确的世界观、人生观、价值观，若此时受到错误认知的影响，往往会在某种因素的刺激和诱发或一时的感情冲动下突然犯罪。这种突发性的行为表现出青少年情感易冲动，不善于自我控制和自我约束的特征。缺乏理智的青少年一旦遇到挫折，会迅速外化为违法犯罪行为，对社会造成危害。

3. 犯罪心理的报复性和犯罪心态的逆反性

一方面，青少年情感冲动，社会阅历浅，如果受到不公正待遇，或者碰到处理不及时、无法理解处理结果的情况，就极有可能会采用报复手段对付他人；另一方面，青少年希望获得别人的尊重，渴望人格的自由独立，反感社会和他人的管束，特别是因为自己的不良行为被管教时，内心会产生强烈的逆反情绪，轻则反抗，重则走上违法犯罪的道路。

(二) 情感因素

1. 对独立的渴望

青少年生理上不断发育，伴随智力的发展以及知识的积累，会产生强烈的独立倾向。一方

面，他们渴望独立自主，希望摆脱来自成年人施加的约束；另一方面，由于他们在思想上无法跨越特定的生理阶段，且在经济上难以自给自足，在遇到复杂问题时还需要成人的帮助。独立性与依赖性两者产生的矛盾进一步激发了他们对独立的渴望，如果没有正确处理好这一矛盾，导致青少年处处同成人相对抗，极易引发青少年的犯罪行为。

2. 情绪不稳定，易冲动

青少年时期神经系统虽然逐步发育完善，但在这个时期中枢神经系统的兴奋和抑制过程还处于不平衡的状态，大脑皮层兴奋占优势，情感反应迅速且情绪波动大，一旦受到某些刺激或挫折，极易引起感情冲动，由于缺乏控制力和一定的理智，就会造成激情爆发、意气用事，最终产生犯罪行为。

3. 冷漠、残忍

我国正处于市场经济时期，竞争不断加剧，贫富差距拉大，使得青少年在内心和社会之间产生了紧张的压力。一部分青少年对自己的未来和社会失去了信心，随之形成冷漠、不爱与人交往的性格。而且青少年有模仿能力强的特点，对于残忍的犯罪手法更感兴趣，更容易导致恶性案件。

二、客观因素

(一) 家庭因素

家庭功能失衡、家庭教育缺位是导致青少年犯罪的重要因素之一。一个具有完备家庭功能的健康家庭，对于青少年健康成长和适应社会起着相当重要的作用。但是，目前存在许多功能失调的家庭，有的家庭不能满足家庭成员基本衣、食、住、行的物质需要，有的家庭不能为家庭成员的心理健康提供相应的环境条件，这些都不利于青少年的社会化。

在不能提供经济功能的家庭中，父母收入主要依靠政府与社会救济，生活困苦，孩子通常没有条件接受系统的正规教育，而且父母文化程度低、法治观念弱，因而孩子很容易做出偷盗、抢劫等一系列犯罪行为。

在不能提供感情功能的家庭中，父母为了让孩子享受优质的教育资源而忙于工作，为孩子提供了较好的物质生活，但父母陪伴孩子的时间不多，亲子之间缺乏相应的沟通与互动，造成孩子不善言谈、性格内向、过分敏感等不正常的心态，从而导致犯罪。此外，有些父母常年在外打工而将孩子托管于家中长辈，隔代抚养的管教不足、过度宠爱也会导致孩子走向犯罪的深渊。

(二) 朋辈群体因素

朋辈群体是由一些年龄、兴趣、爱好、态度、价值观、社会地位等方面较为接近的人所组成的一种非正式初级群体。随着青少年的成长，父母的影响逐渐让位于同伴的影响，青少年更倾向于对同伴群体的认同。青少年朋辈群体的形成是青少年身心发展的结果，其对青少年犯罪有重要影响，这种影响体现在犯罪实施前、实施中和实施后三个方面。

在犯罪实施前，青少年会因为偏离或破坏朋辈群体中的不成文规范，而受到朋辈群体施加的压力和惩罚。同时青少年由于自身“安全的需要”和“尊重的需要”，会调整自己的行为与朋辈群体保持一致。

在犯罪实施中，朋辈群体对青少年犯罪的影响更为突出。首先，感染效应使个体理智被淹没；其次，暗示与模仿效应使个体人格被扭曲；最后，责任扩散效应使个体有恃无恐，他们会认为犯罪不是他一个人的事情，即使受到惩罚，也不能只惩罚他一个人。

在犯罪实施后，青少年会认为共同实施的行为产生的责任应由大家一起来承担，从而弱化自己的罪责，认识不到犯罪的危害性，也没有悔罪意识。

(三) 学校因素

若学校侧重应试教育，教育内容偏狭，也会导致青少年犯罪。学校教育是国家引导青少年正确社会化、确立主流价值观的主要途径，也是青少年从家庭走向社会，融入社会的一个重要环节。学校老师的鼓励与支持会减少学生的犯罪行为和越轨行为，但现在很多学校注重升学率，推崇“分数为王”，以成绩为标准来界定学生的好坏，对成绩不好的学生会严厉地训斥与惩罚，忽视学生的心理健康和法治道德教育，长此以往，会导致一部分学生没有树立正确的世界观、人生观和价值观。同时，没有接受法治教育的学生，缺乏法律常识，不知道什么是违法犯罪行为，也不懂得如何寻找法律援助来解决问题。这些都是造成青少年犯罪的重要原因。

(四) 社会因素

社会不良现象对青少年的影响不容忽视。当今社会充斥着低俗、庸俗的文化，青少年的自制力弱，辨识能力较低，很容易被外界不良风气影响，尤其是影视、书刊和互联网对未成年人的世界观形成会产生极为重要的影响。一部不健康的影视、文学作品，会消磨青少年的意志，毒害他们的心灵。近几年，宣传色情、凶杀、暴力的书刊、音像制品、网络游戏泛滥。由于青少年社会阅历浅，辨别是非能力差，思想不成熟，手机的不当使用和互联网的不当信息传播会对其产生不同程度的影响，意志力薄弱的，很容易误入歧途。

第三节　犯罪青少年群体的社会工作干预和介入

一、服务内容

目前，我国青少年司法社会工作已经涵盖多项青少年司法社会工作服务内容，具体包括以下几方面。

(一) 维权类青少年司法社会工作服务

此类服务的目的在于维护青少年的合法权益不受侵犯。因青少年特殊的生理和心理状态，需要成人对其基本权利给予特殊保护，在相关法律的支持下，已经开展的维权类青少年司法社会工作服务有以下几项。

1. 犯罪青少年合适成年人服务

《中华人民共和国刑事诉讼法》第二百八十一条规定：“对于未成年人刑事案件，在讯问和审判的时候，应当通知未成年犯罪嫌疑人、被告人的法定代理人到场。无法通知、法定代理人不能到场或者法定代理人是共犯的，也可以通知未成年犯罪嫌疑人、被告人的其他成年亲属，所在学校、单位、居住地基层组织或者未成年人保护组织的代表到场，并将有关情况记录在案。到场的法定代理人可以代为行使未成年犯罪嫌疑人、被告人的诉讼权利。”在合适成年人制度实施过程中，很多地区依托专业社工承担合适成年人服务。

2. 被害人救助服务

此类服务对象是被犯罪行为侵害的青少年，这类青少年服务的跟进不仅是儿童权益保护的要求，同时在犯罪预防方面意义明显。相关研究显示，如果没有及时关注和支持被害人，其极易“恶逆变”，从而衍生犯罪行为。

3. 民事观护服务

此类服务对象涉及监护权、探视权纠纷的民事案件中的青少年。相关研究显示，青少年犯罪与其家庭因素密不可分，尤其是父母离异的青少年，更需社会工作专业服务的跟进。近年来，各地相继开展司法社工介入民事领域服务的探索。

(二) 预防犯罪类青少年司法社会工作服务

此类服务群体尚未实施违法犯罪行为，但存在犯罪风险，需要社会工作专业服务跟进。此类服务对象主要包括以下两类。

1. 具有不良行为的青少年

社会工作者与学校和社区合作，针对具有不良行为的青少年开展个案、小组以及家庭和社区等相关服务。

2. 具有吸毒行为的青少年

吸毒与违法犯罪行为关系紧密，吸毒极易引发违法犯罪行为。目前，国内有些地区已开展吸毒青少年社会工作专业服务，通过戒毒来实现犯罪预防。

(三) 补救类青少年司法社会工作服务

此类服务对象是已经实施违法犯罪行为的青少年，需要深入开展相关教育矫正，从而实现对其再次犯罪的预防，具体的服务内容有以下几方面。

1. 违法青少年的训诫服务

此类服务对象是已经违法而尚未构成犯罪的青少年，具有一定的偏差认知及行为习惯。囿于我国青少年立法缺位以及刑事司法的窄幅制管辖特征，目前尚未搭建起此类青少年的社会工作服务体系。近年来，国内公安部门建立青少年案件专门机构和工作机制的数量越来越多，相信定会促进违法青少年社会服务体系的发展和建设。

2. 犯罪青少年社会调查服务

2012年3月，新修订的《刑事诉讼法》第二百七十九条规定：“公安机关、人民检察院、人民法院办理未成年人刑事案件，根据情况可以对未成年犯罪嫌疑人、被告人的成长经历、犯罪原因、监护教育等情况进行调查。”涉罪青少年社会调查服务是青少年司法社会工作的重要内容，社会工作者依托社会学、心理学等专业知识，通过建立关系、收集资料、分析资料完成社会调查报告，分析涉罪未成年人回归社会的有利因素和不利因素，并提出教育矫正的建议。

3. 犯罪青少年教育矫正服务

在社会调查的基础上，专业社会工作者针对涉罪青少年的偏差认知和行为习惯，坚持“人在环境中”的基本理念，运用社会工作的理念、知识和方法系统开展相关服务，以实现涉罪青少年的正向发展与改变，从而实现对其再次犯罪的预防。

二、主要方法

(一) 个案社会工作

1. 心理社会治疗模式

青少年的成长过程与社会因素和心理因素具有非常紧密的联系，社会因素和心理因素产生的某些影响导致青少年犯罪行为的发生。心理社会治疗模式的一个假设是，人具有很大的潜能。只有当犯罪青少年真正意识到他们的行为是违法的、是被社会所不容的，才可能使他们扭转错误的思维和三观，重构正确的人生观和世界观，从而矫正犯罪行为。“人在情境中”是这个治疗模式的重要理论，只有青少年的成长环境和心理发展过程、家庭状况和家庭成员才能真正帮助青少年。

2. 结构家庭疗法

结构家庭疗法把整个家庭作为一个对象，运用系统理论、学习理论、沟通理论改善整个家庭内部的互动方式，从家庭中获得所需资源，处理案主的问题。对于青少年犯罪问题，家庭因素是其中很重要的一个因素。结构家庭疗法的运用，要求社工介入青少年的家庭当中，评估家庭结构、生活环境、家庭系统运行情况以及家庭成员间的交往情况等，通过专业的介入，改变家庭成员之间的互动方式，从而改善整个家庭系统。

(二) 小组工作

1. 互动模式

此模式以小组内成员之间的关系为中心，重视小组成员和小组环境及社会环境的联系，而不是把个体作为仅有的关注点。运用此模式是基于犯罪青少年的相同犯罪心理，以具备共同心理特征的青少年为小组，通过树立共同的小组目标，即对正确的人生观和世界观进行讨论，形成小组学习的健康氛围，坚持正确的舆论导向，使小组成员共同发展。

2. 治疗模式

治疗模式也称为临床模式，是以行为修正理论和社会化理论等理论为基础，将小组视为治疗媒介，进而矫正个人犯罪的行为和态度，使之适应社会的一种方法和手段。具体来说由青少年组成小组，为他们提供一个团体治疗环境，通过小组内部的建设和成员间的互动，帮助青少年改变行为，增进他们的社会功能。

3. 社会目标模式

社会目标模式以社会学理论和系统论为基础，强调社会系统与个人、群体之间的相互作用和影响。该模式通过小组为犯罪青少年提供参与社会的空间，让犯罪青少年树立正确的三观，拥有社会责任感，构建重返社会的自信心。

(三) 社区工作

社区工作应基于调查和计划，旨在推动社区成员包括青少年参与社区活动，整合社区内资源，为青少年的健康成长营造一种积极向上的氛围，解决发展中的青少年的困难和问题，促进社区更好地发展。社区介入其实是社区为犯罪青少年提供专业矫治服务和场所，其内容包括危机处理的咨询和指导，人际关系处理的指导，家庭危机的预防和解决，家庭关系和邻里关系的维护和修正，邻里矛盾的协调。通过社区介入，可维持青少年的社会适应性，预防和减少犯罪。

(四) 社会工作行政

完善社会工作对犯罪青少年介入的法律制度，确保社会工作者对其所从事服务的法律及常识有一定的了解。例如，从事有关专业的社会工作机构和人员的资质，社会工作介入青少年犯罪问题的方式，专业社会工作机构的职责等。

三、案例分析[①]

(一) 案情介绍

1. 背景资料

2018年4月25日，小瑞在学校宿舍内将被害人打伤，被害人报警后，警方将小瑞带走。到派出所后，警方对小瑞进行笔录工作，但并没有对小瑞进行羁押，而是让小瑞回校照常学习生活。之后，警方对被害人进行伤情鉴定，鉴定为轻伤二级。小瑞因涉嫌故意伤害罪，于5月2日在校被民警抓获，随后关押到看守所。小瑞表示他身为班长，教官让他带领同学训练，但被害人不配合，他多次言语提醒被害人，被害人仍不配合。在愤怒情绪的作用下，他便采用暴力手段管理被害人。但他没有想到自身的行为会触犯法律，也没有考虑过实施该行为的后果。

2. 主要问题

服务对象的核心问题是情绪控制以及解决冲突或问题的能力不足。他比较内向，脾气比较急，遇事容易生气，不知道如何表达自己的情绪。在暴力行为习惯方面，小瑞表示他上初中时曾和同学发生肢体冲突，但后果不严重，没有警方介入。因此，当被害人多次挑战他时，面对冲突，小瑞表现出问题解决能力的不足——不知如何有效解决，只能采取“拳头”这种暴力手段解决问题。在法律法规方面，小瑞对司法流程、法律知识缺乏认知；在情绪方面，小瑞在监禁场所内表现出悲伤、不适应、恐惧和迷茫。

① 苏琪琪. 司法社会工作介入涉罪未成年人帮扶的行动研究[D]. 北京：北京工业大学，2019：14-33.

(二) 介入理论

本案以社会支持网络理论作为介入理论。社工作为案主的正式支持网络中的一员，关注案主在司法诉讼前面临的问题，在司法流程中为案主提供强有力的支持。同时，在进行个案帮扶时，社工对案主的社会支持网络进行评估，寻找并运用相关的社会支持，如加强家庭沟通、链接学校资源等，提高其利用网络的能力，以帮助其顺利应对刑事诉讼流程。

(三) 介入计划

1. 介入目标

社工为案主提供支持，通过运用专业方法，与案主共同应对司法流程中可能遇到的困难与问题，帮助案主顺利回归社会。

2. 介入内容

(1) 在立案侦查中的监禁阶段，社工对案主进行社会调查。首先，通过个案面谈收集案主的家庭、成长经历等资料，与案主建立专业关系。其次，为案主提供情感支持，帮助其进行情绪宣泄。最后，为案主提供信息和解释，提供个人技能提升的资源，增加其法律知识，增强其守法观念。

(2) 在取保候审返校上学阶段，社工帮助案主解决返校问题。社工通过链接资源，争取受害人家属的谅解，联系老师反映案主上学意愿与认错情况，为案主争取上学返校机会。同时为案主提供支持、给予鼓励，减轻其返校上学的压力，让其逐渐适应学校生活。

(3) 在附条件不起诉观护考察阶段，社工帮助案主解决再社会化问题。通过鼓励案主参与城市历奇活动，直接与社会接触，观察与人交往的状态，帮助其建立社会规则感，助力案主融入社会。随后社工通过理性情绪治疗，引导案主正确表达情绪，加强案主的情绪控制能力，协助其培养冲突解决能力。

(三) 评估反思

1. 观察评估

根据各阶段开展的服务内容，社工选择评估要素并进行观察评估。

在立案侦查监禁阶段，社工干预之后，案主的自我情绪疏导能力得到了增强，也增加了对法律法规的认知，逐渐适应监禁环境。在取保候审阶段，通过社工的干预，案主得到了重返校园的机会，也获得了同学们的理解和支持，情绪逐渐好转，同时家庭沟通环境得到改善。在附条件不起诉观护阶段，通过社工的干预，强化了案主的守法意识，帮助案主进行社会再融入，同时也增强了其情绪感知和控制能力。

2. 访谈评估

在访谈评估部分，笔者通过访谈案主、社工、老师以及案主的母亲收集资料。以下是被访者对社工介入效果的表述。

(1) 案主自我评估。“之前参加观护活动的时候一直没感觉，总结会上看了视频之后才明白原来活动是这样的，感觉挺有意义的，自己也在做对社会有意义的事情。”“这件事(案子)对我触动挺大的，自己成长不少，现在脾气好多了，遇到事情会先想想自己为什么发脾气。”“大家都为我做了很多，我才能有上学的机会，我以后会好好遵守法律，不会再那么冲动了。”

(2) 社工访谈评估。“小瑞从刚开始参加活动到现在，真的能看到很多变化。之前在香山参加环保历奇的时候他总是一个人下山，看起来不太合群，到后来融入群体后，能和队友合作帮助其他人完成活动任务。之前他有事都是自己闷着，不怎么笑，后来也愿意说出自己的看法了。”

(3) 老师访谈评估。“他的性子不会那么急了，能够保持情绪稳定。小瑞跟我说过，这次家里人确实付出了很多，他也能看得到。以前做事只考虑自己的心情，现在再遇到不顺心的事情，他会跟我聊，让我建议怎么去处理这些事。”

(4) 案主母亲评估。“我也总跟他联系，之前一直提醒他做事别那么冲动，没想到给他造成了心理压力。他跟我说是社工让他尝试跟妈妈沟通，不然我也不知道他一直憋着。我总说他爸爸不管孩子，孩子脾气才这样。他跟他爸爸现在交流得挺好的，平常也会在微信上跟爸爸聊聊日常，在家里两人有说有笑的，确实长大不少。”

从观察和访谈的结果可以看出，案主在法律认知和情绪感知控制方面有所提升，学会了思考情绪产生的原因，“我为什么会有情绪，是别人的行为让我有情绪还是我对这个行为的想法、信念让我有情绪，这个情绪是什么”，并逐渐学会控制自己的情绪。此外，案主回归社会比较顺利，特别是在附条件不起诉观护阶段，小瑞能够严格遵守小组活动规则，违反规则时也能主动接受惩罚。在小组活动中具有一定的责任感，并且具备一定的规则意识和承担能力。随着参与活动次数的增加，案主对组员的态度也更加接纳，良好的互动关系给了他一定的支持。在与大家互动的过程中，案主逐渐在组内打开自己、释放压力。从评估结果来看，行动目标基本达成，社工进行转介事宜后，完成了结案工作。

3. 反思

通过对本次行动历程的反思，得出以下司法社会工作介入涉罪青少年群众的实务经验。

(1) 刑事诉讼流程是制订介入计划的重要依据。

(2) 社会支持系统的链接为服务对象社会再融入提供保障。

(3) 整合型干预策略使介入层次更加丰富。

(4) 多种干预技术综合运用增强了介入效果。

(5) 在司法流程的不同阶段，社工扮演的角色不同。

参考文献

[1] 陆士桢，王玥. 青少年社会工作[M]. 3版. 北京：社会科学文献出版社，2017.

[2] 李增禄. 社会工作概论[M]. 台北：巨流图书公司，1996.

[3] 刘燕生. 社会保障的起源、发展和道路选择[M]. 北京：法律出版社，2001.

[4] [美]彼得·威特，琳达·凯德威尔. 娱乐与青少年发展[M]. 刘慧梅，孙喆，译. 杭州：浙江大学出版社，2009.

[5] [英]乔恩·萨维奇. 青春无羁狂飙时代的社会运动[M]. 章艳，魏哲，等，译. 长春：吉林出版集团有限责任公司，2010.

[6] 1907年7月29日英国人罗伯特·巴登·鲍威尔发起童子军运动[EB/OL]. http://www.wst.net.cn/history/7.29/2.htm.

[7] 林胜義. 学校社会工作[M]. 台北：巨流图书公司，2003.

[8] David R. Dupper. 学校社会工作——有效的服务技巧与干预方式[M]. 李丽日，李丽年，翁慧圆，译. 台北：五南图书出版公司，2006.

[9] 中共中央文献研究室. 习近平关于青少年和共青团工作论述摘编[M]. 北京：中央文献出版社，2017.

[10] 全国社会工作者职业水平考试教材编写组. 社会工作综合能力(中级)[M]. 北京：中国社会出版社，2016.

[11] 童敏. 社会个案工作[M]. 北京：中国社会出版社，2007.

[12] 罗肖泉. 青少年社会工作伦理议题[J]. 社会工作，2007(01).

[13] 孙成键，吕春苗. 青少年社会工作者的职业素养探析[J]. 山东青年政治学院学报，2015(05).

[14] 陈世海. 青少年社会工作[M]. 北京：中国社会出版社，2011.

[15] 于晶利，刘世颖. 青少年社会工作理论与实践[M]. 上海：人民出版社，2019.

[16] 彭华民，杨心恒. 社会学概论[M]. 北京：高等教育出版社，2006.

[17] 郑杭生. 社会学概论新修[M]. 北京：中国人民大学出版社，1994.

[18] 宋丽玉，施教裕. 临床社会工作：优势视角模式[M]. 北京：国家开放大学出版社，2018.

[19] 王婵. 青少年心理健康问题与对策[J]. 山东省青年管理干部学院学报，2005.

[20] 李艳波. 对学生叛逆心理的研究[J]. 内蒙古教育，2009(13).

[21] 全国社会工作者职业水平考试教材编写组. 社会工作综合能力(中级)[M]. 北京：中国社会出版社，2018.

[22] 陈正良. 同辈群体环境对青少年发展的影响[J]. 宁波大学学报(教育科学版)，2004(05).

[23] 于晶利，刘世颖. 青少年社会工作理论与实践[M]. 2版. 上海：格致出版社，2019.

[24] 周爱国. 社会救助与社会福利[M]. 南京：南京大学出版社，2017.

[25] 王玉香，宋歌，孙艳艳，成伟. 青少年社会工作[M]. 济南：山东人民出版社，2012.

[26] 王思斌. 社会工作概论 [M]. 3版. 北京：高等教育出版社，2019.

[27] Michaela Perlmann-Balme，Susanne Schwalb. 新标准德语强化教程(中级1)[M]. 北京：外语教学与研究出版社，2006.

[28] 郭锐. 德国的社会福利政策及其启示[J]. 法制博览，2019(26).

[29] 曾国安. 德国社会保障制度的内容、特点及评价[J]. 长江论坛，1995(02).

[30] 郑炬文. 法国社会福利政策评析[J]. 中国民政，2015(07).

[31] 郑炬文. 法国社会福利政策思考与启示[J]. 人民论坛，2014(34).

[32] 全国社会工作者职业水平考试教材编写组. 社会工作综合能力(中级)[M]. 北京：中国社会出版社，2017.

[33] 刘梦. 小组工作 [M]. 2版. 北京：高等教育出版社，2013.

[34] 万江红. 小组工作[M]. 北京：中国人民大学出版社，2016.

[35] 魏爽. 青少年社会工作案例评析[M]. 北京：中国社会出版社，2017.

[36] Kate Sapin. 青少年社会工作基本技巧[M]. 赵凌云，陈元元，译. 上海：华东理工大学出版社，2015.

[37] 全国社会工作者职业水平考试教材编写组. 社会工作实务(中级)[M]. 北京：中国社会出版社，2019.

[38] 肖赣贞. 同理心被低估的天赋[J]. 检查风云，2020(11).

[39] 郑怡世. 成效导向的方案规划与评估[M]. 台北：巨流图书公司，2015.

[40] 许莉娅. 青少年社会工作服务指南[M]. 北京：中国社会出版社，2019.

[41] GB/T 36967—2018，青少年社会工作服务指南[S].

[42] MZ/T 059—2014，社会工作服务项目绩效评估指南[S].

[43] 王瑞鸿. 社会工作项目案例精选[M]. 上海：华东理工大学出版社，2010.

[44] 沈志渔. 项目管理——理论、实务、案例[M]. 北京：经济管理出版社，2007.

[45] 罗峰. WBS在社会工作项目管理中的应用研究[J]. 社会工作(学术版)，2011(3).

[46] 许莉娅. 《青少年社会工作服务指南》解读[M]. 北京：中国社会出版社，2019.

[47] 白思俊. 现代项目管理概述[M]. 北京：机械工业出版社，2006.

[48] 国家食品药品监督管理局. 国家药物滥用检测年度报告(2016年)[EB/OL]. [2017-8-11]. https://www.nmpa.gov.cn/yaopin/ypjgdt/20170811110401567.html.

[49] 韩丹. 未成年人吸毒成因与对策研究——基于南京市的实证调查[J]. 唯实，2011(2).

[50] 秦琴，张进辅. 影响青少年药物滥用的家庭因素述评[J]. 中国药物滥用防治杂志，2009(1).

[51] 莫关耀，杜敏菊. 云南35岁以下青少年滥用合成毒品的现状及原因分析[J]. 中国药物滥用防治杂志，2016(22).

[52] 吴先超，张垚，刘华山，张春梅. 青少年吸食新型毒品成因个案研究[J]. 中国青年研究，2015(2).

[53] 叶雄. 从“海星”变成“拾星者”的奇迹[C]. 北京：中国社会出版社，2016.

[54] 李青栋，许晶. 抑郁症的概念及分类研究历史[J]. 医学与哲学(临床决策论坛版)，2009，30(11).

[55] 吴艳茹，肖泽萍. 青少年抑郁症与应激相关的病因研究进展[J]. 上海精神医学，2006(05).

[56] 张曼华，付倩. 青少年抑郁的影响因素与家庭心理治疗[J]. 医学与社会，2010，23(03).

[57] 李楠，孟续铎. 青少年社会工作[M]. 北京：机械工业出版社，2013.

[58] 段慧兰. 农村小学生家庭教育若干问题的调查研究[J]. 益阳师专学报，2000(02).

[59] 朱晓玉. 校园暴力与暴力文化的社会学思考——青少年暴力犯罪的原因探究及预防[J]. 河北公安警察职业学校学报，2005(3).

[60] 孙凌寒，朱静. 校园暴力与学校社会工作[J]. 河北青年管理干部学院学报，2005(4).

[61] 连榕，杨丽娴，吴兰花. 大学生专业承诺、学习倦怠的状况及其关系[J]. 心理科学，2006，29(1).

[62] 蒋周渠，邵光华. 初中生学习倦怠现状调查研究与启示[J]. 教育理论与实践，2019，39(20).

[63] 王晶. 高中学生学习倦怠现象浅析——以万荣县某一高中为例[J]. 才智，2016(33).

[64] 马雅菊. 关于大学生学业倦怠状况的调查与分析[J]. 教育探索，2014(3).

[65] 吴艳，戴晓阳，温忠麟，崔汉卿. 青少年学习倦怠量表的编制[J]. 中国临床心理学杂志，2010，18(02).

[66] 陆士桢. 儿童青少年社会工作[M]. 北京：高等教育出版社，2008.

[67] 何雪松. 社会工作理论 [M]. 2版. 上海：格致出版社，2017.

[68] 杨丽娴，连榕，张锦坤. 中学生学习倦怠与人格关系[J]. 心理科学，2007(06).

[69] 刘金花. 儿童发展心理学[M]. 上海：华东师范大学出版社[M]，1996.

[70] 关信平. 社会政策概论[M]. 北京：高等教育出版社，2004.

[71] 付秋梅，何玲玲.“后扶贫时代”贫困治理体系的构建与优化——基于国家治理现代化逻辑视角的分析[J]. 湖南行政学院学报，2020(04).

[72] 中华人民共和国民政部网站2020年5月民政统计数据[EB/OL]. http://www.mca.gov.cn/article/sj/tjyb/.

[73] 王和平，肖洪莉. 随班就读资源教师工作及其专业培训的思考[J]. 中国特殊教育，2017(06).

[74] 冯雅静，朱楠. 随班就读资源教师专业化发展的现状与对策[J]. 中国特殊教育，2018(02).

[75] 邢会青. 融合教育下教师特殊教育专业培训[J]. 学周刊，2017(35).

[76] 赵菲，王凯，等. 我国特殊教育学校费支出：现状、问题及对策建议[J]. 教育财会研究，2018(06).

[77] 周林刚. 社会排斥理论与残疾人问题研究[J]. 青年研究，2003(05).

[78] Dennis Saleebey. 优势视角——社会工作实践的新模式[M]. 上海：华东理工大学出版社，2004.

[79] 李晚莲. 关于流动儿童社会支持问题的研究综述——基于社会学的视角[J]. 兰州学刊，2009(03).

[80] 丘海雄，陈健民，任焰. 社会支持结构的转变：从一元到多元[J]. 社会学研究，1998(4).

[81] 张泽峰. 个案工作的模式[J]. 中国社会工作，2011(10).

[82] 宋国恺. 残疾人社会工作案例评析[M]. 北京：中国社会出版社，2016.

[83] 洪佩，高云娇. 青少年流动状况与社会联结的差异性探讨[J]. 青年研究，2017(5).

[84] 席小华，蔡鑫. 青少年社会工作研究论文集[C]. 北京：中国人民公安大学出版社，2019.

[85] 周皓，荣珊. 流动儿童研究综述[J]. 人口与经济，2011(3).

[86] 崔洪波，舒畅，陶剑飞. 广州市流动青少年情绪与行为问题分析[J]. 保健医学研究与实践，2018，15(6).

[87] 赵晓敏，陈永进，白璐. 流动青少年心理健康状况调查[J]. 中小学心理健康教育，2018(19).

[88] 李小青，邹泓，王瑞敏，窦东徽. 北京市流动儿童自尊的发展特点及其学业行为、师生关系的相关研究[J]. 心理科学，2008，31(4).

[89] 郭一建. 社会工作介入流动青少年同伴欺凌行为的实践研究[J]. 曲靖师范学院学报，2015，34(1).

[90] 郭元凯. 社会转型期“文化滞后”对流动青少年社会融入的影响——基于对JH、WX两市的调查[J]. 青年探索，2014(6).

[91] 蓝一沁，罗宇影，梅思佳. 浙江省流动青少年心理健康状况调研报告[J]. 青少年研究与实践，2015，30(3).

[92] 陈卫东. 我国八城市流动青少年违法犯罪状况调查[J].青少年犯罪问题，2009(1).

[93] 王晖，熊昱可，刘霞. 亲子关系和朋友支持对流动儿童情绪和行为适应的保护作用[J]. 心理发展与教育，2018，34(5).

[94] 马蓓蓓，代文杰，李彩娜. 流动青少年学校人际关系与主观幸福感：学业倦怠与学业投入的中介作用[J]. 中国特殊教育，2019(12).

[95] 周莹. 青年农民工融入城市研究[J]. 当代青年研究，2008(8).

[96] 夏一巍，李德，张小华，唐伟. 一般紧张理论在流动青少年越轨行为中的应用[J]. 青年研究，2019(5).

[97] 李春玲. 社会政治变迁与教育机会不平等——家庭背景及制度因素对教育获得的影响(1940—2001)[J]. 中国社会科学，2003(3).

[98] 王思斌. 社会工作导论 [M]. 2版. 北京：北京大学出版社，2011.

[99] [美]拉尔夫·多戈夫，弗兰克·M. 洛温伯格，唐纳·哈林顿. 社会工作伦理实务工作指南[M]. 隋玉杰，译. 7版. 北京：中国人民大学出版社，2005.

[100] 谭深. 中国农村留守儿童研究述评[J]. 中国社会科学，2011(01).

[101] 全国妇联. 全国农村留守儿童状况研究报告[J]. 中国德育，2008(04).

[102] 王玉香. 青少年社会工作[M]. 济南：山东人民出版社，2012.

[103] 安东尼·吉登斯. 亲密关系的变革[M]. 陈永国，王明安，译. 北京：社会科学文献出版社，2001.

[104] 刘梦. 小组工作[M]. 北京：高等教育出版社，2003.

[105] 刘斌志. 灾后青少年心理重建的社会工作研究[M]. 北京：人民出版社，2017.

[106] 金树人. 九二一灾后的心理复健工作[J]. 理论与政策，2000(14).

[107] 史占彪，等. 北川心理重建：痛并快乐着[J]. 中国减灾，2011(6).

[108] 王学云. 宫梅玲及其团队对阅读治疗的研究与实践[J]. 图书馆论坛，2012(1).

[109] 周燕妮. 阅读之光映童心[J]. 图书情报研究，2011(1).

[110] 范琼芳. 艺术治疗：家庭动力绘画概论[M]. 台北：五南出版社，1996.

[111] 国家统计局. 中国统计年鉴(2019)[M]. 北京：中国统计出版社，2019.

[112] 苏琪琪. 司法社会工作介入涉罪未成年人帮扶的行动研究[D]. 北京：北京工业大学文法学部，2019.

[113] Project Management Institute standards committee. A guide to the Project Management Body of Knowledge. Pennsylvania：Project Management Institute, 2000.

[114] Timimi S. Rethinking childhood depression[J]. BMJ, 2004, 329(11).

[115] Freudenberger H J. Staff burnout[J]. Journal of Social Issues,1974.

[116] Frydenberg E，Lewis R，Bugalski K，Cotta A，Mc Carthy C，Luscombe-smith N. Prevention is better than cure：Coping skills training for adolescents at school[J]. Educational Psychology in Practice，2004：20(2).

[117] McGowan B G. “Values and Ethics”. In C. H. Meyer & M. A. Mattaini. The Foundations of Social Work Practice[M]. (Eds.) Washington，DC：NASW Press，1995.

[118] Reamer F G. Social Work Values and Ethics[M]. (2nd Ed.). New York：Columbia University Press，1999.

[119] Miley K O, Melia M. & Dubois B. Generalist Social Work Practice：An Empowerment Approach[M]. Boston, MA：Pearson Education Inc, 2004.

[120] Yong K. Internet addiction：the emergence of a new clinical disorder. Paper presented at the 104th Annual Convention of American Psychologi cal Association, 1996.

附　录

青少年社会工作服务指南

Service guideline of social work with adolescences

1. 范围

本标准规定了青少年社会工作服务的原则、内容、方法、流程和管理等。本标准适用于以青少年为对象开展的社会工作服务。

2. 规范性引用文件

下列文件对于本文件的应用是必不可少的。凡是注日期的引用文件，仅注日期的版本适用于本文件。凡是不注日期的引用文件，其最新版本(包括所有的修改单)适用于本文件。

社会工作者职业道德指引(2012-12-28)

民政部社会工作者继续教育办法(2009-09-07)

3. 术语和定义

下列术语和定义适用于本文件。

3.1

青少年 adolescences

年龄范围为6～35周岁的人。

3.2

青少年需要 adolescences' needs

青少年健康成长和发展所需的条件、机会和资源的总和。

3.3

青少年社会工作服务 service of social work with adolescences

以青少年为对象，整合运用社会工作专业价值、理论、方法和技巧，协助其提升解决问题的能力，恢复、改善及提高其社会功能，促进其健康成长和全面发展的社会服务活动。

3.4

青少年社会工作服务机构 agency of social work with adolescences

以青少年社会工作服务为主要业务内容的组织。

4. 原则

4.1 主体性原则

尊重青少年主体地位，承认与接纳青少年的独特性与差异性，充分照顾青少年的特点和需要，开展有针对性的服务。

4.2 发展性原则

坚持用发展的眼光看待和理解青少年，强调青少年自身蕴含的发展潜力和成长的内在动力，重视经济社会发展对青少年福利的影响。

4.3 整体性原则

重视青少年与其家庭、学校、社区、朋辈及服务机构等因素的相互作用，全面、系统地识别青少年的需要，提供整合性社会工作服务。

5. 内容

5.1 思想引导

主要包括但不限于以下内容：
开展理想信念教育；
开展国情政策教育和党史、改革开放史教育；
开展中华优秀传统文化、革命文化、社会主义先进文化教育；
开展社会主义核心价值观教育。

5.2 身心健康促进

主要包括但不限于以下内容：
开展青少年文化体育兴趣和爱好的培养活动、青少年文体交流活动；
为青少年提供社会实践教育和学业支持服务；
引导青少年珍惜生命，尊重生命，帮助青少年学习保护生命的方法；
帮助青少年掌握应对风险的方法，引导青少年对风险形成正向认识；
帮助青少年了解青春期相关生理和心理知识，积极应对心理困惑，增强解决问题的信心和能力；
帮助青少年自我认识，并实现自我肯定；
帮助青少年形成健康的人格，践行健康的生活方式。

5.3 婚恋交友支持

主要包括但不限于以下内容：
帮助青少年树立文明、健康、理性的婚恋观，提供婚恋教育和指导，开展婚恋交友服务；
帮助青少年树立正确的家庭观，传承优良家风家教；
开展性健康和优生优育宣传教育服务；
协助青少年建立良好人际关系。

5.4 就业创业支持

主要包括但不限于以下内容：
开展就业创业政策宣传服务；
协助链接就业创业资源；

帮助提升就业创业能力；

协助提升职业技能；

开展就业创业指导及职业生涯规划服务。

5.5 社会融入与参与支持

主要包括但不限于以下内容：

协助青少年建立良性社会支持系统；

提升青少年社会融入和社会参与的能力，帮助青少年积极有序地参与政治生活和公共事务；

创造青少年社会融入的良好环境；

提高青少年参与社会公益和志愿服务的意识与能力。

5.6 社会保障支持

主要包括但不限于以下内容：

开展残疾青少年关爱和扶持保障服务；

开展流浪未成年人社会救助服务；

开展进城务工青年与其未成年子女帮扶服务；

开展农村留守儿童关爱和救助服务；

协助解释办理城乡居民医保。

5.7 合法权益维护

主要包括但不限于以下内容：

开展青少年权益保护相关政策法规宣传教育服务；

拓展青少年权益表达渠道，支持普遍性利益诉求表达和反馈；

开展侵害青少年合法权益行为预防和干预服务；

协助青少年提升自我保护能力；

倡导营造家庭、校园和社区的安全环境。

5.8 违法犯罪预防

主要包括但不限于以下内容：

开展法制宣传教育；

协助开展青少年社会文化环境、校园内外环境、网络环境优化和整治服务；

开展重点青少年群体服务管理工作；

提供青少年司法社会工作服务。

5.9 其他

主要包括但不限于以下内容：

开展青少年服务的政策倡导及咨询研究；

开展青少年社会工作专业人才培训、督导及青少年社会工作服务机构发展培育；

开展受委托的其他青少年社会工作服务。

6. 方法

6.1 基本方法

根据青少年需要，综合运用个案工作、小组工作、社区工作等直接工作方法和社会工作行政、社会政策和社会工作研究等间接方法。

6.2 针对特定需要的介入方法

6.2.1 危机介入

通过多专业合作方式协调资源，以中途之家、类家庭、收寄养等方式为不适合家庭居住的青少年提供安置服务，进行综合援助。

主要针对可能危及青少年自身和他人生命安全的问题而实施的紧急干预策略。

6.2.2 家庭治疗

以家庭为介入单位，探索青少年问题背后的家庭结构和互动关系，促进家庭内在系统的改变，优化青少年成长的家庭环境。

主要适用于改善并重建青少年和家庭成员之间的关系，实现家庭成员的良性互动。

6.2.3 外展服务

深入青少年经常出入的场所，主动与青少年接触并发现其问题和需要；及时联系有关部门共同对处于风险状态的青少年进行保护、辅导和安置。

主要针对很少参与主流的青少年活动并容易受不良影响的青少年，走出去开展的服务。

6.2.4 历奇辅导

有目的地把青少年带离安适区，进入低冒险区，通过体验性活动经历新奇，促进青少年自我探索、自我觉察与自我成长。

主要适用于帮助青少年提高自信、提升自尊、培养团队合作精神。

6.2.5 朋辈辅导

通过发现、培训和搭建平台，组织年龄相仿、生活环境和经历、文化相似，或具有共同语言的青少年交流互动、分享经验、唤起共鸣、持续支持和互助成长。

主要适用于帮助青少年改善朋辈关系、建立朋辈支持。

6.2.6 向导服务

由受过训练的成年志愿者或同龄志愿者，在社会工作者的督导下，向青少年提供“一对一”的长期陪伴，通过关爱且富有支持的积极人际关系来促进青少年的健康成长与发展。

主要适用于引导青少年树立正向的价值观和养成健康积极的行为习惯。

7. 流程

7.1 接触预估

在接触预估过程中应完成的主要工作包括但不限于：

与服务对象建立专业关系；
预估青少年个人的生理、心理、社会发展状况；
预估青少年的成长经验和生命历程；
预估青少年的家庭、学校、工作场所和所在社区的情况；
预估青少年的问题和需要；
预估青少年及环境的资源和优势；
预估是否在业务范围和能力范围内，决定是否提供服务或转介。

7.2 服务设计

在服务设计过程中应完成的主要工作包括但不限于：
确定服务主题；
明确服务理念和理论依据；
确定服务目的和目标；
识别服务对象系统、目标系统及行动系统；
选择介入策略；
签订服务协议；
配置资源；
预估服务风险，设计应对方案；
明确评估指标，选择评估方法。

7.3 服务实施

在服务实施过程中应完成的主要工作包括但不限于：
分解服务任务；
明确人员分工；
控制服务进度；
优化服务内容；
应对服务风险。

7.4 成效评估

共青团组织负责青少年社会工作服务成效评估制度建设和业务指导，在成效评估过程中应完成的工作主要包括但不限于：

自我评估和接受第三方评估，第三方评估由具备条件的专业机构在共青团组织指导下开展；

测量目标达成情况；
评估服务满意度；
评估服务对象及环境系统的改变；
服务的结束及跟进。

8. 管理

8.1 制度建设

青少年社会工作服务机构应制定相关规章制度，包括但不限于：

青少年社会工作项目管理规定；

青少年社会工作督导管理规定；

青少年社会工作档案管理规定。

8.2 质量管理

青少年社会工作服务机构应对本机构内的服务进行质量管理，主要任务包括但不限于：

建立社会工作服务质量管理体系；

建立外部监督和内部监督相结合的服务质量监督与评估机制；

对相关社会工作服务情况进行信息公开，确保青少年知情权；

根据服务质量评估情况改进服务，完善制度。

8.3 督导制度

青少年社会工作服务机构应建立社会工作督导制度，开展督导工作，主要工作包括但不限于：

建立社会工作督导制度，明确督导关系；

定期为督导对象提供督导服务。

8.4 档案管理

青少年社会工作服务机构应加强服务档案管理，主要工作包括但不限于：

建立基本服务档案，包括青少年的基本信息、服务提供者、服务场所、服务过程及服务成效等；

建立服务质量监督与评估档案，包括是否符合基本服务要求、目标完成情况、服务评估情况等；

根据青少年实际情况进行分类、分级管理档案，做好信息的保密工作。

8.5 人员要求

开展青少年社会工作服务的社会工作者应：

获得国家颁发的社会工作者职业水平证书或者具备国家承认的社会工作专业大学专科及以上学历；

遵循社会工作专业伦理，遵守《社会工作者职业道德指引》；按照《社会工作者继续教育办法》，接受继续教育，不断提高职业素质和专业服务能力。

后记

《青少年社会工作》由魏爽担任主编，承担各章编写任务的作者是(以章为序)：魏爽编写第一章，唐甜甜编写第二章、第三章，宋语茜编写第四章、第五章，徐佳编写第六章、第七章，王童颜编写第八章、第九章，杜果儿编写第十章、第十一章，刘伊编写第十二章、第十三章，李怡编写第十四章，张壮编写第十五章，李怡编写第十六章，刘宛昀编写第十七章，张宇京编写第十八章，张壮编写第十九章，曹仰泽编写第二十章、第二十一章。熊亚宙、王雪琪完成全书校对工作，魏爽完成全书的统稿和最终的审阅定稿工作。最后，感谢清华大学出版社施猛编辑在教材编写及出版过程中给予的大力支持！

由于编者水平有限，疏漏之处在所难免，欢迎广大读者提出宝贵意见。反馈邮箱：wkservice@vip.163.com。

主　编

2020年10月